U0810898

从政感悟一方句

晓山 著

人民东方出版传媒
People's Oriental Publishing & Media
東方出版社
The Oriental Press

图书在版编目（CIP）数据

从政感悟一万句 / 晓山著 . —北京：东方出版社，2022.2
ISBN 978-7-5207-2642-9

Ⅰ . ①从…　Ⅱ . ①晓…　Ⅲ . ①行政管理－经验－中国　Ⅳ . ① D630.1

中国版本图书馆 CIP 数据核字（2021）第 277316 号

从政感悟一万句
（CONGZHENG GANWU YIWANJU）

作　　者： 晓　山
责任编辑： 孔祥丹
责任校对： 刘越难
出　　版： 东方出版社
发　　行： 人民东方出版传媒有限公司
地　　址： 北京市西城区北三环中路 6 号
邮　　编： 100120
印　　刷： 三河市龙大印装有限公司
版　　次： 2022 年 2 月第 1 版
印　　次： 2022 年 2 月北京第 1 次印刷
开　　本： 710 毫米 ×1000 毫米　1/16
印　　张： 29.75
字　　数： 414 千字
书　　号： ISBN 978-7-5207-2642-9
定　　价： 98.00 元
发行电话：（010）85924663　85924644　85924641

版权所有，违者必究
如有印装质量问题，我社负责调换，请拨打电话：（010）85924725

目　录 CONTENTS

第三部分 从政艺术 4802~7367

第四部分 从政修炼 7368~10000

PART ONE

· 第一部分 ·

从政方略

第一辑

执行方略

1 与其抱怨，不如改变；想要改变，必须行动。

2 喊破嗓子，不如甩开膀子、干出样子。

3 只有行动，才能让自己获得突破，脚踏实地迈向成功。

4 务实就是能力，落实就是水平。

5 大事难事看担当。

6 只有勇于认账、拒责、整改，才能化不利为有利、变被动为主动。

7 善学者尽其理，善行者究其难。

8 灾害发生时，最需要的就是快速反应。

9 开会就是要解决问题。

10 方法是落实想法的关键一步。

11 闭门觅句非诗法，只是征行自有诗。

12 不是没办法，而是没有用心想办法；用心想办法，迟早有办法。

13 要想成功，就要将“马上行动”当成自己的座右铭。

14 要层层传递压力，不可层层推卸责任。

15 抓落实要瞄着问题去、对着问题改；在破除瓶颈、补齐短板中提升工作水平。

16 面对大是大非敢于亮剑，面对矛盾敢于迎难而上，面对危机敢于挺身而出，面对失误敢于承担责任，面对歪风邪气敢于坚决斗争。

17 坚持有责必问、失责必究，真正使规定得到刚性执行。

18 抓紧每一天，用足每一刻；定下来的事情要抓紧实施，尽快推进；部署了的工作就要督促检查，一抓到底。

19 确定的目标再宏伟，提出的思路再清晰，制定的措施再具体，如果落不到实处，见不到实效，都只是一纸空文。

20 以干事创业托起梦想，以苦干实干书写辉煌。

21 动人以言者，其感不深；动人以行者，其应必速。

22 执行力，就是永远不要找借口。

23 执行力，不仅知道，更要做到。

24 抓而不紧、抓而不实、抓而不常，等于白抓。

25 不付诸行动的理想是虚无缥缈的雾；没有理想的行动是徒走没有尽头的路。

26 “知”是基础、是前提，“行”是重点、是关键；应当以知促行、以行促知，做到知行合一。

27 规划做得再好，不执行也无济于事。

28 知道不等于就能做到。

29 执行力的本质和内核，就是要切中要害，不留死角，解决问题。

30 行动比承诺更重要。

31 以行而求知，因知以进行。

32 行动是治愈恐惧的良药，而犹豫拖延将不断滋养恐惧。

33 任何一种世界秩序，其理想状态和现实操作都有很大差距。

34 非知之难，行之为难。

35 行动胜于回避，完成胜于完美。

36 不要让追求之舟停泊在幻想的港湾，而应扬起奋斗的风帆，驶向现实生活的大海。

37 言之无文，行而不远。

38 差之毫厘，谬以千里。

39 领导干部对重要工作要亲自部署，对重大问题要亲自过问，对关键环节要亲自协调，对落实情况要亲自督察。

40 唯有知行合一，方能行稳致远。

41 没有人能通过抱怨到达成功的顶峰。

42 凡语必忠信，凡行必笃敬。

43 大事必议，议而必决，决而必行，行而必果。

44 风成于上，俗化于下；上行则下必效。

45 形势认识不清，任务就难以落实。

46 认识决定行动；认识上不去，行动就跟不上。

47 定位准才能责任清，责任清才能敢担当。

48 只要方向正确，迈出一步就是胜利。

49 天下之事，虑之贵详，行之贵力。

50 改革争在朝夕，落实难在方寸。

51 凡事主动出击，一切从今天开始。

52 惟其艰难，才更显勇毅；惟其笃行，才弥足珍贵。

53 天上不会掉馅饼，蓝图不会自动实现，要把目标任务落到实处，必须发扬敢于担当的精神。

54 法贵必行。

55 志向引领行动，行动考验志向。

56 天下之事，皆成于实。

57 仅从理论出发不一定能指导实践，只有在实践中通过思想积累的知识才能指导实践。

58 方向要正确，方法要有效。

59 准备打才可能不必打，越不能打越可能挨打。

60 严不严，广大群众说了算；实不实，解决实际困难是关键。

61 面对难啃的“硬骨头”，如果不能迎难而上，就会一退千里。

62 永远不把练习当练习，要把练习当实战。

63 不出成效不撒手，不达目标不罢休。

64 开始并完成一件事，比做好它更重要。因为只有开始了，你才有机会把它做得更好。

65 当一件事，自己不知道怎么做的时候，就直接开始做吧；只有开始了第一步，才会有第二步、第三步。

66 完成比完善更靠谱，更重要。

67 落地才能生根，根深才能叶茂。

68 善治病者，必医其受病之处；善救弊者，必塞其起弊之源。

69 凡事有交代，件件有着落，事事有回音。

70 眼观不能完全代替实践。

71 要想干成事，不能怕犯错；要想不犯错，除非不干事。

72 一定要习惯“行动”，万万不能耽于“空想”。

73 少来一点套路，多带一些真诚；少讲几句空话，多办几件实事。

74 最有效的，是即刻行动。

75 结果从来都是多方多次较量的结果。

76 增强洞察力，善于在纷繁复杂的局势中抓住主要矛盾；增强预见力，善于从变化中把握发展趋势；增强决断力，善于在目标任务和利益关切上合理统筹；增强执行力，善于把战略决策和预期目标变为现实结果。

77 想得要深要远，干得要实要细，集小成为大成，积跬步至千里。

78 以担当诠释忠诚，以作为彰显价值。

79 抓工作的过程，就是一个解决问题、化解矛盾的过程。

80 越是艰巨的任务，越要保持耐心和韧劲；越是强基固本的工作，越要持之以恒地抓下去。

81 想法本身不能带来成功。

82 用行动来克服恐惧、担心。

83 保持清醒是一切实践的前提。

84 有时需要站住，找到信心再往前走。

85 话语说得动听，不如行动赢得人心。

86 空谈就会谈空，空想就会落空。

87 仰望星空，同时脚踏实地。

88 光说不练假把式，光练不说傻把式，连说带练全把式。

89 干事创业很难一蹴而就，必须脚踏实地、持之以恒。

90 “好干”的事干好了，就那么一回事；“不好干”的事不干好，就会误大事；“不好干”的事干好了，才是真本事。

91 点燃“干”的激情，树牢“干”的航标，注重“干”的成效。

92 制度再健全，不执行或执行不好，就会成为“稻草人”。

93 论事易，做事难；做事易，成事难。

94 方向比方法重要，选择比努力重要，目的比目标重要，定位比宣传重要，趋势比现在重要。

95 虽有智慧，不如乘势；虽有镃錤，不如待时。

96 事实是真理的依据，实干是成就事业的必由之路。

97 战术是执行的核心，但执行不等于战术；执行是战略的基础，所以它必须成为战略的决定因素。

98 制度的生命在于执行，执行制度关键在人。

99 大道至简，实干为要。

100 逆水行舟用力撑，一篙松劲退千寻。

101 理论的威力，只有付诸实践才能发挥出来；学习的效果，也要靠新担当、新作为来检验。

102 真抓才能攻坚克难，实干才能梦想成真。

103 创业要魄力，实干出业绩。

104 一项工作，做了，是事实判断、过程评价；做好了，是价值判断、效果评价。

105 抓落实的本质就是解决问题，不解决问题的落实都是花拳绣腿、无用功。

106 一分部署，九分落实。

107 劳动创造财富，实干兴邦立业。

108 要有真抓的实劲、敢抓的狠劲，善抓的巧劲，常抓的韧劲，踏石留印，抓铁有痕。

109 不办事不是最好的状况，办傻事却是最坏的状况。

110 做工作必须不驰于空想、不骛于虚声。

111 不仅要有担当的宽肩膀，还得有成事的真本领。
112 智慧强于力量，经验胜过理论。
113 “立足本职扎实干”是基本境界，“尽心尽职干成事”是第二境界，“创先争优出亮点”是最高境界。
114 知之愈明，则行之愈笃；行之愈笃，则知之益明。
115 开辟“最先一公里”，更要打通“最后一公里”。
116 行是知之始，知是行之成。
117 在马背上画道道并不能把马变成斑马。
118 真正的效率是“快”和“好”的统一，在“好”基础上的“快”才是真正的“快”。
119 取巧也许能得一时之便，稳扎稳打才能获得最后的成功。
120 “顶天”是信仰和担当，“立地”是实干和责任。
121 一等二靠三落空，一想二干三成功。
122 事贵善始，尤当善终。
123 伟大的工作，是用恒心而非蛮干来完成的。
124 只有干在实处，才能走在前列。
125 多积尺寸之功，方成合格之效。
126 千忙万忙，不抓落实就是瞎忙。
127 一切美好的蓝图都是一招一式干出来的。
128 撸起袖子加油干，扑下身子抓落实。
129 热情必须在可控的范围内，太高会失控，太低会转变成不作为。
130 只有艰苦奋斗的创业者，才能成为时代的胜利者。
131 干部干部，干是当头的，既要想干愿干积极干，又要能干会干善于干。
132 论先后，知为先；论轻重，行为重。
133 一切难题，只有在实干中才能破解；一切机遇，只有在实干中才能把握；一切愿景，只有在实干中才能实现。

134 知而不行，只是未知。

135 只有行动才能开辟未来的路，只有实干担当才是立身之基，立功之道。

136 事以做成，业靠人兴。

137 一语不能践，万卷徒空虚。

138 天下之事，因循则无一事可为；奋然为之，亦未必难。

139 实践出真知，能力靠历练。

140 制度不执行，比没有制度危害更大。

141 决定问题需要智慧，贯彻执行需要耐心。

142 千道理万道理，落实才是硬道理。

143 难走的路是上坡路，登顶前的冲刺最艰辛。

144 坐而言，不如起而行。

145 三分战略，七分执行。

146 纸上得来终觉浅，绝知此事要躬行。

147 志不求易者成，事不避难者进。

148 真学内化于心，实干外化于行。

149 梦想就在前方，需要我们用双脚去追逐；使命无比光荣，需要我们用实干去托举。

150 思考力决定竞争力，思考力决定执行力，善于思考是打开智慧大门的钥匙。

151 道虽迩，不行不至；事虽小，不为不成。

152 天下之至拙，能胜天下之至巧。

153 没有扎实过硬的作风，再好的蓝图也会变成水中月、镜中花；没有干事创业的激情，再好的机遇也会失之交臂。

154 知行合一，贵在行动。

155 抓具体、具体抓，一具体就深入，要落实必具体。

156 为政贵简，简在心纯，简在务本，简在尽心。

157 梦想从学习开始，事业从实践起步。

158 作风就是战斗力。

159 责任要扛肩上，不可层层转包。

160 要想知道梨子的滋味，就要亲口尝一尝。

161 复杂的问题应该简单化，简单的问题更应该简单化。

162 与其担心未来，不如现在努力。

163 只讲理论而不联系实践或只讲实践而不联系理论，都是理论与实践相脱离的表现，都应防止和反对。

164 勤则成，怠则废。

165 只有干出来的精彩，没有等出来的辉煌。

166 高悬理想易，实现目标难。

167 任务明确，职责清楚，上下沟通，效率自然高。

168 想，都是问题；做，才是答案。

169 成功缘于实干，祸患始于空谈。

170 事业是干成的，不是吹成的；局面是打开的，不是喊开的。

171 最好的落实是一抓到底，最好的肯定是群众认可。

172 理想的实现靠的是实践。

173 做了后悔，永远比不做后悔强。

174 始终坚持以问题为导向，重点解决突出矛盾和问题。

175 没有项目，就没有后劲，项目是发展之基、增长之源；抓项目，其实就是抓发展。

176 导向确定之后，落实就是决定因素。

177 导向的力量在于实践。

178 梦在前面，路在脚下。

179 行动不一定带来快乐，而无行动则绝不快乐。

180 世界上不可能的事情，是想出来的；世界上可能的事情，是做出来的。

181 眼睛向下看，身子往下沉。

182 软环境要以硬行动为基础。

183 行动是成功的阶梯，行动越多，登得越高。

184 政绩是奋斗出来的，等不是办法，干才有希望。

185 执行是基础，细节是关键。

186 快于意者亏于行，甘于心者伤于性。

187 实践是检验真理的唯一标准，也是衡量思想解放的最终标尺。

188 不虑于微，始成大患；不防于小，终亏大德。

189 真正坚持到最后的人靠的不是激情，而是恰到好处的喜欢和投入。

190 伟大的目的，产生伟大的毅力。

191 天下事以难而废者十之一，以惰而废者十之九。

192 路不铲不平，事不为不成；人不劝不善，钟不敲不鸣。

193 不能改变环境就适应环境，不能改变别人就改变自己，不能改变事情就改变对事情的态度。

194 能干什么就干什么，让干什么就干什么，干什么就尽量干好。

195 过程没有结果重要，成本没有价值重要，目标没有目的重要，管理没有领导重要。

196 负责不够，尽责才行。

197 只要心中有责任，胸中自会有办法。

198 气壮则身存事成，气馁则人亡事败。

199 抓能力必须抓方法，抓方法必须抓方法论。

200 雄鹰不容高峰阻，骏马岂怕路途遥。

201 不可计划多多，行动寥寥。

202 即使不成熟的尝试，也胜于胎死腹中的策略。

203 成功的道理有千万条，但如果意志薄弱，一切的道理都没有用。

204 聚焦坚持，才能到达终点。

205 成功的反义词不是失败，而是从未行动。

206 耳闻之不如目见之，目见之不如足践之。
207 为山九仞，功亏一篑。
208 凡事往简单处想，往认真处行。
209 境由心造，事在人为。
210 脚踏实地才能仰望星空。
211 天道酬勤，春华秋实。
212 再长的路，一步步也能走完；再短的路，不迈开双腿也无法到达。
213 昼无为，夜难寐。
214 不为失败找理由，只为成功找方法。
215 首先是立坚韧不拔之志；有了志向，接下来需要的就是执行力。
216 心力与体力合行，无事不成。
217 计划只有在执行中才能创造价值，没有执行力，一切皆等于零。
218 惩罚与“怀柔”相结合更具激励效果。
219 少一点惩罚，多一些鼓励。
220 善用比自己更优秀的人。
221 为有才干的下属创造脱颖而出的机会。
222 将恰当的人放在最恰当的位置上。
223 规章制度面前人人平等。
224 增加管理的透明度。
225 注重团队中的薄弱环节。
226 减掉工作流程中的多余。
227 把信息和情报放在第一位。
228 及时矫正和补救正在发生的问题。
229 一个正确的决策如果太晚施行，那就跟一个早就施行却是错误的决策一样，一点用处也没有。
230 一次良好的撤退，应和一次伟大的胜利一样受到奖赏。

231 领导在于制定目标。

232 管理就是行动。

233 管理就是树立榜样。

234 管事先管人，管人带作风。

235 工作要简化，不要简单化。

236 忽视细节的人，迟早会酿成大错。

237 领导者要有知难而进的决心，锲而不舍的精神，攻坚破难的魄力，切实可行的办法，组织协调的本领。

238 用“钢班子”带“铁队伍”。

239 在看不清、吃不准、摸不透的情况下，切不可逞口舌之快，有时候保持沉默才是上策。

240 能否发现问题是你的工作能力；是否去发现问题是你的工作态度。

241 打仗不慌不忙，先求稳当，次求变化；办事无声无息，既要精当，又要简捷。

242 总宜奖其所长，而兼规其短。

243 凡有盛必有衰，不可不预为之计。

244 处有事当如无事，处大事当如小事。

245 事前加慎，事后不悔。

246 处事宜决断。

247 择众论之善者而从之。

248 事到手且莫急，便要缓缓想；想得时切莫缓，便要急急行。

249 执法如山，守身如玉。

250 为政者，不赏私劳，不罚私怨。

251 公生明，偏生暗。

252 威与信并行，德与法相济。

253 一年之计，莫如树谷；十年之计，莫如树木；终身之计，莫如树人。

254 称其任，则政立；枉其能，则事乖。

255 无故无新，惟贤是亲。
256 聪明不足贵，只用工夫人可敬；善言不足凭，只能办事人可用。
257 与其位，勿夺其职；任以事，勿间以言。
258 今所任用，必须以德行、学识为本。
259 同明相见，同音相闻，同志相从，非贤者莫能用贤。
260 国不务大，而务得民心；佐不务多，而务得贤俊。
261 有粟不食，无益于饥；睹贤不用，无益于削。
262 德厚而位卑者，谓之过；德薄而位尊者，谓之失。
263 能行之者未必能言，能言之者未必能行。
264 天地无全功，圣人无全能，万物无全用。
265 生材贵适用，慎勿多苛求。
266 水至清则无鱼，人至察则无徒。
267 不以一眚掩大德。
268 尺有所短，寸有所长；物有所不足，智有所不明。
269 疑则勿用，用则勿疑。
270 因材任人，国之大柄；考绩进秩，吏之常法。
271 使功不如使过。
272 智莫大于知人。
273 名不徒立，功不自成，国不虚存，必有贤者。
274 没有调查就没有发言权。
275 谅解、支援和友谊，比什么都重要。
276 没有预见，谈不上领导。
277 不解决桥和船的问题，过河就是一句空话。
278 会分析问题，才会解决问题。
279 把握好方向盘，才会有好未来。
280 听其言而观其行，观其色而究其实。

281 惟善察者能见微知著。

282 察者智，不察者迷。

283 君子谋国，而小人谋身。

284 察而后谋，谋后而动，深思远虑，计无不中。

285 不要常用缺乏自信的词句。

286 找方法，不找借口。

287 进取，不消极不懒散。

288 事情不顺的时候，歇口气，重新寻找突破口，就是结束也要干净利落。

289 识人不必探尽，探尽则多怨；知人不言尽，言尽则无友；责人不必苛尽，苛尽则众远；敬人不必卑尽，卑尽则少骨；让人不必退尽，退尽则路艰。

290 忍耐乃长久无事之基石。

291 执行到位，就能消灭隐患。

292 只知胜而不知败，必害其身。

293 常思己过，莫论人非。

294 不及尚能补，过之无以救。

295 生气时不要作出决定。

296 凡事先作计划，尽量将目标视觉化。

297 不要太依靠记忆，要办的事写下来。

298 在征询别人的意见之前，自己先要思考。

299 不要一有机会就唠叨你的不满。

300 重要的决定尽量先商量，而后再发布。

301 自信是好事，但别忽略别人的想法。

302 临事须替别人想，论人先将自己想。

303 不近人情举足尽是危机，不体物情一生俱成梦境。

304 善用威者不轻怒，善用恩者不妄施。

305 事当快意处须转，言到快意时须住。

306 缓字可以免悔，退字可以免祸。
307 宁可做过，不可错过。
308 做人，一定要说话算数；说话，就要一言九鼎。
309 再穷，也不能糊弄他人；再难，也要把话讲清楚。
310 说话算数，是给未来铺好路；言而有信，是给自己攒运气。
311 对他人许下的诺言，就全力实现；答应别人要做的事，就尽力完成。
312 一个人最好的人品，就是重诺守信；一个人最好的财富，就是良心常驻。
313 竞争是促使下属努力工作的催化剂，更是稳固领导地位的压舱石。
314 只有把权力交给合适的人，工作才会有突破性的效率。
315 要以外势谋内势，以远势谋近势，以前势谋后势，以点势谋面势。
316 能者上，平者让，庸者下。
317 人人有事干，事事有人干，合适的人干合适的事。
318 分级分类，下管一级。
319 大权独揽，小权分散。
320 分工明确，职责到人。
321 会议决定，分头操办。
322 有布置有检查有总结，奖罚分明。
323 思路要超前，决策要迟缓，执行要果断。
324 不越级、不越权，按程序办事。
325 想在先，做在前，用心做事，有备无患。
326 统筹计划，分步实施，一个时期只能有一项中心工作。
327 先试点后推广，抓两头带中间。
328 先易后难，循序渐进，不搞一刀切。
329 对上多联系，对下多鼓励，同级多默契。

330 吃得准的事先办理后汇报，吃不准的事先请示后办理。

331 求好不求多，求快注意省。

332 结构差异化，平衡协调中。

333 不迁怒，不贰过。

334 身教重于言教，立德为本，制法为辅。

335 既要有主见讲原则，又要善于讲方法，以大多数人满意为最高准则。

336 领导的职责并非凡事都要亲力亲为，而是帮助他人做得更好。

337 工作中要善于抓主线、抓本质、抓亮点。

338 原则问题要旗帜鲜明，发展问题要方向清晰，难点问题要明确回答，实际问题要重点解决。

339 只有树立强烈的问题意识，才能实事求是地对待问题，才能找到引领时代进步的路标。

340 要有发现问题的敏锐、正视问题的清醒、解决问题的自觉。

341 调查研究是谋事之基，成事之道；没有调查就没有发言权，没有调查就没有决策权。

342 研究问题、制定政策、推进工作，刻舟求剑不行，闭门造车不行，异想天开更不行，必须进行全面深入的调查研究。

343 为官一方，为政一时，当然要大胆开展工作，锐意进取，同时要保持工作的稳定性和连续性。

344 多做打基础、利长远的事，不搞形象工程、政绩工程。

345 罗马不是一天建成的，伟大的事业不可能一蹴而就，需要进行长期的奋斗。

346 沟通的基本问题是心态，基本原则是关心，基本要求是主动。

347 做管理的，要敢于说不知道，敢于说我不懂。

348 人性管理八个字：赞美、信任、尊重、关怀。

349 培养下属最好的方法就是不断检查他的工作。

350 怀菩萨心肠，行霹雳手段。

351 给下属定一个他根本完不成的指标，实际上就是告诉他不必完成了。

352 有效的激励要做到三个方面的统一：一要用对的人，二要用对的策略，三要用对的原则。

353 整合就是要发挥 1+1>2 的效果。

354 精英团队有三个缺一不可的特征：强的执行力、强的创新力和强的整合力。

355 领导力要表现在团队业绩上，是个人运作组织的智慧和能力。

356 以德服人，道德品质是决定影响力的核心关键因素。

357 不轻易承诺，做一个言出必行的领导。

358 注重情绪的控制，不暴躁、不埋怨，注意说话的语气和语调。

359 做一个既能说又能干的人，影响力不仅仅停留在能说会道上，核心还是要把工作做好，业绩完成好，团队有向心力、凝聚力。

360 形象好才能影响人。

361 干净得体是形象好的基础，每天保持干净得体的形象，给下属留个好印象。

362 着装大方得体，符合职业身份，才能让人产生信赖感。

363 利令智昏，灾祸随身。

364 莫忘公德，不思“公恨”。

365 束书不观，游谈无根。

366 千里之行，始于足下；艰难困苦，玉汝于成。

367 难字压顶，寸步难行；闯字当头，随意纵横。

368 日常好恶，善与人同；原则是非，据理力争。

369 兵马未动，粮草先行。

370 心不负人，面无惭色。

371 事不宜迟，兵贵神速。

372 小洞不补，大洞吃苦。

373 天生万物，唯人为贵。

374 得宠思辱，居安思危。

375 不入虎穴，焉得虎子。

376 养兵千日，用兵一时。

377 咬得菜根断，则百事可做。

378 为者常成，行者常至。

379 有令则行，有禁必止。

380 基础不牢，地动山摇。

381 把握当下，切莫等待。

382 看水行船，见风使舵。

383 有盐同咸，无盐同淡。

384 与其苦熬，不如苦干。

385 有话则长，无话则短。

386 心术不正，行为不端。

387 先抓西瓜，后捡芝麻。

388 胆大如斗，心细如发。

第 二 辑

创新方略

389 创造有法，但无定法。

390 苟利于民，不必法古；苟周于事，不必循俗。

391 风物长宜放眼量，思路一变天地宽。

392 与时俱进才有持久生命力。

393 推进改革的担当精神，既源于对理想信念的坚定执着，也源于登高望远的政治站位，还源于对真理的追求和坚守。

394 创新决胜未来，改革关乎国运。

395 不忘历史才能开辟未来，善于继承才能善于创新。

396 创造了价值才叫奋斗，否则再辛苦也不叫奋斗。

397 发展靠创新，创新靠科技，科技靠人才。

398 迫切需要乃发明之母。

399 治国无其法则乱，守法而不变则衰。

400 没有创新就没有超越，没有超越就没有领跑。

401 保持对科技的敏感度，努力做到先知先觉；敢于尝试科技手段，努力做到为我所用。

402 创新是未来的核心。

403 无聊是创意的天敌，警惕是创意的朋友。

404 变则通，通则达。

405 创新是人生成功的灵魂。

406 新旧相融，互为辉映，往往才能焕发出真正的美好。

407 不可不变，不可乱变。

408 探索的旅程不在于发现新大陆，而在于培养新视角。

409 不要抱着过去不放，拒绝新的观念和挑战。

410 尊新必威，守旧必亡。

411 科学的起点是好奇心和承认自己无知。

412 科技是巨大的推动力，但必须是在人们的需求和人性平衡的时候才是如此。

413 如果需要是发明之母，那变化就是创新之父。

414 人活着就是寻求新的东西，生命是新的增长，生活是新的发现。

415 创新，让一切不可能变为可能；创新，是一场没有终点的长跑。

416 文化的自信在于薪火相传，文化的生命在于推陈出新。

417 只有履职尽责，才能有所作为；只有敢于担当，才能创新有为。

418 大胆尝试胜过平庸保守。

419 有奋斗，就会有牺牲；有探索，就会有失误。

420 布新难，除旧更难。

421 一切新观念都是在一片反对声中取代旧观念的。

422 理论创新带来实践创新，实践创新落实理论创新。

423 变则可久，通则不乏。

424 理论创新每前进一步，理论武装就跟进一步。

425 没有幻想就没有科学。

426 创新力就是生命力。

427 创新社会治理，要以最广大人民根本利益为根本坐标。

428 改革创新才能抓住机遇，抓住机遇才能顺势而为。

429 伟大不囿于一己之私利，不留恋于小我之满足，而是廓然大公，是民胞物与，情顺万物而没有自己的私情，心普万物而没有自己的私心，以其“无我”始能成就“大我”；伟大不是因循守旧，不是做历史的尾巴，跟在历史后面跑，而是引领历史发展趋势与潮流，走别人没有走过的路，做前人没有去做的事。

430 人类没有忧虑，也便没有创造。

431 只有创新才能更好生存。

432 创新就要做到三个不断：不断地学习、不断地思考、不断地尝试。

433 没有创意就没有创新。

434 只有与历史同步伐，与时代共命运的人，才能赢得光明的未来。

435 鼓励大胆探索者，宽容改革失误者，鞭策改革滞后者。

436 标准助推创新发展，标准引领时代进步。

437 守旧未必风平浪静，改革必然海阔天空。

438 面对新的发展实践，有些东西过去有效，现在未必有效；有些过去不合时宜，现在却势在必行；有些过去不可逾越，现在则需要突破。

439 创造所产生的快乐是世界上最大的快乐。

440 逆水行舟，不进则退，唯有在奋进中继承事业，在创新中光大事业。

441 以守维成则成难继，因创兴业则业自达。

442 惟改革者进，惟鼎新者强。

443 理论创新定航标，理论武装起新潮。

444 传播力决定影响力，创造力决定掌控力。

445 通其变，天下无弊法。

446 应时而动，赴机在速。

447 改革激发活力，创新引领发展。

448 创新最大的敌人，莫过于路径依赖；焕发创新的精气神，最关键的是要有自我否定的勇气。

449 解决中国问题需要大智慧，探索中国道路需要新思维。

450 创新强则国运昌，创新弱则国运殆。

451 世界产业链不是一成不变的，任何一种创新都不可能永远延续。

452 该变革时，要及时变革；不该变革时，不能盲目进行变革。

453 事之当革，若畏惧而不为，则失时为害。

454 整合能力才是真正的创新能力。

455 伟大事业需要创新创造，伟大时代成就创新创业人才。

456 打破惯性思维，不做经验的奴隶。

457 自觉克服亦步亦趋的思维定式，及时转变不合时宜的思想观念，善于在复杂多变的时代大局中把握大势，在改革开放创新中促进发展。

458 创新无坦途，贵在攻坚中。

459 创造是生存之要。

460 新官理旧事，要传承，更要创新。

461 成功应对变革的最有效的办法，就是去创造变革。

462 不唯外，坚持“洋为中用”；不唯“本本”，坚持“古为今用”。
463 胆子要大，步子要稳。
464 崇尚创新，国家才有光明前景，社会才会有蓬勃活力。
465 告别旧态势、进入新常态的“先手棋”就是创新驱动。
466 向深化改革要动力，向创新调控要助力，向改善民生要潜力。
467 问题是理论的起点，也是创新理论的动力源。
468 在变化的系统里，可持续的竞争优势并不存在，只有永无止境的比赛，看谁能创造出具有暂时优势的新资源。
469 实践发展永无止境，认识真理永无止境，理论创新永无止境。
470 破旧方可立新，祛邪始能扶正。
471 创新是引领发展的第一动力。
472 常有所疑，是创新的起点。
473 最大的风险是不改革。
474 学贵日新，政贵日进。
475 旧事物衰败的时候，正是新事物崛起的契机。
476 如果希望现在与过去不同，请研究过去。
477 连接一切才能决胜未来。
478 铭记历史，立足当下，开辟未来。
479 新兴科技重塑商业未来。
480 未来是在现有的惯性背景下形成的。
481 未来建立在过去的基础之上。
482 向过去探索得愈深，向未来也就可以看得愈远。
483 历史可能不会完全重演，但有本质可循。
484 有矛盾才会产生变化，有变化才可能进步。
485 一切伟大成就都是接续奋斗的结果，一切伟大事业都是在继往开来中奋力推进的。
486 只有树立可“穷千里”的参照物，才能有“更上一层楼”的精气神。
487 任何生命都不是永恒的，只有新陈代谢才是永恒的。

488 谋发展当有大智慧，创未来必有大担当。
489 产生于过去的现在，孕育着伟大的未来。
490 虚实相生相长，不可脱节；就实论虚，以虚率实。
491 道私者乱，道法者治。
492 伟大的思想来自伟大的实践，而伟大的实践又在伟大的思想引领下向纵深发展。
493 跳出中国看中国，立足世界看中国。
494 立善为师，故无常师。
495 开放是生命力和信心的表现。
496 道是自然界的根本规律，理是万物借以互相区别的特殊规律；特殊规律离不开总规律，总的规律寓于特殊规律之中。
497 实质重于形式。
498 使命呼唤担当，使命引领未来。
499 永远不要与趋势为敌。
500 历史是现实的基础和源泉，现实是历史的延续和发展。
501 没有变革，就没有社会的发展；没有变革，就没有文明的进步。
502 任何时代的理论和思想的背后都隐藏着那个时代特有的时空体验。
503 未来视角使行动更加有序。
504 从当下出发，联结过去和未来。
505 法与时转则治，治与世宜则有功。
506 不忘本来，吸收外来，面向未来。
507 新时代意味着新起点新要求，新时代呼唤着新气象新作为。
508 不忘本来才能开辟未来，善于继承才能更好创新。
509 谋科技就是谋发展。
510 向创新要动力，向改革要活力，向开放要出路。
511 改革创新有风险，不改革创新就有危险。

512 创新是原动力，只有创新才有竞争力。

513 不在创新中繁荣，就在守旧中灭亡。

514 思想解放无止境，理论创新不停步。

515 勇于变革、勇于创新，永不僵化、永不停滞。

516 最有生命力的创新来自传统，没有传统的创新是无本之木。

517 没有遗忘，就没有创新。

518 有积累，才有创新。

519 正奇互动，创新无穷。

520 无竞争是最大之惰，无创新是最大之险。

521 经验主义是创新发展之大忌，摆脱羁绊必须超越思维定式。

522 思维决定行动，创新决定未来。

523 脱离理论和经验的创新是盲目的，而缺乏创新的理论和经验不过是一潭死水。

524 惩罚创新者，等于自毁长城。

525 领导者和跟风者的区别就在于创新。

526 没有探索就没有创新，没有创新就不会有成就。

527 激情是创新的源泉，没有激情就没有创新的灵感和冲动。

528 只有思维创新才能发现前人没有发现的新事物，解决前人无法解决的问题；也只有做到思维创新，才能更好地认识世界，解决横亘在人类社会面前的新问题。

529 创新要有一股闯劲。

530 为政之要在于勇创新。

531 凡是改革的先行者，都抢占了创新思维的“高地”；凡是发展的落伍者，都陷入了落后观念的“泥淖”。

532 自满是超越和创新的大敌。

533 超越习惯，大胆创新。

534 从问题中发现、从比较中寻找、从动态中捕捉、从转变中抢占领导发展的制高点和创新点。

第三辑

做人方略

535 决定自己上限的，往往不是能力，而是自己做人做事的格局。
536 一个人要对自己抱有信心，才能保持精神和肌体的健康。
537 明白人都是聪明人，但聪明人不见得都是明白人。
538 乐观地看待发生的一切，尽量不被负面信息所干扰或者时时刻刻调整自己的情绪，不让负面情绪左右自己的重要决定。
539 宁静的人行深远，故不折；知足的人常快乐，故不老。
540 没有自信，就别想成功。
541 做人要简单，干事要简练，交往要简明，生活要简约。
542 逆境助人成熟，绝境逼人醒悟。
543 万丈高楼平地起，英雄不怕出身低。
544 做人需要修养，做事需要方法，做官需要境界。
545 在其位，就当谋其政、专其政、善其政。
546 做人赢在格局，干事成在胸襟。
547 没有本事会误事，不守本分会出事，有本事又守本分才能成大事。
548 从古而今，放低身段、谦恭待下者，为的是登高望远、海纳百川、成其广大。
549 与众不同的经历，造就与众不同的未来。
550 人生是一座桥梁，重要的不是目的和结局，而是过程。
551 人生没有涂改液，不可能推倒重来，该怎么设计自己的人生路，马虎不得，随意不得。
552 不吃苦中苦，难得甜上甜。
553 有压力才有动力，源源不竭的动力必将激发生生不息的活力。
554 苦是奋进人生的一种补药，吃苦能补精神、补信念、补品格、补才能，使人生由苦到甜，走向理想的彼岸。

555 吃苦励志，苦生芳华。

556 大道至简，但至易不等于容易，简单也不是愚笨，单纯也不是幼稚。

557 良知决定你走的方向，还会决定你走多远。

558 苦难不会持久，强者却可长存。

559 失败者只看到问题，成功者更关注目标。

560 只有能够正确辨析方向者，方能抵达人的全面发展的光明未来。

561 苦才是人生，累才是工作，变才是命运，忍才是历练。

562 无冥冥之志者，无昭昭之明；无惛惛之事者，无赫赫之功。

563 宁可悔了改，不可做了悔。

564 一个人如果有担当，表现出来的就是负责、明快和直率。

565 自命不凡就自毁了成功的根基。

566 志气太大，理想过高，结果自然是失望烦闷；志气太少，因循苟且，麻木消沉，结果就必至于堕落。

567 命运如同手中的掌纹，无论多曲折，终掌握在自己手中。

568 所处环境是命，所逢机遇是运。

569 自己和自己赌气，吃亏的还是自己。

570 昔日之得，不足以为矜，后日之成，不容以自限。

571 责任就是方向，经历就是资本，性格就是命运。

572 选择应该选择的是勇敢，选择不该选择的是怯懦，放弃不该放弃的是愚蠢，放弃应该放弃的是睿智。

573 人的一生就是体道，悟道，最后得道的过程。

574 有自信才能有定力。

575 多给自己积极的心理暗示。

576 不怕念起，就怕觉迟。

577 勇敢，事情再难能变易；怯懦，事情再易仍是难。

578 只有懂得苦、知道累、体会难，才可成长、才会成熟、才能成功。

579 世界上没有快乐的地方，只有快乐的人。

580 人失骨气，必失尊严。

581 坏人做坏事不可怕，可怕的是好人害怕做好事。

582 人无所舍，必无所成。

583 改变可以改变的，接受无法改变的。

584 百善孝为先，尽孝善为伴，孝心一开，百善皆开。

585 孝当竭力，忠则尽命。

586 积小善可成中善，积中善可成大善。

587 只要有善心，长之育之，履之行之，人人皆可成大善。

588 勤则事无不理。

589 不自欺，方能不被欺。

590 人都是为希望而活，有了希望，人才有生活的勇气。

591 记住该记住的，忘记该忘记的，改变能改变的，接受不能改变的。

592 欢乐和忧愁永远是相依相随的，它们不可分割地交织在一起。

593 拿不起，就会庸庸碌碌；放不下，就会疲惫不堪。

594 自己优秀才有更多进步机会。

595 能力可以培养，人品坏了不好改变。

596 经历过忧愁，才知道快乐的实质；经历过痛苦，才知道幸福的真谛；经历过挫折，才知道成功的意义。

597 真正的强者，不是没有眼泪的人，而是含着眼泪依然奔跑的人。

598 做人有品，常怀律己之心；做事有格，常揣鉴己之镜。

599 德为立身之本，才为处世之道。

600 有一种人品，相处时让人愉悦，离开后使人眷恋；有一种风格，办事时叫人放心，成事后被人赞赏。

601 自重发于心，而止于行。

602 百行德为首，品洁人自高。

603 养大德者方可成大业。

604 唯有大气者，方能成大事。

605 为国以忠，为家以孝，为人以爱，为事以敬。

606 谁在凯旋中战胜自己，谁就赢得了两次胜利。

607 人以学而立，立以德为先。

608 勤奋延年。

609 人生只有不断超越，才能行稳致远，只有不断历练，才能愈发成熟。

610 倘若失却童心，便失却真心；倘若失却真心，便失却真人。

611 人唯患无志，有志无有不成者。

612 胸有凌云志，无高不可攀。

613 人若志趣不远，心不在焉，虽学无成。

614 最贫是无才，最贱是无志。

615 担当身前事，何计身后评。

616 天上无云不下雨，人无志气事不成。

617 忠者，德之正也；诚者，天之道也；忠诚者，为人之正道也。

618 立正言、走正道，则心安；心安则意志坚，意志坚则事业成。

619 坐上了“位子”，就要对得起信任；握住了权力，就要担得起责任。

620 多接地气，就更有底气。

621 行者方致远，奋斗路正长。

622 只有知耻才能远离邪妄。

623 读万卷书，行万里路，做良知人。

624 富贵足以愚人，贫贱足以立志。

625 德好才不好，成不了大业；才好德不好，干不成好事。

626 仓廪实而知礼节，衣食足而知荣辱。

627 人可以高人一筹，不可以高人一等。

628 动莫若敬，居莫若俭，德莫若让，事莫若咨。

629 德不孤，必有邻。

630 忧民之忧者，民亦忧其忧；乐民之乐者，民亦乐其乐。

631 人生在勤，勤则身修家齐国治天下平。

632 智者不为非其事，廉者不求非其有。

633 成熟不等于世故，知世故而不世故，才是最善良的成熟。

634 能付出爱心就是福，能消除烦恼就是慧。

635 人之所以平凡，在于无法超越自己。

636 善人行善，从乐入乐，从明入明；恶人行恶，从苦入苦，从冥入冥。

637 心慈者，寿必长；心刻者，寿必促。

638 心简单，世界就简单，幸福才会生长；心自由，生活就自由，到哪都有快乐。

639 行善之人，如春园之草，不见其长，日有所增；行恶之人，如磨刀之石，不见其损，日有所亏。

640 读书者不贱，力田者不饥，积德者不倾，择交者不败。

641 为人不做亏心事，半夜敲门心不惊。

642 勿慕时为，勿甘小就。

643 大视野创造新感觉，大视野升华新境界。

644 人生的诀窍就是善于经营自己的长处。

645 人不拥有可选择的生命，却拥有可选择的生活境界和追求境界的方式。

646 道德不厚者，不可以使民。

647 “耳根”要硬，眼睛要明。

648 说正话，办正事，走正道，树正气，立正面，做正人。

649 人生欲有所成，关键是要有一颗恒心。

650 顺境中找到阴影，逆境中找到光亮。

651 健康是幸福，无病是自由。

652 处逆境心，须用于拓法；处顺境心，要用收敛法。
653 因尊严，万事万物才默然自主，悄然而立；因自立，琳琅世界才有迹可循，有序可循。
654 人活在信仰和希望之中。
655 自觉心使人自尊自爱，自贱心使人自暴自弃。
656 重名节者轻利欲，重利欲者轻名节。
657 路在脚下，虽不能改变终点，却能掌握方向。
658 世界上只有两种悲剧：一种是得不到想要的；一种是得到了不珍惜。
659 人生最宝贵的是健康，家庭最宝贵的是和睦。
660 问心无愧，是人生最舒服的枕头。
661 生活不简单，尽量简单过。
662 欲成大器，先要大气。
663 感恩不仅仅是付出，也是自我情绪的愉悦。
664 不知道自己渺小，就看不到伟大。
665 不能铭记过去的人，注定要重蹈覆辙。
666 得意而不忘形，失意而不现形。
667 坚强靠自己，没有谁会怜悯你的懦弱；努力靠自己，没有谁会陪你原地停留。
668 人品决定态度，态度决定行为，行为决定着最后的结果。
669 做人有多大气，就会有多成功。
670 反听之谓聪，内视之谓明，自胜之谓强。
671 做人要自信，但不能过于狂妄；做人应低调，但不能失去自信。
672 智力比知识重要，素质比智力重要，觉悟比素质重要。
673 使命感是人内在的永恒核心动力。有强烈使命感的人，是自觉的人，是奋斗的人，是百折不挠的人，是任劳任怨的人，是坚强不屈的人。
674 政治意识是根本，大局意识是关键，核心意识是保证，看齐意识是基础。

675 自信、自立、自强是乘风破浪的“定神针”。

676 知恩、感恩、报恩是为人处世的“基本色”。

677 虚荣、虚伪、虚假是进步前行的“障碍物”。

678 媚俗、世俗、庸俗是自甘堕落的“迷魂汤”。

679 势利、功利、近利是鼠目寸光的“自画像”。

680 圆滑、油滑、狡猾是待人接物的“假面具”。

681 大喜易失言，大怒易失礼，大惊易失态，大哀易失颜，大乐易失察，大惧易失节，大思易失爱，大醉易失德，大话易失信，大欲易失命。

682 言行不一，可怕；心口不一，更可怕。

683 承认糟糕的现实，并不有损自己的品格。

684 一个人若失掉了尊严，做人的价值和乐趣就无从谈起。

685 失败的人不一定懦弱，而懦弱的人却常常失败。

686 没有原则的人是无用的人，没有信念的人是空虚的废物。

687 过于安逸，容易堕落；过于忧虑，容易虚无。

688 官做小不要紧，人不能做小了。

689 荣誉和奖赏从来都不会是真正的奋斗者追求的目标。

690 官员在位时受到拥戴并不值得炫耀，难能可贵的是卸任后仍然受到拥戴。

691 求真务实是为政之要，修身立德为从政之本。

692 做老实人不吃大亏。

693 地位愈高而态度愈要谦恭；官职愈大而内心愈要谨慎；俸禄愈优厚而愈不敢妄取贪求。

694 善不积，不足以成名；恶不积，不足以灭身。

695 心不正，心不净，人身就多病。

696 放荡功不遂，满盈身必灾。

697 对利益不苟且获得，对危难不苟且逃避。

698 一个人可以平凡，可以清贫，但不可以没有责任感。

699 当欲望远远超过实力，无论如何不能实现时，就是一个人最痛苦的时候，就容易走火入魔。

700 得意忘形一阵子，失魂落魄一辈子。

701 宠辱不惊，正气凛然。

702 山峰越高，峡谷就越深。

703 没有崇高理想和良好品质，掌握再多知识也无法成为优秀人才。

704 品行是一个人的内涵，名誉是一个人的外貌；做人德为先，待人诚为先，做事勤为先。

705 道德可以弥补智慧上的缺陷，但智慧永远弥补不了道德上的缺陷。

706 大公无私为圣人，公而忘私为贤人，先公后私为善人，先人后己为良人，公私兼顾为常人，损公肥私为罪人。

707 人道经纬万端，规矩无所不贯。

708 推诚为应物之先，强学为立身之本，节俭为持家之基，清廉为从政之道。

709 一个人只有明大德、守公德、严私德，其才方能用得其所。

710 人只有自信时，才能谦卑。

711 树活风雨土，人活精气神。

712 鸟不展翅难飞高，人无大志没出息。

713 责任有大小，责任心没有大小。

714 经雪霜才知腊梅香，遭磨难方显志刚强。

715 意志是理想的阶梯，理想靠意志成就。

716 自强是自立的前提，不自强就无以自立。

717 人品好，才能为人正；知规矩，才能守本分。

718 人生有顺境也有逆境，不可能处处是逆境；人生有巅峰也有谷底，不可能处处是谷底。

719 克勤于邦，克俭于家。

720 为官先修德，为政先正心。

721 用权为公可以为民造福，书写人生光辉篇章；用权谋私则会身败名裂，钉在耻辱柱上。

722 天下至德，莫大于忠。

723 忠诚于党的纲领，坚定理想信念；忠诚于党的核心，维护党中央权威；忠诚于党的事业，推进民族复兴伟业；忠诚于党规党纪，永葆政治本色。

724 忠诚敦厚，人之根基。

725 权势面前不折腰，物欲面前不同流，人情面前不中弹，得失之间不焦虑。

726 治身莫先于孝，治国莫先于公。

727 自命不凡的大多都是凡人。

728 心正能立其魂，身正能养其德，言正能明其志，笔正能成其文。

729 有福之人不用愁，不愁之人自有福。

730 灾祸临头不要愁怨满腹，要学会补救；幸福降临不要喜不自禁，要学会受用。

731 人的差异在业余时间。

732 聪明人知其然，能顺势而为；精明人知其然知其所以然，能借势而为；高明人知其所以然知其所必然，能造势而为。

733 智者顺时而谋，愚者逆理而动；弱者坐等时机，强者创造时机。

734 按本色做人，按角色办事，按特色定位。

735 有了大气象，更待精气神。

736 人可以被击败，不可以被击倒。

737 情感就像吹动帆船的风力，理智则是把持方向的舵手。

738 平时做好准备，才能得到机会的垂青。

739 刚者易折，柔则长存。

740 宁可藏拙，也不要露怯。

741 做人可以不聪明，但要有分寸感。

742 “不满足”是追求进步的正能量。

743 心旷为福门，心狭为祸根。

744 不要预支明天的烦恼。

745 可以发表意见，但不能拨弄是非。

746 平时谨言慎行，这是人的本分，与身份无关。

747 凡事以愤怒开始，必以耻辱告终。

748 张狂的结果，是自己受伤。

749 人生如行路，一路艰辛一路风景。

750 当一个人飞扬跋扈、为所欲为时，这个人离失败就不远了。

751 学会为自己鼓掌。

752 真实就是力量。

753 一个人越在意的地方，越是令他自卑的地方。

754 好事情发生在抱有希望的人身上，更好的事情发生在有耐心的人身上，最好的事情发生在那些不会放弃的人身上。

755 活在当下，思考未来。

756 言多变则不信，令频改则难从。

757 为政清廉才能取信于民，秉公用权才能赢得人心。

758 见利不亏其义，见死不更其守。

759 轻则失根，躁则失君。

760 民意合理则须顺应，民意不合理则不能顺应。

761 人同此心，心同此理。

762 在其位不谋其政，留下的是无人履责；不求有功但求无过，贻误的是发展良机；当作为而不作为，丧失的是群众信任；有令不行有禁不止，瓦解的是执政根基。

763 和群众心连心、手拉手、面对面、一块苦、一块干，有盐同咸，无盐同淡，方能赢得群众口碑、建起事业丰碑。

764 领导表达应言之有时、言之有序、言之有理、言之有情、言之有味、言之有度。

765 声称锦囊妙计安天下的人，远远没有脚踏实地、稳扎稳打、步步为营的实干家值得信任。

766 少动多静，以沉稳形象赢得信任；少说多做，以实干作风赢得认可；少聚多独，以独立能干赢得关注；少争多让，以平和心态赢得青睐。

767 事闲勿荒，事繁勿慌，有言必信，无欲则刚。

768 人前做得出的方可说，人前说得出的方可做。

769 无信则卑，无卑则信。

770 宽容是领导者的成功之道。

771 天下从事者，不可以无法仪；无法仪而其事能成者，无有也。

772 是非有理，轻重有法，不可以己私而拂公理，亦不可骫公法以徇人情。

773 公道出于公心，正派源于正气。

774 人无自信难以自立，国无自信难以自强。

775 不要轻易许下承诺，许下做不到的承诺，比没有许下更可恶。

776 以解决问题开局起步，以解决问题注入动力，以解决问题赢得民心。

777 信任，产生力量。

778 把阳光撒到别人心里，自己心里得有阳光。

779 惩罚贵在慎重，不能滥施；奖赏贵在公正，不能偏私。

780 守诚信是最大的财富，讲诚信是最大的聪明。

781 生长在山间的松树，千年长青；镌刻在鼎上的誓言，万年不改；铭记在心中的诚信，永不凋零。

782 上无常操，下多疑心。

783 自疑不信人，自信不疑人。

784 诚信等于财富，创新等于财富。

785 事莫虚应，应则必办，不办便结怨；愿莫轻许，许愿必还，不还便成债。

786 先相信自己，然后别人才会相信你。

787 小事可以建立信任，也可毁掉信任。

788 最简单的是讲真话，最难的也是。

789 合作以信任为基础。

790 人不自信，谁人信之？

791 责任是信念之基，担当是力量之源。

792 只有为用而讲，讲必有用，才能听之者众，闻之者然。

793 如果满意感是一杯水，那么承诺就是水杯。

794 百代兴盛依清正，千秋基业仗民心。

795 同舟共济才能创伟业，砥砺奋进才可向未来。

796 民心是最大的政治，人民是最大的靠山，脱离群众是最大的危险。

797 人民的心声、心愿、心念就是民心。

798 治理之道，莫要于安民；安民之道，在于察其疾苦。

799 治国有常，利民为本；从政有经，令行为上。

800 对群众的感情真一分，干部的作风就会好一尺，党的事业就会进一程。

801 一旦信任资本透支，危急中的“说服”策略便沦为徒劳的表演。

802 用赏贵信，用刑贵正。

803 人无信不立，党无信更不立，社会无信则无序。

804 一个有信仰的人是心有所依的，怀着一种美丽、高尚的信念而活着，是真正幸福的；没有信仰的人，缺乏判断是非、善恶、美丑的标准和能力，内心是永远无法充盈和富足的。

805 信誉是一切领导活动的基础，是所有领导力的基石和支点。

806 一两重的真诚，等于一吨重的聪明。
807 小信诚则大信立。
808 志不强者智不达，言不信者行不果。
809 公道来自无私，无私才能正派。
810 一个人信誉不好，影响个人的发展；社会普遍缺乏信用，将影响社会的发展与进步。
811 法律只有成为坚定的信念，才能内化为人们的行为准则。
812 民心惟本，厥作惟叶。
813 言忠信，行笃敬。
814 言必信，行必果。
815 政绩之本，在于为民。
816 只有心中有民，才会真正务实。
817 一公则万事通，一私则万事闲。
818 谋求特权是极大的耻辱。
819 政从正来：思想要纯正，内心要端正，处事要公正，操守要清正。
820 权力应该向善。
821 唯有始终以百姓福祉为念、为百姓谋福利者，才会真正得到百姓的祝福。
822 造福于民、福泽后世者，后人藏之于心。
823 政在去私，私不去则公道亡。
824 自谦则人愈服，自夸则人必疑。
825 一“诚”天下无难事。
826 水若过清则鱼不留，人若过严则人心背。
827 做人诚为本，政德廉为先。
828 表达当守正，修辞立其诚。
829 当信用消失的时候，灵魂也就堕入了地狱。

830 舆论引导需要“资本”，这个“资本”就是公信力。

831 信任是最好的良药。

第四辑

领导方略

832 信念过硬是根本，政治过硬是关键，责任过硬是重点，能力过硬是支撑，作风过硬是保证。

833 青石板上栽葱扎不下根，脚不沾土立不起身。

834 厚立从政之德，要多积尺寸之功。

835 立政德，就要明大德、守公德、严私德。

836 率军者披坚执锐，执戈者方能战不旋踵。

837 安得民情常达，唯恐己过不闻。

838 仁者之勇，雷霆不移。

839 生活清新，用权清正，为官清廉。

840 一个篱笆三个桩，一个好汉三个帮。

841 资历不等于能力，能力不等于威望。

842 激浊才能扬清，惩恶才能扬善。

843 大事见智慧，小事见美善。

844 立言靠天赋，立功靠时势，立德靠个人。

845 唯公心可以奉国，唯公心可以理家。

846 目不淫于炫耀之色，耳不乱于阿谀之辞。

847 不以一毫私意自蔽，不以一毫私欲自累。

848 公道则明，偏颇则暗。

849 提高站位，做忠诚于党的卫士；端正站姿，做行为规范的标杆；谋划战法，做勇于创新的闯将；持续战斗，做甘于奉献的楷模。

850 好学慎思，悟道笃行。

851 无声的典范说服力强，身边的榜样感染人心。

852 立德修身，既要立意高远，又要立足平实。

853 释己而教人者逆，正己而化人者顺。

854 一个人的影响力，关键在于是否具有正能量。

855 用智慧可以获取金钱，用金钱是无法获取智慧的。

856 德操而固则威立，教顺而必则令行。

857 敢担当，是应有的政治品格；能担当，是必备的履职能力；善担当，是过硬的工作作风。

858 过河要掌握水性，说话要抓住中心。

859 赏罚不明，百事不成；赏罚分明，四方可行。

860 严，才能立信立威；不严，则形象不在，党风不立。

861 仁则荣，不仁则辱。

862 正己才可以化人。

863 为将帅者必有担当。

864 改变世界，须从自己开始。

865 无私则刚，奉公则勇。

866 严生威，令生信。

867 信仰决定境界，境界决定品位。

868 作风彰显形象，作风成就事业。

869 做官要躬身，做人应挺腰。

870 既不能无功而赏，无罪而罚，也不能功大而小赏，罪大而小罚；既不能功小而大赏，罪小而大罚，更不能赏罪罚功，颠倒黑白。

871 私情行而公法毁。

872 问责一个，警醒一片。

873 没有问责就难有担当。

874 法令既行，纪律自正，则无不治之国，无不化之民。

875 德随量进，量由识长。

876 政德隆，民德昌；政德毁，民德降。

877 明制度于前，重威刑于后。

878 勇气有时候是一瞬间的闪念，有时候是一辈子的执念。

879 先义而后利者荣，先利而后义者辱。

880 能让大家一起分享美好是有能力的人，能把信心带给别人是有智慧的人。

881 领导最重要的东西有三样：远见、激励和信任。

882 厚德方能载物。

883 服人者，以德服为上，才服为中，力服为下。

884 人无德不立，官无德不威。

885 维护宪法权威，就是维护党和人民共同意志的权威；捍卫宪法尊严，就是捍卫党和人民共同意志的尊严；保证宪法实施，就是保证人民根本利益的实现。

886 法立于上，教弘于下。

887 和谐，不等于和事；欣赏，不等于占有。

888 官德正则民风淳，官德毁则民风降。

889 榜样是旗帜，代表着方向；榜样是资源，凝聚着力量。

890 身不正，不足以服；言不诚，不足以动。

891 人人好公，则天下太平；人人营私，则天下大乱。

892 解决麻烦是领导者的职责。

893 “老虎”露头就要打，“苍蝇”乱飞也要拍。

894 守规矩才有名节，有名节才有名望。

895 原则问题，必须讲原则；是非问题，必须分是非，是就是是，非就是非。

896 居上不骄，为下不倍。

897 决策一经作出，纪律就当随行。

898 自正方能服众，上行下效，吏治顿清。

899 如果只想当官不想干事，只想揽权不想担责，只想出彩不想出力，就没有资格做领导工作。

900 法者，国之权衡也，时之准绳也。

901 领导干部搞一次特殊，就失去一分威信；破一次规矩，就留下一个污点；谋一次私利，就失去一片民心。

902 担当源自公心，无畏出自公心；无私才能无畏，无私才敢担当。

903 以廉为本，有本才能生源，有本才能立表，有本才可率末。

904 群众看干部，全党看中央。

905 村看村，户看户，群众看党员，党员看干部。

906 做人要真诚，做事要实在，做学问要严谨。

907 尽心则无愧，公正则不会有偏颇。

908 有责不考，责必虚置；有责不问，责必落空。

909 动员千遍，不如问责一次。

910 表率是无声的动员令。

911 只有该宽时宽，才能凝聚人心；该严时严，下属才不敢掉以轻心。

912 从细节入手，温暖下属的心。

913 没有容人的度量就会失去威信，不能忍受屈辱就不会成就事业。

914 干部心系群众、埋头苦干，群众就会赞许你、拥护你、追随你；干部不务实事、骄奢淫逸，群众就会痛恨你、反对你、疏远你。

915 万山磅礴必有主峰。

916 领导艺术需要科学作基础，领导科学应该插上艺术的翅膀。

917 作为科学，领导工作需要民主决策和规范管理；作为艺术，领导工作则需要妥善协调和处理各种关系，具有创造力、想象力。

918 作为领导者，必须具有表达清楚准确的自信，确信组织中的每一个人都能理解事业的目标。

919 领导者的品德素养是人格魅力的基础，心理素质是人格魅力的关键，知识技能是领导者个人魅力的能源。

920 领导威信从何来？做好榜样，保持距离，树立形象；信守承诺，培养气质。

921 领导者的责任，归纳起来，主要的是出主意、用干部两件事。

922 当下属陷入困境，而且实在不知道如何解决的时候，领导者应当及时地给予指导和帮助。

923 把舵的不慌，乘船的稳当。

924 海到无边天作岸，山登绝顶我为峰。

925 信念坚定是“灵魂”，体现政治品格；为民服务是“根本”，体现价值追求；勤政务实是“精髓”，体现作风素养；敢于担当是“特质”，体现精神境界；清正廉洁是“风骨”，体现道德操守。

926 没有预见就没有领导，没有领导就没有胜利。

927 权力本身是一种客观存在的能量，如果用来为公众办事，就会向着好的方面转化；一旦用来为个人谋取私利，就会向着有害的方向蔓延。

928 权力是人民赋予的，只能围着党和人民“公转”，不能围着个人利益“自转”。

929 管理就是对时间的合理利用。

930 兵来将挡，水来土掩。

931 领导者应有积极热情、为民造福的恒心，应有洞察未来的眼睛，应有倾听不同声音的耳朵，应有表达组织意愿与价值追求的嘴巴，应有触发并掌控变化的双手，还应有充满全身的人格力量。

932 没有科学方法的指导，领导活动就会变得混乱无序；没有领导艺术的陶冶，领导活动就会显得单调呆板，进而出现低效或无效的现象。

933 领导能力就是将理想转化为现实的能力。

934 先有领导力，后有竞争力。

935 在一个岗位，就要建成放心岗位；管一个部门，就要建成放心部门。
936 有多大的脚，穿多大的鞋。
937 事前控制比事中控制好，事中控制比事后控制好，事后控制成本最高、危险最大。
938 要少领多导，先领后导；要少决多策，先策后决；要少激多励，先激后励。
939 言语亲和，是质朴作风的外露；气度不凡，是修养深厚的折射；运筹帷幄，是勤奋学习的必然。
940 见识越多的人越能临危不惧。
941 法治安天下，德治润人心。
942 聪明出众谓之英，胆识过人称为雄。
943 动中求静，去除烦恼；动中有静，工作有序；静中求动，养怡健康；静中有动，脑动不止，体脑结合。
944 为政清廉，不当贪官；勤奋敬业，不当懒官；勇于创新，不当庸官。
945 善于反思的民族，才是成熟的民族；善于总结历史经验的政党，才是成熟的政党；善于从历史汲取智慧的领袖，才是一个成熟的政治家。
946 只有“出众”，才能“服众”。
947 有备无患，备大患小，备小患大。
948 风俗既正，中人以下，皆自勉以为善；风俗一败，中人以上，皆自弃而为恶。
949 审度时宜，虑定而动，天下无不可为之事。
950 信任是领导力的根基所在。
951 徒善不足以为政，徒法不足以自行。
952 高瞻远瞩才能游刃有余，融会贯通才能深入浅出，丝丝入扣才能引人入胜，烂熟于心才能行云流水。

953 用兵之法，教戒为先。

954 不要相信“布置等于完成”。

955 “求同”就是要凝聚共识，“存异”就是要尊重大家的利益差别、认识差别。

956 船行千里，掌舵一人。

957 不当众批评下属，不当众顶撞上司。

958 人不激不活，鱼不激不跃。

959 人最可悲的是自己不能战胜自己。

960 欲揽瓷器活，须有金刚钻。

961 劝导不如引导，央求不如婉求。

962 没有魄力，就没有领导力。

963 找准方位才能把握航向，主动作为才能克难前行。

964 天下最宝贵的，莫如时日；天下最奢侈的，莫如浪费时日。

965 对于最有能力的领航人风浪总是格外地汹涌。

966 文武之道，一张一弛。

967 思为行之始，行为思之成。

968 先立乎其大者，则其小者弗能夺也。

969 治于未病，方可经略将来。

970 锲而不舍，金石可镂。

971 一个既知其然又知其所以然的人，方可站得更高，看得更远和想得更深，才会脱颖而出。

972 不专则不能。

973 不拒众流，方为江海。

974 心收静里寻真乐，眼放长空得大观。

975 一切技术都始于简单技巧。

976 守少则固，力专则强。

977 德若水之源，才若水之波。

978 了解了人的个性，才能对其形成合理的预期。

979 世界上最重要的事情是理解现实如何运行，以及如何应对现实。

980 善除害者察其本，善理疾者绝其源。

981 先谋于局，后谋于略，略从局出。

982 先谋后事者昌，先事后谋者亡。

983 能战方能言和，谈和更需备战。

984 有权术而不屑用，有才智而不自用。

985 世无常贵，事无常师。

986 人之心量开，心境自开；人之心境开，心术自正；人之心术正，心事自少；人之心事少，心情自乐。

987 世上的一切伟人、一切杰出政治家，天生就是社会心理学家、教育家。

988 做重要的事，而不是紧急的事。

989 忙不出错急出错。

990 困境里的乐观是积极，顺境里的冷静也是积极。

991 有自信才有底气，有底气才有力量。

992 一个没有危机感的领导者，卓越与他无缘。

993 不能把大事干小了，不能把小事干大了，不能把急事干缓了，不能把缓事干急了。

994 安不忘危，稳不忘忧，治不忘乱。

995 凡做事，将成功之时，其困难最甚。

996 静能制动，沉能制浮，宽能制偏，缓能制急。

997 缓事宜急干，敏则有功；急事宜缓办，忙则多错。

998 闻事不喜不惊者，可以当大事；听谤不怒不怨者，可以处烦嚣；遇难不避不畏者，可以担重任；用心不忮不求者，可以举大略；做人不浮不躁者，可以固根本。

999 心慌难择路，欲速则不达。

1000 善战者，因其势而利导之。

1001 只有把自身放到大局中，站位才会高，自身才会强。

1002 法无巧拙，善用者益。

1003 备豫不虞，为国常道。

1004 消祸于未萌，治乱于未乱，消未起之患。

1005 良医者，常治无病之病，故无病；圣人者，常治无患之患，故无患。

1006 饥不择食易噎喉，做事慌张会出错。

1007 遇事不要太急躁，五内如焚最伤身。

1008 天下以躁急自败。

1009 丰富的信息可能导致注意力的缺乏。

1010 安而不忘危，存而不忘亡，治而不忘乱。

1011 为之于未有，治之于未乱。

1012 时常将下一个计划放入口袋。

1013 美好的心灵是修养出来的，成功的人生是拼搏出来的，伟大的理想是在共同奋斗中实现的。

1014 束手无策时不如先放松。

1015 担心可以，但绝对不能怯懦。

1016 做官有止境，干事无止境。

1017 主旋律如果唱不响，杂音就会有市场。

1018 官越大责任越大，来不得丝毫疏忽大意。

1019 临大事而不乱，临利害之际不失故常。

1020 善养身者，使之能逸而能劳。

1021 循序渐进，待时而发。

1022 天下之事，成于惧而败于忽。

1023 进有度，退有则。

1024 既量力而行，又尽力而为。

1025 越是在形势好、工作顺的时候，越要以清醒的头脑，经受各种风浪考验；以开阔的眼界，不断开拓创新；以宽阔的胸襟，审时度势，驾驭全局；以务实的精神，真心诚意为群众谋利益。

1026 为成功想办法，不为失败找理由。

1027 只有得其道，才能顺乎势。

1028 世事无常，一切都在变化之中，该来的总要来，该走的总要走。

1029 褚小者不可以怀大，绠短者不可以汲深。

1030 功以才成，业由才广。

1031 政从正出，智从知来，财从才来，位从为来。

1032 既敢于出招又善于应招，做到“蹄疾而步稳”。

1033 把复杂的事情做简单了，那是真本事；把简单的事情做复杂了，那是没本事。

1034 以正治国，以奇用兵。

1035 抓人放事，抓机放权。

1036 要公道正派，不偏不倚；要刚柔相济，不急不躁；要恰如其分，不高不低；要按责履职，不缺不超。

1037 当干部要注意干好三件事：抓要害、办实事、管住人。

1038 能力、动力、定力是站稳走好的“支撑点”。

1039 想法、说法、办法是能力高低的“三级跳”。

1040 小智治事，中智治人，大智治制。

1041 先处理心理，再处理事情。

1042 战略根植于战术，战略家首先是战术家。

1043 胆要大，心要热，头要冷。

1044 不能期望每一项工作只成功不失败，要给干事者总结经验、重整旗鼓的机会，去其忧、励其志。

1045 穷理至简，经世致用。

1046 勇气成就卓越领导。

1047 德不优者，不能怀远；才不大者，不能博见。

1048 一个人，信念变了，德行就变；德行变了，气场就变；气场变了，运气就变；运气变了，命运就变。

1049 国家治理其实就是实现“动力系统”和“制动系统”的适度平衡。

1050 治国理政既要遵循行政活动的规律，又要遵循政治活动的规律。

1051 先有“形而上”的领导观，后有“形而下”的领导力。

1052 领导知识 = 常识 + 通识 + 胆识 + 器识。

1053 有实力，说话才有分量。

1054 欲流之远者，必浚其源。

1055 一个人养就了一身正气，便具备了从政、参政、议政的起码资本和坚实基础。

1056 事前不讲责任，事后推卸责任，原本就是不负责任。

1057 身在兵位，胸为帅谋。

1058 战略寓于战术之中，战术必有战略导向。

1059 工作找规律，办事讲规范，做人守规矩。

1060 在思考决策上，顺势而为；在谋篇布局上，找准定位；在破解难题上，抓住主要矛盾；在履职尽责上，把握角色；在从政修养上，行大道、走正道。

1061 积极的心态是成功的心理基础，是一切成功人士走向成功的黄金原则。

1062 激浊而扬清，废贪而立廉。

1063 授权如同放风筝，光牵不放，飞不起来；光放不牵，风筝不是飞不起来，就是飞上天后失控。

1064 盛时当为衰时计。

1065 急则有失，怒则无智。

1066 唯德唯廉唯实，尽心尽职尽力。

1067 小胜靠力，中胜靠智，大胜靠德，全胜靠道，道乃德、智、力之和。

1068 让部属安安静静地做事，唠叨除了让人讨厌之外，简直一无是处。

1069 充分利用时间，合理使用空间；时间上要有个排列，空间上要有个分配。

1070 引而不发最有威力。

1071 末大必折，尾大不掉。

1072 人正千夫敬，官清万人服。

1073 有定力，才能咬定目标、专心致志；有耐力，才能善始善终、善作善成；有活力，才能斗志昂扬、开拓创新。

1074 善用思想“共识”，变成行动“共为”；用行动“共为”，促思想“共识”。

1075 廉洁能聚人，律己能服人，身正能带人，无私能感人。

1076 主大计者，必执简以御繁。

1077 揭露并铲除一个谬误，胜于复述一百个真理。

1078 做人要正，做事要奇。

1079 不可以借口年轻而放弃责任，也不可以借口年老而蔑视责任。

1080 一个民族不能立言，就很难有效立业；一个国家不能立言，就很难切实立国；一个政党不能立言，就很难长久立足；一个人不能立言，就很难真正立身。

1081 既要有松柏的原则性，又要有柳树的灵活性。

1082 提供条件，营造氛围，加强指导，注重激励，指出不足，放手任用。

1083 凡办大事以识为主、以才为辅。

1084 教人向上、向前、向善，永远不会错。

1085 拓展视觉的开放度，拆除听觉的隔音墙，净化感觉的兴奋区。

1086 每个人的内心都卧虎藏龙，那是我们的欲望，也是我们的恐惧。

1087 每个人都在解决困惑的过程中不断失衡再平衡。

1088 非猛药不能去痼疾，非重典不能除时弊。

1089 优秀是教出来的，管理的本质是教育。

1090 一切事物，如果不能量化它，就不能真正理解它；不能真正理解它，就不能直接控制它；不能直接控制它，就不能真正改变它。

1091 不会量化就无法管理。

1092 管理就是计划、组织、指挥、协调和控制。

1093 当时间的主人、命运的主宰、灵魂的舵手。

1094 机遇总喜欢光顾有准备的头脑。

1095 成事必有其道，干事须得法。

1096 千钧将一羽，轻重在平衡。

1097 以天下之目视，则无不见也；以天下之耳听，则无不闻也；以天下之心虑，则无不知也。

1098 用太阳的温暖去移风易俗比用暴风骤雨好。

1099 用信仰目标实现“领”，用科学理念实现“导”，用“心”与“力”的融合提升领导力。

1100 “蹄疾”而“步不稳”就会人仰马翻，“步稳”而“蹄不疾”则会丧失机遇或半途而废。

1101 政治坚定是立命之根，业务精湛是立身之本，作风优良是成事之基。

1102 只有高瞻远瞩、提纲挈领，全面把握大局，对大局了然于胸，才能把各方面的工作做得更好、更顺、更到位。

1103 为政天下者，在乎富之、善之。

1104 确保权力正确行使，必须让权力在阳光下运行。

1105 创造力就是对自身能力的驾驭和拓展。

1106 顺天应人，守正出奇。

1107 不挑事，不怕事，事来了，敢平事。

1108 真正的从容，不是躲避纷争与喧嚣，而是平静地面对困惑与烦恼。

1109 水之积也不厚，则其负大舟也无力。

1110 无事常如有事时，提防才可弥意外之变；有事常如无事时，镇定方可消局中之危。

1111 防微杜渐一定胜过亡羊补牢。

1112 用心一者技必良。

1113 能够发现自己的错误，是一种清醒；能够改正自己的错误，是一种能力。

1114 成功在于优点的发挥，失败在于缺点的累积。

1115 要让事情改变，先改变自己；要让事情变得更好，先让自己变得更强。

1116 考验人的才能不在于他是否拿到一副好牌，而在他能打好一副坏牌。

1117 人生最大的遗憾，莫过于轻易地放弃了不该放弃的，固执地坚持了不该坚持的。

1118 刮骨疗毒，勇者所为；虽疼痛入骨，然去毒护体。

1119 任何高超领导艺术背后都是对领导规律的科学遵循。

1120 清醒而知忧患，务实而解忧患。

1121 一分信心，一分努力，一分成功；十分信心，十分努力，十分成功。

1122 只有千锤百炼，才能成为好钢。

1123 任难任之事，要有力而无气；处难处之人，要有知而无言。

1124 大智知止，小智惟谋；过犹不及，知止不败。

1125 智慧不够却思谋大事的人终究会失败，思虑过多却谋求长远的人很难成功。

1126 为天地立心，为生民立命，为往圣继绝学，为万世开太平。

1127 增强狠抓落实的本领，不仅要有一腔热血，更要有冷静头脑、科学方法。

1128 处事当明察，谋事应远虑。

1129 道是术的基础，术是道的表现。道为上、术为下；道为本、术为末。道是思想、术是方法，道术合二为一才是正道。

1130 顺势而为，如同顺水推舟，自然省时省力，事半功倍；逆势而动，则如逆水行舟，劳神费心，往往不进反退。

1131 学会分工授权，分压担子。小事快速了结即可，不可画蛇添足。

1132 向内收敛愈紧实，打出的力道就愈强劲。

1133 果断不是武断，更不是专断。

1134 制度重于技术。

1135 众人之治优于一人之治。

1136 只有群众得利，管理才能得力。

1137 让人民群众满意不仅是党员本分所在，也是行稳致远最牢靠的“靠山石”。

1138 事业就是感召力，服务就是吸引力，环境就是凝聚力。

1139 监督有力，治党才有效。

1140 国有贤良之士众，则国家之治厚；贤良之士寡，则国家之治薄。

1141 逆者难从，顺者易行，难从则乱，易行则理。

1142 规则创造了秩序。

1143 随时立制，遇弊则变。

1144 法者，治之端也。

1145 搞乱一个国家，必先搞乱一个国家的历史；搞乱一个执政党，必先搞乱一个执政党的历史，从而动摇这个国家、这个执政党的合法性基础。

1146 寻求全社会意愿和要求的最大公约数，画出民心民意的最大同心圆。

1147 家风正，则政风淳，党风清。

1148 懂团结是真聪明，会团结是真本领；团结出凝聚力、战斗力和新的生产力。
1149 干部清正、政府清廉，政治清明是政治生态文明的根本保证。
1150 一根筷子容易折，十根筷子硬如铁。
1151 没有使命的组织是走不远的，而一个忽视了组织成员物质利益的组织则是没有生命力的。
1152 人民是水，干部是鱼。
1153 阶级的核心是政党，政党的核心是领袖，领袖的核心是意志与思想。
1154 长治久安，关键在基层；安全稳定，重心在基层。
1155 没有团结就没有稳定与发展，没有共同发展也就没有团结的基础。
1156 系统优于个体。
1157 众力并则万钧举，人心齐则泰山移。
1158 万人操弓，共射其一招，招无不中。
1159 纪律是执行路线的保证。
1160 纪律是达到一切雄图的阶梯。
1161 人在一起是聚会，心在一起是团队。
1162 有官必有课，有课必有赏罚。
1163 严管就是厚爱，治病是为了救人。
1164 任用是最大的信任，信任不能代替监督，监督的出发点是爱护。
1165 只有良法之治才能称得上法治。
1166 一滴水，融入大海，也就有了大海的宏阔与磅礴；一棵树，融入森林，也就有了森林的葱郁和深厚。
1167 反腐败不是一场轻松愉快的游戏，而是艰巨复杂的长期斗争。
1168 全面从严治党，既要靠治标，猛药去疴、重典治乱，也要靠治本，正心修身、涵养文化，守住为政之本。
1169 家风正，则人烟旺、事业兴。

1170 家庭是人生的第一课堂，父母是孩子的第一任老师。

1171 家风好，就能家道兴盛，和顺美满；家风差，难免殃及子孙，贻害社会。

1172 众心成城，众口铄金。

1173 政之兴废，在乎民心。

1174 伟大梦想指引正确方向，为伟大斗争、伟大工程、伟大事业提供领航导向；伟大斗争昭示担当精神，为伟大工程、伟大事业、伟大梦想扫除障碍，提供牵引；伟大工程锻造领导力量，为伟大斗争、伟大事业、伟大梦想提供坚强保证；伟大事业宣示道路旗帜，为伟大斗争、伟大工程、伟大梦想开辟前进路径。

1175 党兴则国强，党衰则国弱。

1176 政府是创造财富的主导，企业是创造财富的主体；凡是法律不禁止的，市场与企业都可以进入，而政府只能做法律规定的事情。

1177 担当是中国共产党人的脊梁精神，权力就是责任，责任就是要担当，权力有多大，责任担当就要有多大。

1178 政德兴，则政权安；政德衰，则政权乱。

1179 忠诚既是团结一致的“聚合剂”，也是党的力量的“倍增器”。

1180 人民创造历史，劳动开创未来。

1181 一切来源于人民，一切为了人民。

1182 主体责任缺位，根子在党的观念淡漠。

1183 治国安邦，重在基层。

1184 全面从严治党，基础在全面、要害在治、关键在严。

1185 党要管党，才能管好党；从严治党，才能治好党。

1186 廉政还要勤政，更要优政。

1187 吏不廉平，则治道衰。

1188 治国有常，治党亘纲。

1189 治国必先治党，治党务必从严，从严必依法度。

1190 纪律和规矩是道德的保障，崇德向善必须与遵规守纪相辅而行。

1191 强化不敢腐的震慑，扎实不能腐的笼子，增强不想腐的自觉，实现海晏河清、朗朗乾坤。

1192 全面从严治党如逆水行舟，不进则退，松一松则功亏一篑，缓一缓则前功尽弃。

1193 全面从严治党不可满足过去时，应牢牢抓住进行时，主动谋划将来时，永远没有完成时。

1194 严格党内政治生活，严明的是领导操守，规范的是党员行为，惠及的是百姓民生。

1195 人不守规矩则废，党不讲纪律则乱。

1196 作风建设，做于细、成于严。

1197 党建工作做得好不好，不要向墙上看，要向群众脸上看。

1198 群众的事情应组织群众多商量，大家的事情应组织大家多参与。

1199 天地之间，莫贵于民；悠悠万事，唯民为大。

1200 群之所为，事无不成；众之所举，业无不胜。

1201 国之兴也，视民如赤子；其亡也，以民为草芥。

1202 天下事，以实则治，以文则不治。

1203 理论要彻底，策略应准确。

1204 泰山不让土壤，故能成其大。

1205 民生大于天，民心重于地。

1206 积力之所举，即无不胜也；众智之所为，即无不成也。

1207 人心冷暖关乎天下得失。

1208 赢得民心民意，汇集民智民力。

1209 因民之利而导之，顺民之意而能之。

1210 上下同欲者胜，风雨同舟者兴。

1211 算账要算大局账、长远账、明晰账，但归根结底要算好民心账。

1212 法令行则国治，法令弛则国乱。

1213 聚是一团火，散似满天星。
1214 在利益、目标之后，就是力量；没有力量是任何利益都保不住的。
1215 凡上下之情，通则治，不通则不治。
1216 为敢闯者壮胆，为实干者撑腰。
1217 团结就是力量。
1218 万夫一力，天下无敌。
1219 守不忘战，将之任也；训练有备，兵之事也。
1220 作风问题抓和不抓大不一样，小抓大抓也大不一样。
1221 安享和平是人民之福，保卫和平是人民军队之责。
1222 系统的结构决定系统的功能，结构的变化决定功能的变化。
1223 体制活则全盘活，体制新则事业新。
1224 体系依托结构，结构决定功能，功能源自需求。
1225 要把我们想说的与干部群众想听的结合起来，把“大水漫灌”与“精确滴灌”结合起来，让马克思主义中国化，让基本原理变成生动道理，让根本方法变成管用办法。
1226 严治之军，所向披靡；无治之兵，百万无益。
1227 一个国家真正的强大，一定是制度的强大、规则的强悍。
1228 让欲望止于规矩，使歪念停于纪律。
1229 知止是一种人生智慧。
1230 治理应有利于激发社会活力，扩大人民民主，实现社会正义。
1231 独行快，众行远。
1232 上下同心，其利断金。
1233 引领自己，要用脑；引领别人，要用心。
1234 个人可以有不足，但团队不能有短板。
1235 忽略团队力量，注定走下坡路。
1236 齐则有序，齐则有效，齐则有力。
1237 绳拧一股拉不断，人心分散无力量。
1238 气欲柔不欲强，欲顺不欲逆，欲定不欲乱，欲聚不欲散。

1239 推进标本兼治，靠加大惩治力度，形成持续震慑，巩固不敢腐；靠深化改革，健全制度，完善激励和约束机制，促进不能腐；靠坚定理想信念宗旨，选对人用好人，弘扬优秀传统文化，牢固树立“四个自信”，强化不想腐。

1240 以道为常，以法为本。

1241 不同民族的生存不应是非此即彼、你死我活，而应是共生共存。

1242 一个团队有了共同的价值观、有了一致的行动方向，就可以形成巨大的合力，也就战无不胜，攻无不克了。

1243 人心向党，政党必然生机勃勃；人心背党，政党必然凋零败落。

1244 离开了人民的立场，离开了群众观点，离开了为大多数人谋福利，半点马克思主义都没有。

1245 由小处看，政绩的积累是个人被选择担负更高级领导责任的重要依据；由大处看，政绩的汇集则是对一个政党执政能力的检验。

1246 得民心者显政绩，民心是衡量政绩的一杆秤。

1247 人无规矩则废，家无规矩则祸，党无规矩则亡，国无规矩则乱。

1248 干部作风是人民群众观察评价党风的晴雨表；作风建设是营造良好政治生态的重要切入点。

1249 干工作，离不开必要的形式，但如果形式远大于内容，甚至徒有形式没有内容，就变成了形式主义，就会有百害而无一利。

1250 时代是出卷人，我们是答卷人，人民是阅卷人。

1251 理论学习要抓深入，理论宣传要抓普及，理论研究要抓重点，理论引导要抓热点。

1252 主旋律引领舆论，正能量团结鼓劲。

1253 主题宣传要做强，形势宣传要做透，政策宣传要做准，成就宣传要做实，典型宣传要做活，舆论监督要有力。

1254 传播手段要新，传播载体要广，传播渠道要宽，媒体融合要深。

1255 人视水见形，视民知治不。

1256 党内所有的政治问题，归根到底就是对党是否忠诚。

1257 忠诚印寸心，浩然充两间。

1258 坚持在“常和长、严和实、深和细”上下功夫，管出习惯，抓出成效，化风成俗。

1259 政贵有恒，治须有常。

1260 全党理想信念坚定，党就拥有无比强大的力量；理想信念淡薄，就会聚集乌合之众，风一吹就散。

1261 凝聚产生力量，团结诞生兴旺。

1262 一草一木当晓百姓利益，一言一行勿忘党的宗旨。

1263 有严才有清风正气，有严才有民心公论。

1264 树之茂盛靠根深，人之忠诚靠铸魂。

1265 勤者，为政之要；廉者，为政之本。

1266 看齐紧跟决不掉队，不忘初心维护核心。

1267 再微小的细节，也能折射出一个人的作风；再轻微的苗头，也会危害一个政党的根基。

1268 组织才是最大的靠山。

1269 越规者，规必惩之；逾矩者，矩必匡之。

1270 领导是一种权力，更是组织赋予的一种责任；岗位有一定待遇，但更是组织赋予的一种使命。

1271 坦诚相见，才能心心相印。

1272 没有一种根基，比扎根人民更坚实；没有一种智慧和力量，比从群众中汲取的更强大；没有一种执政资源，比赢得民意更珍贵持久。

1273 人情再大，大不过道德原则；家人再亲，绝不能超越党和人民的利益。

1274 人民有信仰，民族有希望；个体有担当，国家有力量。

1275 心中有党，才能坚定理想信仰，永不迷失方向；心中有民，才能牢记党的宗旨，不负人民期待；心中有责，才能敢于担当，造福一方；心中有戒，才能有所敬畏，令行禁止。

1276 千人同心，则得千人之力；万人异心，则无一人之用。

1277 没有一流的人才，就没有一流的政府。

1278 治国凭圭臬，安邦靠准绳。

1279 秩序是自由的前提，没有秩序谈不上自由。

1280 没有人什么也无法实现，没有制度什么也无法持续。

1281 衡量党性强弱的根本尺子是公、私二字。

1282 制度让想犯错误的人犯不了错，信仰让有机会犯错的人不愿意犯错。

1283 制度不在于多，而在于精，在于务实管用，突出针对性和指导性。

1284 责己的人多，国家必兴；责人的人多，国家必乱。

1285 能够解决执行力和团队智商两个问题的团体是最佳的团队。

1286 治国理政是好是坏，主要是看人民的满意度；人民满意就好，人民不满意就不好。

1287 事在四方，要在中央。

1288 文化的核心是精神，精神的核心是信仰。

1289 一个人做事的时候，不仅取决于你有多能干，也取决于你能调动多少资源来帮助你。

1290 有善人无善法，则没有规矩方圆；有善法无善人，则法或为空文，或反而成为舞文者的手段。

1291 政不可多门，多门则民扰。

1292 不忘初心，方得始终。

1293 反腐败需要同时做两件事情，一是反腐败的制度建设，二是根据制度反腐败。

1294 木有本而枝茂，水有源而流长。

1295 只有党具有了先进性，党才会有辐射功能；只有党具有了辐射功能，才能保证党的先进性。

1296 善待职位，把职位作为为人民服务的舞台。

1297 只有上下同欲、众志成城，才能构筑最坚强的队伍；只有齐心协力、惟精惟一，才能聚合最伟大的力量。

1298 有什么样的党内政治生活，就会有什么样的党组织，有什么样作风的党员，有什么样形象的领导干部。

1299 国因法而治，党因规而强。

1300 常怀忧患之思，常念人民之托，砥砺复兴之志。

1301 基层牢则政权稳，基层治则天下安。

1302 令之不行，政之不立。

1303 为民是一种责任，爱民是一腔赤诚。

1304 民心顺事事顺，民心稳社会稳。

1305 为官之道，贵在安民；安民之要，贵在体察其疾苦。

1306 国无法则人无矩，法不公则国不稳。

1307 民生关乎民心，系乎党运国运。

1308 能用众力，则无敌于天下矣；能用众智，则无畏于圣人矣。

1309 乘天之时，因地之利，用人之力，乃可富强。

1310 一个国家没有核心会乱，一个家庭没有核心会散。

1311 视人民为亲人，把组织当“靠山”。

1312 核心就是旗帜、就是方向、就是信心、就是力量。

1313 失去了政治纪律的约束，最终必然失去政党本身。

1314 党内政治生活严肃，全体党员和党的各级组织都遵规守矩，政治生态必然良好；党内政治生活庸俗化、随意化、平淡化，党员和党的组织各行其是，政治生态必然恶劣。

1315 欲知平直，则必准绳；欲知方圆，则必规矩。

1316 矩不正，不可以为方；规不正，不可以为圆。

1317 勤政廉政则政通人和，亲民爱民则民康物阜。

1318 管理要设权限，办事要有规则，议事要有程序。

1319 团结的面越宽越好，团结的人越多越好。

1320 家和万事兴，家齐国安宁。

1321 人民就是江山，江山就是人民。

1322 人创造环境，环境也创造人。

1323 治天下者以史为鉴，治郡国者以志为鉴。

1324 脚上沾满多少泥土，对群众的感情就有多深；群众在自己的心中有多重，自己在群众心中就有多重。

1325 法律和制度缺少细节，必将导致许多严重问题。

1326 管理要全面，标准要严格，环节要衔接，措施要配套，责任要分明。

1327 先有法律才有秩序。

1328 “家和万事兴”，过好了小日子，才能有大江山。

1329 党纪严于国法。

1330 把服务群众与教育群众结合起来，做好群众工作。

1331 群众有所呼，干部要有所应。

1332 安危在出令，存亡在所任。

1333 治国理政必正风俗。

1334 法治是治国理政的基础。

1335 人心稳，百业兴。

1336 令在必信，法在必行。

1337 为国也，观俗立法则治，察国事本则宜。

1338 民生无小事，枝叶总关情。

1339 天地之大，黎元为先。

1340 单丝不线，孤掌难鸣。

1341 和羹之美，在于合异。

1342 要有法，要有良法，要有良好的法的施行，三者缺一不可。
1343 权乃民授，民授必须为民。
1344 人民当家作主是最大的尊严。
1345 执政理念，必须团结和凝聚人民。
1346 民生连着民心，民心凝聚民力。
1347 一定程度的组织化是任何社会性存在的必要前提。
1348 没有人，一切皆无可能；没有好的体制，一切不可持续。
1349 帮钱帮物不如建个好支部。
1350 与民共其乐者，人必忧其忧；与民同其安者，人必拯其危。
1351 乘众人之智，则无不任也；用众人之力，则无不胜也。
1352 治国理政，关键在人。
1353 实践出真知，基层是沃土。
1354 以真心去联系群众，用真情与群众交流，做到真正为群众服务。
1355 万物尽秋气，一室难为春。
1356 履不必同，期于适足；治不必同，期于利民。
1357 民之所盼，政之所向。
1358 伟大斗争赖有核心掌舵，伟大工程需要核心领导，伟大事业依靠核心领航，伟大梦想源自核心指引。
1359 共识是共为的前提和基础，共为是共识的目的和归宿。
1360 政从正来，以正资政。
1361 国勤则治，怠则乱。
1362 形势决定发展任务，问题代表时代声音。
1363 发展是安全的基础，安全是发展的条件。
1364 总结过去，规范当下，昭示未来。
1365 勤为政者，贵在养民；善治国者，必先富民。
1366 尊重规律、遵循规律、顺势而为，按照规律办事，经济社会就能持续健康发展；藐视规律、违背规律、逆势而动，逆规律而上，不仅不会发展，还将受到规律的惩罚，付出沉重的代价。

1367 规律就是一切从实际出发。

1368 没有什么比规律更强大。

1369 事之难易，不在大小，务在知时。

1370 顺应天地自然规律，无违天时，无背地利。

1371 社会是在矛盾运动中前进的，有矛盾就会有斗争。

1372 问题是时代的声音，人心是最大的政治。

1373 没有小安全，就没有大安全；没有局部安全，就没有国家安全。

1374 没有小稳定，就没有大稳定；没有局部稳定，就没有全局稳定。

1375 无法改变风向，可以调整风帆；难以改变事物，可以重塑观念。

1376 时止则止，时行则行，动静不失其时，其道光明。

1377 格局定荣枯。

1378 既要敢于斗争，又要善于斗争；以斗争促和谐，以斗争求稳定。

1379 文艺必须因时而兴，乘势而变，随时代而行，与时代同频共振。

1380 美好的未来激励前行，奋进的脚步不容松懈。

1381 历史是一面镜子，从历史中，我们能够更好地看清世界，参透生活，认识自己；历史也是一位智者，同历史对话，我们能够更好地认识过去，把握当下，面向未来。

1382 知者善谋，不如当时。

1383 历史大潮，稍纵即逝，奔流不回。

1384 历史的经验值得注意，历史的教训更应引以为戒。

1385 没有和平，发展就无从谈起。

1386 大是小的累积，只有先把小事做好了，才有可能做成大事。

1387 开放带来进步，封闭必然落后。

1388 制度根植于社会，有什么样的社会就有什么样的制度。

1389 知其事而不度其时则败。

1390 当知器满则倾，须知物极必反。

1391 荣誉记录过去，奋进创造未来。

1392 只有恢复绿水青山，才能使绿水青山变成金山银山。

1393 衡量发展质量和效益，就是要做到投资有回报，产品有市场，企业有利润，员工有收入，政府有税收，环境有改善。

1394 就业是民生之本，发展之基，也是施政之要。

1395 学会“弹钢琴”，把握好平衡点，统筹稳增长，促改革，调结构，惠民生，防风险。

1396 小合作需要放下态度，彼此尊重；大合作需要放下利益，彼此平衡。

1397 昨天的成功并不代表着今后能够永远成功，过去的辉煌并不意味着未来可以永远辉煌。

1398 目标要坚定，方法要辩证。

1399 既要有防范风险的先手，也要有对付和化解风险挑战的高招；既要打好防范和抵御风险的有准备之战，也要打好化险为夷、转危为机的战略主动战。

1400 文明建设要着眼成风化俗，不断提高人民文明素养和全社会文明程度。

1401 识大局方能谋大事。

1402 使命是奋斗的方向，问题是时代的声音。

1403 抢抓时间等于抢抓机遇，放弃时间就等于放弃机会。

1404 丢弃时间，就等于丢弃一切。

1405 “孤阴不长，独阳不生”，世间万事万物总是在对立中相互依存的。

1406 最大的红利是社会和谐红利。

1407 凡是越有价值的东西，获取通常也费周折；能轻易得到的，往往也不会有多大价值。

1408 危机也是一次不可浪费的机遇。

1409 一分预防等于十分治疗。

1410 按照趋势行事，趋势才有价值。

1411 真有价值的东西，绝不会被怀疑所毁；被怀疑所毁的东西，绝不会真有价值。

1412 金融的核心是风险，监管的核心是控制风险。

1413 标准决定质量。

1414 万物得其本者生，百事得其道者成。

1415 制度的价值在于务实管用，制度的作用在于推动发展。

1416 防控风险，绝不是不要发展；居安思危，更不是不要作为。

1417 不能只热衷于做“质变”的突破工作，而要注重做“量变”的积累工作。

1418 统筹总是跟全局观紧密相关，没有全局观就不可能有统筹。

1419 莫为浮云遮望眼，风物长宜放眼量。

1420 根深才能叶茂，本固方可长远。

1421 得其法者事半功倍，不得其法者事倍功半。

1422 良弓在手，贵在速发。

1423 信息可以产生强大的变革动力。

1424 从出发点到既定目标，两点之间最便捷的路往往不是一条直线。

1425 获得成功通常并不是因为先人一步，而是因为能够耐心地等待合适的时机行动。

1426 新时代继往开来、守正出新，变的是方位，不变的是使命；变的是矛盾，不变的是发展。

1427 因时制宜，顺势而为。

1428 万物皆变，变化之中蕴含着不变。

1429 新实践孕育新理论，新理论指导新发展。

1430 发展战略阶阶进，芝麻开花节节高。

1431 稳中求进不是一味求稳、不敢作为，而是把握好度、顺势而为。

1432 不仅要做大“蛋糕”，还要分好“蛋糕”。

1433 没有人民看得见摸得着的获得感，改革发展就没有意义。

1434 共享发展成果“一个不能少”。

1435 改善民生只有进行时，没有完成时。

1436 只有守住绿水青山，才能得到金山银山。

1437 打赢蓝天保卫战，才能消除“心肺之患”。

1438 生态兴则文明兴，生态衰则文明衰。

1439 既要“求温饱”，又要“盼环保”，不能为了“温饱”忽略了“环保”，也不能只顾“环保”不顾“温饱”。

1440 肯取势者可为人先，能谋势者必有所成。

1441 九层之台，起于累土。

1442 循道而行，功成事遂。

1443 伟大的毅力只为伟大的目标而产生。

1444 清淤只能治标，防污才能治本。

1445 能看到多远的过去，就能看到多远的未来。

1446 欲知大道，必先为史。

1447 解决问题才能不出问题。

1448 问题是工作的着力点，差距是发展的空间和潜力。

1449 没有信息化就没有现代化。

1450 没有压力，就没有动力；没有危机，也就丧失了契机。

1451 理想的国家治理既要保证国家的发展和进步具有持续的动力，又要保持路基路况良好，不至于“出轨”翻车。

1452 国家治理的高目标或高标准，就是保持国家的持久繁荣；低目标或低标准，是规避经济、政治、社会风险，避免国家陷入各种危机当中。

1453 发展是解决所有问题的总钥匙、总开关。

1454 稳定必须协调，协调才能稳定，稳定就是协调。

1455 领导者的素质与信念，最终汇聚成历史的自觉。

1456 不发展是倒退，发展慢了也是倒退。

1457 进化是主流，退化是逆流，异化是条藏有杀机的暗流。

1458 公共服务谨防职能“缺位、越位、错位、不到位”。

1459 开放性是中国经济的本质。

1460 事业发展出题目，深化改革做文章。

1461 事业发展无止境，深化改革无穷期。

1462 完成非凡之事，要有非凡之精神和行动。

1463 历史是现实的镜子，但还不是现实。

1464 穷则变，变则通，通则久。

1465 政治先进则国家强大，政治落后则国家衰败。

1466 经济社会要有新发展，政府管理必须跟上；政府的管理与服务是实实在在的竞争力。

1467 凡政治清明、官员清正、政府清廉时就民风淳朴、民富国强、四海升平；凡政治昏庸、暴戾专横、官员贪腐时就民怨国衰。

1468 历史前进的步伐是跳跃式的，有发展，有震荡，有后退，有大步前进。

1469 国家强弱的背后是制度之争。

1470 稳定是发展的基石，行稳是致远的前提。

1471 未来淘汰的不是工作，而是技能。

1472 忘记历史意味着轻薄，篡改历史意味着背叛。

1473 承前是为了启后，继往才能开来。

1474 任何财富都是时间和行动化合之后的产物。

1475 离开了过程，就不会有结果。

1476 以发展求和谐，以和谐促发展。

1477 社会革命的目的是为了解放生产力。

1478 不尊重历史的人，注定要重犯历史的错误。

1479 量变堆积历史，质变分割历史。

1480 天下之大务，莫大于恤民。

1481 职务进步有尽头，干好工作无止境。

1482 热情和良好愿望不能代替经济规律。

1483 取之有度，用之有节，则常足；取之无度，用之无节，则常不足。

1484 适用昔者未必适于今，适于今者未必适于后。

1485 越是生活富足，越要有崇高的精神追求；越是胜利在望，越要不懈奋斗。

1486 民族复兴任重而道远，士不可以不弘毅；崛起的道路难免险阻，忧患意识不可少。

1487 实践必须贯穿理论，就像理论必须贯穿实践一样。

1488 今天的奋斗，铸就通往明天的路基。

1489 沧海横流显砥柱，万山磅礴看主峰。

1490 开放出盛世，封闭致衰落。

1491 容易走的都是下坡路。

1492 以往知来，以见知隐。

1493 要有一点霸气，但绝不能霸道。

1494 人管不好，就会出事；事管不好，就会出局。

1495 管人之道讲究刚柔并用：太刚了，容易激化矛盾；太柔了，容易政令不通。管事之道讲究张弛有度：张得太紧了，容易忙中出错；放得太松了，则没有执行力。

1496 管理者要是坐下，部下就躺下了。

1497 领导观念要变，对党的信念不能变。

1498 领导方法要变，工作思路的连续性不能变。

1499 领导作风要变，艰苦奋斗的本色不能变。

1500 领导角度要变，人民公仆的形象不能变。

1501 适时评价下属，防止赞赏的滞后性。

第五辑

交往方略

1502　别在压力大时压榨自己，是善待自己的生活方式；别在压力大时无意识地压榨别人，也是善待自己未来的生活方式。

1503　该说则说，不该说时坚决不说，言必适时、言必适情、言必适度。

1504　蓬生麻中，不扶而直；白沙在涅，与之俱黑。

1505　但教方寸无诸恶，狼虎丛中也立身。

1506　盛气就会凌人，心满就不求上进，露才就流于肤浅。

1507　处身者，不为外物眩晃而动，则其心静，心静则智识明。

1508　博取众善，以辅其身。

1509　众叛亲离从疑心开始。

1510　智者善听众人言。

1511　真正的耳聪是能听到心声，真正的目明是能透视心灵。

1512　诚实是保险的说话方法。

1513　上交不谄，下交不渎。

1514　道不同不相为谋。

1515　道德高尚者让，品质低下者争；志向远大者让，鼠目寸光者争；用权为公者让，贪图私利者争。

1516　志同则心同，心同则力同。

1517　合作会有两个赢家，争夺只有一个赢家，对抗则会导致两败俱伤。

1518　眼里识得破，肚里忍得过。

1519　自家有过，人说要听，当局者迷，旁观者醒。

1520　其所善者，吾则行之；其所恶者，吾则改之。

1521　逢着瞎子不谈光，逢着癞子不谈疮。

1522　朽木不可为柱，坏人不可为伍。

1523 莫妒他长，妒长，则己终是短；
1524 是非天天有，不听自然无。
1525 改变别人，不如先改变自己。
1526 多想想自己的错，就会慢慢忘记别人的过。
1527 不会与人相处，就不会成功；只会与人相处，而不会独处，同样不会成功。
1528 有事多商量、遇事会商量，既是为了出共识、出办法，也是为了出感情、出团结。
1529 勿因群疑而阻独见，勿任己意而废人言。
1530 说话时应讲究平易、和善，多一些关爱、谦虚和随和，少一些教训、责难和讥讽。
1531 宁说微言，不说谬语；宁讲辩言，不讲赘语；宁有错话，不有假话；宁不讲话，不讲空话。
1532 办事靠大家，荣誉给大家。
1533 让人自悟为上，引而不发为中，强加于人实乃下策。
1534 寂寞是想近人而无人可近，无聊是想做事而无事可做。
1535 懂得敬业乐群的人，人生才能一帆风顺。
1536 观其言、察其行、知其底，方知其人。
1537 万物人至上，万事和为贵。
1538 君子总是磨砺自己，小人总是算计别人。
1539 恭维的话像香水，可以闻一闻，但千万不要把它吞下去。
1540 成功的团队没有失败者，失败的团队没有成功者。
1541 是雄鹰就不要与麻雀纠缠。
1542 以诚感人者，人亦以诚而应。
1543 理解别人更为快乐。
1544 不要拿一个人的往事，去怀疑一个人的本质。
1545 忍让，是思前想后作出的决定；包容，是不计前嫌给人的机会。
1546 为别人鼓掌的人也是在给自己的生命加油。

1547 坚强的人，并不是能应对一切，而是能忽视所有的伤害。

1548 包容，是一个人最大的修养。

1549 心若计较，处处都是怨言；心若放宽，时时都是春天。

1550 尝尽人生百味，方知人间冷暖；历尽沧桑千帆，才悟人生正负。

1551 团结奋进，山海可蹈；勠力同心，未来可期。

1552 明智的妥协是一种适当的交换。

1553 善待自己，幸福无比；善待别人，快乐无比；善待生命，健康无比。

1554 懂我的人，不必解释；不懂我的人，何必解释。

1555 忍一言风平浪静，退半步海阔天空。

1556 要成功，需要朋友；要取得巨大的成功，需要敌人。

1557 心情再差，也不要写在脸上，因为没有人喜欢看。

1558 要有自知之明；要有自控力，学会控制自己；要有同理心，学会换位思考；要有适度的交往热情。

1559 微笑是柔软之心开出的花，爱语是柔软之心结出的果。

1560 低眉顺目比金刚怒目更具威严。

1561 谎言与高调，是一枚硬币的正反两面；谎言之前必是高调，高调之后必是谎言。

1562 马在松软的土地上易失蹄，人在甜言蜜语中易摔跤。

1563 说自己好，别人不信；说自己坏，别人会信。

1564 平民情怀最动人。

1565 身份越高，言语越要慎重。

1566 图谋恶事的，心存诡诈；劝人和睦的，便得喜乐。

1567 丰富自己，比取悦他人要有力量。

1568 想成为大树，就不要和草去比。

1569 人最怕缺的是德，最怕失的是信。

1570 谗言毁人深，暗箭最伤人。
1571 宁可保持沉默像傻子，也不要一开口就证明自己是傻瓜。
1572 沉默是反击无耻的无声风暴，愤怒是抗击外辱的有效“自残”。
1573 不言人私，不揭人短。
1574 有时话多，会惹出好多麻烦；话少，能减少好多麻烦；沉默，可避免好多麻烦；微笑，能解决好多麻烦。
1575 善良与尊重，是融合彼此的不二法门。
1576 说别人听得懂的话，写别人看得懂的字。
1577 以言语讥人，取祸之大端；以度量容人，集福之要术。
1578 与其言过其实，不如不说为宜。
1579 对上以敬，对下以慈，对人以诚，对事认真。
1580 宁学敌人的优点，不取朋友的缺点。
1581 雪中送炭胜过锦上添花。
1582 宁愿少言寡语，也不废话连篇。
1583 己顺，示人以平和；己达，示人以谦恭；己喜，示人以沉静。
1584 柔和的声音，叫人心生欢喜；正义的声音，使人荡气回肠；慈悲的声音，让人终生难忘；赞美的声音，令人如沐春风。
1585 越是看起来极简单的人，越是内心极丰富的人。
1586 道歉化干戈，宽容贵似金。
1587 把话说清讲好的四条标准：听得懂、记得住、传得开、做得到。
1588 对上司要尊重而不奉承，对下属要关爱而不溺宠。
1589 奉承是杀人的暗箭。
1590 宁听难听的实话，不听动听的假话。
1591 勿滥用语言的功能，却忘了沉默的力量。
1592 说话出自天性，沉默出自智慧。
1593 做人，不戴面具；交往，不玩心眼。
1594 多一点忍耐，就会少几次后悔；少几次翻脸，就多几个台阶；多几次听不见，就少几次庸人自扰；少撂几句狠话，就多一些余地。

1595 懂得退让，方显大气；知道包容，方显大度。

1596 看清而不揭穿，便懂得原谅的意义；讨厌而不翻脸，便知道至极的尊重。

1597 能忍耻者安，能忍辱者存。

1598 倾听来自心灵的声音和力量。

1599 话多不如话少，话少不如话精。

1600 有人帮是幸运，无人帮是命运；切勿怨声载道，切勿说三道四。

1601 嘴长他人之身，耳长自己之体，说不说他人事，听不听自己事。

1602 认识人靠缘分，了解人靠耐心，征服人靠智慧，团结人靠包容。

1603 具体的赞美，让人感到真心和诚意。

1604 沟通从读懂人心开始。

1605 索取是卑下的，给予永远高高在上。

1606 忌妒和仇恨，只要生了芽儿，日积月累，总有爆发的时候。

1607 内心强大，才能道歉，但必须更强大，才能原谅。

1608 看人长处，帮人难处，记人好处。

1609 不能用小聪明，会辜负很多善意；不能用小心眼，会错过许多幸福；不能用小固执，会让烦恼占了心窝。

1610 勿施小惠而伤大体。

1611 对待上级贵在恭敬，不在屈从；对待百姓要用诚信，不能用权术。

1612 不宽恕别人，是苦了你自己。

1613 把别人垫高，把自己放低。

1614 不要每时每刻都想成为中心。

1615 争则愈见其私，品位更低；让则愈见其公，品位更高。

1616 学会平静地对待冒犯。

1617 斤斤计较，难成大事。

1618 真诚并不意味着要指责别人的缺点，但意味着一定不恭维别人的缺点。

1619 一个不会和自己相处的人，很难与别人相处；一个不尊重自己的人，不可能会尊重他人。

1620 真正的交往，至简至真。

1621 世间最好的默契并非有人懂你的言外之意，而是有人懂你的欲言又止。

1622 治疗人类的愚蠢，办法之一可能就是加点谦逊。

1623 吃明亏是智慧，吃暗亏是境界。

1624 不要不顾后果地直言不讳，否则会引起麻烦。

1625 喜欢讥讽议论别人的人，对自己的要求往往不严。

1626 读懂自己，才能读懂世界。

1627 一次愉快的交谈包含着许多意料之外的回应，一次新的合作可以带来新的思想和关注点。

1628 只有了解了一个人的心性和当时的语境，才能更准确地解读其某句话的含义。

1629 能力越低的人，由于自我认识不足，越容易过度自信，错误高估自己。

1630 不会换位思考、善解人意，就没有别开生面的新人际关系。

1631 善于欣赏他人，就是给予他人的最大善意，也是最成熟的人格。

1632 相通则共进，相闭则各退。

1633 肯吃亏才会有权威，能吃苦才会有收获。

1634 赞美和尊重如同食物一样，每个人都渴望。

1635 重复同一个理由更容易拒绝不合理要求。

1636 乐人之乐，人亦乐其乐。

1637 万物尊重虔诚的心灵。

1638 欣赏别人就是欣赏自己，原谅别人就是善待自己。

1639 不怕事多，只怕多事；闲人无乐趣，忙人无是非。

1640 口是心非之人不可结，不知高低之人不可理。

1641 帮助同事就是帮助自己。

1642 哗众，可以取宠，也可以失宠。

1643 无理取闹，必有所图。

1644 真坏人并不可怕，可怕的是假好人。

1645 良药苦口利于病，忠言逆耳利于行。

1646 千里搭长棚，没有不散的筵席。

1647 冤家宜解不宜结。

1648 言者无罪，闻者足戒。

1649 物以类聚，人以群分。

1650 口惠而实不至，怨灾及其身。

1651 君子坦荡荡，小人长戚戚。

1652 得道多助，失道寡助。

1653 先理解别人，再使别人理解自己。

1654 发送者和接收者必须处于同一频率之内。

1655 人际互联，改变生活；万物互联，改变生命。

1656 一切都在变化，每个人都受到正反两方面的影响。

1657 拥抱正能量，抛弃负能量。

1658 差异越大，冲突就越大。

1659 书必当择而读，友必当择而交。

1660 世上没有无缘无故的爱，也没有无缘无故的恨。

1661 申天下之乐故乐亦报之，屈天下之忧故忧亦及之。

1662 得理者心安，得道者神宁。

1663 坚持自信而不自满，昂扬而不张扬。

1664 天下没有两片相同的树叶，事物总是处于矛盾发展之中，坚持求同存异，找到最大公约数，方能实现“合”。

1665 在争辩的时候，最难驳倒的观点就是沉默。

1666 劝告别人时，若不顾及别人的自尊心，再好的言语都是没有用的。

1667 只有谦卑地放下自己，才能用眼观察、用耳倾听、用心体会，才能获得新的灵感和力量。

1668 与其失之过迟，不如失之过早。

1669 以金相交，金耗则忘；以利相交，利尽则散；以势相交，势败则倾；以权相交，权失则弃；以情相交，情断则伤；唯以心相交，方能成其久远。

1670 爱出者爱返，福往者福来。

1671 用偏见总能读到更多的偏见。

1672 给人面子，别让他人下不了台。

1673 朋友越走越近，良言越说越亲。

1674 没有坦率的关爱会导致不良的人际关系；没有关爱的坦率则造成人际关系的疏远。

1675 不说人短，不扬己长，不争名利。

1676 交往的质量在于距离。

1677 交往过度是致命的。

1678 最好的交往是无欲无求的，是心灵最真挚的握手，是情感最真诚的交流。

1679 信任为时间架了桥，它为成果做了预付。

1680 自不诚，则欺心而弃己；与人不诚，则丧德而增怨。

1681 造物所忌者巧，万类相感以诚。

1682 表扬的话公开说，批评的话私下说。

1683 零反馈是沟通的杀手。

1684 鼓励一定比惩罚好。

1685 无辩能息谤，无争能止怨。

1686 与人共事多言善，背后捣鬼自遭殃。

1687 给予就会被给予，剥夺就会被剥夺；信任就会被信任，怀疑就会被怀疑；爱就会被爱，恨就会被恨。

1688 有些菜要大火快炒，有些菜得文火慢煨；有些话要开门见山，有些话要拨云见日。

1689 无法改变事实的话不说，会造成分化效果的话不说，会伤人自尊心的话不说。

1690 以关怀代替质问，以建议代替责难，以暗示代替直言。

1691 尴尬的场面需要幽默，死板的场面需要笑话，仇恨的化解需要宽恕。

1692 谈话时与其当面戳破，不如幽默。

1693 讽而刺，是“讽刺”；讽而不刺，是“幽默”。

1694 互动需要基础，融入需要条件。

1695 天下兼相爱则治，交相恶则乱。

1696 有效的沟通取决于沟通者对议题的充分掌握，而非措辞的甜美。

1697 非宽大无以兼覆，非慈厚无以怀众。

1698 不放过关怀别人的机会。

1699 意气用事，人和必失；如能慎始，必可昌隆。

1700 冲动是魔鬼。

1701 以人为镜，可以知得失。

1702 气度就是风度，不急不躁才和谐。

1703 恶言不出口，苛言不留耳。

1704 言不可轻说，若说话更改，不如不说；言不可轻诺，若应诺更改，不如不诺。

1705 为人行事勿猖狂，祸福渊潜各自当。

1706 刀疮易没，恶语难消。

1707 谗言伤善，青蝇污白。

1708 说人之短，乃护己之短；夸己之长，乃忌人之长。

1709 对不起是一种真诚，没关系是一种风度。

1710 从一个人的交友就能看出他的为人，同样，从一个人讲的故事可以了解他的为人。

1711 乐观的人只顾着笑，而忘了怨；悲观的人只顾着怨，而忘了笑。

1712 含蓄是一种美，也是对他人的一种尊重。

1713 凡事需要多听但少言；聆听他人的意见，但保留自己的判断。

1714 外观往往和事物的本身完全不符，世人都容易为表面的装饰所欺骗。

1715 规则是方，人情是圆，方圆组合才有精美的图形；规则是刚，人情是柔，刚柔并济，融合共生，社会才能和谐美好。

1716 近朱者赤，近墨者黑；盘圆则水圆，盂方则水方。

1717 宽容不是纵容，保护不是庇护。

1718 小心过分尊重你的人。

1719 说话简明，才能语惊四座。

1720 多言数穷，不如守中。

1721 能出则出，不出则守。

1722 没有包容就没有拓展。

1723 争辩、解释、抱怨可以不做。

1724 只有将心比心，才能换取真心，才能找到解决问题、推动工作的良策。

1725 恩德相结者，谓之知己；腹心相照者，谓之知心；声气相求者，谓之知音。

1726 最可靠的是真诚。

1727 如果不能感同身受，就不要肆意妄加评判。

1728 相互尊重是前提，公平正义是准则，合作共赢是目标。

1729 海内存知己，天涯若比邻。

1730 害人如害己，宽恕别人就等于宽恕自己。

1731 释怀、放下，是对自己的善待，也是对周围所有人的善待。

1732 输出恐怖，得到的必然是恐怖。

1733 一味走别人的路，必将堵死自己的路。
1734 一个完全不懂拒绝的人，也不可能赢得真正的尊重。
1735 不懂得宽容，不会得到别人的尊重；过分的宽容，会失去自己的自尊。
1736 凡是拿虚伪做武器的，在还没有损害别人之前，先损害了自己。
1737 人并非为获取而给予，给予本身即是无与伦比的快乐。
1738 当建设性的批评没有的时候，破坏性的批判就不远了。
1739 礼之用，和为贵。
1740 容许一时之错，宽恕一念之差，往往能收到意想不到的效果。
1741 谤贤者必小人。
1742 温和才是最强大的力量，明智的宽恕往往才是最好的办法。
1743 不赶时髦，也不避时髦。
1744 给予就是接受，施恩就是受惠。
1745 吃亏是福，贪欲是祸。
1746 宁可得罪人吃眼前亏，决不放弃原则当好人。
1747 管理从尊重开始。
1748 以待遇吸引人，以感情凝聚人，以事业激励人。
1749 放弃有时比争取更有意义。
1750 成功的谈判，双方都是胜利者。
1751 多用心去倾听别人怎么说，不要急着表达你自己的看法。
1752 不要为小事遮住视线，因为还有更大的世界。
1753 生命的广阔，不是跟合适的人相处得投机，而是与不合适的人周旋得从容。
1754 懂得感恩，是收获幸福的源泉；懂得感恩，你会发现原来自己周围的一切都是那样的美好。
1755 忌妒别人，不会给自己增加任何的好处；忌妒别人，也不可能减少别人的成就。

1756 要成功，就要长期等待而不焦躁，态度从容却保持敏锐，不怕挫折且充满希望。

1757 低头是一种能力，它不是自卑，也不是怯弱，它是清醒中的嬗变；有时，稍微低一下头，或许我们的人生路会更精彩。

1758 只有不断找寻机会的人才会及时把握住机会。

1759 避免散漫，讲究小节，别让下属对你产生轻蔑和反感。

1760 信守承诺，严守约定，别让下属觉得你不可信赖。

1761 分清场合，进退有度，别让对方对你感到厌烦。

1762 尊重下属，善纳人言，别让下属感到你是无为多事的人。

1763 衡量领导力的真正尺度是影响力；如果你缺乏影响力，你永远无法领导别人。

1764 自我发展、提高自身水平的能力，就是领导者与其追随者之间最大的区别。

1765 品格是信任的根基，信任是领导力的根基。

1766 挑战目标首先要挑战自我。

1767 永远战战兢兢，永远如履薄冰。

1768 好人不一定能做好官，但好官一定是好人。

1769 从功臣到罪犯只有一步之遥；从公仆到贪官只有一念之差。

1770 绝不能为第一次之利所诱、为第一次之财所惑、为第一次之色所迷、为第一次之情所困。

1771 必须抛弃侥幸心理，慎重对待第一次，断然拒绝第一次，坚持顶住第一次，永不败在第一次。

1772 唯有坚强的“自制力”才能造就内在的“免疫力”；内在的“免疫力”产生外在的“战斗力”，外在的“战斗力”赢得强大的“向心力”；强大的“向心力”就是“一言而万民齐”的“号召力”。

1773 “责任”是肩上的千钧重担，更是心中的矢志不渝；“责任”是一种责无旁贷的义务，更是一种义不容辞的良知。

1774 为人处世知羞耻，才会不失人格；为官从政知惭愧，才会不辱使命。

1775 从政贵在自律，自律才能保廉。

1776 历览古今多少官，成由清廉败由贪。

1777 莲因洁而尊，人因廉而正。

1778 为官者要有大志气，不可有小志气；个人升官发财是小志气，为国为民奋斗才是大志气。

1779 宁当清官甘苦一生，莫当贪官遗臭万年。

1780 清廉是清廉者高尚人格的徽章，贪婪是贪婪者疯狂自掘的坟墓。

1781 人格是官格的基础，为官应恪守做人的准则；要把人格看得高于一切，把清白看得重于一切。

1782 为官避事平生耻，从政必须有作为。

1783 对惩罚的恐惧是避免错误的最好清醒剂。

1784 保持一分恐惧，就拥有一份珍重。

1785 侥幸，是产生罪恶的祸根；侥幸，是步入歧途的跳板。

1786 心存侥幸，就会放纵自己心中萌动的邪念，就会助长贪欲的恶性膨胀。

1787 侥幸是用一生的幸福来赌一时的幸运。

1788 心存侥幸的人，往往幸运一时、不幸一世。

1789 私欲膨胀，就会畏首畏尾；一心为公，自然刚正不阿。

1790 少欲则心静，心静则事简。

1791 一念之非即遏之。

1792 从政以民为本，倡廉以慎为要。

1793 清廉公平断事理，勤政正直做公仆。

1794 善观人者善观己，善观己者善观心。

1795 从政不忘百姓，掌权不忘廉政；做事不忘公平，为人不忘自重。

1796 心正则廉洁，身正则刚直，行正则威严。

1797 欲惠己时先泽人，欲教人时先律己。

1798 为官浮云远，春风铸精神。

1799 闲时静心思己过，他日清正无是非。

1800 做官先做人，万事民为先。

1801 党的事业重如山，个人名利淡如水。

1802 有公德乃大，无私品自高。

1803 宁以正气清贫谈笑，勿为名利金钱折腰。

1804 公以至仁，正以尽义，廉以树威，明以立信。

1805 牢记宗旨，永葆本色。

1806 慎独慎微，慎始慎终。

1807 不给别人一点送礼的由头，不给自己半点腐败的念头。

1808 作风要朴实，工作要扎实，任务要落实。

1809 歪风不止，正气难树；正气不树，事业难成。

1810 蚁穴失察必崩大坝，小贿不拒定成巨贪。

1811 勤补拙苦作舟，永学毋惰；严律己廉为政，常涤细非。

1812 以德修身，多做好事积德；以才立命，多读好书益智。

1813 不贪不占，以品行得声誉；全心全意，当公仆赢人心。

1814 恣欲纵行，得意失终生；慎始慎独，律己得康宁。

1815 行端好比松傲雪，贪念犹似蚁穴堤。

1816 廉洁，韶华之树常青；贪婪，生命之花凋零。

1817 如果从政之路是一条珠链，那么人格操守则是串起无数颗珍珠的金线；如果为官之道是一组数字，那么清正廉洁则是统率后面许多个“0”的那个“1”。

1818 砺操行以修德业，当自重；甘淡泊以守清贫，当自省；谋善举以泽众生，当自励。

1819 智者为官，替国分忧，为民解难，鞠躬尽瘁，一生尽得平安；愚人居吏，为己谋财，弄权求利，机关算尽，永世难求幸福。

1820 一念之贪，损自德，毁自身，殃及儿女；两袖清风，躬于行，利于民，感召世人。

1821 处事要公，律己要廉，待人要诚，工作要勤。

1822 名位利禄皆为身外之物，品格事业才是立身之本。

1823 鱼贪饵，容易上钩；人贪利，终落陷阱。

1824 戒贪，求心安理得；慎行，为正人君子。

1825 心底无私天地宽，一生一世不翻船。

1826 独居守心，群居守口。

1827 什么话能说，什么话不能说，在什么时候说，在什么地方说，心里都要有杆秤。

1828 当官一张纸，做人一辈子。

1829 正道是一条充满正能量的光明大道，邪道是一条万劫不复的羊肠小道。

1830 只有率先垂范、身先士卒，才能领好路、走对路，也才能凝聚起广大群众干事创业的内在动力。

1831 只有坚守正道，才能赢得群众拥护，才能迸发出无坚不摧的巨大能量。

1832 正确对待名利。

1833 常怀知足之心，关键是修养；不做越轨之事，关键在自律。

1834 常思知止之度，正确对待行藏。

1835 用之则行，舍之则藏。

1836 知止不殆，可以长久。

1837 对己讲惠德，对人讲惠泽。

1838 廉洁吃亏一阵子，自律安全一辈子。

1839 为官者必先为德，从政者必定从民。

1840 宁可清贫自乐，不可浊富多忧。

1841 眼别花，花必乱；嘴别贪，贪必失；手别伸，伸必捉。

1842 不讲是非的人，迟早会惹上是非。

1843 待人以真诚为本，处事以规范为本，思想以创新为本，言行以谨慎为本。

1844 把你的脸迎向阳光，就能感受温暖；把你的脸迎向微风，就能感受凉爽；把你的人生面向春天，就会充满动力。

1845 政治上跟党走，经济上不伸手，生活上不丢丑。

1846 清丽的五官只说明漂亮的外表，清廉的言行方彰显高尚的形象。

1847 以廉洁要求自己，以热情做好工作，以坦荡面对质疑，以真诚服务群众。

1848 常怀“自重、自省、自警、自励”之心，绷紧“慎始、慎终、慎独、慎微”之弦。

1849 勤勉博学，不染丝毫馁气；谦虚善和，不染丝毫骄气；宁静淡泊，不染丝毫俗气；开拓奋进，不染丝毫暮气。

1850 不为官位而争，不为财色而诱，不为得失而虑，不为生死而忧，不为权势而惧，不为非分而求。

1851 一身正气做人，一心为民做仆。

1852 坚定，但不固执；勇敢，但不鲁莽；忍让，但不软弱；自信，但不自负；谦恭，但不卑贱；聪慧，但不奸诈。

1853 好学近乎智，知耻近乎勇；清廉近乎威，公平近乎明；勤勉近乎才，为民近乎忠。

1854 善良、能干、敬业、公正、守法、明辨是非是每一名党员干部的基本品格。

1855 做事头脑清醒，不为假象所惑；为人心地坦荡，不因虚名所累。

1856 要想人不知，除非己莫为。

1857 勇于担责，拒绝平庸；拥抱文明，提升形象；勤廉从政，奉献终身。

1858 心底无官身自清，心底无私身自正，心底无位身自廉，心底无欲身自洁。

1859 做官一时一地，做人一生一世；只有做好一生一世的人，才能做好一时一地的官。

1860 只有坦荡做人、公心干事，始终保持一颗清正廉洁、全心为民之心，才能无愧于党、无愧于民、无愧于己。

1861 做人之道，道德为本；处事之道，公正为先；从政之道，事业为重。

1862 人生最大的彻悟，是“怎么来”和“怎么去”；人生最大的幸福，是“身已安”和“心亦宽”。

1863 心有正气，秉持操守，淡漠自身利益，彰显执政之道——公平正义固江山。

1864 筑牢道德防线，守好精神家园；织密权力防线，把好廉政关卡。

1865 品行是一个人的内在，名誉是一个人的外貌，内在美比外表美更显得高贵。

1866 人有两个半脑，为自己想为别人想；人有两个鼻孔，闻尽世间香辣百味；人有两只耳朵，不可偏听一面之词；人有两只眼睛，切勿睁只眼闭只眼。

1867 常思自己之短，常怀宽人之心，常想百姓之忧，常做务实之事，乃不枉人民公仆之名。

1868 衡量一个人真正的品质，要看他在知道永远也不会被人们发现的情况下，做些什么。

1869 不为名所缚，不为物所累，不为欲所喜，不为失所悲，不为利所趋，不为钱所惑，不为色所诱。

1870 正气是人的形象，骨气是人的脊梁，朝气是人的希望，勇气是人的力量。

1871 学法、懂法、守法，天天平安无事；心正、身正、人正，时时永葆本色。
1872 心至苦，事至盛也。
1873 坚信自己而不强加于人，追求正义而不有悖于人，勇于承担而不推卸于人。
1874 不搞雕虫小技，不图蝇头小利，不做势利小人，不为名利保全。
1875 做人要有人格，做官要有官德；贫莫贫于无才，贱莫贱于无德。
1876 面对权势、名利，看开一点养性，看远一点养心，看淡一点养情。
1877 以责人之心责己，则寡过；以恕己之心恕人，则全交。
1878 唯正己可以化人，唯尽己可以服人。
1879 遇诡诈人变幻百端、不可测度，吾一以至诚待之，彼术自穷。
1880 处事速不如思，便不如当，用意不如平心。
1881 人必诚，然后业可大可久。
1882 勿以小恶弃人大美，勿以小怨忘人大恩。
1883 受挫受辱之时，务须咬牙励志，蓄其气而长其智。
1884 行事不可任心，说话不可任口。
1885 人之处于患难，只有一个处置；尽人谋之后，却须泰然处之。
1886 今日所说之话，明日勿因小利害而变。
1887 不随众从之喜惧为喜惧。
1888 处事贵熟思缓处，熟思则得其情，缓处则得其当。
1889 胸怀广大，须从平淡二字用功。
1890 不贪财，不失信，不自是，有此三省，自然人皆敬重。
1891 邪正看眼鼻，真假看嘴唇，功名看气概，富贵看精神。
1892 守笃实，戒机巧；守强毅，戒刚愎。
1893 好便宜者，不可与共财；多狐疑者，不可与共事。
1894 勤于邦，俭于家，言忠信，行笃敬。
1895 以才自足，以能自矜，则为小人所忌，亦为君子所薄。
1896 做事须全副精神注在此一事，首位不懈，不可见异思迁。
1897 知足天地宽。

1898 举止端庄，言不妄发。

1899 养得胸中一种恬静。

1900 广其识则天下大。

1901 谋小仁者，大仁之贼。

1902 治世以大德，不以小惠。

1903 人各有性，冷者自冷，豪者自豪。

1904 要得到别人赞叹，就得先赞叹别人。

1905 见异思迁，欲求长进难矣。

1906 常存冰渊惴惴之心。

1907 毋与君子斗名，毋与小人斗利，毋与天地斗巧。

1908 忧时勿纵酒，怒时勿作札。

1909 气忌盛，心忌满，才忌露。

1910 忠信廉洁，立身之本，非钓名之具也。

1911 勿过多怜悯。

1912 讨人嫌，离不得个骄字。

1913 有理义以养其心，则虽老而神明不衰。

1914 寡言养气，寡视养神，寡欲养精。

1915 既有定识，又有定力。

1916 事亲以得欢心为本，养生以少恼怒为本。

1917 悠悠疑忌之来，只堪付之一笑。

1918 艰苦则筋骨渐强，娇养则精力愈弱。

1919 短不可护，护则终短；长不可矜，矜则不长。

1920 和可消人怨，忍足退灾星。

1921 一个忍字，消了无穷祸患；一个足字，省了无限营求。

1922 知足则乐，务贪必忧。

1923 富贵功名皆人世浮荣，惟胸次浩大是真正受用。

1924 受不得穷，立不得品；受不得屈，做不成事。

1925 居心平，然后可历世路之险。

1926 事以急败，思因缓得。

1927 只是一个见小，便使百事不成，亦致百行尽堕。

1928 尖酸语称快一时，当之者终身怨恨。

1929 聪明外露者德薄，词华太盛者福浅。

1930 傲人不如者必浅人，疑人不肖者必小人。

1931 人该省事，不该怕事；人该脱俗，不可矫俗；人该顺时，不可趋时。

1932 天地有杆秤，功过问百姓；甘苦心自知，来去两袖风。

1933 守得住清贫胜似福，耐得住寂寞持亮节，抗得住诱惑保平安。

1934 好胜者，必无胜人处；能胜人，自不居胜。

1935 恶莫大于毁人之善，德莫大于白人之冤。

1936 菜美酒香，君若舌长嘴阔，莫道身后无风浪；金黄银白，你要眼红心黑，且看头顶有清天。

1937 宁可贫而有德，不可富而不仁。

1938 宁走百步远，不留一念贪。

1939 镜不蒙尘可照人，人不染污可树威。

1940 淡泊名利，清风拂袖身自正；曲直分明，正气在胸威自生。

1941 人，就应像“人”字一样，双脚踏地而又永远向上；官，就要像“官”字一样，头戴帽子，而心里永远挑着担子。

1942 对人友善，就是为自己积福。

1943 九牛一毫莫自夸，骄傲自满必翻车。

1944 当官不爱才，不如早下台。

1945 交挚友利于行，亲小人自损名。

1946 常警示，分清善恶美丑；师贤达，明辨是非黑白。

1947 事能知足心常惬，人到无求品自高。

1948 前车之鉴切记，先贤之德可循。

1949 不干好工作，一点理由也没有；不尊重群众，一点基础也没有；不廉洁自律，一点威信也没有。

1950 生活上做一个清廉的人，处事上做一个正直的人。

1951 名节重于泰山，利欲轻如鸿毛。

1952 用好手中的权力靠的是责任，带好身边的人员靠的是品行。

第六辑

自律方略

1953 如果什么都想要，只会什么都得不到。

1954 举头三尺有纲纪。

1955 择术不如治心，审途不如正步。

1956 道德的基础是自律。

1957 小节不慎，大节难守。

1958 为官不廉即不孝。

1959 没本事干不好工作，不守本分走不了正道。

1960 靠高尚的品行和实在的政绩赢得百姓的敬佩称赞，靠理智的守身和真诚的感恩营造家庭的幸福安宁。

1961 慎行其身，不遗父母恶名。

1962 无理则欲滥，无欲则理亦废。

1963 权力是一柄双刃剑，在善用者手中，它可以成为掌权者发挥才智的平台，造福一方，惠泽万民；在滥用者手中，权力则变成掌权者满足私欲、胡作非为的工具，伤及群众利益，祸国殃民。

1964 腐败必究，罚当其罪。

1965 自醒、自警、自省是健康平安的“预警器”。

1966 自私、自负、自满是故步自封的“绊脚石”。
1967 放肆、放纵、放任是身败名裂的“致命伤”。
1968 松懈、松垮、松劲是我行我素的“麻醉剂”。
1969 对权力的无原则崇拜是导致腐败的一个重要原因。
1970 用权不为私，用权不失控。
1971 无论是个人还是团队，信念和原则都是最后的底线。
1972 职务越高，权力越大，越要正确用权、谨慎用权、干净用权，越要像珍惜生命一样珍惜名节和操守。
1973 党纪严于国法，破法必先破纪。
1974 一念贪心起，百万障门开。
1975 贪念不止，囹圄近之。
1976 理想信念是总开关，纪律规矩是安全阀，守纪守法是最底线。
1977 把好用权“方向盘”，系好廉洁“安全带”。
1978 自觉发乎自愿，自愿赖于自律。
1979 家风连着政风，家风系着国运。
1980 政贵清廉清正，品贵自省自律，思贵知足知止，行贵慎独慎微，心贵敬畏敬惧。
1981 坚守制度，坚持自律，定能遏制贪腐。
1982 一定要避免成为绯闻或闹剧的主角。
1983 无事深忧，有事不惧。
1984 律人先律己，言行才硬气。
1985 连自己都管不住的人，就别想管住他人。
1986 追求高标、守好底线，是其所是、为其所为。
1987 忍耐是抑制内心愤怒的妙招。
1988 心有所敬，行有所循；心有所畏，行有所止。
1989 小节失守是大节不保的发端，纪律是守住小节的防线。
1990 底线比境界更重要；一个人没有境界，顶多差劲一点，但没有底线则会出大问题。

1991 政治上守本分不偏方向，工作上守本分不乱章法，生活上守本分不丢形象。

1992 懂规矩才有定力，守规矩才不乱方寸。

1993 讲专业才能善谋事，懂专业才能会干事；有规矩才能干成事，守规矩才能不出事。

1994 不谋私利才能谋根本、谋大利。

1995 慎独则心安。

1996 一个人内心不守规矩，行为就不会守规矩。

1997 左眼看到别人缺点时，右眼要审视自己。

1998 屈己者能处众，好胜者必遇敌；以谦接物者强，以善自卫者良。

1999 道德是个好东西，最好以之自律，不要用来责人。

2000 唯有先自制，方可制人。

2001 严于律己，出而见之事功；心乎爱民，动必关夫治道。

2002 物必先腐而后虫生，不腐则虫无以生。

2003 心中有戒，则不越规；心中无戒，则必逾矩。

2004 立节者见难不苟免，贪禄者见利不顾身。

2005 自省者自强，自律者自尊。

2006 纪律是胜利的保证。

2007 如果放任人性的污弊，放纵自己的欲望，则迟早会葬送自己。

2008 政绩不是贪婪的借口，功劳不是腐败的资本。

2009 白袍点墨，终不可湔。

2010 人的品性，在遭受诱惑的一瞬间被决定。

2011 蚁穴虽小，溃堤千里。

2012 一个人廉洁自律不过关，做人就没有骨气，做事就没有正气，为官就没有底气。

2013 人若控制不了自己，自由便无从谈起。

2014 但立直标，终无曲影。

2015 头要常凉，脚要常热，身要常动，心要常静。

2016 自由不是想干什么就干什么，而是不想干什么就有能力不干什么。

2017 自觉，来自深入骨髓的信仰。

2018 君子有常度，所遭能自如。

2019 人生没有草稿，篇篇都是正文。

2020 心有主则身正。

2021 君恶闻其过，则诤化为佞；君乐闻其过，则佞化为诤。

2022 善为师者，既美其道，又慎其行。

2023 只有自己帮自己，别人才会帮你；只有自己不放弃，运气才会青睐你。

2024 本色做人，角色做事，特色定位。

2025 自觉自律是最好的护身符。

2026 一个人能否廉洁自律，最难战胜的敌人是自己。

2027 走得久才能走得远，慎初只有配上慎终才算圆满。

2028 欲多则心散，心散则志衰，志衰则思不达。

2029 不安于小成，然后足以成大器；不诱于小利，然后可以立远功。

2030 多欲则多求，多求则招祸。

2031 廉的前提是修身，廉的本质是无取，廉的基础是俭约，廉的保障是他律。

2032 每个人的爱好都可能是他的弱点。

2033 有意义的节制才是真幸福。

2034 一失足成千古恨，再回头已百年身。

2035 对一个政党来说，纪律是生命线；对一个党员来说，纪律是高压线。

2036 由俭入奢易，由奢入俭难。

2037 家败离不得个奢字，人败离不得个逸字，讨人嫌离不得个骄字。

2038 党内文化不能丢，丢了就丢了魂；党的基因不能变，变了就变了质。

2039 功废于贪，行成于廉。

2040 没有底线思维就会丧失底线，守住纪律底线就守住了根本。

2041 正风必须肃纪。

2042 忠诚是思想高地，干净是做人底线。

2043 “制”是标准规则，“度”是对标准规则的把握。

2044 想以阴谋获利的，必然会在阴沟里翻船；以暴力伤害他人的，必然受到法律的惩处。

2045 贪财者见钱手痒，必将被金钱所杀；好色者遇色心动，必将在美色中迷失；恋权者一门心思往上爬，必将被权力所反噬。

2046 身有所正不歪斜，言有所规不妄语，行有所止不越界。

2047 人，成于忧患，败于安乐。

2048 好船者溺，好骑者坠，君子各以所好为祸。

2049 清风凉自林谷出，廉洁源从自律来。

2050 有德者有志，有志者有度；有德者有责，有责者善学；有德者多助，多助者多机；有德者谨慎，谨慎者持久。

2051 克制自己，才能驾驭自己，成就自己；放纵自己，就会被激情和欲望的魔力牵制，不得自由。

2052 无私则正，无我则善。

2053 处满常惮溢，居高本虑倾。

2054 走正道者行远路。

2055 擅泳者易呛水，玩火者必自焚。

2056 慎重则必成，轻发则多败。

2057 不虑则不生，不务则不成，不傲则不失。

2058 要管理的不是时间，而是自己。

2059 以补过为心，以求过为急，以能改其过为善，以得闻其过为明。

2060 大其心，容天下之物；虚其心，爱天下之善；平其心，论天下之事；定其心，应天下之变。

2061 自己要堕落，神仙也救不了；自己要成长，绝处也能逢生。

2062 珍惜俭朴之益，警惕嗜好陷阱，善于比较权衡，注意防微杜渐。

2063 审慎、郑重地思考时间对自身的价值并用好它。

2064 战战兢兢，即生时不忘地狱；坦坦荡荡，虽逆境亦畅天怀。

2065 站稳了，你就是精品一件；倒下了，你就是乱石一堆；放弃了，你就是笑话一段；成功了，你就是神话一曲；挺住了，你就是人生最美的风景线。

2066 一念之差，人生打岔；一步之遥，人生两样。

2067 只有从严要求自己，才有资格要求别人；只有从严管好自己，才有底气从严管好别人。

2068 站不起来的人，都是自己把自己搞趴下了。

2069 安于本分则会吉祥，如有它求则不得安宁。

2070 欲望的阀门一旦打开，就很难收拢，欲望所掀起的激浪往往会破坝决堤，一发而不可收。

2071 自律使自己自由。

2072 先要慎始，方能善终；时时为公，力求善终。

2073 一着不慎毁于一旦。

2074 自觉把权力行使的过程作为为人民服务的过程。

2075 监督别人，常有成人之美的胸怀；接受监督，常有虚心纳谏的气度；自我监督，常有三省吾身的境界。

2076 只受欲望驱使等同于奴隶，服从制定的法律才有自由。

2077 滋生骄逸之端，必践危亡之地。

2078 克俭节用，实弘道之源；崇侈恣情，乃败德之本。

2079 世上没有后悔药，预防未病最重要。

2080 知足不辱，知止不殆。

2081 欲而不知止，失其所以欲；有而不知足，失其所以有。

2082 人有敬畏心，才有信仰；人有敬畏行，才能前进。

2083 无规矩不自由。

2084 越是身居高位的人，越需要接地气；越是严格自律的人，越需要一方自由的乐土。

2085 时常内省自反，才德必然增长。

2086 律己是以服人，量宽是以得人，身先是以率人。

2087 少数人靠觉悟，多数人靠制度。

2088 千万条规定，不抵自己的以身作则。

2089 非己之利，纤毫勿占；非己之益，分寸不取。

2090 守住纪法底线，恪守道德准则，树立信仰高线。

2091 团结不是“结团”，“圈子文化”是分裂文化。

2092 绳子断在细处，为官毁于贪字。

2093 重小节，堵小洞，小节不保，大节必损。

2094 廉洁受人敬，贪财法不容。

2095 贡献大而骄不可长，成绩多而骄不可纵。

2096 有所畏者，其家必齐；无所畏者，必怠其睽。

2097 知恶不黜，则为祸始。

2098 不奋发，则心日颓靡；不检束，则心日恣肆。

2099 舟必漏而后入水，土必湿而后生苔。

2100 查找问题，正视不足，进而“把错误变成肥料”，从错误中吸取营养，才能不断提升自己。

2101 上清而无欲，则下正而民朴。

2102 心纯则志远，名利淡则智慧出，无用乃大用。

2103 堤溃蚁孔，气泄针芒。

2104 个人的绝对自由是疯狂，一个国家的绝对自由是混乱。

2105 法律是准绳，任何时候都必须遵循；道德是基石，任何时候都不可忽视。

2106 权力失去监督是灾难祸害，私欲失去约束是洪水猛兽。

2107 党纪如尺，量出高矮胖瘦；监督似网，滤出真假美丑。

2108 害羞是畏惧或害怕羞辱的情绪，这种情绪可以阻止人去犯某些卑鄙的行为。

2109 勤无难事，俭不忧贫；奢侈浪费，败家败身。

2110 蠹众而木折，隙大而墙坏。

2111 成大事不在于力量的大小，而在于能坚持多久。

2112 心态是内功，修炼要有耐心。

2113 知足者常乐，贪婪者常悲。

2114 从政者用权只能以公共利益为最高目标，而不能谋一己之私，这是为政用权的基本准绳。

2115 从政者最大的危机和风险，就是以权谋私。

2116 守规矩的担当才是真正的担当。

2117 自视清高历来是阻挡进步的一堵高墙。

2118 只有敬畏党纪，敬畏法律，自觉管住自己，在廉洁自律上作出表率，才能担起肩上的重任。

2119 要明史知理，不能颠倒了公私、混淆了是非、模糊了义利、放纵了亲情，要带头树好廉洁自律的“风向标”。

2120 执纪者必须先守纪，律人者必须先律己。

2121 合理的欲望是不断取得进步的内心动力，不合理的期望则是葬送人们前途命运最致命的毒药。

2122 有权必受监督，用权不可任性。

2123 居安思危、日慎一日，方能善始善终。

2124 一念收敛，则万善来同；一念放恣，则百邪乘衅。

2125 欲无度者，其心无度；心无度者，则其所为不可知矣。

2126 从政第一要则是戒贪守廉。

2127 执着于名利金钱是从政之大忌。

2128 人行善事心自乐，处世无欲品自高。

2129 廉者常乐，贪者惹祸。

2130 苟非吾之所有，虽一毫而莫取。

2131 心之越坚，行之越远。

2132 激浊扬清方得山清水秀。

2133 自觉自律是人向上向善永久的内在动力。

2134 凡善怕者，必身有所正，言有所规，行有所止，偶有逾矩，亦不出大格。

2135 对法律的敬畏并非单纯的惧怕法律，也不是把法律供于神坛而顶礼膜拜，而是热爱和尊重法律，把法律当作信仰。

2136 “思”而出乎理智，“做”而有所顾忌，“行”而不忘法度。

2137 言必合法，行必守法。

2138 常把自身“廉洁门”，常吹廉洁“枕头风”，常念家庭“廉洁经”。

2139 没有忧患意识就是最大的忧患，没有忧患意识也就没有底线思维。

2140 身居要职而不显摆，有真本事而不狂傲，取得成绩而不炫耀，作出贡献而不张扬。

2141 小事当慎，小节当拘。

2142 敬业有功，怠业必惩。

2143 低调是福，张扬是祸。

2144 人必自重，然后人重之。

2145 一念之欲不能制，而祸流于滔天。

2146 祸患常积于忽微，而智勇多困于所溺。

2147 自制是最大的自由，纪律是最好的保护。

2148 勤俭自持，可以处乐，可以俭约。

2149 大贤秉高鉴，公烛无私光。

2150 心中有“畏”，方能真正懂得做人之本、为政之道，才能积极行动，建功立业；有所“畏”才能慎独慎微、忠诚干净担当，才能奋发有为。

2151 欲影正者端其表，欲下廉者先之身。

2152 人最大的敌人是自己，最不能跨越的高峰也是自己。

2153 惠而不费，劳而不怨，欲而不贪，泰而不骄，威而不猛。

2154 特权思想是廉洁自律的最大敌人。

2155 逼出来的坚强，忍出来的性格。

2156 重在日常、不弃微末，摈弃法不责“微”的心态，才能始终保持风清气正、崇廉尚实的精气神。

2157 匿病者，不得良医。

2158 欲望像座火山，调控得好会给人带来生存发展的动力和幸福，把控不住则会给人带来灾难。

2159 束身以圭，澄怀似镜；种德类树，养心若鱼。

2160 势不可使尽，福不可享尽，便宜不可占尽，聪明不可用尽。

2161 心正则言实，心正则行端。

2162 病非一朝一夕所致，罪从一角一分贪来。

2163 欲随权长，贿随权集。

2164 “志之难也，不在胜人，在自胜”，成长就是与自我的搏斗。

2165 克制过强的欲念，前方的路才能走得稳健踏实。

2166 有所戒才能有所成。

2167 位高不能擅权，权重不可谋私。

2168 不知心有所戒，便难以抵达行有所止的境界。

2169 人必有耻而后能上。

2170 清醒理性一点，谦虚谨慎一点，对党纪国法敬畏一点，会助人迈向更加完善的境界。

2171 认识过错是正己的前提，而改正过错才是正己的关键。

2172 不廉则无所不取，不耻则无所不为。

2173 多一些镜鉴对照，少一点自以为是；多一些从长计议，少一点短期行为；多一些历史责任，少一点个人得失；多一些沉稳从容，少一点浮躁盲动。

2174 名为锢身锁，利是焚身火。

2175 把注重总结反思作为一种习惯始终坚守、作为一种行动终生践行。

2176 清越而瑕不自掩，洁白而物莫能污。

2177 世路无如人欲险，几人到此误平生。

2178 一丝不苟、精益求精，才能打磨出精品。

2179 永远不要让自己的脾气超过实力。

2180 不知道自己缺点的人，一辈子都不会想要改善。

2181 一个要教育别人的人，最有效的办法是首先教育好自己。

2182 情感泛滥就会没有德行，欲望太多就会失去规矩。

2183 没有不良嗜好，自身就不会迷失。

2184 祸患皆由自身而产生，小人很难战胜自我。

2185 律己在于树德。

2186 治官事则不营私家，在公门则不言货利，当公法则不阿亲戚，奉公举贤则不避仇雠。

2187 随心所欲不可久远。

2188 内心自律失守，外在诱惑才能乘虚而入。

2189 外不圆时，内更要方。

2190 不求无益之物，不蓄难得之货。

2191 自律胜过他律，自律是最大的自由。

2192 坚持原则可能会得罪少数人，但长期坚持原则就不会得罪多数人。

2193 万恶皆由贪字来。

2194 心有所戒，行方有度。

2195 权为民所赋，权为民所用。

2196 圆不失规，方不失矩，本不失末，为政不失其道。

2197 守住“底线”只能保证不出事，不能保证能干事。

2198 没有“高线”引领，“底线”最终也会失守。

2199 “官”只是一个服务性职位，是借由公众赋予的权力为公众服务，必须摒弃私利。

2200 贿道一开，辗转滋厚。鞭靴不已，必及衣裘；衣裘不已，必及币帛；币帛不已，必及车舆；车舆不已，必及金璧。

2201 权力不论大小，只要不受制约和监督，都可能被滥用。

2202 清白做事、善始善终，既是一种人生的态度，更是一种从政的智慧。

2203 贪欲之心不除，如飞蛾扑火、焚身方休。

2204 国家之败，由官邪也；官之失德，宠赂章也。

2205 知足者富，知止者久。

2206 进、退、存、亡而不失其正。

2207 权力意味着责任。

2208 欲望如海水，越喝越渴。

2209 功和利，不可趋之若鹜；名和财，不可为之所累。

2210 马行软地易失蹄，人贪安逸易失志。

2211 容错是有前提和底线的，是在纪律法律框架内的容错，不能拿容错当“保护伞”，搞纪律“松绑”。

2212 只有胸怀宽广、气量宏大，才能广泛吸引人才，凝聚人心，争取多数，形成坚强的凝聚力，也只有严于律己，宽以待人，容忍误会和冲撞，不计得失，才会受人尊重和信赖，产生巨大的感召力。

2213 能容人，搞得好团结；能容事，打得开局面；能容言，听得进真话。

2214 没有监督的权力必然作恶。

2215 洁就是要守得住人生的清白。

2216 廉就是要耐得住生活的清贫。

2217 勤政廉洁，人品如高山巍峨；为国为民，深情似大海浩瀚。

2218 官不勤则事废。

2219 但求心无愧，官亦可，民亦可；惟守品无瑕，富也安，贫也安。

2220 以铜为鉴，明身；以史为鉴，清心；以步为车，强体；以学为食，醒神。

2221 廉洁奉公，家事国事皆为心头事；贪污受贿，风声雨声都是警笛声。

2222 松竹梅，岁寒三友；公正廉，官德三宝。

2223 两点以直线为近，人生以廉洁为好。

2224 只要当一天干部，就要做一天清官。

2225 为官当自律，甘心清贫，不触“高压线”；做人须正己，诚信守法，勿打“擦边球”。

2226 戒酒戒色戒贪欲，律己律妻律子女。

2227 功在勤政，威在律己。

2228 正直坦荡，表里如一。

2229 劲松立险处，正气显人格。

2230 多植荷花塘自清，勤反腐败政自明。

2231 莫怨清廉淡滋味，应愁贪婪铁窗泪。

2232 青丝要知廉洁早，莫待进牢愁白头。

2233 廉如清风常拂面，贪似毒药蚀灵魂。

2234 为官应立公仆志，从政最贵爱民心。

2235 心贪心必黑，心廉心自在。

2236 甘守清廉报家国，不为贪赃羞儿孙。

2237 保初节易，保晚节难；百年养德难，一日丧德易。

2238 廉而自忘其廉，则人高其行而服其德。

2239 正以处心，廉经律己。

2240 廉不言贫，勤不言苦；尊其所闻，行其所知。

2241 心如千仞壁，诱惑奈我何。

2242 与声色犬马零距离，难免失足；同清正廉洁相坚守，方可成材。

2243 立德行善勤为先，富民安邦心所系。

2244 法到严时生廉政，官到清时更爱民。

2245 失去监督的权力，就像无舵的航船；失去节制的私欲，就像决堤的洪水。

2246 廉洁奉公、公平公正，方显公仆本色；执政为民、民情民生，应是为政所系。

2247 为官禁权力与金钱握手，做人倡正直与廉洁相拥。

2248 惩治腐败为民心之所向，敢于执法乃兴国之关键。

2249 秉公执法威自显，善听民言政更廉。

2250 浮华虚荣是堕落的序言，廉政敬业为成功的宝典。

2251 对腐败者同情，就是对老百姓绝情。

PART TWO

·第二部分·

从政方法

第一辑

思维方法

2252 认识到问题等于解决了一半问题。

2253 跳出思维定式。

2254 人与人最小的差别是智商，最大的差别是坚持。

2255 千万不要做急进式的美梦，那只会让你犯急进式的错误。

2256 决策本质上是一种思维活动，创造性的决策是创造性思维的体现。

2257 精神操守方，思想方法圆；目标志向方，行动决策圆；严以律己方，宽以待人圆。

2258 决策者的大智，指具有相当的专业知识。大慧，指有智慧也有德行，三者合一，才是大智大慧作决策。

2259 战略家的最大敌人是时钟；花的时间越多，决策就会越好，但是思考时，制定决策的机会也将会溜走。

2260 一个战略家的基本美德是敏锐和稳健。

2261 一个国家人民掌握信息的程度是社会现代化的重要标志。

2262 渺小的精神太易受到琐事的牵制，伟大的精神看到这一切琐事却不为其所累。

2263 追求真善美，实现自身价值；人要有价值，必须首先创造价值。

2264 才能济世何须位，学不宜民枉为官。

2265 沉舟侧畔千帆过，病树前头万木春。

2266 变法则民智，变法则民强，变法则民生。

2267 芳林新叶催陈叶，流水前波让后波。

2268 苟日新，日日新，又日新。

2269 法者，天下之公器也；变者，天下之公理也。

2270 物不因不生，不革不成。

2271 管涌如不堵，能决防洪之长堤；贪欲如不除，可毁为官之大志。

2272 人无骨气五尺肉，心不染尘千秋魂。

2273 高山流水洁有情，清风明月廉无价。

2274 太阳在选择中上升，流星在选择中下沉，人生的辉煌和沉沦，常常取决于一念之间。

2275 坦然看世界，磊落度人生。

2276 人生如下棋，多思则能胜。

2277 洪涛倒海砥柱屹然，阴风四起皓月朗然。

2278 戒骄风清日朗，除躁海阔天空。

2279 天若有情天亦老，人能无私人自明。

2280 祸莫大于不知足，咎莫大于欲得。

2281 千里之堤，溃于蚁穴；滔天大罪，毁于一念。

2282 守俸如井泉，杜渐守高节。

2283 心灵上坦然，脚底下踏实。

2284 无风声鹤唳之惊，无朝不保夕之惑。

2285 竹之节，四年成；人之节，经持恒。

2286 树根挣脱土壤的束缚，获得的不是自由而是死亡。

2287 彻底的唯物主义者是无所畏惧的。

2288 前途是光明的，道路是曲折的。

2289 谦虚使人进步，骄傲使人落后。

2290 外因是变化的条件，内因是变化的根据，外因通过内因而起作用。

2291 情况是在不断地变化，要使自己的思想适应新的情况，就得学习。

2292 世界上有二十岁的朽木，也有八十岁的常青树。

2293 路线是个纲，纲举目张。

2294 战略上要藐视敌人，战术上要重视敌人。

2295 真理有时在少数人手里。

2296 人民，只有人民，才是创造世界历史的动力。

2297 以斗争求团结则团结存，以退让求团结则团结亡。

2298 事物发展的根本原因，不是在事物的外部而是在事物的内部，在于事物内部的矛盾性。

2299 对立统一规律是宇宙的根本规律。

2300 抓住主要矛盾其他问题就可以迎刃而解了。

2301 通过实践而发现真理，又通过实践而证实真理和发展真理。

2302 政策和策略是党的生命。

2303 所见所闻改变一生，不知不觉葬送一生。

2304 没有目标的人永远为有目标的人去努力。

2305 没有危机是最大的危机，满足现状是最大的陷阱。

2306 有时按部就班的顺向思维行不通，不妨采取一些逆向思维或非常规思维进行管理。

2307 把马克思主义哲学作为看家本领。

2308 学习掌握世界统一于物质、物质决定意识的原理，坚持从客观实际出发制定政策、推动工作。

2309 学习掌握事物矛盾运动的基本原理，不断强化问题意识，积极面对和化解前进中遇到的矛盾。

2310 学习掌握认识和实践辩证关系的原理，坚持实践第一的观点，不断推进实践基础上的理论创新。

2311 学习掌握社会基本矛盾分析法，坚持生产力和生产关系的矛盾、经济基础和上层建筑的矛盾存在于一切社会形态中的观点。

2312 学习掌握人民群众是历史创造者的观点；一切为了群众，一切依靠群众，从群众中来，到群众中去的群众路线，是我们党始终坚持的根本工作路线和根本工作方法。

2313 坚持实事求是，就能兴党兴国；违背实事求是，就会误党误国。

2314 坚持实事求是，基础在于搞清楚“实事”，就是了解实际、掌握实情；关键在于“求是”，就是探求和掌握事物发展的规律。

2315 能不能正确判断形势、有效化解矛盾、顺利推进工作，关键是看党员干部有没有科学的思维能力和方法。

2316　保持战略定力，要毫不动摇坚持和发展中国特色社会主义；要坚持稳中求进总基调，冷静观察、谨慎从事、谋定后动；要集中精力做好自己的事，坚定不移走和平发展道路。

2317　内正其心，外正其容。

2318　见微知著，防微杜渐。

2319　寸有所长，尺有所短。

2320　事有凑巧，物有偶然。

2321　辨别是非，认识大体。

2322　致广大而尽精微。

2323　有榜样的地方，就有进步的力量。

2324　要尝出真味，须用自己的舌头。

2325　见识是常识的积累，经验乃经历的升华。

2326　现在是抓住现在者的现在，未来乃把握未来者的未来。

2327　能用他人智慧去完成自己工作的人是伟大的。

2328　解决任何问题都需要与具体而可靠的事实打交道。

2329　视野开阔，方能看得高远。

2330　如果只有一条路可走，那么这条路往往是死胡同。

2331　手段再高明也不是目的。

2332　小事不可小看，细节方显魅力。

2333　步步为营，方可百战百胜。

2334　气魄大方可成大，起点高才能至高。

2335　兼顾失宜，必致不顾；统筹不力，总难统一。

2336　无摩擦便无磨合，有争论才有高论。

2337　只想随波逐流，难有理想彼岸。

2338　事物的法则，永远是用进废退，这是颠扑不破的真理。

2339　一个人最致命的缺点就是看不到侧影背影，一个人最糟糕的陋习也就是不尊重别人的意见。

2340 人的一切决策都是在争取未来效用的最大值。

2341 天下之势不盛则衰，天下之治不进则退。

2342 历史是部教科书，它会告诉我们一切的。

2343 历史其实是现实的老师，昨天其实是今天的镜子。

2344 要改变命运，先改变自己。

2345 只有用心灵才能看得清事物本质，真正重要的东西是肉眼无法看见的。

2346 重要的不是满足别人的期待，而是找到满足感。

2347 人生的考试永远在路上。

2348 最好是更好的敌人。

2349 舍得止损，才能斩断厄运。

2350 进步就会伴随着得到和失去。

2351 最宝贵的是人的时间和注意力。

2352 小的变化可以带来大的影响。

2353 如果没有发现本质性的问题所在，要解决问题是绝对不可能的。

2354 今天的决定会引发明天的问题。

2355 风险也是机遇。

2356 痛苦换来的往往是厚积薄发。

2357 “进取”为了获得，“防御”为了不失去。

2358 没有局限，就没有故事；没有故事，就没有存在。

2359 舟覆乃见善游，马奔乃见良御。

2360 如果时机不到，便要学会蛰伏等待。

2361 美好的事物，就算受到玷污辱没，也不会变得低贱；丑恶的事物，就算有人鼓噪吹捧，抬高其身价，也不会变得尊贵。

2362 乞火不若取燧，寄汲不若凿井。

2363 时穷节乃现。

2364 国无义，虽大必亡；人无善志，虽勇必伤。

2365 积水成渊，鱼才会聚拢；树茂林密，鸟才会集栖。

2366 当事情太顺利的时候，更要格外小心。

2367 处顺境其实非常危险，处逆境反而比较安全。

2368 处逆境容易，因为小心；处顺境很难，因为大意。

2369 先求忠诚再求能力，更加安全。

2370 任何事情都要注意适可而止，量力而行。

2371 逆境是顺境的准备，顺境是逆境的铺垫。

2372 愈是逆境之下，愈要让自己不要激动，不要发火，不要过度悲伤，不要过度反应。

2373 经验和智慧使人轻松，正义和心灵使人感伤。

2374 不管处于怎样的逆境，自己精神上不垮谁也无法把你打垮。

2375 旧事烟云唯过眼，回眸一笑百结展。

2376 成功的时候不要忘记过去，失败的时候不要忘记还有未来；有望得到的要努力，无望得到的不介意。

2377 少问别人为什么，多问自己凭什么。

2378 稳中求进，稳是进的基础，进是稳的动力，不稳难进，有进才更稳。

2379 用最少的悔恨面对过去，用最少的浪费面对现在，用最多的梦想面对未来。

2380 有时停下脚步，是为了走得更远。

2381 世间没有过不去的事，只有想不通的人；没有过不去的坎，只有越不过的心。

2382 心大了，快乐就多了；心小了，烦恼就来了。

2383 给自己一个微笑，人生处处是阳光。

2384 最慢的步伐不是跬步，而是徘徊；最快的脚步不是冲刺，而是坚持。

2385 宁可百日紧，不可一日松。

2386 每一棵大树的成长都要接受阳光，也包容风雨。

2387 一帆风顺的人，往往经受不住挫折。

2388 不同傻子争辩，否则就搞不清谁是傻子了。

2389 长跑比赛往往开始的领跑者当不了冠军；错误往往是在急躁中产生的。

2390 一个人越是在意的地方，就是最令他自卑的地方。

2391 把事情变复杂很简单，把事情变简单很复杂。

2392 苦难是化了妆的祝福。

2393 聪明人创造的机会比他发现的机会更多。

2394 当我们学会宽容的时候，就是给自己选择了一条轻松的人生之路。

2395 成功的人，是因为他看到了将来的发展走势；失败的人，是因为他只盯着眼前的潮流。

2396 智者千虑，必有一失；愚者千虑，必有一得。

2397 认清自己往往比轻视别人更重要。

2398 偶然的成功有时比失败更可怕。

2399 人生是一个遗憾的过程，正因为有了无数个遗憾，我们的人生才变得如此精彩、如此美丽。

2400 所谓的低调，就是不露痕迹的高调。

2401 笑容是馈赠别人的见面礼，眼泪是洗涤自我的沐浴露。

2402 不要为旧的悲伤浪费新的眼泪。

2403 低头需要勇气，抬头需要实力。

2404 虽然你举不起自己，但一定要看得起自己。

2405 摔跤以后千万不要多想，先爬起来再说。

2406 面前的敌人并不可怕，可怕的是看不见的敌人。

2407 熟悉的地方没有风景；不熟悉的地方有陷阱。

2408 越是怕得罪人，放低姿态，越是容易得罪人。

2409 越是你信任的人，可能伤害你越厉害。

2410 别低估任何人。

2411 不要自作聪明。

2412 忘记过去才能有新的开始。

2413 人就是孤独的，缓解它带来的痛苦的唯一方式就是平静地接受它。

2414 永远不要为已发生的和未发生的事忧虑；忧虑已经发生的事也于事无补，未发生的事凭主观臆测，无法推断走向，徒增烦恼而已。

2415 走运时要做好倒霉的准备。

2416 忍受孤独是必修课。

2417 没有过不去的事情，只有过不去的心情。

2418 越是“转弯处”，越是要重整行装、化“危”为“机”、壮大实力的关键节点。

2419 破山中贼易，破心中贼难；化解心理失衡，保持心理平衡，不是一日之功，不会一蹴而就，需要长期磨砺、慢慢养成。

2420 风光的背后，不是沧桑，就是肮脏。

2421 无原则的忍让，会被当成软弱来践踏。

2422 永远不要自以为是，哪怕真的对了；世界无时无刻不在变化，时刻保持清醒，保持怀疑。

2423 任重道远须策马，风正潮平好扬帆。

2424 风劲帆满海天阔，俯指波涛更从容。

2425 让别人快乐是慈悲，让自己舒心是智慧。

2426 人要有分量感，也要有分寸感；分量感让人觉得你有力量，分寸感使人觉得你有运用力量的艺术。

2427 有些小事是由大事造成的，有些大事是由小事造成的。

2428 对愚蠢的问题无须作出聪明的回答。

2429 思考的越多，得到的越多；因为思考可以释放能量。

2430 每一分收获，都是你坚持不懈的努力；每一滴汗水，都是你成功的积累。

2431 无畏逆境，树立必胜的信念；引导逆境，调和不平衡的心态；对抗逆境，唤醒沉睡的潜能；忍耐逆境，等待明天的希望；改善逆境，搞好人际间的沟通；管理逆境，设定切实可行的目标计划；谋划逆境，妙用神奇的计策；扭转逆境，巧借外界的力量；突破逆境，激发创新的思维。

2432 有目标，生活才处于追索状态，才会感到充实，感到快乐。

2433 在人生的种种逆境面前，要有一种作战的准备，要有千变万化的应变智慧，要有谋断先机的大将韬略。

2434 车到山前必有路，船到桥头自然直。

2435 打蛇打头，钓鱼钓口。

2436 大河涨水小河满，大河无水小河干。

2437 登不高，见不远。

2438 动以静为母，疑乃悟之父。

2439 思想决定行为，态度决定力度，专注决定结果，反思决定进步。

2440 成功者常改变方法而不改变目标，失败者常改变目标而不改变方法。

2441 换种思维方式，把问题倒过来看。

2442 要用新的视角去观察社会，要用新的思维去分析形势，要用新的眼光去判断问题，要用新的认识去思考事情。

2443 理想信念上要用好望远镜，谨小慎微上要用好显微镜，洞察是非上要用好照妖镜，自我反思上要用好透视镜。

2444 大事不糊涂，小事不纠结，凡事有主见。

2445 只有观世界才会有全面的世界观，只有观人生才会有立体的人生观。

2446 凡事拎得清，方显大智慧。

2447 法无不改，势无不积，事例无不变迁，风气无不移易。

2448 成熟的心智，能明辨是非，从不意气用事，能着眼全局，不被眼前利益所诱惑。
2449 做事犹豫不决爱纠结，就会错失良机。
2450 自己有了主见，才得有自己；有自己，才得有旁人。
2451 一个做事有原则、遇事大格局、凡事有主见的人，才是真正拥有了人生大智慧。
2452 把拳头收回来是为了更有力地还击。
2453 阴谋陷害别人的人，自己往往会首先遭到不幸。
2454 会当凌绝顶，一览众山小。
2455 追求长远发展，不能饮鸩止渴。
2456 “你真棒”远比“你真笨”效果要好得多。
2457 放眼未来，不要驻足过去。
2458 把握“跳一跳、够得着”的原则。
2459 尊重是有效的零成本激励。
2460 尊重个性即是保护创造性。
2461 沟通带来理解，理解带来合作。
2462 宽宏大量是做领导的前提。
2463 宽容是一种重要的激励方式。
2464 原谅别人就是在为自己铺路。
2465 对下属的冒犯不妨装装“糊涂”。
2466 善待“异己”可迅速“收拢”人心。
2467 容忍失败就等于鼓励创新。
2468 不可让自己的无知成为自以为是的理由。
2469 即使自己很聪明，但千万别以为别人就愚蠢。
2470 最了解自己的人是自己，最不了解自己的人也是自己。
2471 容忍别人的无知，容忍别人的肤浅，并且理解“他们”，那么至少说明你拥有了一定程度的“博知”和“博广”。

2472 感受人生的平淡，会让自己懂得什么是真正的人生。

2473 即使懂得了所有，也要留下自己的无知。

2474 人生可以复杂到你疲于奔命；人生可以简单到让你觉得无聊。

2475 别把自己看得太好，也别把自己看得太差。

2476 想让别人尊重你，首先你必须尊重自己，然后尊重别人，再是想办法得到别人的尊重。

2477 别把自己看得过于特别，别把别人看得无关轻重。

2478 能力和责任只有在“某种”前提下才成正比。

2479 所有的一切都有一个相对的前提，脱离了前提，很多时候什么都可以改变。

2480 成熟的人，能够担当，懂得感恩，心静气和，淡定从容。

2481 优秀的人总能看到比自己更好的，而平庸的人总能看到比自己更差的。

2482 跟别人学、跟自己比，越努力，越幸运；越担当，越成长；越感恩，越有福报。

2483 思路决定出路，气度决定高度，力度决定深度，脚步决定进步，格局决定结局。

2484 有志者自有千计万计，无志者只感千难万难。

2485 这世界，不是每个人都有机会做自己想做的事情，但是我们应该尽量去做那些正确的事情。

2486 失败不是说明你很差，而是提醒你该努力了。

2487 成熟不是为了走向复杂，而是为了抵达天真。

2488 没有创新就没有进步，没有创新就没有成功。

2489 人性如素丝，染于苍则苍，染于黄则黄。

2490 不能超越自己，便无法超越别人。

2491 没有足够的器量，便没有做大事的规模。

2492 对未来的真正慷慨，是把一切都献给现在。

2493 世上真不知有多少能够成功立业的人，都因为把难得的时间轻轻放过而致默默无闻。

2494 当一个人一心一意做好一件事情的时候，他最终是必然会成功的。

2495 民似路，官如车。民心顺则路平车畅，民心忧则路堵车颓。

2496 立党为公显公仆本色，勤政为世系民情民生。

2497 民众为师，民心为镜，民意为尺，民主为医，民智为贵，民利为先，民需为上，民生为本。

2498 知难而进靠决心，锲而不舍靠精神，攻坚破难靠魄力，切实可行靠办法，组织协调靠本领。

2499 做人民的“拓荒牛”，不用扬鞭自奋蹄；做群众的“领头羊”，顶风冒雨不回头；做改革的“千里马”，龙马精神贯始终。

2500 无功便是过，平庸即是错。

2501 群众是根茎、是海洋；个人是树叶、是滴水。

2502 塘中偏有自洁莲，一尘不染；世上本无后悔药，三思而行。

2503 公道正派常常可以填补智慧的缺陷，而智慧却永远弥补不了公道正派的缺陷。

2504 事业心是做好工作的源泉，责任心是做好工作的关键，原则性是做好工作的根本。

2505 莫嫌手中权力小，常想肩头责任重。

2506 人不率，则不从；身不先，则不信。

2507 党性至上，才为党员；干在当头，才为干部；执政为民，才为公仆。

2508 长治久安来自执政党的公道正派。

2509 懦夫虽有双腿，却畏惧低矮的山渠；勇士虽无翅膀，也敢凌空翱翔。

2510 喝彩声中勤奋进，牢骚声中思政失。

2511 “为人民服务”解决了共产党人一生做事是“为了谁”的问题，

“走群众路线”解决了共产党人从事一切活动是“依靠谁”的问题，“照镜子、正衣冠、洗洗澡、治治病”解决了共产党人终生追求“我是谁”的问题。

2512 人民群众是国家的靠山。

2513 做人德为本，做事民为先，做官法为上。

2514 力量来源是人民群众。

2515 贪得无厌，必将徇私枉法。

2516 虚怀若谷，博采众长，定能拥有无穷的智慧。

2517 生活就像海洋，只有意志坚强的人，才能到达彼岸。

第二辑

思想方法

2518 设定高目标，等于达到了目标的一部分。

2519 管理者不要自我设限。

2520 成功始于果敢的决策。

2521 以德行权，民之福祉；无德弄权，势必殃民。

2522 任何新生事物在开始时都不过是一株幼苗，一切新生事物之宝贵，就因为这新生的幼苗中，有无穷的活力在成长，有成长为巨人的力量。

2523 信心不是源于别人的夸奖，信心是源于自己脚踏实地的累积。

2524 真正成功的人生，不在于成就的大小，而在于你是否努力地去实现自我，喊出自己的声音，走出属于自己的道路。

2525 瀑布对悬崖无可畏惧，所以能唱出气势磅礴的生命之歌。

2526 努力是为了更好的选择，或者是为了自己能自由选择。

2527 志在峰巅的攀登者，不会陶醉在沿途的每个脚印之中。

2528 梦的前方是闯，成功的背后是泪水夹杂汗水。

2529 真正拥有梦想的人，不做选择题，他们只做证明题。

2530 在能掌控和拼搏的时间里，去提升自己生命的质量。

2531 作任何决策都必须建立前提条件。

2532 作决策前给自己一个不后悔的理由。

2533 本来可以成功的事情，错过时机事情就可能失败。

2534 世间万物都是一个相互作用的整体，人类所有的知识都是对这一整体研究的部分尝试，只有把这些知识结合起来，并贯穿在一个思想框架中，才能对正确的知识和决策起到帮助作用。

2535 决策者考虑的不应该仅仅是如何解决当前问题的战术问题，还要预先站在问题解决好的结果上思考整体的战略格局问题。

2536 成功的关键在于决策，决策的关键在于执行，执行的关键在于到位。

2537 管理的一言一行，都必须兼顾临时之计和长远之计。

2538 谁都可以掌舵，唯有领导者才能设定航线；领导者就是看得比别人多、看得比别人远、在别人看到之前看到的人。

2539 图难于其易，为大于其细。

2540 举一纲而万目张，失一机而万事毁。

2541 昨天的成功经验与辉煌可能是明天成功的阻碍。

2542 解决无效管理，首先要在思想观念上树立以几何级数去提高工作效果的信心；其次，要有创新是无止境的观念，创新的空间存在于每个地方、每个人、每件事上。

2543 手中权力人民给，为民服务莫怕累；若无人民岂能活，来自人民莫作恶。

2544 心里装着群众，民声托起你；心里只有自己，民怨淹没你。

2545 领导就是服务，干部就要干事。

2546 人产生邪念原本是一个自然的心理现象，这并不可怕；可怕的是一旦产生了邪念，却不去控制它、扼杀它，而是任其发展演变为恶行。

2547 “从善”如同垒就一座巍峨的人品与人格之山，需要以毕生的精力、坚韧的毅力、持久的耐力、辛劳的苦力来垒就这座光芒四射的“金字塔”。

2548 坚持把真理的力量和人格的力量统一起来。

2549 牢记政治责任，保持好的作风，强化理论武装，深入扎实工作。

2550 根本是理想信念问题，而总开关是世界观、人生观、价值观。

2551 和则共赢，斗则两伤。

2552 好的口碑来自为民服务的情怀，来自当地发展的成就。

2553 幸福是奋斗出来的，快乐是耕耘出来的。

2554 人生如棋，有舍才有得，有得便有舍，应当学会先舍后得、有舍有得、能舍能得，倘若一粒棋子都不愿意失去，势必会落个满盘皆输的结局。

2555 为官从政，实际上意味着一种付出、舍弃和奉献，这是从一开始就该有的思想和心理准备，否则就会时时纠结、处处为难，左右不是、忐忑不安。

2556 融发展主流，实现人生价值最大化；守道德底线，尽享盛世中华好时光。

2557 公与私不并行，恩与法不两立；以公灭私，以法夺恩者治；以私害公，以恩挠法者乱。

2558 从政应重在职责，轻于职位；要讲政治，守纪律，尽职责，为人民。

2559 和谐的社会，需要每一个人身心愉悦、品德高尚、灵魂纯洁。

2560 淡泊名利好比清茶一杯，静心正身；务实为民好比功积如山，德载千秋。

2561 最有德的人并不是摒弃情欲的人，而是能面对种种诱惑而毫不动心的人。

2562 能否说到做到，不能“听其言而信其行”，还要“听其言而观其行”。

2563 领导威信不是从掩饰错误中而是从改正错误中提高起来的，不是从自吹自擂中而是从埋头苦干中培养起来的。

2564 人在智慧上应当是明豁的，道德上应该是清白的，身体上应该是清洁的。

2565 人只要有良知，就不会是非不分、善恶不明，就不会把别人的东西据为己有，就不会把自己的责任推得一干二净。

2566 “健壮”的树杆能撑起一片绿色荫凉，“健康”的领导会带出一个清廉班子。

2567 须有宁拙毋巧之意，而后可以持久。

2568 不深思则不能造于道。

2569 盛世创业之英雄，以襟怀豁达为第一义。

2570 禁大言以务实。

2571 常常提其朝气为要。

2572 无实而享大名者，必有奇祸。

2573 悟得道，觅得法，做什么事情就应付自如了。

2574 赛跑并非快者赢，战斗未必强者胜。

2575 困心横虑，正是磨炼英雄之时。

2576 誉望一损，远近滋疑。

2577 遇棘手之际，须从耐烦二字痛下功夫。

2578 受非分之情，恐办非分之事。

2579 遇忧患横逆之来，当少忍以待其定。

2580 有其功，必有其效。

2581 凡行公事，须深谋远虑。

2582 古之成大事者，规模远大与综理密微，二者缺一不可。

2583 口腹不节，致疾之因；念虑不正，杀身之本。

2584 不可有恩而无威。

2585 国家之本，在于人民；以忠于国，为众服务。

2586 靠人格树威信，威信顶天；靠权势耍威风，威风扫地。

2587 政靠法实施，法靠人执行，人靠德律之。

2588 下要不负人，上要合天理，中要守王法，横竖不攀比。

2589 丧失了良知的才能比没有才能更可怕，失去了监督的权力比没有权力更糟糕。

2590 风正人心齐，官清民平安。

2591 希望和绝望之间有段漫长的路，关键是如何选择路上的每一个岔口。

2592 事权财权人权贪权是滋生腐败之源，公开公正公平公心乃建设廉政之基。

2593 谁能跑好最后一圈，谁就是胜利者。

2594 先去私心，而后可以治公事。

2595 百代盛兴依吏正，千秋基业仗群心。

2596 口贪香饵，终将为钓者所虏；翅缚重金，永不能自由高飞。

2597 恰从现象能摸底，免入歧途须趱行。

2598 人有七情六欲，当以德统之；官有大小权力，须依法而行。

2599 才为德添豪气，德为才长精神。

2600 食能止饥，饮能止渴；畏能止祸，足能止贪。

2601 形之正，不求影之直而影自直；声之平，不求音之和而音自和；德之崇，不求名之远而名自远。

2602 根深不怕风摇，行止无愧天地；身正何惧影移，褒贬自有春秋。

2603 民心是杆秤，称得官德和政绩；众口皆是碑，书就美名与丑行。

2604 法包拯无私无畏，为民伸冤；师海瑞两袖清风，一心为国；缅诸葛鞠躬尽瘁，死而后已。

2605 吃菜根淡中有味，守法律梦里不惊。

2606 酸甜苦辣尝尽，方知世间真味；褒贬毁誉经过，不枉此番人生。

2607 地位是脚下的台阶，并非你的真正高度；官衔是脸上的脂粉，并非你的真正肤色。

2608 智者，以别人惨痛的教训警示自己；愚者，用自己沉重的代价唤醒别人。

2609 理想不抛弃苦心追求的人，只要不停止追求，你们就会沐浴在理想的光辉之中。

2610 理事若作真书，绵密无间；爱民如保赤子，体会入微。

2611 只有代表群众才能教育群众，只有做群众的学生才能做群众的先生。

2612 为国者以民为基。

2613 德惟善政，政在养民。

2614 在世一日，要做一日好人；为官一日，要行一日好事。

2615 得志时贵在清醒，失意时重在平衡。

2616 领导者的角色：在人民面前是公仆，在工作面前是表率，在腐败面前是利剑。

2617 维护公平得人心，伸张正义顺民意。

2618 任劳任怨，献身事业无悔；诚心诚意，服务群众有情。

2619 官为轻，民为重；权为轻，责为重；名为轻，德为重；利为轻，义为重。

2620 位不必尊显，期于无负国家；功无须丰伟，要在全意为民；才毋望八斗，重乎勤勉力行；德勿求皆碑，惟有不懈修身。

2621 做事当于世有益，为人应求心所安。

2622 从政，应德厚才高身正；治国，当吏清法严政明。

2623 与民同乐乃万乐之本，为民办事乃万事之先。

2624 矜持规矩，慎作方圆。

2625 是真公仆，当牢记群众利益无小事；做好党员，切莫忘民族兴衰乃大端。

2626 立党为公，树公心、修浩然正气；执政为民，听民心、养鱼水情怀。

2627 社会不会无缘无故地厚待一个人，除非他自己向社会证明，他是值得社会对他厚待的。

2628 党员依照“准则”行，不越雷池一步；领导牢记“宗旨”干，莫离民众半分。

2629 官大品高，心系百姓安危冷暖；位尊情浓，体察民众酸甜苦辣。

2630 行政为公莫怕吃亏，为民造福莫怕吃苦。

2631 民有公论，身闲性懒莫从政；法无私情，品劣心贪休做官。

2632 立德是领导干部执政为民之基，有德是领导干部立身为官之本，修德是领导干部洁身自好之源，守德是领导干部建功立业之方。

2633 功高不泯忠贞志，位尊更坚公仆心。

2634 知取舍，求同存异，志可行也；知明暗，弃恶扬善，品可标也；知偏正，秉公废私，名可昭也；知清浊，拒腐守德，心可安也。

2635 做人一生，道德是根本；为官一任，廉洁是根本。

2636 民心似海，应珍惜点滴之水；权重如山，勿滥用半抔之土。

2637 执政莫忘本，得志莫骄纵。

2638 源清流自洁，身直行始正。

2639 做事最怕生贪欲，为官最难秉公心。

2640 多闻己过，广达民情。

2641 人以德为本，官以民为基。

2642 谋事之基要实，方成大业；成事之道要正，才能远行。

2643 好官为国为民以己任，群众利益铭记心；贪官为名为利以追求，夜郎自大傲视人。

2644 忠肝义胆不事苟且，傲骨丹心专为正大。

2645 党风正，世风日正；勤政爱民，国运昌盛。

2646 奉献无止境，宗旨在心中。
2647 党纪国法，至高无上；社情民意，不可看轻。
2648 干部廉洁为人民，人民与党心连心。
2649 千秋功罪，人民评说；是非曲直，人民裁决。
2650 创业自需克勤克俭，为官理应为党为民。
2651 群众是水，干部是舟；千年古训记在心头，水可载舟亦可覆舟。
2652 深怀爱民之心，恪守为民之责，善谋富民之策，多办利民之事。
2653 廉洁从政，报效人民；防微杜渐，永做公仆。
2654 想民疾苦以自俭，想民喜乐以自励；不使小节致民怨，不使放纵招民愤。
2655 清清白白，当好公公正正官。
2656 政声人去后，民意闲谈中。
2657 民不容贪，党不容腐；人心向背，决定存亡。
2658 立公心，甘作公仆，德乃大；去私念，不谋私利，品自高。
2659 一份权力，一份责任。
2660 民意浩荡，顺之则昌，逆之则亡。
2661 廉政不做贪官，勤政不当懒官，仕政不为庸官。
2662 公德乃大，无私心自安。
2663 无贪心，无私心，心存清白真快乐。
2664 从政，须立志成大事，不可立志做大官。
2665 社会再变，灵魂不能浮躁；诱惑再多，步子不能乱套。
2666 多行不义必自毙，廉洁奉公方为人。
2667 一日得失看黄昏，一生成败看晚节。
2668 崇高的理想是抵御腐败侵蚀的防火墙。
2669 做人，宁可一生不仕；为官，不可一日无德。
2670 薄礼面前慎微，盛情面前慎软，喜好面前慎馋，“隐贿”面前慎独，“五九”面前慎终。

2671 腐败者失民，廉政者立国。

2672 谄语尤甘，忠言最苦；下坡极易，攀登甚难。

2673 少一些骑马坐轿之念，多一份体察民众之心。

2674 君子赠人以言，小人赠人以利。

2675 财欲是只虎，色欲是柄剑。

2676 人须先立志，志立则有根本。

2677 官无大小，凡事只是一个公字。

2678 安身以安家而家齐，安身以安国而国治，安身以安天下而天下平。

2679 诚则是人，伪则是禽兽。

2680 人品端正，才能好运相伴。

2681 祸因恶作，福自德生。

2682 江口易堵，人嘴难封。

2683 守口如瓶，防意如城。

2684 心如规矩，志如尺衡，平静如水，正直如绳。

2685 速效莫求，小利莫争。

2686 知己知彼，将心比心。

2687 善根福德，天道酬勤。

2688 小时偷针，大时偷金。

2689 火要空心，人要虚心。

2690 扬汤止沸，莫若去薪。

2691 山不厌高，水不厌深；周公吐哺，天下归心。

2692 善与人交，久而能敬，过则相规，言而有信。

2693 读圣贤书，行仁义事，立齐家志，存忠孝心。

2694 山不在高，有仙则名；水不在深，有龙则灵。

2695 行义忘利，修德忘名。

2696 见利思义，见危授命。

2697 心诚则灵，意实则应。

2698 时间无私，历史无情。

2699 在官惟明，莅事惟平，独处惟慎，立身惟清。

2700 知足常足，终身不辱；知止常止，终身不耻。

2701 生于忧患，死于安乐。

2702 却私扶公，修身种德。

2703 大量能容，不动声色。

2704 不矜细行，终毁大德。

2705 胸怀全局，把握大局，关注小局。

2706 食不过佳，充饥则可；衣不过华，遮身则可。

2707 良玉不琢，不成其器；君子不学，不成其德。

2708 万分廉洁，止是小善；一点贪污，便为大恶。

2709 人平不语，水平不流。

2710 不要怕死，但要知羞。

2711 发愤忘食，乐而忘忧。

2712 成事不说，遂事不谏，存而不议，既往不咎。

2713 以德报怨，以义解仇。

2714 以明防前，以智虑后。

2715 天网恢恢，疏而不漏。

2716 太柔则废，太刚则折。

2717 众口铄金，积毁销骨。

2718 勿妒人有，莫笑人无。

2719 自强不息，厚德载物。

2720 百尺竿头，更进一步。

2721 法有明文，情无可恕。

2722 早知今日，何必当初。

2723 平安是福，自由宝贵。

2724 见利争让，闻义争为，有不善争改。
2725 日中则移，月满则亏。
2726 见可而进，知难而退。
2727 不知深浅，切勿下水。
2728 一言既出，驷马难追。
2729 塞翁失马，焉知非福。
2730 欺人是祸，饶人是福。
2731 以言取人，失之宰予；以貌取人，失之子羽。
2732 人无刚骨，安身不牢。
2733 源清流洁，本盛木荣。
2734 仁能善断，清能有容。
2735 百里之行，九十为半。
2736 迷途知返，千金不换。
2737 傲不可长，欲不可纵，乐不可极，志不可满。
2738 择路宜直，助人宜曲，谋事宜秘，处人宜宽。
2739 凡是自是，便少一是；有短护短，更添一短。
2740 终身让路，不枉百步；终身让畔，不失一段。
2741 大智若愚，大巧若拙，大辩若讷，大成若缺。
2742 民要安家，官不修衙。
2743 官大有险，权大生谤。
2744 成功可以发生在任何时间和年龄，只要你在一个好想法上坚持不懈。
2745 成功带来成功。
2746 越是为他人，就越是为自己；越是付出，就越有回报。
2747 积爱成福，积怨成祸。
2748 人生的理想在于不断提升自己的层次。
2749 机会是持续发展的。
2750 一切来自社会，最后是还给社会。

2751 任何一段经历，对于每个人都是很宝贵的经验。
2752 与其早成功，不如晚成功；与其晚失败，不如早失败。
2753 做人应该只问耕耘不问收获，因为收获不是自己能掌握的。
2754 任何事物，只要用得合理，它都有价值。
2755 任何事情做强做大，不如做长久。
2756 曲是直的必要过程。
2757 休息是为了走更长的路。
2758 人生经历过更多的磨炼，才会成熟。
2759 凡是常常被推翻的东西，就是不成熟的。
2760 人生是来历练的，人生是来完成责任的。
2761 一个人如果没有人把他当作对手，这个人根本就没有价值。
2762 安详方能静观。
2763 随时看到希望，看到新的可能性。
2764 人无完人，事无万全。
2765 承认特例，但更加重视常态。
2766 好事要提得起，是非要放得下，成就别人即是成就自己。
2767 难行能行，难舍能舍。
2768 大智者必谦和，大善者必宽容；唯有小智者才咄咄逼人，小善者才斤斤计较。
2769 大才朴实无华，小才华而不实；大成者谦逊平和，小成者不可一世。
2770 做事能够一蹴而就，做人难以一劳永逸。
2771 做事可以完胜，做人无法完美。
2772 做事折射做人，做人影射做事。
2773 做事不干净，做人亦混沌。
2774 做人有境界，做事才有眼界。

2775 做事有分寸，做人才会分明。
2776 无论过去多么美好，都将成为过去；无论现在多么不好，谁都在经历。
2777 日拱一卒的坚持，永远是打开梦想之门的金钥匙。
2778 人只有献身于社会，才能找出那实际上短暂而有风险的生命的意义。
2779 信念是一支火把，它能最大限度地燃烧一个人的潜能，并指引人们飞向梦想的天空。
2780 人生应有追求，但不可强求。
2781 人生最重要的不是我们置身何处，而是我们将前往何处。
2782 勿忘昨天的苦难与辉煌，无愧今天的责任和使命。
2783 愁人苦夜长，志士惜日短。
2784 不担三分险，难练一身胆。
2785 有山必有路，有水必有渡。
2786 人怕没志，树怕没皮。
2787 志高品高，志下品下。
2788 隔行如隔山，隔行不隔理。
2789 秤砣虽小，力压千斤。
2790 成功有个副作用，就是以为过去的做法同样适应于将来。
2791 学会爱别人其实就是爱自己。
2792 人大都高估自己熟悉与擅长领域的重要性，而轻视自己不擅长或陌生的领域，从而在人群中相对高估自己。
2793 具有洞察力的人向心思迟钝之人解释事物的本质，也不能帮助后者参透事物。
2794 依靠志向与兴趣维系的友谊，容易比单靠缘分和性格维系的友谊走得更远。
2795 世人不会高估一个傻瓜，却极易低估一个天才。
2796 地球是运动的，一个人不会永远处在倒霉的位置。

2797 真正的放手，不是放下别人，而是放下自己。
2798 死亡不是失去生命，而是走出了时间。
2799 憎恨别人对自己是一种很大的损失。
2800 做好人，靠的是一颗善良的心；做老好人靠的是一张善变的脸。
2801 若批评不自由，则赞美无意义。
2802 每个人的长处和短处如同一枚钱币的两面，就看你把哪一面翻出来。
2803 只要你脚还在地面上，就别把自己看得太轻；只要你还活在地球上，就别把自己看得太大。
2804 如果生活中一点未知数都没有，那明天还有什么意义。
2805 不是生活决定何种品味，而是品味决定何种生活。
2806 无志之人常立志，有志之人立长志。
2807 世界上没有绝对好的理念，只有脚踏实地的结果。
2808 鼓励自己最好的方法是欣赏自己，欺骗自己最好的方法也是欣赏自己。
2809 努力等于 99% 的成功，放弃意味着 100% 的失败。
2810 思想如钻子，必须集中在一点钻下去才有力量。
2811 无耻的极端是完全意识不到自己无耻。
2812 快乐要懂得分享，才能加倍快乐。
2813 只要思想不滑坡，方法总比困难多。
2814 优点的错误是找不到缺点，缺点的错误是看不到优点。
2815 昨天是已知数，今天是变数，明天是未知数。
2816 政之所兴，在于顺民心；政之所废，在逆民心。
2817 滋养初心、引领使命；找寻初心、激励使命；锤炼初心、体悟使命。
2818 心心相念百姓难，丝丝缕缕菩萨心。

2819 成大器者，熔炉锻造；怀大志者，艰辛历练。

2820 思想之剑常磨，精神之钙常补，信仰之基常筑。

2821 犹豫者错失机会，懈怠者消磨斗志，畏难者裹足不前。

2822 统揽全局谋长远，凝心聚力谋发展，开动脑筋谋创新。

2823 树立“想干事”意识，培育敬业的表率；提升“会干事”能力，培育职业的表率；练就“干成事”本领，培育精业的表率。

2824 喜欢在你面前说别人坏话的，一般也喜欢在别人面前说你坏话。

2825 整天恭维你的人要么是无脑爱你，要么非奸即盗。

2826 不说谎言，因为总有被拆穿的一天。

2827 不要忘本，任何时候、任何事情。

2828 机会不会从天而降。

2829 爱耍小聪明的人，往往是最愚笨的人。

2830 看不起别人的人，往往是被别人看不起的人。

2831 不肯在小事上吃亏的人，往往是不能成就大事的人。

2832 时间中没有过去和将来，只有现实的现在。

2833 这个世界根本就没有如果，不要再做无谓的期待。

2834 自己眼中的自己其实要比别人眼中的自己更重要。

2835 这创造那创造，经不起实践检验的都是胡编乱造。

2836 离开国家、民族和人民的最大利益，个人的“获得感”是渺小的。

2837 在命运掀开所有底牌之前，是把握机会还是接受宿命，会有两种完全不同的人生。

2838 故作谦虚是高级的自我吹嘘。

2839 思想，犹如贵重的黄金，愈纯愈好。

2840 善于把握生命的每一个瞬间，才能感受人生的每一个精彩。

2841 沉忧能伤人，绿鬓成霜蓬。

2842 乘时投隙非谓才，苟得未必为汝福。

2843 出言顺人心，做事循天理。

2844 处处幸运智变愚，屡遭不幸愚变明。

2845 唇亡则齿寒，户破则堂危。

2846 蠢者饶舌，能者思考。

2847 聪明逞尽，惹祸招灾。

2848 聪者听于无声，明者见于未形。

2849 寸心不昧，万法皆明。

2850 胆欲大而心欲小，智欲圆而行欲方。

2851 到此如穷千里目，谁知才上一层楼。

2852 得不足喜，失不足忧。

2853 动则三思，虑而后行。

2854 动者不衰，乐者长寿。

2855 多能者鲜精，多虑者鲜决。

2856 愤怒使人失去理智，冷静使人头脑清醒。

2857 让思想去控制情绪，而不让情绪去控制思想。

2858 心态决定人的命运，细节决定人的成败。

2859 任何时候都要勤于思考，学而不思则罔，思而不学则殆。

2860 生理不健康失去的是躯体，心理不健康失去的将是整个灵魂。

2861 习惯于缺点是最大的缺点。

2862 要谨慎地乐观，不要盲目地自信。

2863 从内省中提升领导力。

2864 记住他人对自己的关心和对自己的好，常怀感恩之心。

2865 懂得用人长处，驭人其实就是驭心，懂得取舍方得人心。

2866 凡事懂得换位思考，设身处地为对方想。

2867 创造奇迹，实现成功不单单是靠决心，更重要的是靠自己坚韧不拔的毅力，始终不渝的恒心。

2868 简洁是最宝贵的一种品质，它代表了缜密、简单和平和的思想。

2869 机会只青睐那些意志坚定、有抱负、有勇气、有毅力、有恒心，绝不放弃的灵魂，而绝不会青睐那些懦弱、沮丧，目光狭小的人。
2870 时间是公正的法官，只有时间可以给出公正的评判。
2871 做事的成功靠潜心谋算，切勿马虎侥幸。
2872 心存大目标，则易成大事。
2873 小事引发大思考，平凡成就大事业。
2874 把信念揉进每件小事，成功便多了许多基石。
2875 如果找不到终南捷径，不妨钻一钻牛角尖。
2876 心态变好，坏事也能变好事。
2877 将要做的事远远比已经做了的事更重要，过去的价值就是在于它对你的将来有帮助。
2878 端正人生观，要解决好“人生为什么”的问题；端正事业观，要解决好“当官做什么”的问题；端正群众观，要解决好“入党干什么”的问题；端正道德观，要解决好“形象树什么”的问题。
2879 高情商能让我们产生一种人际影响力，让我们更容易达到目标。
2880 理解他人的感受，并对他人的情绪产生共鸣，这既需要认知上的理解，也需要情绪上的协同。
2881 真诚地表达感情，即使在冲突之中，也能够帮助我们稳定关系而不是毁坏关系。
2882 高情商没有固定的行为模式可以套用，真诚是本。
2883 脱离了真诚的情商就沦落为演戏。
2884 很贼、很精、很聪明、很有智慧，完全不是一个层次。
2885 高情商的管理者在做出行为之前，会先对其进行评估，然后根据这一评估对言行举止作出修改。
2886 只有从经历中汲取了经验和教训，过去的经历才是有价值的。
2887 高情商的管理者会用所汲取的教训让自己变得更优秀。
2888 高情商的管理者明白应该尊重人性。
2889 听人讲话，先听内容，再听态度；与人说话，先正态度，再说内容。

2890 高情商是修炼而来的。

2891 情绪一旦接管了理性，往往就只相信自己愿意相信的事情。

2892 人际往来往往是绘画，不是算数。

2893 成不了心态的主人，必然会沦为情绪的奴隶。

2894 情绪是智慧不够的产物。

2895 领导者要为自己修炼一个“情商护身符”。

2896 看透万物，不如读懂自己。

2897 要常怀恐慌之心，要常怀畏惧之心，要常怀愧疚之心，要常怀谨慎之心。

2898 谦虚而不自卑，谨慎而不拘束，实在而不愚笨，冷静而不迟钝。

2899 坚定而不固执，勇敢而不粗莽，沉着而不寡断，机智而不诡诈。

2900 乐观而不飘然，随和而不失度，开朗而不放纵，精明而不油滑。

2901 团结而不江湖，紧张而不忙乱，严肃而不死板，活泼而不轻浮。

2902 幽默而不庸俗，善言而不乱语，风趣而不无趣，敏行而不越轨。

2903 品质要优秀，兴趣要广泛，毅力要坚韧，精力要旺盛。

2904 向理论知识要高度，向历史知识要深度，向专业知识要精度，向百科知识要广度。

2905 做你害怕做的事情，然后你发现，不过如此。

2906 睁着双眼，不等于正视现实。

2907 清清楚楚看昨天，扎扎实实抓今天，高高兴兴看明天；向昨天要经验，向今天要成果，向明天要动力。

2908 人生道路上的每一个里程碑，都刻着两个字——“起点”。

2909 人际关系的天敌是“猜测”，破解密码是“真诚”。

2910 蒙住自己的眼睛，并不等于世界就漆黑一团了；蒙住别人的眼睛，并不等于光明就属于自己了。

2911 最短的距离是从手到嘴，最长的距离是从说到做。

2912 最容易跌跤的地方不是高山而是平地；掉进深谷里的人，只有向上才能找到出口。

2913 怀疑别人排斥，其实是不能接纳自己。

2914 没有“做不到”，只有“想不到”；不说“绝不可能”，要说“绝对可能”。

2915 做事情之所以失败，不是没有能力，而是没有努力。

2916 知道自己何去何从的人，即使资质一般，也能创造出优异的成绩。

2917 给别人留有余地，就是给自己留出空间。

2918 多求而不得则苦，多欲而不遂则苦，不循理则行多窒碍而苦，不安命则意多怨望而苦。

2919 你拥有自尊，你更能尊重别人的自尊。

2920 老是爱欣赏自己脚印的人，只会在原地兜圈子。

2921 先做人，后做事，只有做人到位，才能做事成功。

2922 人生走到最后，权力和金钱并不能成为衡量一个人是否成功的标准，而是看他的精神是否富有。

2923 遇事先从自己身上找原因，学会换位思考，多站在对方的角度去想问题。

2924 犯了错误就该诚实地认错；狡辩、诿过只会害了自己。

2925 用时间来看人，时间是检验大师。

2926 做人要中规中矩，这样才能赢得他人的信赖和尊重。

2927 用耐心把冷板凳坐热。

2928 不打没有把握的仗，生命是经不起一次次的浪费的。

2929 别让过去的失败捆住你的手脚，否则永远难成大事。

2930 用低姿态化解别人的忌妒。

2931 以积极的作为推动否极泰来；坚持住，努力向上，积累能力。

2932 以戒备谨慎的心态延缓盛极而衰的时间。

2933 走得慢的人，只要他不丧失目标，也比漫无目的地徘徊的人走得快。

2934 失败，是把有价值的东西毁灭给人看；成功，是把有价值的东西包装给人看。

2935 不要吹灭别人的蜡烛，那又不会让你的烛光更闪耀。

2936 只有一块手表，可以知道时间；拥有两块或两块以上的手表并不能告诉我们更准确的时间，反而会制造混乱，会让看表的人失去对准确时间的信心。

2937 一个人面对外面的世界时，需要的是窗子；一个人面对自我时，需要的是镜子。

2938 完全不知道时代的步调固然是个问题，但拥有自己的步调更重要。

2939 时间是一个伟大的作者，它会给每个人写出结局来。

2940 人生就像荡秋千，起的时候，要有落的准备；落的时候，要有起的信心。

2941 积一勺以成江河，累微尘以崇峻极。

2942 要把孤独转化成一种动力，一种去开疆辟土的信心与勇气，而不是待在原地无所作为，让自卑与空洞肆意生长。

2943 只有对过去既往不咎，才能甩掉沉重的包袱；只有能够看清自己，才能做到轻装上阵。

2944 只要不放弃，就没有什么能让自己退缩；只要够坚强，就没有什么能把自己打垮。

2945 梦想不是空口无凭的大话，而是在寂静的奋斗里努力生长的果实。

2946 没人能让时光倒流，然后重新再出发，但所有人都可以在今天启程，书写一个全然不同的结局。

2947 要想成大器，就容不得胆小怕事。

2948 路再远，再荆棘满途，只要去走，勇敢地披荆斩棘，就一定能走到目的地。

2949 昨天，尽快删去；今天，好好把握；明天，努力争取；对的，坚持不懈；错的，舍得放弃；难的，迎难而上；挫折，乐观面对；胜利，再接再厉。

2950 纠结过去，担心未来，都不如抓住当下；过去是梦，未来是影，现在才是真真切切的人生。

2951 能力决定了你能走多远，信念却决定了你行走的方向；走得再远，方向错了，一生都枉然。

2952 逆境可遇不可求，要珍惜感恩，因为它才是成长的资粮。

2953 人世的艰难与折磨，就是一种考验。

2954 容人之过，念人之功，谅人之短，扬人之长。

2955 胆要大，心要小；智要圆，行要方。

2956 人生不是走路的过程，而是修路的过程；脚下越走越长的路，都是自己一寸一寸修筑起来的。

2957 给犯错误的下属一个改正的机会。

2958 赞美到点上才会有良好的效果。

2959 感情如柔水，却能无坚不摧。

2960 征服了“心”就能控制住“身”。

2961 替下属撑腰，他就会更加忠心。

2962 竞争能快速高效地激发士气。

2963 活力和创造力是淘汰出来的。

2964 无论过去发生过什么，无论你是否准备好了，下一刻都是一个崭新的开始。

2965 一个错误的影响比十个成功的影响要大，再大的功劳也会因为时间的久远而淡忘，再小的错误也能跟随你的一生，也许你不记得，别人还没忘却。

2966 永不放弃绝对是打败困难的永恒绝招。

2967 只有尽力了，才有资格说自己运气不好。

2968 现在偷的懒，都是给将来挖的坑。

2969 生活不是等待风暴过去，而是要在风暴中学会展翅翱翔。

2970 应当养成信赖自己的习惯，即使到了最危急的关头，也要相信自己的勇敢和毅力。

2971 精神愈用而愈出，智慧愈苦而愈明。

2972 以毅力约束懒惰，以磨砺震慑懈怠；只有这样才能不断进步进取。

2973 志向愈坚则愈定，心态愈平则愈静，胸襟愈宽则愈容，砺行愈勇则愈进。

2974 比内向人外向，比外向人内向，不温不火。

2975 心清净了，一切都清净；心自在了，一切都自在。

2976 观察自己的毛病，改变自己的毛病，这才是改变命运。

2977 自己的毛病越少，命运就好；自己的毛病越多，命运越不好。

2978 让别人一步，实际上是让自己一步。

2979 有欲望就有失望，有盼望就有绝望；欲望越大失望越大，盼望越大绝望越大。

2980 让自己的心胸像天空一样广阔，像大海一样宽容，像大山一样稳定。

2981 透过生死，才会明白健康的重要；透过失败，才会明白通达的重要；透过得失，才会明白淡泊的重要。

2982 人生最悲哀的事情，莫过于苦苦追求那些原本可以放弃的，却忽略了生命中那些最宝贵的。

2983 干部的虚情假意卖不了，群众的真情实意买不来。

2984 理想有多大，事业就有多大；胸怀有多宽，舞台就有多宽。

2985 靠政绩进步，用素质谋位，以德行立威，凭规矩做事。

2986 是非明于学习，境界升于内省，名节源于修养，腐败止于正气。

2987 有理想，任凭风浪起；有信念，胜似海中柱；有宗旨，甘为孺子牛。

2988 失败让人坚强，别离令人珍惜，伤痛使人清醒。

2989 人生，心灵富有最重要，若囿于物质欲望，即使拥有再多，也会觉得不够，这就是贫穷；反之，物质生活清贫，并不影响心灵的充实，知足而能自在付出，就是真正的富有。

2990 世间一切伟大的壮举是默默完成的，世间一切智者都是深谋远虑的。

2991 开始，是结束了另一些可能性的开始；结束，是开启了更多可能性的结束。

2992 没人会把我们变得越来越好，时间也只是陪衬；支撑我们变得越来越好的是我们自己不断进阶的才华、修养、品行以及不断的反思和修正。

2993 要想改变人生，第一步就是要改变心态；只要心态是正确的，世界就会是光明的。

2994 孤芳自赏、恃才傲物都是自取灭亡之道；做人做事最佳还是不卑不亢。

2995 人不怕有缺点，就怕没特点。这个特点就是你的专长和优势，成功的秘诀就在于经营自己的长处。

2996 真正的大心境，并非放弃后的坦然，而是放下后的无意。

2997 只有心地善良坦诚的人才能成为好人。

2998 金钱有用尽的时候，名声有消失的时候；唯有人的创造才能永久留在人间。

2999 事业上“得寸进尺”，生活中“不论短长”，何愁事业无成。

3000 成功者都是思考者，所有伟大的成就都源于思考，因为思考是通向成功殿堂的阶梯。

3001 在思考出的众多方案中，能够决策出最好的，不断地作出对的判断与决策，才能把路走对。只有对的路才能到达对的地方，成功的决策才能取得成功。

3002 详细的计划是一个人成功的关键，计划越详细，成功就越简单。

3003 所有的成功都源于执行，所有的赢家都赢在执行。

3004 治大者不可以烦，烦则乱；治小者不可以怠，怠则废。

3005 物损于彼者盈于此，成于此者亏于彼。

3006 善用兵者，避其锐气，击其惰归。

3007 一个人越是有许多事情能够放得下，他就越是富有。

3008 黑夜无论怎样悠长，白昼总会到来。

3009 适当的悲伤可以表示感情的深切，过度的伤心却可以证明智慧的欠缺。

3010 一切伟大的行动和思想，都有一个微不足道的开始。

3011 你说好不算好，下面说好才算真正的好。

3012 不同的政绩观，往往决定着务实的力度和工作的实效。

3013 哪一天你若和集体脱离，那便是末路的开始。

3014 创业维艰，先辈备尝辛苦；守成不易，后人应戒奢华。

3015 人之所以走入迷途，并不是由于他的无知，而是由于他自以为是。

3016 生活得最有意义的人，并不是年岁活得最长的人，而是对生活最有感受的人。

3017 不幸，是天才的进身之阶，信徒的洗礼之水，能人的无价之宝，弱者的无底之渊。

3018 进步靠实干，组织是靠山。

3019 如果这世界上真有奇迹，那只是努力的另一个名字。

3020 没有人生活在过去，也没有人生活在未来，现在是生命确实占有的唯一形态。

3021 一个人说出来的话必须是真的，但是他没有必要把他知道的都说出来。

3022 违背了自己定下的原则，哪怕只有一次，以后就将违背更多的原则。

3023 了解一切，就会原谅一切。

3024 在艰苦的日子里要坚强，在幸福的日子里要谨慎。

3025 人最宝贵的是生命，生命对人来说只有一次。人的一生应当这样度过：当他回首往事时，不会因为碌碌无为、虚度年华而悔恨，也不会因为为人卑劣、生活庸俗而愧疚。

3026 时代是思想之母，实践是理论之源。

3027 理想因其远大而为理想，信念因其执着而为信念。

3028 对中国问题的分析和洞察有赖于哲学思维的“放大镜”和“显微镜”；对中国道路的探索深深得益于历史唯物主义的实践智慧。

3029 照亮外部空间的是知识之光，而照亮人内心深处的是智慧之光。

3030 “术”仅仅是一种工具，必须在“道”的指引下合理运用。

3031 国之大计，系于理念。

3032 思想决定境界，定位品格，左右观念，引领行动。

3033 信仰的力量无坚不摧，伟大的精神薪火相传。

3034 欲事立，须是心立。

3035 有了政治上的坚定，才有敬业乐业的行动。

3036 旗帜决定方向，方向决定道路，道路决定命运。

3037 参天之木，必有其根；怀山之水，必有其源。

3038 星星之火，可以燎原。

3039 思想影响习惯，习惯影响性格，性格影响人生。

3040 理念决定方向，认识决定行动。

3041 思想上失一寸，行动上偏一尺。

3042 如果一个人不知道他要驶向哪个码头，那么任何风都不会是顺风。

3043 心常用则活，不用则窒；常用则细，不用则粗。

3044 理想是指路明灯，信仰是定海神针。

3045 经世须理论，致用要方法。

3046 没有信仰的生命是可怜的生命。失去对自己信仰的支配，就像失去对自己生命的支配一样。

3047 真理薪火相传，恰因信仰如磐。

3048 大逻辑就是大道理。

3049 没有光大，再伟大的精神血脉也难以传承；没有传承，再丰厚的精神财富也难有价值。

3050 根本固者，华实必茂；源流深者，光澜必章。

3051 成功总是跟认识全面、善于应变联系在一起的。

3052 要有心忧天下、经时济世的志向；要以家国情怀关注社会现实，在实践中汲取养分、丰富思想。

3053 理想信念的价值在于坚定不移，理想信念的威力在于脚踏实地。

3054 教条主义从书本和原则出发，经验主义从臆想和经验出发。

3055 思想上政治上的路线正确与否是决定一切的。

3056 忘记初心就会失去人心，即使赢在起点，也会输在转折点，无法胜利到达终点。

3057 政治上清醒，才能行动上自觉；政治上坚定，才能经得起考验。

3058 思想防线被攻破了，其他防线就很难守住。

3059 理想信念动摇是最危险的动摇，理想信念滑坡是最危险的滑坡。

3060 信仰纯正，则众邪不侵；信念缺失，乃百病之源。

3061 信仰就是希望，目标就是方向。

3062 舟循川则游速，人顺路则不迷。

3063 思想是行动的先导，理念是实践的指南。

3064 人生如屋，信念如柱；柱折屋塌，柱坚屋固。

3065 理想在奋斗中才能彰显，信念在坚忍中才可铸就。

3066 信仰不坚定，行动就盲从。

3067 最可怕的敌人，就是没有坚强的信念。

3068 信念，可以使人透过失望看到希望，可以使人从逆境中奋进，可以让人从失败中走向成功。

3069 没有科学理论支撑，一个政党将失去灵魂；没有共同理想支撑，一个组织将失去方向；没有理想信念支撑，一个党员领导干部将失去追求。

3070 真理在心，尘念自息。

3071 思想决定方向，方向决定命运。

3072 理想指引人生方向，信念决定事业成败。

3073 强国先要强民，强民先要强魂。

3074 果实熟透了才可以采摘，思考沉稳了才能充分表达。

3075 人的成就不会超过他的信念。

3076 理论所依的道理从常识来，常识是对寻常事实的认定。

3077 人的伟大就在于思想。

3078 心正方能产生正确的思想，才能拥有高尚的品德。

3079 理智要比心灵更高，思想要比感情可靠。

3080 人生最重要的价值是心灵的幸福，而不是任何身外之物。

3081 一切的竞争都是脑力的竞争。

3082 生命的法则就是信仰的法则。

3083 信仰是人生的动力。

3084 信仰是一种无坚不摧的伟大力量。

3085 信仰坚定，才能对党忠诚、心存敬畏；信仰永恒，才能牢记宗旨，照亮生命。

3086 扎稳忠诚根基，信仰才会坚如磐石。

3087 理论上清醒，政治上才能坚定。

3088 理论指导实践，引领未来；文化滋养人心，给人力量；道路指引方向，坚定人心。

3089 一个人如果没有脊梁，就站立不起来；如果没有信仰，精神世界就会坍塌。

3090 理想信念坚定，骨头就硬；理想信念丧失，就会得“软骨病”。

3091 理想的路是为有信心的人预备的。

3092 成功的秘诀，在于永不改变既定的目标。

3093 万物有所生，而独知守其根。

3094 万有皆逝，唯有精神永存。

3095 成功的信念在人脑中的作用就如闹钟，会在你需要时将你唤醒。

3096 理想和现实总是有差距的，幸好还有差距，不然，谁还稀罕理想？

3097 没有当下，哪有未来？

3098 哲学是一种学养，是一种“以真理指导行为”的努力。

3099 困难是真理诞生的地方，也是认识真理的好学校。

3100 历史从哪里开始，思想进程也应当从哪里开始。

3101 耐心的思索、独立的思考、清晰的思维对于每个人来说都是至关重要的。

3102 哲学演变的根源要到社会史中去找，历史演变的规律要借助哲学的思辨来把握。

3103 观念决定行为，思想决定深度。

3104 生命的力量就是一个人思想的力量，只有做到了独立思考，生命才有力量。

3105 历史的细节往往蕴含着深刻的启示。

3106 思想是本，行动是形，本正则形立。

3107 思想转变是作风转变的先导，通过作风转变能透视思想转变。

3108 人只要有理想，有预设的美好未来，什么都能挺过去。

3109 知识并不能等同于智慧，知识没有办法解决信仰问题。

3110 觉悟了，才能心明眼亮，识别出什么是鲜花、什么是毒草，什么是阳光大道、什么是人生陷阱；觉悟提高了，才能找到自己行为的准星，任何时候都经得起诱惑，躲得过围猎，守得住底线。

3111 思想上坚信不疑，所以意志上坚韧不拔。

3112 定力弱者事必衰，定力强者事定成。

3113 一个人的思想有多远，他就有可能走多远。
3114 观古今于须臾，抚四海于一瞬。
3115 真理诞生于若干个问号之后。
3116 新时代催生新思想，新思想指引新征程。
3117 改造思想的过程，就是不断剔除思想杂质、校正思想偏差、解决思想问题、升华思想境界的过程。
3118 离开理论指导的实践是盲目的实践。
3119 用辩证唯物主义和历史唯物主义驾驭现实，以历史、哲学和文化的思考支撑信心。
3120 大道之行，天下为公。
3121 只要精神不滑坡，办法总比困难多。
3122 大道至简，唯正是本。
3123 世间事，唯正者昌，唯正道胜。
3124 正面声音不响亮，各种杂音就甚嚣尘上；党的色彩不鲜明，其他杂色就乱花迷眼。
3125 没有哲学思维，心灵难以安稳。
3126 一个时代有一个时代的文艺，一个时代有一个时代的精神。
3127 信念是建立在目标基础之上的，愿景可以产生强大的驱动力。
3128 思想是灵魂，制度是筋骨；两者结合，便能塑魂治心，强筋健骨。
3129 责任和担当是家国情怀的精髓。
3130 理想信念是人生的定盘星，也是奋斗的原动力。
3131 只有从思想上真正认识到奋斗的价值与意义，才能将口号变成行动指南。
3132 人类的幸福和欢乐在于奋斗，而最有价值的是为理想而奋斗。
3133 初心是一切美好的本愿。
3134 新时代提出新课题，新课题催生新理论，新理论引领新实践，新实践需要谋新篇。
3135 一个新时代的到来，总是以新思想、新方略为标志；一个新时代的前行，必须有新思想、新方略来指引。

3136 党章规定的理想信念宗旨就是共产党人的“德”，党性教育是共产党人的“心学”。

3137 思想决定行动，认识决定成败。

3138 有了坚定的信念，才有用之不尽的工作激情，才能朝着目标执着远行。

3139 使命就是意义。

3140 不忘初心，人民幸福始终挂心上；牢记使命，民族复兴永远是追求。

3141 拥抱新时代，展现新气象；踏上新征程，实现新目标。

3142 新时代，为民族复兴接好棒，为社会主义续新篇，为世界文明添光彩。

3143 理论因其科学而具有穿透力，思想因其丰富而充满解释力。

3144 新的历史方位呼唤新的思想论断，新的时代使命呼唤新的思想指引。

3145 “强”起来的中国、“近”起来的目标，更加需要“强”起来的理论、“新”起来的思想。

3146 思想的田野，如果科学真理不去占领，就会杂草丛生；心灵的空间，如果阳光雨露不去播撒，就会阴暗笼罩。

3147 心中有信仰，脚下有力量。

3148 理论的变革是深刻的变革，思想的突破是根本的突破。

3149 “心正”方能走远、行稳、不偏。

3150 谁心存敬畏，并且愿意为国家民族建功立业，谁就拥有了真正的自由，未来海阔天高。

3151 没有信仰，就没有名副其实的品行和生命。

3152 一个人没有信仰，会成为失去方向感的陀螺；一个国家没有信仰，与一盘散沙无异。

3153 点燃信仰的火花，方能找准人性良知、绷紧道德底线、谨守行为规范。

3154 捧着一颗心来，不带半根草去。

3155 明大德、守公德、严私德，做到以德自立、以德施政、以德服众。

3156 意志清醒才能克制私欲、从不逾矩，志向清晰才会志之所驱、不受干扰。

3157 智是进德之基。

3158 不懂历史的人没有根，忘记历史的民族没有魂。

3159 思想进步是社会进步的基础，心态和谐是社会和谐的核心。

3160 忘记了远大理想，不是合格的共产党员；有了理想但不付诸行动，同样不是合格的共产党员。

3161 民心，可敬、可亲、可爱；民意，有智、有情、有愿。

3162 只有思想上弄通了，理论上清醒了，才会接受理论、拥护理论，把理论当成信仰；只有理论成了信仰，政治上才会更加坚定，行动上才会更加自觉。

3163 没有清醒的头脑，再快的脚步也会走歪；没有谨慎的步伐，再平的道路也会跌倒。

3164 唯有立志坚，方能终济事。

3165 很多时候，改变了世界观就改变了世界。

3166 思想指导行动，理论引领道路；任何事业都离不开理论的指引。

3167 高贵者最寂寞，思想者最孤独。

3168 行到水穷处，坐看云起时。

3169 人，有了物质才能生存；人，有了理想才谈得上生活。

3170 人无精神则不立，国无精神则不强。

3171 信念不灭，就能创造奇迹。

3172 物质欲望越膨胀，思想信仰就越少。

3173 一切大的政治错误没有不是离开辩证唯物论的。

3174 要活在希望之中，只要有希望有信仰，人就不会那么焦虑。

3175 不忘初心，成就大我；是跑偏脱轨，还是跑到终点，取决于是否永葆一颗初心。

3176 比成功更宝贵的是追求本身。

3177 记忆是智慧之母。

3178 人的行动是受思想驱使的，思想认识的深度决定行动的高度。

3179 中国共产党人的初心和使命，就是为中国人民谋幸福，为中华民族谋复兴。

3180 理论唯有常新才能常青。

3181 掌握思想领导是掌握一切领导的第一位。

3182 视野开阔与否，取决于对知识掌握的多少，取决于思想理论水平的高低。

3183 以科学的态度对待科学，以真理的精神追求真理。

3184 树高叶茂，系于根深。

3185 执道循理，必从本始。

3186 悟出来的东西，才是属于自己的。

3187 逻辑就是事物发展的规律性、就是思路；说话要有逻辑，做事要符合逻辑。

3188 真正的智慧不仅在于明察眼前，还在于能预见未来。

3189 成功不是条件是信念，成功不是方法是想法。

3190 许多人不是不愿接受新观念，而是不愿抛弃旧观念。

3191 目标再远大，终离不开信念支撑。

3192 江河万里总有源，树高千尺也有根。

3193 理想信念的坚定，来自思想理论的坚定。

3194 思想兴，国家兴；思想强，国家强。

3195 理想越远大，心胸就越宽阔；目标越宏伟，思想就越坚定。

3196 生命里最重要的事情是要有个远大的目标，并借才能与坚毅来达成它。
3197 理想是一个人的高度。
3198 只有读了、知了，然后再思了，才能悟。
3199 有定力就会正念坚固，如净水无波，不随物流、不为境转，光明磊落、坦荡无私，不被假象所迷惑，不为名利而动心。
3200 深思是种智慧，深思是种成熟，深思益于明理。
3201 良好的精神状态，是做好一切工作的重要前提；良好的社会心态，是社会和谐运转的基础。
3202 山有脊梁而巍峨，人有精神而挺立。
3203 善思则睿智。
3204 没有理想驱动的现实是盲目的，没有现实支撑的理想是虚无的。
3205 思想是历史实践的精华。它源自时代，又驱动时代向着既定的目标稳步前行。
3206 人所缺乏的不是才干而是志向，不是成功的能力而是勤劳的品质。
3207 信仰的力量在于笃行。
3208 思维定广度，理念定宽度，智慧定深度。
3209 虔诚，如果缺失知识，就是愚昧；虔诚，如果缺失理智，就是迷信。
3210 一次深思熟虑，胜过百次草率行动。
3211 精神在，脚步就不会停。
3212 成就的大小，超不过思想境界的高度。
3213 胸怀忠诚，就能入火海而不退缩、遇烟雾而不迷失、出淤泥而不沾染、临诱惑而不动摇。
3214 没有正确的政治观点，就等于没有灵魂。
3215 欲使人亡，必先使其狂。
3216 信仰是支撑一个人对真善美不懈追求的力量源泉；精心涵养、融会贯通，一定可以在信仰的光辉下事有所成、功有所得。

3217 历史是思想的助推器，也是思想的过滤器。

3218 没有思想解放就没有改革开放，没有改革开放就没有今日中国。

3219 精神爽奋，则百废俱兴；肢体怠弛，则百兴俱废。

3220 精神不运则愚，血脉不运则病。

3221 辩证思维方法是所有方法的统帅和灵魂。

3222 闪电过后才是雷鸣，观念变革总在行动之先。

3223 没有思想的行动是盲目的行动，不能付诸行动的思想是苍白的思想。

3224 一个人追求的目标越高，他们的才力就发展得越快，对社会就越有益。

3225 世界被思想推动，人被信念推动。

3226 世界观和方法论是统一的。

3227 责任高于一切。

3228 只有精神力才能催生战斗力。

3229 知识不如智力，智力不如素质，素质不如觉悟。

3230 生命因为使命而升华，历史因为使命而变化。

3231 智慧是战胜险难的钥匙，勇气是战胜险难的力量。

3232 离开不断变化的实际谈马克思主义，没有任何意义；把马克思主义教条化、凝固化，没有不犯错误的。

3233 思想经过碰撞，才能迸发出火花；理论经过切磋，才能得到升华。

3234 有恒为成功之本。

3235 祸兮福所倚，福兮祸所伏。

3236 思想理论素质是领导素质的灵魂。

3237 干部思想的进步是一切工作进步的枢纽。

3238 解放思想的关键是转变观念。

3239 寂然凝虑，思接千载。

3240 理想是基石，信念是动力。
3241 信仰不等于实践，实践也不等于成功。
3242 思想就是力量。
3243 名非天造，必从其实。
3244 概念的背后是理论，理论的背后是相应的实践。
3245 只有信念坚定的人才能收获成功。
3246 一个人，若思想通透了，行事就会通达，内心就会通泰，有欲而不执着于欲，有求而不拘泥于求，活得洒脱，活得自在。
3247 伟大事业需要旗帜引领，伟大征程需要核心领航。
3248 一切问题的关键在政治，一切政治的关键在民众。
3249 信仰是生命的力量。
3250 科学的理论，跨越历史闪耀真理的光芒；伟大的思想，超越时代激发信仰的力量。
3251 一个能思想的人，才真是一个有无边力量的人。
3252 行成于思。
3253 不认识矛盾，便不能认识规律。
3254 人生总有起落，精神终可传承。
3255 每一个创伤都标志着向前进了一步。
3256 认识真理的主要障碍不是谬误，而是似是而非的真理。
3257 斩断自己的退路，才能更好地赢得出路。
3258 事必有法，然后可成。
3259 志在山顶的人，不会贪念山腰的风景。
3260 知道自我不能做什么，远比知道自我能做什么重要。
3261 最可怕的不是差距，而是不知道差距在哪里。
3262 新思路来自对中央决策的紧跟和深跟，新思路来自对发展规律的掌握和把握，新思路来自实践工作中的创新和创造。
3263 自静智生，智生事成。
3264 船的力量在于帆桨，人的力量在于思考。

3265 盲目的坚持不如理智的放弃。

3266 愚者玩小聪明，智者深思熟虑。

3267 有了行为的不自由，才能获得精神的真正自由。

3268 互补合作是人生最好的通行证。

3269 方向错误，越努力越失败。

3270 用别人的标准来衡量自己注定失败。

3271 不能受气就成不了大器。

3272 思想是世界观，辩证是方法论。

3273 正确与错误取决于时空。

3274 制度是人的行为路线。

3275 机制固然重要，素质更居根本。

3276 有些事可以想明白，但不可能完全做明白。

3277 等待是对毅力的考验，更是勇气的显示。

3278 强拧的瓜不甜，强求的事难成。

3279 宇宙中最强大的力量，莫过于思想无声的能量。

3280 成功必然成名，而成名未必成功。

3281 失败是无法挽回的命运结局，困难是现在需要冲破的物障。

3282 只有变化才会带来变化。

3283 转个念头，天地宽。

3284 人生一要承担过去，二要创造未来。

3285 最好的方法往往就是最简单的方法。

3286 办事是履行责任，发展才是完成使命。

3287 只要承认不行，就是行的开始。

3288 表扬虽好听，却容易让人虚浮；批评虽难听，却有利于人的进步。

3289 逃避挫折，就是在远离成功。

3290 只要承认低了，就是开始高了。

3291 任何事物的发展，都是阶段性和连续性的统一。

3292 没有困难，就没有坚忍和积聚；没有胜利，就没有激情和尊严。

3293 位置越近，感情越近；身体越近，灵魂越近。

3294 多一个思路，多一条出路。

3295 品格决定命运，细节决定成败，心态决定输赢。

3296 与天地合德，与日月合明，与四时合序。

3297 不劳无获，人生就像爬楼梯，得一步一个脚印。

3298 勇敢的尝试是成功的一半。

3299 经验是智慧之母。

3300 正人必先正己，治国必先治家。

3301 人不可能一辈子走捷径，当无捷径可走时，绕弯也是一条路。

3302 智慧成就人生。

3303 天下可忧在民穷，天下可畏在民怨。

3304 先站住，再站高。

3305 人生犹如赶路翁，放下包袱更轻松。

3306 运气决定一时，智慧决定一生。

3307 取得最终胜利的秘诀是不怕输。

3308 立竿见影的成功秘诀是多求教于人。

3309 防止掉进陷阱的办法是不轻信他人。

3310 思危则安，思亡则存。

3311 挫折给人力量，苦难使人成长。

第三辑

学习方法

3312 千万不要把自己当成各个部门、各个领域的专家，外行领导内行只会把事情弄得一团糟，另一个结果是你的自我膨胀。

3313 反对意见虚心接纳，坦然冷静。

3314 发挥专家的作用，专家指拥有相关知识的人，专家是个相对概念。

3315 专家的话语可以作为参考。

3316 有比较才有鉴别。

3317 读历史千万记住，要把以前的缺失改过来，而不是一味地照着错的做。

3318 只要有明确的想象力，就像灵敏度高的天线，一定能灵敏地捕捉必要的情报。

3319 一切结论产生在调查研究之后。在调查研究中，如果找不出原因和解决办法就不能放过。

3320 脑勤要多思，眼勤要多看，嘴勤要多问，耳勤要多听，手勤要多记，腿勤要多跑。

3321 笃学就是专心专注地学习各种必备的科学文化知识，不断为提升领导能力蓄势积能；悟道就是在学习中悟我们党的治国理政之道，悟实现中华民族伟大复兴之道，并及时转化为开拓进取的新理念、新思路、新举措。

3322 能听进批评的人，是聪明人；能主动寻求批评的人，是绝顶聪明的人。

3323 省事是清心之法，读书是省事之法。

3324 自其外者学之而得于内者谓之明，自其内者得之而兼于外者谓之诚。

3325 先静之，再思之，五六分把握即做之。

3326 前世所袭误者，可以自我更之；前世所未及者，可以自我创之。

3327 人之气质，由于天生，本难改变，唯读书则可变化气质。

3328 凡事须逐日检点，一日姑待后来补救，则难矣。

3329 凡读无益之书，皆是玩物丧志。

3330 思与学不可偏废。

3331 久视则熟字不识，注视则静物若动，乃知蓄疑者乱真知，过思者迷正应。

3332 能甘淡泊，便有几分真学问。

3333 书蔬鱼猪，一家之生机；少睡多做，一人之生气。

3334 自省是拒腐防变的关键。

3335 天天洗脸，净在其外；日日反省，明在内心。

3336 山不辞土，故能成其高；海不辞水，故能成其深。

3337 读书是修身之道，守廉乃为官之德。

3338 廉则威，公则明，严则正，令则通，思则变，勤则精，学则进，干则兴。

3339 诚信修身，严谨治学；清正为官，廉洁做人。

3340 学者自强不息，则积少成多；中道而止，则前功尽弃。

3341 天天反省自己，天天改正过错，这就叫作天天新、永远新。

3342 腹有诗书气自华，读书万卷始通神。

3343 书本是人生最大的财富。

3344 读书是一种充实人生的艺术。

3345 读书破万卷，下笔如有神。

3346 最大的智慧存在于对事物价值的彻底了解之中。

3347 当我们得到理解的时候，智慧是不会枯竭的；智慧同智慧相碰，就迸溅出无数的火花。

3348 智慧的可靠标志就是能够在平凡中发现奇迹。

3349 智慧首先教人们辨别是非。

3350 智慧不是天公的恩赐，而是经验的结晶。

3351 智慧起源于愚蠢的废墟上。

3352 人的智慧就是快乐的源泉。

3353 使人发光的不是衣上的珠宝，而是心灵深处的智慧。

3354 有盏指路明灯，就是智慧之灯。

3355 智慧越发达，人生就越是获得莫大的满足。

3356 极端的命运是对智慧的真正检验，谁最能经得起这种考验，谁就是大智大慧。

3357 过去的一切都是智慧的镜子。

3358 发现问题是智慧，解决问题是能力。

3359 惧则思，思则通微；惧则慎，慎则不败。

3360 依靠学习走向未来。

3361 丰富自己的知识结构，说话有底气；系统性学习知识，说出去的话经得起挑战，有内涵，不浮夸，有自己独到的分析和见解，有说服力。

3362 书不在厚，有味则馨；言不在多，醒世则经。

3363 他山之石，可以攻玉。

3364 修学好古，实事求是。

3365 学贵有恒。

3366 人能读书，即为有福；我欲去谤，莫如无言。

3367 酒多人癫，书多人贤。

3368 不知理义，生于不学。

3369 文章颂世，道德传家。

3370 山靠绿化，人靠文化。

3371 造烛求明，读书求理。

3372 好学深思，心知其意。

3373 个人的成长进步必然伴随着知识、技能的改变。

3374 理解是随着时间推移而逐渐清晰的。

3375 任何人不能空着手做木工活，更不能空着脑袋思考。

3376 理论始于问题，科学始于问题，学习也始于问题。

3377 哲学是文化的灵魂。

3378 要思考，就需要慢下来。

3379 书也是帮助大脑发育的最佳养料。

3380 人成长了，书也会成长；从这个意义上讲，书也是一面“照见自己成长的镜子”。

3381 读书越多，看世界的角度就越高。

3382 读书增加自己的经历。

3383 学习就是阅读。

3384 一个人读过多少书，就能够在多大程度上自由地旅行。

3385 读书具有“瞬间改变人生的效果”和“潜移默化的效果”。

3386 通过读书锻炼了头脑之后，一旦有机遇就会开花结果。

3387 越是头脑聪明的人，越会不分领域地“杂读”。

3388 学习力是一切能力的基础。

3389 总有一张万能牌，如读书。

3390 书读得越多，就越感觉跨越了时间，与其他生命及更深刻的共鸣相连，便不会孤单了。

3391 要了解治国之道，不可不读史。

3392 知识不是人生的目标，它只是帮助人省思而已。

3393 读书如果不明白道理，等于白读。

3394 学来的本领，谁都偷不走。

3395 苦学、苦练、苦干，才有一点点成功。

3396 自省与自我批判乃是健康心理的一个重要标志。

3397 不会被人剥夺的事情就是学习，就是学习学习再学习。

3398 快乐不快乐，是学好没学好的一个标志；快乐不快乐，是学有收获、学无收获的一个标志。

3399 毕生勤学很难得，学以致用更重要。

3400 千学不如一看，千看不如一练。

3401 一个人幸运的前提，其实是他有能力改变自己。

3402 与其讨好别人，不如武装自己；与其逃避现实，不如笑对人生；

与其听风听雨，不如昂首出击。

3403 成熟不一定与年龄有关；智慧不一定与智商有关；幸福不一定与金钱有关。

3404 假如思想是种子，在有的土壤里它能成长，在有的土壤里它就会死亡，所以播种思想的人，首先要研究土壤。

3405 文字的力量就是，在你不想说话的时候，可以用手呐喊。

3406 知识是一种使未知者吃得越多感觉得饿的粮食。

3407 做人要知足，做事要知不足，做学问要不知足。

3408 知识只有消化了以后才有营养，不然就是智商中的脂肪。

3409 精韧不怠，日进有功；精益求精，日有所长。

3410 在学思践悟中牢记初心使命，在细照笃行中不断修炼，在知行合一中担当作为。

3411 坚持真理，修正错误；正视问题，克服缺点。

3412 克服华而不实的学风，锤炼求真务实作风；克服投机取巧的学风，锤炼真抓实干作风；克服被动应付的学风，锤炼敢于担当作风。

3413 在学习的理念上创新、学习的方法上求实、学习的成效上较真。

3414 空虚无聊的时候就读书，但一定得有自己的生活目标和计划。

3415 多看书，看好书。

3416 与其羡慕别人，不如提升自己。

3417 成功的人是跟别人学习经验，失败的人只跟自己学习经验。

3418 能自觉改造自己的人，就是智慧过人的人。

3419 广积不如教子，避祸不如省非。

3420 变老是人生的必修课，变成熟是人生的选修课。

3421 要一个人没有一点缺点，他也就会丧失所有优点。

3422 不要沉迷于任何东西，一个人要有兴趣、爱好，但需分清轻重，时刻要牢记玩物丧志的道理。

3423　读书贵以明，学艺贵求精。

3424　读书贵在疑，疑才获教益。

3425　多读有用书，少做无益事。

3426　竞争力的提升赖于基本素质的强化。

3427　要有推功之心，谦虚才可以学到东西，韬光养晦，厚积薄发。

3428　知识是一把神秘的钥匙，它可以开启一个人成功的大门。

3429　清醒的时候让自己读些需要集中精力才能读懂的书，而疲倦的时候读些不必费多少心思的轻松读物。

3430　学习上要求深度，政治上要有高度，生活上要讲适度，气量上要能大度。

3431　学习上要勤奋而不懒惰，工作上要努力而不懈怠，作风上要务实而不浮漂，自律上要严格而不诿过。

3432　勤学习，常调研，乐思考，善总结。

3433　知识，是学出来的；能力，是练出来的；能量，是修出来的；智慧，是悟出来的。

3434　一个人若想要提升自身的学识修养和才华，多读书是最经济，也最靠谱的方式。

3435　让自己尽快成为本行的专家。

3436　宝剑锋从磨砺出，梅花香自苦寒来。

3437　不经一番寒彻骨，怎得梅花扑鼻香。

3438　每天提高一点点，再前进一点点，到一定时候回头看，你会发现，自己已经走出了很远的距离。

3439　智慧是在人和事中磨炼出来的。

3440　多看自己的缺点，才能改正自己的错误；多看别人的优点，方能学到别人的功德。

3441　学问以通达为贵，技艺以专精为贵。

3442　无知识的人，其生命如同无叶子的树，缺少勃勃生机。

3443　永远的成功来自永远的学习，永远的成功者是永远的学习者。

3444 业余时间能成就一个人，也能毁灭一个人。

3445 读书不是为了雄辩和驳斥，也不是为了轻信和盲从，而是为了思考和权衡。

3446 实践是培养和锻炼干部的大学校，也是检验干部优劣的试金石。

3447 学贵专，专生能；作要勤，勤生效。

3448 孜孜以求，广识实学；澡身浴然，洗手奉职；明公正气，守往达权；慧眼识人，知人善用；严以律己，宽以待人；敬业爱岗，勤奋不怠。

3449 读书能够提高和强化人格，激发人们的美好志向；读书能够增长才智和陶冶心灵。

3450 不读诗书形体陋。

3451 学习理论要学懂，联系实际要会用。

3452 素食则气不浊，独宿则神不浊，默坐则心不浊，读书则口不浊。

3453 知识就是财富，拥有知识就是拥有财富。

3454 学习上突出一个“真”字，批评时克服一个“怕”字，整改中做到一个“快”字，效果上达到一个“好”字。

3455 注重学用结合，别搞光说不练；注重查改结合，别搞讳疾忌医；注重内外结合，别搞体内循环；注重上下结合，别搞单边行动；注重长短结合，别搞短期行为。

3456 “学”为先，“实”为重，“严”为要，“新”为贵。

3457 阅读使人充实，会谈使人敏捷。

3458 进步的过程就是战胜困难的过程、解决问题的过程。

3459 无论你从什么时候开始，重要的是开始后就不要停止；无论你从什么时候结束，重要的是结束后就不要悔恨。

3460 每天反复做的事情造就了我们，然后你会发现，优秀不是一种行为，而是一种习惯。

3461 世事犹如书籍，一页页被翻过去；人要向前看，少翻历史旧账。
3462 不管多大的官，不读书便不过是一介俗吏。
3463 学再多不用就等于徒劳，学再好用错地方反而适得其反。
3464 学习是对知识的一种亲近态度。
3465 学问浅薄，如履薄冰。
3466 学而不行，等于没学；言行不一，不如不言。
3467 见得越多，看得越开；学得越多，看得越远。
3468 知识就是要有用，知识最终要走向解决问题。
3469 努力不是一场意志力的较量，而是一种需要学习的策略。
3470 世界上只有一种投资是只赚不赔的，那就是学习。
3471 智慧的开发来自读书，智慧的增进来自学习。
3472 人生如果远离了阅读，就等于一间房子没有窗户。
3473 读书并不是要逃离这个世界，而是要让人拥有平视世界的眼睛，阅读本身就是为了更好地生活。
3474 学而信，学而用，学而行。
3475 人不读书，其犹夜行。
3476 学愈博，则思愈远。
3477 读书给人乐趣，给人光彩，给人才干。
3478 自古圣贤，盛德大业，未有不由学而成者也。
3479 国势之强由于人，人材之成出于学。
3480 学习“充电”要“满格”。
3481 读书正己。
3482 博学于文，可以修学储能、锤炼修养，全方位地拓展人的视野、丰富人的学识；可以使人站高望远，客观全面地了解社会，成为复合型人才，更好地适应社会，创造更灿烂的人生。
3483 学习成就伟业，学习创造未来。
3484 相对于知识而言，学习是基础；相对于思维而言，思考是关键；相对于方法而言，实践是根本。

3485 大志非才不就，大才非学不成。
3486 人生短促，读书要择。
3487 玉不琢，不成器；人不学，不知道。
3488 古人学问无遗力，少壮功夫老始成。
3489 好铁要经三回炉，好书要经百回读。
3490 水滴集多成大海，读书集多成学问。
3491 见者易，学者难，莫将容易得，便作等闲看。
3492 学得愈多，愈觉察到自己的无知。
3493 一日不学，若混一天。
3494 挤些时间读点书，静下心来想点事，不懒笔头用点功。
3495 三日不读书，便觉言语无味，面目可憎。
3496 立身百行，以学为基。
3497 学习非一朝一夕之事，不可能毕其功于一役。
3498 读书是学习，使用也是学习，而且是更重要的学习。
3499 所有的知识都是彼此相关的。
3500 若学习过程能“加速”“增效”，则能取得更好的成效。
3501 读书是人生永恒的主题。
3502 读书历来没有固定的模式，也没有统一的标准，有效、管用便是最好的方法。
3503 知识学问，贵在学以致用，不用便无用，无用便无益。
3504 人生的终点不是死亡，而是与书绝缘；人生的起点也不是诞生，而是要从“爱书如命”那一刻算起。
3505 做一个爱书如命的人，必定充满希望。
3506 远离知识就是走近无知。
3507 读书千万不要被书所困，一切的运用全在自己。
3508 读书是一个人有没有求知心的标志，写作是一个人有没有创造力和责任感的标志。

3509 要想保持学习的紧迫感，必须制定目标与期限。

3510 只要找到适合自己的学习方法，学习就会很轻松。

3511 求学之道无坦途，问艺之路无捷径。

3512 善学者智，善学者正，善学者强，善学者胜。

3513 学习，没有太迟之说。

3514 读书学习是文明薪火相传之途，是个人成长进步之梯，是政党永葆生机之基，是国家繁荣富强之要，是民族崛起振兴之道。

3515 学习成常态，工作才能进状态；学习成起点，事业才能有支点；学习成风气，发展才能添力气。

3516 强学博览，足以通古今。

3517 历史不能假设，事实没有如果，但教训一定要吸取。

3518 读书在于造就完全的人格。

3519 学习力是适应力、管理力、竞争力、凝聚力、执政力等多种能力的起点和基础，是打破本领恐慌的最重要的能力。

3520 以学益智、以学修身，融会贯通、形成觉悟，以文化自信支撑政治定力。

3521 离险境：读书可以保持理智，镇定自若。得顺境：读书可以谨言慎行，减少盲目。破逆境：读书可以化解怨气，平心静处。处闲境：读书可以益智强身，遏制衰老。

3522 以读书为帆，以思考为舵，以写作为桨。

3523 读书学习应成为领导干部的第一爱好、第一习惯、第一行为。

3524 读万卷书是向内滋养精神，行万里路是向外拓宽视野。

3525 阅读可分两种：一种是增长知识的阅读，需要用头脑；另外一种是提升生命的阅读，需要用心灵。

3526 读书第一要有志，第二要有识，第三要有恒。

3527 兴趣乃成就伟业的催化剂。

3528 学而不用等于没学，学习的目的全在于应用。

3529 博学知之多，见多识得广。

3530 学而不疑，长进不快。

3531 探索无止境，求知无穷期。

3532 非才无以深学，非学无以明识，非识无以能谋，非谋无以善断。

3533 任何有效的阅读不仅是吸收和接受，也是投入和创造。

3534 学习是创新的基础，实践是创新的源泉。

3535 理解是记忆的前提。

3536 读史未必使人聪明，忽视历史却是不可饶恕的愚蠢。

3537 凡有所学，皆成性格。

3538 书籍会潜移默化地塑造一个人的性格。

3539 师古而不泥古，取其精华而鉴今。

3540 读书，就像起跑线，因此而发，但是没有终点。

3541 学而不厌，诲人不倦。

3542 经验丰富的人读书用两只眼睛，一只眼睛看到纸面上的话，另一只眼睛看到纸的背面。

3543 不读书，愚而可哀；只读书，迂而可惜；读而后有作，作而出新，是大智慧。

3544 善学则善思，善思则善行，善谋则善为。

3545 “要读书”致力于实用知识，“好读书”致力于人生体悟。

3546 没有实践，就没有经验；没有经验，就没有感性认识；没有感性认识也就不可能有理性认识。

3547 学而思，思而践，践而悟，循环往复，永无止境。

3548 好问则裕。

3549 不思，故有惑；不求，故无得；不问，故无知。

3550 读书期于明理，明理归于致用。

3551 人之为学，不日进则日退；独学无友，则孤陋而难成。

3552 终身学习，向死而生。
3553 博学而后多识。
3554 文以载道，文以传情，文以植德。
3555 书卷多情似故人，晨昏忧乐每相亲；眼前直下三千字，胸次全无一点尘。
3556 为学之实，固在践履。
3557 不学习，就没有知识；没有知识，就没有学问；没有学问，就没有见识；没有见识，就缺乏智慧。
3558 有了积淀，自然写得出东西；长于思考，就善于理出“头绪”。
3559 一句话，可能影响人的一生；一本书，可能改变人的一世。
3560 学则智，不学则愚。
3561 学高为师，身正为范。
3562 博学而志不笃，则大而无成。
3563 技能是学习的终点，信息和知识是迈向这个终点的路与桥。
3564 掌握了多少知识，并不取决于记忆了多少知识，而是取决于能调用多少知识。
3565 学习是投资回报率最高的行为。
3566 书怕念得不熟，也怕念得太烂。
3567 会读书，书如甘草；不会读，则书如干草。
3568 读书切忌心慌忙，久久为功见真章。
3569 书当读在未用时。
3570 阅读之于大脑正如有氧运动之于身体。
3571 问题的提出，需要基于已有的知识体系，并通过问题将新旧知识串联起来。
3572 只有最后能够作用于现实的学习，才是唯一有效的学习。
3573 读得书多胜大丘，不须耕种自然收。
3574 求知若饥，虚心如愚。
3575 不断地学习知识和提高本领，也是奋斗的一种形式，学习亦可以提高奋斗的效率。
3576 奋斗需要不断地学习，学习是奋斗者必备的品质。
3577 读书通大义，立志冠清流。
3578 要领略读书的快乐，必须摆脱功利的考虑，有从容的心境。
3579 只要有阅读，人就不会倒，不会老。
3580 学问学问，需要既学又问。
3581 让兴趣成为激励学习的最好老师。
3582 有知才会有智，知识就是领导的本钱。
3583 不能则学，不知则问。
3584 攻书莫畏难，读书需要知难而进。
3585 学而后知，加强学习才能增强本领。
3586 最浅的墨水也胜过最好的记忆。
3587 读书如不立即做笔记，犹如雨落大海无踪迹。
3588 学习如竞走，耐力、恒心终有获。
3589 会不在多，管用才行；文不在繁，说透才行。
3590 专业精神不强，干不好事；专业能力不强，干不了事。
3591 拜人民为师，向人民学习，放下架子，扑下身子，接地气通下情，“身入”更要“心至”。
3592 书藏万卷终觉少，遍览群书智慧高。
3593 读书无诀窍，贵在苦读中。
3594 死记硬背记一时，融会贯通记一世。
3595 知识可以教，智慧不可传。
3596 学习是一辈子的事。
3597 土地休耕高产，干部休耕高质；轮训可以实现干部休耕。
3598 学而无思，难有长进。
3599 读书的感受与阅历成正比。

3600 博学思路宽。

3601 培训是永久的福利。

3602 培训一要提升心态，二要提高技能。

3603 时运不到就是量的积累不足。

3604 处处是学问，人人是老师。

3605 社会是一所学校，苦难是最好的老师。

3606 专心得学问，粗心无事成。

3607 学习生快乐，和谐诞幸福。

3608 学习快乐，不要享乐。

3609 蜂采百花酿甜蜜，人读群书明真理。

3610 思考激发能量。

3611 爱好出勤奋，勤奋出天才。

3612 治国必先治己，治己必先勤学。

3613 知识，通过学习可以得到；成长，必须通过磨练才能实现。

3614 求学要谦虚好学，不耻下问；要持之以恒，循序渐进。

3615 给自己的心灵不断增添养料。

3616 读书是工作的一部分、生活的一部分、生命的一部分。

3617 在阅读时思考，在阅读后实践，这才是真正的阅读。

3618 停止了学习，就会彻底结束。

3619 读书首在立志，贵在有恒，要在勤思，重在实践。

3620 学习力的核心是转化。

3621 丰富知识是一种常识积累，加强修养是一种品德历练。

3622 最好的学习方法是自己亲自去做。

3623 爱学习的人，如春天之木，日有所增；懒学习的人，如磨刀之石，日有所损。

3624 读书，第一是要钻进去，第二是要跳出来；重要的是钻进去，更重要的是跳出来。

3625 理论学习，认知是前提，认同是关键，践行是目的。

3626 学习上的差距是许多方面差距的原差距。
3627 牢固树立“没有终点，只有起点”，“没有毕业，只有毕生”的学习理念，以一种“本领危机”的恐慌感和“燕子垒窝”的恒劲、“蚂蚁啃骨头”的韧劲、“老牛爬坡”的拼劲，自觉把学习与党的事业兴旺发达、中华民族的伟大复兴、自身担负的工作任务紧密地联系在一起。
3628 道不成，过在放逸懈怠；学不成，咎在缺少志愿。
3629 知识源于读书学习，经验源于社会实践；为官之基在于学，尽责之本在读书。
3630 读书而不思考，等于吃饭而不消化。
3631 积极培育“自我折旧”的学习品质，让学习成为一种工作方式，在“自我折旧”中自觉给力，在自觉给力中彰显学习的原动力。
3632 职位提高不等于能力提高，地位提高不等于知识增长。
3633 端正态度，乐于学习；克服困难，勤于学习；更新内容，敏于学习；改进方法，善于学习。
3634 死书活读，厚书薄读，长书短读，好书品读，闲书泛读。
3635 读哲学书，可培养大气；读专业书，可培养才气；读休闲书，可培养灵气。
3636 在学习中深化知识，在实践中提升境界。
3637 胸无点墨必淘汰，腹有诗书总不输。
3638 读书学习要灵活，理论实践相结合。
3639 养成天天阅读的好习惯是改变命运的法宝。
3640 寻找快乐的最好方法是读书。
3641 知识改变命运的微妙是理论联系实际。
3642 学有所成的秘诀是专心致志。
3643 自古人生三不朽，唯有立言最长久。

3644 知识是一生都享用不尽的财富，而且是扒手扒都扒不走的财富。
3645 广知源于多问，进步在于虚心。
3646 学贵精思，思贵专一。
3647 学起于思，思源于疑。
3648 既要克服书生气，又不能丢掉书卷气。
3649 定好自己的位，干好自己的事。
3650 自学是一种很尊贵的学习方式，志气是知识和智慧的护航灯。
3651 知识源自学习，高尚的人生境界得益于学习。
3652 读有字书易，读无字书难，要善读人生“无字书”。
3653 以人为师是提高自身能力的捷径。
3654 学习既要“温故知新”，又要“学新知新”，既要“学以致用”，又要“用以促学”。
3655 让思考融入学习，使学习促进成长。
3656 为学要如金字塔，要能广大要能高。
3657 读书不用等于种地不收。
3658 读书有味身忘老。
3659 鸟欲高飞先振翅，人求上进先读书。
3660 养成思考的习惯，学会正确的思考。
3661 多看各方向的书，多听各方向的话。
3662 学习是世上最便宜的投资。
3663 勇于实践，变知识为能力；善于总结，变经验为智慧。
3664 要想改变、要想成长，就需要结识新的人、阅读新的书。
3665 不知过去无以图将来。
3666 知识改变命运，文化成就希望。
3667 问可解疑，辩可明理。
3668 勤，愚可变智；惰，智也如愚。
3669 书到用时方恨少，言到笔下费猜疑。
3670 忧党必先忧学，兴党必先兴学。

3671 学习是国家兴盛之要、政党巩固之基、人生成长之梯、文明传承之途。

3672 没有知识，就没有未来。

3673 读书多了，容颜自然改变，气质和智慧日益增多，许多书看过后以为都成过眼烟云，其实它们潜藏在你的气质里、谈吐上、胸襟上，当然也显露在日常的生活和文字中。

3674 缺乏不断学习、永不停步、只争朝夕的进取精神，必然导致观念陈旧、思想落伍、知识老化、能力弱化，就难以完成肩负的历史责任，甚至难以在这个时代立足。

3675 不重学则怠，不好学则退，不善学则衰。

3676 身体靠锻炼，心灵靠读书。

3677 学习差距是许多差距的原差距。

3678 唯有学识能够乘风破浪。

3679 读书是一本人生最难得的存折，一点一滴地积累，你会发现自己是世界上最富有的人。

3680 集财富于一身，受人妒忌；集知识于一身，受人崇敬。

3681 靠自己的终身学习，不落人后。

3682 读书以明理，明理方能立志。

3683 书籍无法延长人生的长度，但绝对可以拓展人生的宽度。

3684 读书，使贫乏的精神丰富完整，使柔弱的生命刚强坚韧，让孤独的人生绚烂多彩。

3685 不断学习是成功领导的终身承诺，具备“比他人学得快的能力”是领导人唯一能保持的竞争优势。

3686 学习的落后是一切落后的根源，学习的进步是一切进步的先导；选择了学习就是选择了进步。

3687 空思不如多学。

3688 真知才有灼见。

3689 学习是一切进步的先导，是求新求变的起点。

3690 成功的领导者一定是一个阅读者。

3691 一个人的成就不取决于学历，而取决于可持续学习的能力。

3692 强不知以为知，是愚昧的开始；承认不足，是进步的开始。

3693 学以立德，就是通过学习进一步提升思想理论素养、思想政治水平和道德水平，坚定理想信念，确立正确的世界观、人生观、价值观和权力观、地位观、利益观，增强为党和人民事业不懈奋斗的自觉性和坚定性；学以增智，就是通过学习增长知识和见识，全面提升知识和认识水平，准确把握世界发展大势，准确把握基本国情和改革发展实际，担当起肩负的历史责任；学以创业，就是要发扬理论联系实际的马克思主义学风，努力做到学以致用、用以促学、学用相长，不断提高解决实际问题、干事创业的能力和推动科学发展的水平。

3694 把学习习近平新时代中国特色社会主义思想同学习马克思列宁主义、毛泽东思想、邓小平理论、“三个代表”重要思想、科学发展观结合起来，同认真总结党的历史经验特别是改革开放的新鲜经验结合起来，从理论和实践、历史和逻辑的统一上加深理解，不断增强学习贯彻习近平新时代中国特色社会主义思想的自觉性和坚定性。

3695 要学会向不如自己的人学习。

3696 向先进的科学理论要“识”，向历史要“识”，向现代的世界文明要“识”，向有识之师要“识”，从社会实践中学习、开阔视野，从比较和广见中求“识”。

3697 语言是沟通的工具，是理解的桥梁，是友谊的纽带；学外语、用外语是了解世界、研究世界、借鉴世界文明成果的需要，是介绍中国宣传中国的需要，领导干部应重视学习外语。

3698 读书要博、广、多，写文章要专、细、深。

3699 现实是历史的影子，历史是现实的镜子。正确的历史经验是财富，错误的历史教训也是财富。

3700 坚持向书本学习，拓宽知识领域，改善知识结构，以适应多领域多层次多岗位需要；坚持向实践学习，把改革发展的主战场、维护稳定的第一线、服务群众的最前沿，作为砥砺品质、增长才干、开创事业的最好课堂和广阔舞台；坚持向群众学习，问政于民、问需于民、问计于民，反映民意，集中民智，形成推动科学发展的强大合力。

3701 开卷有益，说古论今事理通；功在书外，走南闯北眼界宽。

3702 坚持带着突出问题去学，带着难题任务去学，确保学习的针对性实效性。

3703 以谦卑、敬畏、好奇、探索的心去学习，才能持久，才会有好效果。

3704 学习的速度小于变化就等于死亡。

3705 实践是最好的老师，基层是最好的课堂。

3706 要想润脑，先要润眼。

3707 抓好学习，方法是关键，方法正确，事半功倍。

3708 学风问题的关键是理论联系实际，就是运用马克思主义的立场、观点和方法来说明和解决实际问题。

3709 学习最终落在工作上，就会把工作当学问做好；学习最终落在人生上，就会把人生当书本写好。

3710 不被运用的知识，就是无用的知识。

3711 教条主义是从书本和原则出发，经验主义是从臆想和经验出发。

3712 在学习中成长，在实践中成才。

3713 历史是最好的老师，苦难是宝贵的财富。

3714 学习是成长之阶梯，知行统一是法宝，创新思维是钥匙，自我历练是基石。

3715 在农耕时代，读几年的书，可以管用一辈子；到了工业经济时代，读十几年的书，才能够用一辈子；到了知识经济时代，只有终身学习才能用一辈子。

3716 知识是个积累的过程，智慧是个简约的过程。

3717 学习无止境，学习型干部永远都是“进行时”。

3718 骐骥一跃，不能十步；驽马十驾，功在不舍。

3719 没有无边的大地，只有无际的学海。

3720 努力养成“坐下来读书”、“静下来思考”的习惯，强制自己有目的、有计划地支配自己的时间。

3721 学习应“处处留心”，读书应“零存整取”。

3722 学习是毕生的事情，合作是永恒的主题。

3723 知识和学历不等于能力和本能，领导本领需要在实际工作中锻炼和积累。

3724 积累的常识越多，积累的智慧越是浓厚。

3725 学习思考不够，讲话就缺少底气，行动就缺少朝气，工作就缺少锐气。

3726 提高学习能力，应以培养兴趣为前提，以端正态度为基础，以理论武装为重点，以改善方法为保障，以指导实践为目的。

3727 读书在于求真，学习在于运用。

3728 才干由学而得，道德由学而进，事业由学而成。

3729 读书要博学、深思、活用、创新。

3730 善学的人将获得征服未来的法宝，饱学的人厮守的只是对付逝去世界的武器。

3731 认真向成功者学习，自己也会成为成功者。

3732 多学多看。

3733 没有知识发展不会长，有了知识困境不会长。

3734 读书要口到、眼到、心到、手到、脑到。

3735 学习是一种需要、一种生活、一种生存方式。

3736 学有所思，学有所悟，学有所用，学有所成。

3737 知识变成能力才有用，能力作用于知识才有力。

3738 多挤一点时间学习，少搞一点应酬；多做些调查研究，少一些主观主义；多干一点实事，少说一些空话。

3739 与其用华丽的外表装饰自己，不如用知识武装自己。

3740 治学宜勤且宜实。

3741 领导不止，学习不止；执政不辍，学习不停。

3742 学哲学就是学聪明。

3743 读书须选择：可供工作参考，马上可以应用的；能使自己心灵成熟的；能优化自己知识结构和启发自己工作创意的、有趣的。

3744 知识越多，已知圆圈越大，未知越多。

3745 幽默谈吐是从环境熏出来的，是从书本中学出来的，是从实践中练出来的。

3746 学习，永远不晚。

3747 一切假知识比无知更危险。

3748 坚持不懈的学习，可以让身心保持鲜活的状态；如果停止学习，身心就会成为一潭死水，从而失去了进步的活力。

3749 读书是人生的必修课，是做人、做事借鉴与反省的“凭据”，也是人生享受愉悦与乐趣的“工具”。

3750 没有爱就没有教育，没有兴趣就没有学习。

第四辑

处世方法

3751 处事之要：正其谊不谋其利，明其道不计其功。

3752 自觉加大自身的正能量，坚决抵制和消除负能量。

3753 生命是一个人自己的不可转让的专利。

3754 只有奋斗才能使人不虚此生，才能使整个世界变得和谐。

3755 跟正能量的人在一起处事，能让自己变得更强大。

3756 跟优秀的人在一起，会追随优秀者的脚步变得更加优秀。

3757 心中充满温暖，就会无惧生活的悲伤。

3758 君子处其实，不处其华；治其内，不治其外。

3759 觉人之诈，不愤于言；受人之侮，不动于色；察人之过，不扬于他；施人之惠，不记于心；受人之恩，铭记于心；受人之鱼，而学之渔；识人之才，授之于权；善于谋人，有容乃大。

3760 以受约束为常事，则不会心生不满。

3761 常思贫困，方无贪婪之念。

3762 学会放下，压力、烦恼、敌人、痛苦等自会减少很多。

3763 放下，才能减轻负担，轻松前行。

3764 人生有度，误在失度，坏在过度，好在适度。

3765 一个人若能够不断自我反省，学会从自身找问题，那么，他一定可以超越自我，取得非凡成就。

3766 反省自己，不苛责他人，是修养自己的法门，也是良好人际关系的基础。

3767 自省让自己更加清晰地认识自己，更准确地改正自己。

3768 自省能潜移默化地改变一个人，这是一种能力，更是一种境界。

3769 要有这样的自觉：每日三省吾身，努力地发展自己，更上一层楼。

3770 玩人丧德，玩物丧志。

3771 乘夜送礼，莫谓无知。天知地知，你知我知，既有四知，何谓无知？

3772 滴水之恩，涌泉相报。

3773 若争小可，便失大道。

3774 隐恶扬善，谨行慎言。

3775 宁为玉碎，不为瓦全。

3776 有则改之，无则加勉。

3777 生有壮志，死无杂念。

3778 老当益壮，穷且益坚。

3779 自知者英，自胜者雄。

3780 内无妄思，外无妄动。

3781 养心在静，养身在动。

3782 虚怀若谷，清气若兰。

3783 不怕路远，只怕志短。

3784 立身一败，万事皆裂。

3785 鼓空声高，人狂话大。

3786 大成之人，越夸越怕；小就之人，见夸就炸。

3787 当着矮人，别说短话。

3788 相爱成家，勤俭持家，和顺兴家，忠厚传家。

3789 得忍且忍，得耐且耐；不忍不耐，小事成灾。

3790 身有傲骨，胸无傲气。

3791 人不为己，顶天立地。

3792 处世之道，不即不离。

3793 受宠若惊，闻过则喜。

3794 看菜吃饭，量体裁衣。

3795 心口如一，童叟无欺。

3796 人怕丢脸，树怕剥皮。

3797 不怕一万，只怕万一。

3798 和者无仇，恕者无怨，忍者无辱，仁者无敌。

3799 冷眼观人，冷耳听语，冷情当感，冷心思理。

3800 白日所为，夜来省己，是恶当惊，是善则喜。

3801 雨中送伞，雪中送炭，惠不在大，济人之急。

3802 老骥伏枥，志在千里；烈士暮年，壮心不已。

3803 先学耐烦，切莫使气，性躁心粗，一生不济。

3804 恶不可积，过不可长。

3805 有病早治，无病早防。

3806 见义勇为，当仁不让。

3807 予人玫瑰，手有余香。

3808 食不过饱，饮不过多，冬不极温，夏不极凉。

3809 海纳百川，有容乃大；壁立千仞，无欲则刚。

3810 只有把理想和现实有机结合起来，才有可能成为一个成功之人。

3811 愚者错失机会，智者善抓机会，成功者创造机会。

3812 敬人者，人恒敬之。

3813 不仁之事不做，不法之事不为。

3814 日积月累，做好每一天的事。

3815 有了一个高的奋斗目标，你的人生也就成功了一半。

3816 如果思想苍白、格调低下，生活质量也就趋于低劣；反之，生活则多姿多彩，尽享人生乐趣。

3817 最大的危机是没有危机感，最大的陷阱是满足。

3818 顺境时要想着为自己找个退路，逆境时要懂得为自己找出路。

3819 没有危机意识，不注意潜在的危机，有时则会带来灾难性的后果。

3820 人生可以没有很多东西，却唯独不能没有希望；有了希望就有了信心，有了信心生命就生生不息。

3821 跌倒了爬起来，自己不打倒自己，就没有人能打倒你。

3822 想要见证伟大，就必然要经历一段不伟大的平庸。

3823 不要把时间浪费在无意义的事情上。

3824 诚信是为人处世的根本，是战胜困难的法宝。

3825 稳健中寻求发展，发展中不忘稳健。

3826 谦虚的心是知识之源，是通往成长、启悟、责任和快乐之路。

3827 骨中有节，心中有慈，心中有爱。
3828 做自己命运的行动英雄。
3829 只有正视自己弱点的人，才能真正变得强韧。
3830 必须尝试不可能成功的事，才能使之成为可能。
3831 “憋屈”是历练沉淀，更是突破前的蛰伏。
3832 经历、阅历就是资本与力量。
3833 别人有别人的生活，自己应有自己的轨迹。
3834 勿因人之短护己之短，勿以人之短炫己之长。
3835 赞美必须真诚。
3836 时刻让自己精神抖擞。
3837 自给自足并不是通往繁荣的路线。
3838 宽恕会弥补过去，也会疏通未来。
3839 恶习会传染，自律和稳定却不会，因为堕落比奋进容易太多。
3840 报复心无论多么有理，都会阻碍内心的成长。
3841 骄傲使人爱上自己创造的思想，还会试图使之绝对化。
3842 当下可以改变过去，未来则可以改变当下。
3843 记忆的目的，不是要记住过去，而是要避免重蹈覆辙。
3844 一个人必须拥有精确的目标，否则就会淹没在世界的复杂性当中。
3845 行善，是一种态度；改过，是一种追求。
3846 心若正，则无不正。
3847 目妄视则淫，耳妄听则惑，口妄言则乱。
3848 心纯，万般皆纯。
3849 逐鹿者不顾兔。
3850 善游者溺，善骑者堕，各以其所好，反自为祸。
3851 一切谨慎无后患。
3852 理想再丰满，设想再美好，不安下心来踏踏实实去做，也是白搭，终究是空中楼阁。

3853 凡事但求尽心尽力、不问结果，便超脱了想赢怕输的世俗窠臼，拥有了最好的东西——淡定的心性。

3854 惟不求利者为无害，惟不求福者为无祸。

3855 祸患产生于欲求太多，灾害产生于没有防备。

3856 少欲能避祸，有备则无患。

3857 福由己发，祸由己生。

3858 在人生的各种场景中，人皆有适合自己的位置，找准这个位置，不仅能活得更自在，也能将自己价值最大化。

3859 说话一定要讲信用，约定了就一定要做到，这是天下的高尚行为。

3860 本色是人内心的底色，与外在环境怎样、别人知不知道、别人怎么看无关。

3861 多欲亏义，多忧害智，多惧害勇。

3862 人最容易忽略的是身边，人最不了解的是自己；有自知之明，并善待身边的人，过好寻常生活，就是真正的智慧。

3863 在最严峻艰难的时候，恰恰是考验一个人修养和人品的最好时候。

3864 做人，汇聚积累自己的德性，自会积累口碑人气；做事，培植壮大自己的道义之根，自会广结良枝善果。

3865 积善之家，必有余庆；积不善之家，必有余殃。

3866 钱是做事情的工具，不是生活的目的。

3867 一个人的信用是自己坚持出来的。

3868 人的一生，不要留任何把柄，否则迟早变成致命伤。

3869 要消除人我之间，不要说“我”，要说“我们”。

3870 太过方正的人，往往成不了大事。

3871 成全是了不起的美德。

3872 一个人品德基础良好，一生会很稳固。

3873 要到生死关头、利害相交的时候，才能知道一个人的真心。

3874 每个人都得替自己的所作所为担负全部的责任。

3875 自己只要没有污点，就不怕人家打击。

3876 品德不好，势力越大越倒霉；品德不好，财富越多越危险；品德不好，地位越高摔得越重。

3877 一个成功可以带来一连串成功，也可以因你的狂妄恣肆而大败特败。

3878 没有处心积虑，也就没有气急败坏。

3879 善良与爱心便是一个健全的人格的重要表现。

3880 不怕暴露自己的缺点，乃至于敢于自嘲，意味着清醒更意味着自信，意味着活泼更意味着真诚。

3881 豁达的后面才是强力。

3882 一百条蹩脚的计谋，不如一条真诚；一百条计谋的花哨，不如一样自身的本色。

3883 计谋异化了人，计谋使人变成了计谋的奴隶。

3884 最大的庸俗是装腔作势，最大的媚俗是人云亦云，最大的卑俗是顾影自怜。

3885 有所不为是一个人的节操与原则的表现。

3886 气盛则自虐。

3887 睚眦必报的人自己生活得一定很痛苦。

3888 求事业，求道德，求本领，求学习，则人际关系良好；求山头，求蝇营狗苟，求私利，则人际关系崩溃。

3889 不可能以虚伪换得真情，不可能以严防获得信任。

3890 气不和时少说话，有言必失；心不顺时莫做事，做事必败。

3891 想开了自然微笑，看破了肯定放下。

3892 “忍”能养福，“忠”能养禄，“乐”能养寿，“动”能养身；“学”能养识；“静”能养心，“勤”能养财，“爱”能养家，“诚”能养友，“善”能养德。

3893 处世不拼不搏，人生白活，不苦不累，生活无味。

3894 再烦，也别忘记微笑；再急，也要注意语气；再苦，也别忘坚持；再累，也要爱自己。

3895 被人误解的时候能微微一笑，素养；受委屈的时候能坦然一笑，大度；吃亏的时候能开心一笑，豁达；无奈的时候能达观一笑，境界；危难的时候能泰然一笑，大气；被轻蔑的时候能平静一笑，自信。

3896 喜怒不形于色，大事淡然，有自己的底线。

3897 读书明理之人不可轻，忠厚老实之人不可哄。

3898 脾气、嘴巴不好，心地再好也不能算是好人。

3899 贫与贪只差一点而已，凡夫愚痴，愈贪愈贫。

3900 能消除烦恼就是“慧”，能付出爱心就是“福”。

3901 人要知福，惜福，再造福。

3902 真正优雅的人，必定有包容万物、宽待众生的胸怀；真正高贵的人，面对强于己者不卑不亢，面对弱于己者平等视之。

3903 偶尔的沉默也是一种睿智的表现，不过分的张扬也是一种成熟的体现。

3904 不要执着追求功名利禄，用平常的心态来压制浮躁的欲望，才能快乐起来。

3905 人生如棋局，因为落子无悔，所以步步惊心。

3906 人生的价值在于创造，没有创造的生活，只能叫活着。

3907 自重——人格天平上的砝码，质地越纯，价值越重。

3908 为自己活着的人，低劣；为别人意见活着的人，渺小；为别人幸福活着的人，高尚。

3909 聪明的人“经营”健康，明白的人“储存”健康，普通的人不懂健康，糊涂的人忽视健康。

3910 没有经济上的独立，就缺少自尊；没有思考上的独立，就缺少自主；没有人格上的独立，就缺少自信。

3911 吹捧自己是自欺欺人的痛快，中伤别人是有损自己的卑劣。

3912 以克人之心克己，以容己之心容人。

3913 耳根太轻，只能让心沉重，亲眼看到的都未必是真的，何况只是听说。

3914 上等人不动声色干成事，中等人忙忙碌碌不成事，下等人大轰大嗡干出事。

3915 自来熟者，也较容易随缘而与人疏远。

3916 极其健谈、滔滔不绝而很少倾听者，通常比较主观而缺乏换位思考的意识。

3917 长期沉溺于感官刺激或物质享受者，若非失意之人，则往往胸无大志而精神空虚。

3918 言语简练、办事坚决利落者，大都思维敏捷、目标明确且富有信心。

3919 在人前常常贬低自己抬高他人者，可能是势利之人，也可能是自尊心弱且性情温和之人。

3920 面对失败与困顿却面色如常者，若无妥善的退路，则必有博大的胸襟。

3921 同处于一个团体较长时间且关系疏远之人，极有可能与自己缺乏默契，不宜走得太近。

3922 极易附和别人意见、很少提出异议者，若非毫无主见，则大都虚伪，喜欢逢场作戏，不可轻信。

3923 脾气暴躁者，容易锋芒毕露而被寻着软肋。遇到事情始终隐忍不发之人更须提防，他们有可能在等待一击致命的时机。

3924 看起来外向且开朗者未必内心阳光，时常沉默且内敛自守者有时却具备更平和强大的内心。

3925 乐于与人分享资源，不计较小的得失之人，若非天生奉献型的雷锋，便很有可能志向远大。

3926 无须推荐与牵线，常主动与陌生团体或个人接触者，大都具备较强的魄力与自信。

3927 好为人师者易招人反感，因为会让对方认为自己被视作无知之人，且相关话题未必能引发对方的兴趣。

3928 缺乏妥协性的理想主义者容易被现实的黑暗和无常所击败，缺乏原则的机会主义者容易在有所成就后迷失方向。

3929 价值观与认知不断发生剧烈变动的人，若非阅历极浅，那么可能智慧不足，缺乏独立深入思考的能力。

3930 经营自己的长处，能使你人生增值；经营你的短处，能使你人生贬值。

3931 人有两只眼睛，全是平行的，所以应当平等看人；人的两只耳朵是分在两边的，所以不可偏听一面之词；人虽只有一颗心，然而左右两个心房，所以做事不但要为自己想，也要为别人想。

3932 有智慧的人总是把嘴巴放在心里，而愚昧之人反而把心放在嘴巴里。

3933 乐观而灿烂的笑容不仅愉悦自己，也使身边的每一个人感到快乐。

3934 人生的真理，只是藏在平淡无味之中。

3935 生命是充满遗憾的篇章，因为它没有机会让你修改病句。

3936 成功了而没有快乐，是最大的失败。

3937 人生犹如一本书，愚蠢者草草翻过，聪明人细细阅读。

3938 只要眼神不失去光泽，心灵永远不会荒芜。

3939 用语言道歉的人，有时是因为其不打算用行动道歉。

3940 命不能争，运可以造，弱者认命，强者抗命，能者求命，智者造命。

3941 人格是心灵的尺度，权力和金钱丈量不出它。

3942 如果必须失去，但愿是忧愁；如果必须遗忘，但愿是烦恼。

3943 善良就像一种药，剂量大了，就是愚善；剂量正好，就是善良；

剂量不够，则是伪善。

3944 天生不懂得猜疑，也是一种幸福。

3945 当坚持的成本大于放弃的成本，放弃也是一种选择。

3946 生活中最沉重的负担不是工作，而是无聊。

3947 最明目张胆的恭维，就是把“悍妇撒泼”说成是“贵妃醉酒”。

3948 谎言是一根浮木，早晚会被冲上岸来。

3949 卖弄是一个迅速展示自己弱点的方式。

3950 微小的幸福就在身边，容易满足就是天堂。

3951 粉底用来遮掩皮肤的瑕疵，微笑用来掩盖心灵的伤口。

3952 世界上唯一会随着时光的流逝而越变越美好的东西，只有回忆。

3953 家风如镜能正身，家风如镜能正心，家风如镜能正形。

3954 在困难面前“逞英雄”，在青年面前做“铺路石”，在荣誉面前当“推让族”。

3955 跨越千山万水的考验，跨越名缰利锁的羁绊，跨越亲情友情的干扰。

3956 不良习俗不沾，不雅场所不沾，不白之人不沾，不明之请不沾，不义之财不沾。

3957 收敛自己的脾气，偶尔要刻意沉默，因为冲动会做下让自己无法挽回的事情。

3958 不要太依赖除自己以外的人，因为只有自己不会抛弃自己。

3959 活在当下，别在怀念过去或者憧憬未来中浪费掉你现在的生活。

3960 学会忘记，善忘是一件好事。

3961 自己不喜欢的人，可以报之以沉默微笑；自己喜欢的人，那就随便怎么样了，因为你的喜爱会挡也挡不住地流露出来。

3962 不要老在别人面前倾诉你的困境、袒露你的脆弱。

3963 不要像玻璃那样脆弱，要像水晶一样透明。

3964 把自己说服了，是一种理智的胜利。
3965 隔岸观火的人永远停靠在最安全的位置。
3966 人必自侮，而后人侮之。
3967 工于论人者，察己常阔疏。
3968 躬自厚而薄责于人。
3969 镜于水，见面之容；镜于人，则知吉与凶。
3970 把名利看重了，就会把理想看轻；把位子看重了，就会把奉献看轻；把自己看重了，就会把别人看轻。
3971 凡是视名节如生命者，都能在逆境之时巍然不倒，诱惑面前淡然处之。
3972 以正心正道正派抵御私心私欲私念，使心中正道清风润泽，真正成为事业发展的压舱石。
3973 个人名利得失放下了，觉悟境界提升了，才会敢做敢当、敢闯敢试、敢于负责，多一分坦荡，多一分底气，多一分干事创业的紧迫感。
3974 “为公去私”好比群蜂筑巢，“损公肥私”便如蚁穴溃堤。
3975 敬畏之心就是流经我们思想之渠的源头活水，涤荡着不时落下的贪欲、邪念的泥垢。
3976 抛弃私利，不抱成见，出以公心，敢提不同意见，是一种对事业的真正负责和勇敢担当。
3977 抵御诱惑，关键是要心神宁静，锤炼“利诱拉不动，邪风吹不动，哄骗移不动”的过硬自控力。
3978 千淘万漉虽辛苦，吹尽狂沙始到金。
3979 千磨万击还坚韧，任尔东西南北风。
3980 事非经过不知难，得之点滴却艰辛。
3981 看一个人是否可靠，要看他是否有老朋友；一个只有新朋友的人，是靠不住的。
3982 过了河就拆桥的人，在以后的生活中不会再有桥。

3983 意气风发时，勇进高歌，能算半个英雄；头破血流后，浅酌低吟，更是半个英雄；沧海横流间，荣辱不惊，才是一个英雄。

3984 规划过的人生不都能成功，不规划的人生定不能成功。

3985 不畏真小人，只怕伪君子。

3986 想要重生必先蜕变，想要成长必经磨炼。

3987 人生不要被过去所控制，决定你前行的是未来；人生不要被安逸所控制，决定你成功的是奋斗。

3988 成功者，做别人不愿意做的事情，不敢做的事情，做不到的事情。

3989 应对失败和挫折，一笑而过是乐观自信，然后重整旗鼓，则是勇气；应对误解和仇恨，一笑而过是坦然宽容，然后持续本色，则是一种达观。

3990 只有使自己自卑的心灵自信起来，弯曲的身躯才能挺直；只有使自己孱弱的体魄健壮起来，束缚的脚步才能迈开；只有使自己狭隘的心胸开阔起来，短视的眼光才能致远；只有使自己愚昧的头脑聪明起来，愚昧的幻想才能被抛弃。

3991 没有奇迹，只有自己努力的轨迹；没有运气，只有自己坚持的勇气。

3992 慎初，止于未萌；慎微，见微知著；慎言，言必有中；慎欲，防意如城；慎权，廉明公正；慎独，克己慎行；慎好，情趣健康；慎友，择善而交；慎终，完美一生。

3993 慎始固然重要，慎终更加可贵。

3994 在处理一些利益性的事情上要注意手法和长远性，不能盲目和草率。

3995 想看准一个人，最好看他对别人的方式和思路，这样会比他对你时表现出来的东西更真实、更深刻。

3996 长江不可阻，人心不可违。

3997 常把一心行正道，自然天地不相亏。

3998 常有小疾则慎疾，常亲小劳则身健。

3999 成大事者，不惜小费。

4000 成德每在困穷，败身多因得志。

4001 成人不自在，自在不成人。

4002 成见不可有，定见不可无。

4003 长江后浪推前浪，世上新人赶旧人。

4004 仁者，己欲立而立人，己欲达而达人。

4005 诚破天下伪，实破天下虚。

4006 诚之所感，触处皆通。

4007 吃亏人长在，好胜不久长。

4008 出外由外，入乡随俗。

4009 出淤泥而不染，濯清涟而不妖。

4010 处贵而骄，败之端也。

4011 处事让一步为高，待人宽一分是福。

4012 处逸乐而欲不放，居贫苦而志不倦。

4013 待人无半毫诈伪欺隐，处事只一味镇定从容。

4014 得意淡然，失意泰然。

4015 得意休凶横，失意莫沉沦。

4016 得掷且掷即今日，人生百岁驹过隙。

4017 德行立身之本，才识处世所先。

4018 端人贵洁己，宁使霜露侵。

4019 人惰而侈则贫，力而俭则富。

4020 要有防备的心理，害人之心不可有，防人之心不可无。

4021 真正的高人从不咋咋呼呼地自我标榜。

4022 说话不宜太多，言多必失。

4023 不要轻率地讲话，轻言的人会招来责怪和羞辱。

4024 说话不可杂乱无章；杂乱无章，就会言不及义，伤害自己的形象。

4025 不要不顾分寸地开玩笑，否则会引起冲突，招来祸害。

4026 说话要含蓄，不要不留余地。

4027 不说无礼中伤的话。

4028 花言巧语的人，必然虚伪。

4029 自矜自夸，是涵养不够的表现。

4030 微笑是人际交往的敲门砖。

4031 不要攻人短处，揭人疮疤；揭人疮疤的人，招人痛恨，害人害己。

4032 轻易许愿，会丧失信用。

4033 不要说招人怨恨的话，播下怨恨的种子。

4034 健康改变一个人的气质和魅力。

4035 健康能让人拥有更多的机会，健康让人获得主动、效率、成功与幸福。

4036 若是一个孱弱、无力的身体对理想的火焰无动于衷，即使天才或是多大的努力都不能去弥补。

4037 虚伪的朋友比诚实的敌人更可怕。

4038 世界属于那些有勇气以及有自信的人，属于那些有勇气将自己不断向前推进的人。

4039 礼貌是表达自己感觉的艺术，是减少人与人之间摩擦的润滑剂。

4040 诚实可以避免恐惧，爽快、纯净和率直的人无所畏惧。

4041 一句恰当的赞美，能影响人的一生。

4042 习惯性怨恨会导致自怜，而自怜是一个人能够养成的最坏的情绪习惯。

4043 守时是对别人的一种尊重。

4044 要以宽相待，要以诚相见，要以直相处，要以信相交。

4045 自负的可怕之处在于瞎了眼睛，看不见自己，而被别人看得一清二楚。

4046 狭隘的人不会承认自己的狭隘，但他的行为会告诉别人他很狭隘。

4047 懂得欣赏和赞美别人，是一种了不起的才华。

4048 不要轻蔑别人的信仰、兴趣、努力。

4049 心直口快虽然不是病，但得治。

4050 惜命的最好方式不仅要养生，更要管理情绪。

4051 弱者易怒如虎，强者平静如水。

4052 极怒时莫与人书，极喜时莫与人物。

4053 最大的气场莫过于微笑。

4054 求人不如求己，靠得住的永远都是自己。

4055 世界上最永恒的幸福就是平凡，人生中最长久的拥有就是珍惜。

4056 以感恩的心态面对一切，包括失败；你会发现，人生其实很精彩。

4057 并非有钱就是快乐，问心无愧心最安。

4058 任何时候善良都是你最大的底牌，没有害人的心就不会招致祸害。

4059 不管眼前有多诱人的利益，不要拿自己的人格去交换。

4060 看不起别人只会降低自己的档次。

4061 得众动天，美意延年。

4062 处高心不有，临节自为名。

4063 但见时光流似箭，岂知天道曲如弓。

4064 触来莫与说，事过心清凉。

4065 大鹏一日同风起，扶摇直上九万里。

4066 内心稳定，风雨无惧。

4067 心不在焉，杂念就会纷拥而至。

4068 幸福是一种内心的稳定。

4069 人生一世，草木一秋，即使物欲横流也要坚守，唯有静心笃定，方能不乱一心，安然面对。

4070 修己以清心为要，涉世以慎言为先。

4071 心宽一寸，路宽一丈，若不是心宽似海，哪有人生的风平浪静。

4072 人生最曼妙的风景是内心的淡定与从容，头脑的睿智与清醒。

4073 人生往往只有经历各种艰难和折磨，才能真正增加生命的厚度，悟透生命的真谛。

4074 授权比命令更重要。

4075 授权，最重要的就是权力和责任的统一。

4076 平等比权威更重要。

4077 放下架子，地位平等，这样才能营造出积极向上、同心协力的工作氛围。

4078 情商比智商更重要。

4079 好的领导者犹如医术高明的中医，会根据患者的体魄、病史、病情对症下药、科学施治。

4080 理智比激情更重要。

4081 管理者应善于理解自己，能够在工作中自觉、理智地进行自省、自控和自律。

4082 知人者智，自知者明。

4083 在发生危机或面临挫折的时候，管理者要能够在理智、冷静的基础上作出审慎的选择。

4084 真诚比面子更重要。

4085 真诚是所有优秀领导者共同的品质。

4086 做人以信仰为贵，做事以尽心为贵。

4087 人品以正直为贵，心地以善良为贵。

4088 情感以真挚为贵，性格以坚韧为贵。

4089 待人以诚恳为贵，处世以谦让为贵。

4090 言语以简明为贵，行动以稳健为贵。

4091 利益面前不能伸手，按职负责不乱插手，中心任务不可甩手，民主决策不仓促拍手，处理问题不随便抬手。

4092 挫折面前不失志，荣辱面前不失节，诱惑面前不失态，同志面前不失信。
4093 听到赞扬不窃喜，做出成绩不夸耀，面对诋毁不失态，遇到困难不自卑。
4094 经得住清苦，受得住清贫，守得住清廉，耐得住清冷。
4095 比觉悟，不比职务高低；比勤俭，不比待遇好差；比能力，不比资历深浅；比贡献，不比年限长短。
4096 顺境勿骄、逆勿沉，做堂堂正正人；平境勿庸、浊勿乱，当勤勤廉廉做官。
4097 宽容别人，就是肚量；谦卑自己，就是分量；合起来，就是一个人的质量。
4098 人生是一场修行，需要努力修炼，而修炼的最好方式，就是不断学习，不断反思过去，不断反省自己。
4099 知足者身贫而心富，贪得者身富而心贫。
4100 人生只有三天：迷惑的人活在昨天，奢望的人活在明天，只有清澈的人活在今天。
4101 生年不过百，常怀千岁忧；百事从心起，一笑解千愁。
4102 心境简单了，才有心思经营生活；生活简单了，才有时间享受人生。
4103 允许别人不完美，接受自己的不完美，人生便完美了。
4104 生活的本质就是有意识地活着，而生活的智慧就是活出自己想要的样子。
4105 获得幸福的秘诀，并不在于追求快乐而全力以赴，而是在全力以赴之中寻出快乐。
4106 最好的人生状态：安于得失，淡于成败，依旧向前。
4107 只有对各种令人不快的毛病忽略不计、泰然处之，才能开朗、大度地活下去。
4108 人生虽然热闹，却往往美中不足，好事多磨，要有心理准备。
4109 人活一张脸，树活一张皮，自卑甚至自轻自贱是丧失人格的起点，做人做事的底线没了，输掉的不光是一个人、一件事，更是立世之本。

4110 只有经历人生的各种磨难，才能悟出人生的价值。

4111 人，记事不能记仇；记事可以增长知识，记仇将会增加烦恼。

4112 烦恼和快乐是人生的两颗种子，在心田播下哪颗种子，哪颗就会发芽长大。

4113 踩着别人肩膀显示自己高度的人，迟早会变成不折不扣的矮人。

4114 寂寞是一种力量，人经得起寂寞就能获得自由，耐不住寂寞就会受人牵制。

4115 没有崇高信仰的人就如同一潭死水，永远荡不起壮阔的波澜。

4116 学会尊重他人，就是尊重自己；学会欣赏他人，就是欣赏自己；学会呵护他人，才是呵护自己；学会疼爱他人，就是疼爱自己。

4117 生前的赞扬往往虚假，死后的议论常常真实。

4118 攀比名利只会增加人的烦恼，攀比事业定能增强人的意志和信心。

4119 高尚的目标用卑鄙的手段来实现，同样不是高尚的行为。

4120 炫耀地位的人，往往是地位不高，虚荣心作怪；炫耀财富的人，往往口袋空空，是在自欺欺人。

4121 是大山就有高度和坡度，是江河就有宽度和深度，是人就存在不足和错误。

4122 人少言寡语不一定大智大勇，谈笑风生不一定是不严肃。

4123 嚣张、冷酷、狂躁、冷漠，不是善良人用的字眼；坚强、充实、自由、奋斗、进取，与悲观的人无缘。

4124 放下架子，路就会越来越宽；架子只会捆住你的手脚。

4125 做人做事不必面面俱到，总会有人不满意你。

4126 奋于言者华，奋于行者伐。

4127 文繁则质衰，末盛则本亏。

4128 凡人之患，蔽于一曲，而暗于大理。
4129 玩物往往丧志，贪欲难免败身。
4130 骄傲如满月，日渐亏缺；谦虚如新月，日渐圆明。
4131 缺乏自制力的人，百无一成。
4132 善于把握人性，才能赢得人心。
4133 语言就是力量，它足以征服人心乃至一切。
4134 独立独行难用世。
4135 反复无常的人，众叛而亲离。
4136 积极万事可为，消极一事无成。
4137 善战者，求之于势。
4138 让人心服口服，上也；心服口不服，次也；心不服口服，更次也，心不服口也不服，最次也。
4139 要想自己存在，就得让别人存在；树砍光了，斧头也就没有把了。
4140 优于别人，并不高贵；真正的高贵应该是优于过去的自己。
4141 强者从来不抱怨生活。
4142 决胜利器，不可示人。
4143 多听、少说，接受各种责难，但是保留你的最后裁决。
4144 能在浪费时间中获得乐趣，就不是浪费时间。
4145 幸福的秘诀是：尽量扩大你的兴趣范围，对感兴趣的人和物尽可能友善。
4146 人生如同道路，最近的捷径通常是最坏的路。
4147 处事公道，无欲则刚；为人正派，厚德至上。
4148 最快的马也追不上春风，最能干的英雄也离不开群众。
4149 以公道之心行公道之事，以正派之风选正派之人。
4150 一举一动，长思百姓冷暖；一言一行，不忘公仆角色。
4151 稳得住心神，管得住身手，扛得住诱惑，经得起考验。
4152 为人者，无愧天地良知；为官者，不负百姓重托；用权者，须知群众所需；用心者，方得民心所向。

4153 要正气不要霸气，有骨气而无傲气，靠志气不靠运气。

4154 自责好过别人责，自夸不如别人夸。

4155 慎独于心，就不会跌跟头。

4156 居安思危鸣警钟，思想之弦不松动；正本清源治顽疾，律己亲民转作风；常省常醒怀敬畏，自励自勉且从容；鱼水情深须巩固，干群同心更和融。

4157 高高在上，喊破喉咙，不见动静；扑下身子，深入民众，一呼百应。

4158 解民忧，须从点滴做起；除民难，勿以小而不为。

4159 权力失去监督是祸害，私欲失去控制是灾难。

4160 名利面前让步，群众利益先行。

4161 把群众举过头顶，群众利益高于一切；把群众捧在手上，群众冷暖时刻知晓；把群众放在心里，群众情怀胜似亲人；把群众拢在身边，群众喜乐就是宗旨。

4162 善于听取不同意见，有助于厘清思路，达到事半功倍。

4163 聚财为得德丧尽，奉献为乐乐无穷。

4164 平等待人，自然心静如水；真诚待人，自然心洁如镜。

4165 横不攀，竖不比，老老实实管自己。

4166 自古清官民赞颂，从来污吏法难容。

4167 俭为百姓之根，奢乃万祸之源。

4168 常思权力人民给，玩弄权术法不允。

4169 品德高是立身之魂，自律严是为人之本，学识广是成事之基，处事公是为政之道。

4170 格物格高须格致，知人知面贵知心；无私无畏秉公道，自警自励唯正派。

4171 干部干部，先干一步；公道为官德，正派见人品；做官如做人，谋事先思民。

4172 自尊，树我信念；自爱，给我尊严；自重，赋我责任；自强，助我成功。

4173 常思为官之责，常寻解难之策，常做利民之事，常除懒惰之心。

4174 去小恶以保本真，积小善以成大德。

4175 用人公道，政通人和；选人失误，祸害无穷。

4176 唯有智慧方可行事周到，出于公心方能行之公道。

4177 贪官一去不复返，警钟千载声悠悠；贪心无边海嫌窄，心底无私天地宽。

4178 清心寡欲克己奉公，戒奢崇俭自警自省。

4179 有付出，才有回报。无论做什么事，不付出辛苦，结果只能是竹篮打水一场空。

4180 坦白是使人心地轻松的妙药。

4181 为官要清正，处事要影正，用人要公正，老百姓才能评判你言顺名正。

4182 明公道正派之理，干公道正派之事，当公道正派之人，行公道正派之风。

4183 钱眼虽小能铸住手，酒杯虽浅能淹死人。

4184 凭实绩使用干部，让能干事者有机会，干成事者有舞台；不让老实人吃亏，不让投机钻营者渔利。

4185 党风正则人心向，政风正则令畅通，民风正则思进取，家风正则万事兴。

4186 处事公道，校正自己的行为；待人平等，摆正自己的位置；做人正派，纯正自己的品位；一身正气，端正自己的形象。

4187 艰苦时不看未来，就会悲观；幸福中不想过去，就会忘本。

4188 不因成功而忘乎所以，不因平淡而放松要求，不因挫折而丧失斗志。

4189 以德为本，待人要诚；勤奋工作，处事要公；晓之以理，动之以情；无私奉献，真诚感人。

4190 不为个人名位所累，不为手中权力所困，不为蝇头小利所动，不为人情关系所俘。

4191 慎终如始，就是要保持开始的态度，对待工作始终不懈怠，能够持之以恒地把事情做好。

4192 用真情去感受“一切来源于群众”，用真心去体会“一切依靠群众”，用汗水去体验“一切为了群众”。

4193 良友如梯，批评关爱赛良医，帮你修身明事理，扶你青云千万里；恶友如刀，阿谀奉承拍马屁，诱你用权谋私利，陷你万劫不复地。

4194 处世立身须有一腔热血，秉公尽职应无半点私心。

4195 不是以需要实行就加以推行，而是以可行才加以推行。

4196 心不清则无以见道，志不确则无以立功。

4197 一言一行树公仆形象，一心一意载群众厚望，一举一动践为民宗旨，一纤一毫现党性光芒。

4198 正义是美德的最高荣誉。

4199 诚实比一切智谋更好，而且它是智谋的基本条件。

4200 塑人格，保持清正；讲原则，把握公正；重自律，体现严格；畅胸襟，立足平等。

4201 取得成就时坚持不懈，要比遭到失败时顽强不屈更重要。

4202 成绩越大，越要谦虚谨慎。

4203 以正派正己，以公正待人。

4204 自觉心是进步之母，自贱心是堕落之源，故自觉心不可无，自贱心不可有。

4205 对己清正，要严以律己讲政治；对人公正，要出以公心讲公道；对内严格，要加强管理讲纪律；对外平等，要谦虚谨慎讲党性。

4206 党员干部要立得稳、站得直。

4207 慧眼选栋梁之材，公心树中流之柱。
4208 以政治素质支撑正派，以业务素质实现公正。
4209 心公官必正，行端品自清。
4210 照镜子要有勇气，正衣冠要有底气；洗洗澡要有力气，治治病要除邪气。
4211 不做官时想做官，做了官后不像官；要么一生莫做官，做官要做清白官。
4212 伟大出于平凡，只有珍惜平凡的人，才有成为伟大的可能。
4213 与群众心贴心，群众才能与干部心连心。
4214 千金经手过，不沾一文钱。
4215 以敬畏之心对“权”，以淡泊之心对“位”，以平和之心对“名”，以知足之心对“利”，以感恩之心对“民”。
4216 常怀公道心，讲学习、讲原则、讲大局，立浩然正气；多行正派之实，勤思考、勤实践、勤开拓，树良好形象。
4217 照镜子，正视自我、发现问题；正衣冠，改正谬误、行止有度；洗洗澡，去污除菌、心地清净；治治病，去除毒瘤、轻装前行。
4218 领导干部形象的好坏，是群众这面镜子照出来的。
4219 清风满袖出形象，磐石负重见精神。
4220 轻才不可委以重任，力小不可依以成事。
4221 尊重人才真心实意，服务人才全心全意，培养人才一心一意，使用人才诚心诚意。
4222 清贫守志，共产党人当自醒；勤劳为民，领导干部需笃行。
4223 权勿乱用，财莫滥贪。
4224 不屈于利，称之富有；不屈于名，可谓高贵。
4225 甘于寂寞，乐为人梯；诲人律已，心植正气。
4226 微笑发自内心，奉献源于责任。
4227 言正，身正，行方正；脑清，手清，心自清。
4228 严谨自律，树立公道正派的良好形象；善谋实干，夯实公道正派的坚实基础。

4229 做官留下清白，做事留下足迹。

4230 人生第一要求，就是光明与真实。

4231 一个人应当活泼而守纪律，单纯而不幼稚，勇敢而不鲁莽，倔强而有原则，热情而不冲动，乐观而不盲目。

4232 没有所谓玩笑，所有的玩笑都有认真的成分。

4233 本心要正要直，思想也如此。

4234 卓越的人的一大优点是：在不利与艰难的遭遇里百折不挠。

4235 你若有颗不屈的灵魂，脚下便有片坚实的土地。

4236 玩弄机巧的人，有的是为了取宠，有的是为了藏奸；玩弄权术的人，有的是为了欺世，有的是为了盗名。

4237 粉饰是另一类伪装，夸大是另一种扭曲。

4238 人生多一份感恩，就多一份美好。

4239 连自己的心都不相信的人，才是最可怜的弱者。

4240 生活有望穿秋水的期待，也会有意想不到的欣喜。

第五辑

工作方法

4241 适可而止，过犹不及。

4242 攻其不备，出其不意。

4243 眼观六路，耳听八方。

4244 勿攻人短，莫矜己长。

4245 得人者昌，失人者亡。

4246 事后控制不如事中控制，事中控制不如事前控制。

4247 预防重于治疗。
4248 没有教训与没有经验一样，都不能使人成大器。
4249 一个人要发挥其专长，就必须适应社会环境需要；如果脱离社会环境的需要，其专长也就失去了价值。
4250 适当地发扬自己的长处，具体地纠正自己的短处。
4251 关心群众生活，注意工作方法。
4252 推功揽过得人心。
4253 榜样是一种力量，彰显进步；榜样是一面旗帜，鼓舞斗志；榜样是一座灯塔，指引方向。
4254 太柔则靡，太刚则折，刚自柔出，柔能克刚。
4255 知人晓事至关重要。
4256 有专一目标，才有专注行动。
4257 要有眼光，先开眼界；欲具胆略，先练胆识。
4258 看风使舵舵稳，顺水行舟舟轻。
4259 不立在事实之上，任何结论都是站不住脚的。
4260 最高明的领导，能使下属自己领导自己。
4261 要让人独当一面，须使其独立自主。
4262 要定整体目标，须明共同利益。
4263 上一个目标是下一个目标的基础，下一个目标是上一个目标的延续。
4264 有目标才有动力。
4265 事前想得清，事中不折腾。
4266 在决策过程中，最需要的就是事实支持；任何决策都必须基于对所有决策问题事实的全面了解。
4267 细分阶段目标，保证目标的延续性。
4268 进行战略决策，在拿到第二个以前，千万别扔掉第一个。
4269 好的规划是成功的开始。
4270 做事没有计划，行动起来就必然会是一盘散沙。

4271 统筹全局，成为环境趋势的掌握者。

4272 把多数视为正确，也容易让民主流于形式。

4273 决策的正确与否，时机是最关键的转换点。

4274 优柔寡断，不敢承担风险，寻找万无一失的机会，是决策的大忌。

4275 该不该冒险，全在于对形势的充分估计和正确分析。

4276 言善人听，计妙人从。

4277 一人一事系于整体，每招每策关乎全局。

4278 领导者抑制自己干涉的冲动反而更容易使下属完成任务，这也是区分将才和帅才的重要标志之一。

4279 要事第一。

4280 今日事，今日毕。

4281 措施是落实政策的重要条件。

4282 积极进取的精神才是成功的决定性因素。

4283 不为浮躁所动，慢工出细活。

4284 工匠精神的核心是精益求精。

4285 没有胸怀，哪来的胆量?

4286 决断如流。

4287 有好的态度，再有大的格局，才能把自己上升的天花板提高一大截。

4288 胸无城府，让人一眼望穿的领导，很难有领导力。

4289 如果没有铁面，必然很难保留自己的脸面。

4290 对问题负责，勇敢地面对问题，开动脑筋解决问题。

4291 学会制定高效率的工作流程。

4292 使命驱动甚至会超越一切物质条件的激励。

4293 容忍小失败才能获得大成功。

4294 打得一拳开，免得百拳来。

4295 没有量化就没有管理。

4296 如果一个领导自身没有标志化的工作思想，没有鼓动性的工作号召，没有方向性的工作目标，自然难以给整个团队带来足够的感染力和凝聚力。

4297 合作是在冲突中寻找双赢的解决之道。

4298 如果一个领导工作能力平庸，工作魄力不足，工作行为平淡，自然会缺乏足够的行为魅力，领导工作也会缺乏足够的扩张力，严重影响整个团队的工作绩效。

4299 所有的具体之上都应该有一个元目标，也就是一种发现和确立目标的方法。

4300 如果一个领导缺乏思想行为魅力，自然在整个团队成员心中缺乏足够的分量，其领导示范带动作用也会相应降低。

4301 一个优秀的领导，应该是一个出色的思想者。

4302 原则问题不让步，枝节问题不纠缠。

4303 善于提出精确的指导思想，高站位规划全局工作。

4304 学会果断大胆决策，不断提高自己的决策水平。

4305 善于条理清楚地部署工作，干净利落地指挥下属行动。

4306 善于处理复杂问题，面对急难险重局面镇定自若。

4307 举重若轻，总揽全局。

4308 善于培养个性爱好，性情融合，平易近人。

4309 善于关心下属生活困难，做到以人为本，以情感人。

4310 多沟通，必要时坦率地交交心，下属会给你带来很多你不知道的事情。

4311 精确地使用赞赏和批评的工具，帮助下属实现真实的成长。

4312 一个团队对失败的坦率程度和界定方式，决定了这个团队长远的出息。

4313 一个团队应有一套完整的反思机制，彻底放下情绪和利害关系，展开反思与学习。

4314 建立起属于自己的影响力。

4315 以强烈的热忱感染下属。

4316 积极主动地当好下属的教练。

4317 走出第一印象怪圈，用发展的眼光看人。

4318 为下属提供自由发挥的空间。

4319 善于点燃团队成员的激情之火。

4320 大胆启用具有潜力的新人。

4321 善于倾听，有效解决下属的抱怨。

4322 发自内心地欣赏和赞许别人。

4323 放权才能释放权力的效力。

4324 掌握权力收放的尺度。

4325 全面而准确地掌握必需信息。

4326 在正确时机采取正确行动。

4327 该拍板时就拍板。

4328 规章制度要切实可行。

4329 既坚持原则，又讲究灵活变通。

4330 防止和纠正各种越权行为。

4331 善于识别出问题的关键所在。

4332 将危机遏制在萌芽状态。

4333 镇定自若，保持理智的思维。

4334 从失败中学习制胜的道理。

4335 执行需要不断地向下属施加压力。

4336 实事求是是提高执行力的关键所在。

4337 敢于并善于作出改变。

4338 有针对性地推进变革。

4339 领导方法十五忌：忌优柔寡断，忌朝令夕改，忌推卸责任，忌丢三落四，忌以邻为壑，忌议而不决，忌只布置不检查，忌拖拖拉拉，忌手勤脑懒，忌事无巨细，忌形式主义，忌夸夸其谈，忌没火没性，忌听风是雨，忌独断专行。

4340 通常情况下的工作方法：处事不惊，大事慎重，临机果断，思路宽阔，反应敏捷，指令明确，审时度势，举一反三，善于抓住主要矛盾，留有余地。

4341 特定情况下的工作办法：杀鸡儆猴，敲山震虎，欲擒故纵，赏罚分明，釜底抽薪，以守为攻，反客为主，以虚代实，大智若愚，以曲求直，不迁怒于人，学会幽默。

4342 新任领导的工作方法：不轻易否定前任；不讲过去英雄史；不轻率表态；尊重下属意见；滞后表态；直面矛盾不回避；不以人划线；不轻信谏言；制定规划，抓住人心；谨慎做人，当工作狂。

4343 认真、用心，是做好事情的不二法门。

4344 要办成一件事，必须先创造条件；创造条件，必须抓住根本。

4345 时间也是成本；开会如果没有效果，就是极大的成本浪费。

4346 使人敬畏，全在自立自强，不在装模作样。

4347 批评的前提是事实清楚，不可凭小报告就去乱批评人。

4348 批评需顾及人的自尊心，不可加以伤害。

4349 只要无关大局，便可采取宽容的态度。

4350 批评要讲究场合和范围，有的批评在大会上进行，有的则只能进行个别批评。

4351 事先打招呼，使被批评人有一定的心理准备。

4352 批评应当针对发生的事情，对于过去的问题，尽量不要拉扯进来。

4353 批评应当在平等的氛围中进行，不要摆出居高临下、盛气凌人的架势，说不服就压服会激起反抗情绪。

4354 批评要求准确具体，切忌哪件事做错了就论及整个人，去否定被批评人的一切。

4355 批评不可随处发威，随处传扬，弄得问题人人皆知，满城风雨。

4356 批评不能靠量多取胜，有的批评只能点到为止。

4357 批评只是解决思想问题的手段，而不是目的，被批评人在批评后有困难和有进步都要及时帮助、及时肯定。

4358 一个人动机纯正，完全为公，是随机应变；一个人动机不纯，完全为己，就是投机取巧。

4359 用情理法来领导，最为合理。

4360 决策以止定、静、安、虑、得为过程。

4361 慎选立足点，是做任何事情开始的第一个原则。

4362 善于等待的人是聪明的人，也是真正有信心、有能力、有头脑、有见解的人。

4363 人有时候需要等待，有时候需要忍耐，有时候需要为顾全大局而保持沉默，有时候一时看不清楚需要再看一看。

4364 天才即集中时间、集中精力。

4365 要在斗争中使自己正确，而不能等到正确了才去做斗争。

4366 苦干绝不意味着愁眉苦脸。

4367 低调做人你会一次比一次稳健；高调做事你会一次比一次优秀。

4368 得理要饶人，理直要气和。

4369 尽多少本分，就得多少本事。

4370 对人要宽心，说话要细心。

4371 细心程度决定成败与否。

4372 责任落实，工作才能到位。

4373 抓落实不仅是工作作风，更是一种能力和水平。

4374 突出重点，破解难题，解决主要矛盾，牵住“牛鼻子”，重点抓住了，抓好了，全局工作才能举重若轻，才能搞活、出彩。

4375 事业是干出来的，不是盼出来的，更不是侃出来的。

4376 政令不通，再美的蓝图也是镜花水月，再好的思路也是纸上谈兵。

4377 千难万难，善抓落实就不难。

4378 能不能正视问题，敢不敢较真碰硬，既是检验党员干部党性观念的“试金石”，也是思想作风建设的“必修课”。

4379 方法不对，功夫白费；如果抓不住重点，抓落实就会成为“瞎抓”“瞎忙”。

4380 抓落实，才能实现振兴发展的宏伟目标；抓落实，才能营造干事创业的浓厚氛围；抓落实，才能树立取信于民的良好形象。

4381 立足自身职能，注重“实与势”结合，解决好“抓什么”；坚持协同推进，注重“点与面”结合，解决好“怎么抓”；加强团队建设，注重“养与用”结合，解决好“谁来抓”。

4382 责任压实，要求提实，考核抓实。

4383 能在现场就不在会场。

4384 每一步都需精心布局，运筹帷幄；每一步都需谋定后动，蹄疾步稳；每一步都要踏石留印，抓铁有痕。

4385 负起责任用心干，心无旁骛真心干，开动脑筋创新干，撸起袖子加油干。

4386 碾谷要碾出米来，说话要说出理来。

4387 山是一步一步登上来的，船是一橹一橹摇出去的。

4388 做事须循天理，出言要顺人心。

4389 不要以自己的标准来要求别人，也不要戴着有色眼镜看人。

4390 简单的事重复做，你就是专家；重复的事用心做，你就是赢家。

4391 真威不怒，发怒是用别人的错误惩罚自己。

4392 认真可以把事情做对，而用心却可以做到完美。

4393 困难困难，困在家里就难；出路出路，走出去就有路。

4394 危机中的做事准则是：料事要准，遇事要忍，出手要狠，善后要稳。

4395 没有准备便不要开始，没有能力就不要承诺。

4396 会思考，累；不会思考，废；选择思考，难能可贵；换位思考，绝对。

4397 蜜蜂整日忙碌受到赞扬，蚊子不停奔波却人见人打——多么忙不重要，为什么忙才重要。

4398 跃迁之时，当有智勇之策；攻坚之际，最需磅礴之力。

4399 任重而道远者，不择地而息；肩扛大任者，不望山而却步。

4400 志行万里者，不中道而辍足、不因雾而迷途。

4401 打击懈怠慢作为，肩负使命善作为，勤勉履职勇担当。

4402 一任接着一任干，一锤接着一锤敲，一张蓝图干到底。

4403 既看显绩，也看隐忧；慎听赞歌，善察牢骚。

4404 落实制度不做选择题，执行制度不搞变通，检视问题不打折扣。

4405 用“放大镜”扩大视野，用“显微镜”看透实质，用“照妖镜”去伪存真。

4406 始终拥有锐意进取的精气神，埋头苦干的原动力，奋发有为的大胸怀。

4407 干在实处永无止境，走在前列要谋新篇，勇立潮头方显担当。

4408 自觉尊崇制度，严格执行制度，坚决维护制度。

4409 不做算盘珠子，拨一拨动一动；要做好良驹，不用扬鞭自奋蹄。

4410 法律是成文的道德，道德是内心的法律，遵守是最好的文明。

4411 要有胸怀群众的公仆情怀，探求真理的求实作风，艰苦朴素的奋斗劲头。

4412 以无私赴使命，以奉献立岗位，以热血写忠诚。

4413 专注的深度，靠水准赢得心；关怀的温度，靠暖意感染人。

4414 多一些实在的剖析，少一些空洞的说教；多一些真实的感情，少一些抽象的“表演”。

4415 以勤政为先，密切干群关系；以情感为线，提高服务质量；以创新为首，转变工作方式；以务实为要，筑牢群众基础；以制度为纲，规范工作运行。

4416 以“不落实之事”倒查追究“不落实之人”，做到有责必问、失责必究、追责必严。

4417 以实绩论英雄。

4418 发展源于创新。

4419 空谈误国，低能误事。

4420 保发展，首当其冲；保红线，坚定不移。

4421 把大道理讲实，把小道理讲活，把歪道理驳倒。

4422 权为民所用，情为民所系，利为民所谋，名为民所立。

4423 个性问题对口做，共性问题集中抓，敏感问题大家解。

4424 管住思想不偏向，管住权力不犯规，管住行为不失范。

4425 想干事的有舞台，会干事的有地位，干成事的受重用。

4426 善于因势利导、求同存异、灵活多样，最大限度地凝聚正能量。

4427 谈心活动经常化，思想汇报制度化，思想分析规范化，教育疏导随机化。

4428 注重赛场激励，建立健全科学的用人机制，从伯乐相马向赛场选马转变。

4429 大力推进“一线工作法”，使工作成效在一线体现。

4430 推进工作相互搭台，发现疏漏相互补台，遇到挫折相互鼓励，取得经验相互交流。

4431 管理横到边、纵到底，不留盲区、不留死角，真正实现以制度管人、制度管事。

4432 坚持在公开、公平、公正中选用干部；坚持在工作一线中发现干部、培养干部、锻炼干部。

4433 以奋发有为的精神状态迎接挑战，以改革创新的工作思路破解难题，以服务大局的责任意识践行使命。

4434 不要因为其他人的评价与别人结仇。

4435 慎言，独立，学会妥协的同时，也要坚持自己最基本的原则。

4436 不要试图给自己找任何借口，错误面前没人爱听那些借口。

4437 无论什么时候，做什么事情，都要思考。

4438 付出，不一定有收获；不付出，却一定不会有收获，不要奢望出现奇迹。

4439 要勇于承认自己所犯的错误，并承担其带来的后果。

4440 当困难来临时，用微笑面对，用智慧去解决。

4441 变味的“顾全大局”，实质就是以大局为幌子的偏安狭隘、顾及一己之私的掩盖问题。

4442 “等着干”是被动的、慵懒的，以“等”为先，“干”放一边；“干着等”是主动的、向上的，“干”字当头，“等”字靠边。

4443 解决问题好比过河，找到了“桥和船”，问题便迎刃而解；面对纷繁复杂的难题，善于做分解，或许能找到突破口。

4444 格局大，则眼光远，心胸宽，定力强，有利于更好地在改革中找准自己的坐标，交出合格答卷。

4445 敢喊“看我的”，拿出“跟我上”的行动，该做的事顶着压力也要干，该负的责抛开名利也要担。

4446 既要竭力克制欲念，又要主动依靠纪律制度、外界监督等无形绳索把自己紧紧地“绑在桅杆上”。

4447 领导干部肩上也挑着一根无形的“扁担”，若能掌握好“平衡点”，工作起来就会既轻松又富有成效。

4448 疑，就是善于发现问题、解决问题；这既是积累知识的过程，又是破解问题的发端，是学习的方法、钥匙，也是为学者的能力、素质。

4449 一个具有专注品质的人，往往最懂得珍惜时间，总能专心致志干事业，花更少时间创造更大成绩。

4450 靠勤奋工作打下坚实能力素质基础，就是等待机遇的最好准备，是创造机遇的最佳方法。

4451 避免急功近利、消极守成，把握好火候，多做打基础、利长远的事。

4452 光环往往是职位带来的，不是自己产生的，干出成绩是职责所在，属分内之事。

4453 不干事虽然不会犯错误，但是也不会成事。

4454 只有人人把责任扛在肩上、记在心里，落实到行动中，才能消除责任盲区，形成“上下同欲齐心干”的生动局面。

4455 事情没有做成之前别声张，万一失败了就要打脸。

4456 开创一件事需要激情，成就一件事需要理性。

4457 正确地做不正确的事，这是勤奋的失败者；不正确地做正确的事，这是徒劳的失败者；不正确地做不正确的事，这是彻底的失败者；正确地做正确的事，这是真正的成功者。

4458 施恩宜由淡到浓，施威应先严后宽。

4459 认错从上级开始，表功从下级启动。

4460 不要怕做错事，一些大的事情想好了就要果断地去做，别让直觉阻碍你，更不能让惰性拖后腿。

4461 凡事都要多考虑，多拿主意，不要轻易改变自己的说法和做法。

4462 制度上有漏洞不可怕，可以通过抓住领导思路的方式，通过对工作有利的途径和方法来弥补。

4463 成立之难如升天，覆坠之易如燎毛。

4464 吃得苦中苦，方为人上人。

4465 除患无至，易于救患。

4466 锄一恶，长一善。

4467 船到江心牢把棹，箭安弦上慢张弓。

4468 船高不怕劈头浪，舵正不怕航道弯。

4469 船行浅水难划桨，马到悬崖难勒缰。

4470 强在弱中取，进在退中求。

4471 从善如登，从恶如崩。
4472 从善如流，疾恶如仇。
4473 从善则有誉，改过则无咎。
4474 大奸似忠，大佞似信。
4475 大能掩小，海纳百川。
4476 大行不顾细谨，大礼不辞小让。
4477 大勇若怯，大智若愚。
4478 但使忠贞在，甘从玉石焚。
4479 当出力处须出力，得缩头时且缩头。
4480 当断不断，反受其乱。
4481 刀不磨生锈，水不流发臭。
4482 刀在石上磨，人在世上练。
4483 道丧则性倾，利重则身轻。
4484 得放手时须放手，得饶人处且饶人。
4485 得时莫夸能，不遇休妒世。
4486 得时无怠，时不再来。
4487 德比于上，欲比于下。
4488 德高者归，言高者违。
4489 灯蛾扑火，惹焰烧身。
4490 敌不可纵，衅不可启。
4491 笛要吹到眼子上，话要说到点子上。
4492 地利不如人和，武力不如文德。
4493 多言不可与远谋，多动不可与久处。
4494 多言则背道，多欲则伤身。
4495 所谓的一鸣惊人，就是通过自己不断的努力不断奋斗创造出来的。
4496 成功就是在于坚持，失败就是在于放弃。

4497 谁掌握好今天，谁就拥有了美好的明天，命运就在自己的手上。
4498 经常审视自己，时刻记得自己是为什么而出发的。
4499 制定计划时，务必把“怎么确保计划能够落实”为最核心的重点，而不是计划的细枝末节。
4500 公众场合尽可能给别人留个面子。
4501 事情还没成定局的时候，不急着宣扬结果；事情已成定局的时候，不过分纠缠结果。
4502 重要的决策一定要慎之又慎。
4503 简单的事不争吵，复杂的事不烦恼，发火时不讲话，生气时不决策。
4504 请示问题不要带着问题请示，要带着方案请示；汇报工作不要评论性地汇报，而要陈述性地汇报。
4505 学会提醒自己，什么东西都要事先仔细评估，把所有的状况都事先设想好。
4506 先要追求效果，再追求效率。
4507 做人成功，做事不成功是暂时的；做人不成功，做事成功也是暂时的。
4508 要沉得住气，弯得下腰，抬得起头；沉得住气就是要有理性，弯得下腰就是要深入实际了解情况，抬得起头就是思想境界要高一点，雄心壮志要大一点。
4509 计划不考虑充分，车到山前未必有路。
4510 有问题没关系，解决了改进了就好，发现不了问题才是最可怕的问题。
4511 亡羊补牢值得肯定，错误重犯应当反思。
4512 粗枝大叶势必功亏一篑，细节管理方可万事顺达。
4513 不要老想着找容易出彩的事，把平凡的事做到极致就是不平凡。
4514 保持百分之百的执行力，这是管理的重要课题，当以制度为纲、利益为引，方可达成。

4515 从来没有一贯英明的领导，忽视集体的智慧，迟早要栽大跟头。

4516 做事分主次，紧急的事抓紧做，重要的事有计划做，可选的事挑着做。

4517 法律只能告诉我们做人的底线，文化才能指引人优秀和卓越。

4518 执行力三要素：高度认识，广度思考，深度实施。

4519 借口代表无能，苦劳说明无用，不想承担难以承担的后果，就拿出出类拔萃的结果。

4520 目标描绘得再光辉灿烂，都不如脚踏实地前进哪怕一小步。

4521 工作有能力，自身有动力，做事有毅力，实施要尽力，困难会借力。

4522 接受任务不谈条件，执行任务不打折扣，反思任务不讲借口，完成任务不等追问。

4523 目标如果能妥协就成了空谈，承诺如果能打折就成了忽悠。言必行，行必果，是执行力的保障，更是自身口碑的基石。

4524 做事有所求：求落实，求具体，求深入，求细致，求效率，求质量，求突破。

4525 执行力要讲四化：要求具体化，反应快速化，执行精准化，评价结果化。

4526 手下磨洋工是态度问题，事倍功半是能力问题，持续如此是管理问题。

4527 执行力三部曲：做事前有决心和计划，做事中懂方法和坚持，做完后知反馈和反思。

4528 保证执行力的两大秘诀：完善和严格的监督，结果和利益的挂钩。

4529 细节做好叫精致，细节不好叫粗糙。

4530 先计划再行动，先策划再沟通。

4531 多考虑应该做什么，少考虑能够做什么。

4532 速度第一，完美第二；行动第一，想法第二；结果第一，过程第二。

4533 执行力不讲如果，只讲结果。

4534 多想一遍，少错一句话；多看一遍，少错一件事。

4535 一错再错不是能力问题，而是态度问题。

4536 热爱职守要忠心，聚精会神要专心，一丝不苟要细心，殚精竭虑要尽心。

4537 干一行就要爱一行，爱一行就要学一行，学一行就要专一行，专一行就要成一行。

4538 真心实意想干事，博学多才能干事，义无反顾敢干事，脚踏实地干成事。

4539 工作要往好处做，工作要往细处做，工作要往实处做，工作要往深处做。

4540 不厌案牍繁，不因琐事躁，不为名利动，不慕它山高。

4541 时间花在学习上，精力用在事业上，心思放在工作上，智慧投在创新上。

4542 热爱每一个岗位，演好每一种角色，经受每一次考验，写好每一段历史。

4543 深入实际了解下情，全面精确掌握实情，促膝谈心体察民情，实事求是反映真情。

4544 平等亲近知人心，排忧解难暖人心，以身作则服人心，公道正派聚人心。

4545 靠作风民主增强向心力，靠拒腐防变增强免疫力，靠良好修养增强自控力，靠诚实守信增强亲和力。

4546 执政必为民，勤政应尽心，廉政须自律，善政靠才能。

4547 出好主意和用好干部是领导的基本职责，公道正派和清正廉洁是领导的基本准则，坚持原则和执政为民是领导的基本要求，普遍联系和永恒发展是领导的基本观点。

4548 领导要在一线指挥，问题要在一线解决，经验要在一线总结，政绩要在一线创造。

4549 要以诚信为本，以责任为重，以正气为要，以魅力为魂。

4550 领导要当好编导，领导要干好先导，领导要搞好引导，领导要做好疏导。

4551 领导干部的责任在于“领”，领导干部的方法在于“导”，领导干部的形象在于“实”，领导干部的威信在于“干”。

4552 服务好中心，团结好班子，带领好队伍，约束好自己。

4553 鼓励下属要肯定，信任下属要尊重，体谅下属要宽容，对待下属要公正。

4554 靠品德树威，以人格魅力感召人；靠才干增威，以远见卓识调动人；靠作风壮威，以良好风范凝聚人；靠清正固威，以高大形象赢得人。

4555 靠事业引才，靠感情引才，靠环境引才，靠待遇引才。

4556 破除论资排辈的习惯，破除求全责备的偏见，破除用非所长的弊端，破除嫉贤妒能的邪念。

4557 以明昭人，以公服人，以情感人，以威聚人。

4558 要争取人心，不要争取人手。

4559 发挥人的长处而非盯着人的短处。

4560 唯有精诚团结，方能优势互补。

4561 早一步监控，多一份保证。

4562 不要等到不可收拾再试图改变。

4563 遇事不沟通，矛盾就接踵。

4564 搞了“小圈子”，孤立的是自己。

4565 耳根一发软，是非无处躲。

4566 说话不算数，威信没法树。

4567 凡事抱手干，不要抄手看。

4568 实绩挺在前，腰杆就有力。

4569 抓住关键人，事事都能成。

4570 点评加曝光，教育一大帮。

4571 事以密成，语以泄败。

4572 不要说不符合自己身份、地位的话。

4573 永远不要自毁机会和前途。

4574 方向不对，越努力越窘迫。

4575 不向上看的人，只能向下看；不能迈起脚步前行的人，只能停留在原地；不愿开创辉煌事业的人，只能一生默默无闻。

4576 做事不是越多越好，而是越有效越好。

4577 得之时，谨防所失；失之时，找出所得。

4578 变通可以历曲通幽，执拗只能山穷水尽。

4579 明察秋毫做事。

4580 成功者最有效最简单的秘诀就是“一根筋”的韧劲。

4581 大胜必经大忍，失败常因心切。

4582 用利剑去攻打，不如以笑容去征服。

4583 想要博得别人的喜欢，就是需要自己先去喜欢别人；想要喜欢别人，就要看到对方的优点。

4584 让自己专心的秘诀是：使自己对所做的事感兴趣。

4585 任何时候都得靠实力，不要靠派系。

4586 逢山开路，遇水架桥。

4587 做人做事不必面面俱到。

4588 修身要多学一点知识，为民要多办一点实事，处世要多讲一点坦诚，自律要多思一点己过。

4589 尊重群众要真心，联系群众要虚心，服务群众要热心，对待群众要公心。

4590 要耐得住冷漠，要耐得住清苦，要耐得住烦劳，要耐得住闲置。

4591 政治要坚定，思想要纯洁，作风要务实，纪律要严明。

4592 要听群众所言，要想群众所虑，要急群众所难，要务群众所需。

4593 要化解群众的难心事，要办好群众的暖心事，要做好群众的舒心事，要排除群众的伤心事。

4594 决策上要戒主观主义，工作上要戒命令主义，组织上要戒自由主义，作风上要戒个人主义。

4595 要维护一道令，要唱好一个调，要形成一股劲，要走好一盘棋。

4596 考虑得要全一些，了解得要多一些，站得要高一些，看得要远一些。

4597 要绷紧民本意识这根弦，要夯实理论素养这个基，要架好联系群众这座桥，要树好自身形象这面旗。

4598 要和以处众，要宽以接下，要恕以待人，要严以律己。

4599 要清正廉洁而不贪图享受，要秉公尽责而不以权谋私，要艰苦朴素而不奢侈浪费，要接受监督而不自恃特殊。

4600 要听得进逆耳之言，要忍得住冤枉委屈，要容得了非难误解，要咽得下酸甜苦辣。

4601 要以正树威，要以德树威，要以识树威，要以能树威。

4602 思想上要同心，目标上要同向，行动上要同步，事业上要同干。

4603 要以人品感动人，要以感情联络人，要以知识教育人，要以言行影响人。

4604 立场上要同群众站在一起，感情上要同群众融在一起，决策上要同群众想在一起，行动上要同群众干在一起。

4605 要具有蓬勃朝气，要保持昂扬锐气，要大兴浩然正气，要树立务实风气。

4606 要端正态度，不要“怕”字当头；要实事求是，不要避重就轻；要剖肤见骨，不要讳疾忌医；要有错必纠，不要自我放纵。

4607 解剖自己要不怕严，听取意见要不怕刺，亮出问题要不怕丑，触及思想要不怕痛。

4608 要一切为了群众，要一切尊重群众，要一切依靠群众，要一切相信群众。

4609 抓大事要头脑清醒，抓重点要持之以恒，抓关键要方向明确，抓落实要措施得力。

4610 要靠读书学习奠基，要靠身先士卒带人，要靠团队精神干事，要靠锐意进取创新。

4611 只有管理者对下属的情况感同身受时，其管理行为才会更加合理。

4612 过度的控制他人是缺乏内心力量的表现。

4613 要有敢于说“不”的能力和心态。

4614 努力记住别人的名字。

4615 工作中和生活中要有一些仪式感。

4616 如果你是对的，你没必要发脾气；如果你是错的，你没资格发脾气。

4617 要有足够的胸怀，对不同的观点持有兴趣。

4618 有脾气是本能，控制脾气才是本事。

4619 管理者在团队中所扮演的是“情感向导”的角色，是团队情绪的“晴雨表”。

4620 多引导，少灌输；多倾听，少说教。

4621 要有清醒的思想认识，要有较高的政治觉悟，要有较强的敬业精神，要有过硬的业务本领。

4622 上级有失误要敢于谏言，下级有过失要敢于直言，同级有缺点要敢于诤言，自己有错误要敢于坦言。

4623 指导思想要求实，目标任务要切实，反映情况要真实，工作作风要扎实。

4624 思想上要尊重群众，感情上要贴近群众，行动上要深入群众，工作上要依靠群众。

4625 处理事务要下得去，扑下身子要蹲得住，注重方法要摸得透，潜心研究要理得清。

4626 政治上要坚定，理论上要成熟，能力上要适应，约束上要严格。

4627 要把握好理想与现实之间的辩证关系，要把握好有所作为与有所不为之间的辩证关系，要把握好思想活跃与行为稳健之间的辩证关系，要把握好讷于言与敏于行之间的辩证关系。

4628 学识要博，思路要广，办法要多，作风要实。

4629 要求实求精不求虚，要为公为民不为己，要知寒知苦不知累，要重威重为不重位。

4630 要具有识才的慧眼，要具有用才的气魄，要具有爱才的感情，要具有聚才的方法。

4631 要把群众的呼声作为第一信号，要把群众的需要作为第一选择，要把群众的利益作为第一考虑，要把群众的满意作为第一标准。

4632 为政要奉法度，勤政要明职责，兴政要重人才，善政要讲方略。

4633 知识要多，作风要实，自律要严，胸怀要宽。

4634 学识上要高人一筹，谋略上要多人一招，实践上要先人一步，品德上要优人一分，自律上要严人一等。

4635 要知道主次，要分清轻重，要明白虚实，要辨别缓急。

4636 多合作，多沟通，多体谅，多补台。

4637 以和气迎人，以正气接物，以浩气临事，以静气修身。

4638 修身要勤恒，居官要廉明，处世要诚信，莅民要宽平。

4639 知实情，讲实话，出实招，求实效。

4640 了解民情，凝聚民心，激发民智，减少民怨。

4641 讲自己的话，讲新鲜的话，讲真心的话，讲朴实的话。

4642 以崇高的事业追求凝聚人，以良好的品德修养感召人，以过硬的能力素质影响人，以浓厚的亲和魄力感染人。

4643 要具有以勤为德的学风，要具有以真为品的人格，要具有以实为本的业绩，要具有以廉为戒的官德。

4644 勤思求明，广思求通，深思求熟，反思求精。

4645 为民执政，科学理政，依法行政，从严治政。

4646 有公心，明公理，讲公道，谋公利。

4647 疏导要明理，疏导要真诚，疏导要耐心，疏导要有方。

4648 设身处地地为老百姓着想，殚精竭虑地为老百姓办事，真心实意地为老百姓服务，千方百计地为百姓排忧。

4649 了解要充分，态度要平等，观察要细致，情绪要稳定。

4650 观点要鲜明突出，内容要切合听众，修辞要风趣幽默，语言要简明通俗。

4651 要知言者人品，要知言者意向，要知言者识见，要知言者气度。

4652 商议要充分，决策要科学，行动要迅速，督查要严格。

4653 主动不越位，辅佐不离位，服从不偏位，周密不空位。

4654 以诚待人，以法管人，以理服人，以德育人。

4655 站得稳，放得下，看得破，耐得住。

4656 督查要讲求实效，督查要突出重点，督查要注意方法，督查要改进作风。

4657 尊重群众态度要正，对待群众感情要深，深入群众了解要清，联系群众关系要顺。

4658 政治上要防止幼稚病，情绪上要防止冷热病，工作上要防止急性病，待人上要防止疑心病。

4659 执行，只有“结果”和“后果”，没有“如果”和“未果”。

4660 “为山九仞，功亏一篑”的道理其实很简单，忍一下，再背一筐土，就成功了。

4661 任何成功，都在“再坚持一下”的努力当中。

4662 干错了就勇于承认，不要挖空心思找借口。

4663 执行，上级在与不在应一个样。

4664 决策之前，可以有不同意见，一旦形成决策，就必须坚决执行。

4665 违反制度没有下不为例；一旦法外开恩，制度就形同虚设。

4666 管理失去了目标，执行就会偏离方向。

4667 言出必行胜过一切说教。

4668 布置任务必须有时间期限，在要求的时间内完成并回复。

4669 速度体现的是一个人的工作态度。

4670 不留尾巴；尾巴就是瑕疵，死角就是死穴。

4671 执行，不能留有隐患，不能用今天的疏忽埋下明天的地雷。

4672 执行力好的，该奖励的不要心疼；执行不到位的，该处罚的不要手软。

4673 领导工作三步曲：一是发现问题；二是研究问题；三是解决问题。

4674 领导官德：为民、务实、清廉。

4675 工作有计划，行动有方案，步步有确认，事后有总结。

4676 调查研究的过程是了解情况、科学决策的过程，更是推动工作的过程。

4677 调查研究不仅是一个工作方法问题，更是一种工作态度和能力。

4678 问题出在现场，答案也在现场。

4679 领导干部的核心能力是选人用人的能力。

4680 理念创新是前提，技术创新是关键，制度创新是保障，鼓励创新、宽容失败的容错试错机制是源泉。

4681 权术是团结的天敌。

4682 迁就有度，适时威慑。

4683 与群众说好“五种话”：以心换心说家常话，上情下达说大白话，实事求是说真话，对症下药说内行话，出谋划策说鼓励话。

4684 基层工作千难万难，与老百姓交朋友就不难。

4685 要想得到下属的心，做人行事就要经受“德”的考验。

4686 身先就是无声的命令，垂范就是最大的权威。
4687 只有集思广益，团体才有士气。
4688 不可务虚名而废实事，不可但求洁而不奉公。
4689 抓住主要矛盾：用 20% 的付出赢得 80% 的收益。
4690 不想被别人牵着鼻子走，自己就要有主见。
4691 感觉不对了，就要小心。
4692 做好万全准备，把隐患消灭于无形中。
4693 要掌握每一个问题的核心，将工作分段，并且适当地分配时间。
4694 权，然后知轻重；度，然后知长短；物皆然，心为甚。
4695 是一个团队做成的事绝不往自己身上多揽功，是靠平台实现的价值一定不归于自身。
4696 小事出错还有弥补的机会，大事糊涂就只能悔恨自责。
4697 在一件小事上过于纠结，实际上不是跟事过不去，而是跟自己过不去。
4698 咬定青山不放松，立根原在破岩中。
4699 真正的高手，都懂得能力稳定的重要性，其稳定地“输入”、稳定地“输出”。
4700 太多的选择，等于没有选择。
4701 只有懂得取舍，才能让自己走到正确的位置上。
4702 拆除心中的墙，打通信任的路，是卓越领导者的不二法宝。
4703 赞美比批评更重要。
4704 集思广益、广开言路，这是一个需要主动采取行动的长期积累和过程。
4705 想要驳倒反对意见，最有效的利器就是对自己观点的笃信。
4706 不应抗拒变化，而应该磨炼在意外发生时迅速恢复的能力。
4707 切忌制定过于烦冗的规矩。
4708 挑战那些极端困难的问题，以迫使自己用新的视角看问题。
4709 激励别人之前，先激励自己。

4710 制定目标时要做到具体而清晰。

4711 要规划出目标的实施步骤。

4712 平衡长期目标和短期任务。

4713 有效授权与合理控制相结合。

4714 信任是启动积极性的引擎。

4715 用人不疑是驭人的基本方法。

4716 既要信任，也要激起其自信。

4717 用欣赏的眼光寻找下属的闪光点。

4718 摆脱偏见，使称赞公平公正。

4719 将关爱之情带到下属的家中。

4720 坚持“诛罚不避亲戚”的原则。

4721 把工作当享受，就会竭尽全力；把生活当乐趣，就会满怀信心。

4722 拒绝平庸，远离懒惰。

4723 每天多做一点点，就是成功的开始；每天多创新一点点，就是领先的开始；每天多学一点点，就是进步的开始；每天多进步一点点，就是卓越的开始。

4724 班子形象“四个一”：搞好团结像“一股绳”，风浪面前像“一座山”，对待工作像“一团火”，秉公办事像“一碗水”。

4725 团结“五句话”：政治上志同道合，思想上互相帮助，感情上密切交流，工作上默契配合，生活上关心体贴。

4726 事业是团结的纽带，信任是团结的基石，交流是团结的渠道，制度是团结的保证，主官是团结的关键。

4727 班子团结讲“三好”：下好“及时雨”，发现问题及时提醒、早打招呼；搭好“连心桥”，有事无事常交流，大事小事勤商量，急事难事互相帮；敲好“当面锣”，有提醒无提防，有主见无成见，有共识无专断。

4728 班子团结“四要四不要”：当别人受到奖励时，要谦虚求学，不要使“小心眼”；当别人工作失误时，要热情补台，不要打“小报告”；当处理敏感问题时，要交心通气，不要耍“小聪明”；当意见不一致时，要坦诚相见，不要搞“小动作”。

4729 面子再大，大不过党性原则；感情再铁，铁不过规章制度；门子再硬，硬不过纪律规矩。

4730 发现人才是水平，培育人才是己任，用好人才是能力。

4731 遵党纪国法严于律己，正党风民风争当先锋。

4732 是非面前敢开口，见到矛盾敢直走，存在问题敢亮丑。

4733 提出问题一针见血，不躲躲闪闪；分析原因深刻到位，不遮遮掩掩；提出意见中肯实在，不虚虚假假。

4734 反腐务必先己后人，倡廉还须协力同心。

4735 混日子就要“挨板子”，熬年头就要吃苦头，苦干实干才会有奔头。

4736 立场坚定，不管来头；求真务实，不看风头；廉洁自律，不栽跟头；待人以诚，不耍滑头。

4737 这职责那职责，履行到位出成绩才是真尽职；这办法那办法，落实有成效才是好办法；这服务那服务，群众满意才是真服务；这实事那实事，群众受益才是大实事。

4738 这经验那经验，深入一线最关键；这危险那危险，脱离群众最危险；这政绩那政绩，事业发展是最大政绩。

4739 这能力那能力，按照法规制度办事就是能力；这水平那水平，落实好法规制度就是水平。

4740 这难那难，按法规制度办事就不难；这招法那招法，最管用的还是基本章法。

4741 千头万绪抓龙头，千军万马强班子，千难万难靠群众。

4742 想一想责任，警惕权力演变；想一想本色，防止思想滑坡；想一想规矩，远离诱惑侵蚀。

4743 闭门想招，不如开门问计；两眼往上看，不如两脚朝下走。

4744 化解矛盾“四要”：要反躬自责，使矛盾在自省中自解；要谦让容人，使矛盾在大度中消化；要动之以情，使矛盾在情感中融化；要念人之好，使矛盾在谅解中化解。

4745 少说话往往更威严，不揽权往往会更有权，无亲疏往往会更亲密，勤交心往往会更同心。

4746 对自己，摆正位置；下基层，放下架子；抓工作，扑下身子；讲廉政，做好样子；首要事，带好班子。

4747 会前沟通不定“调子”，会上讨论善引“路子”，意见不同不伤“面子”，矛盾突出会解“扣子”，办法不妥再想“法子”。

4748 班子成员“不同”之处求团结：认识不同而能目标一致，方式不同而能异曲同工，阅历不同而能互相补充，年龄不同而能彼此尊重，能力不同而能相得益彰，职位不同而能互勉共进。

4749 班子团结“四注意”：管住嘴巴，不说三道四；硬起耳根，不听信闲言；用正脑子，不瞎猜乱想；站稳双脚，不拉帮结派。

4750 议事决策“三防”：越是情况熟，越要防止匆忙决定；越是有经验，越要防止凭感觉办；越是常交心，越要防止个人说了算。

4751 班子决策“三依”：有法规依法规，没法规依政策，没政策依党性。

4752 班子决策“四环节”：掌握民情是决策的前提，珍惜民力是决策的基础，集中民智是决策的核心，体现民意是决策的关键。

4753 民主集中制“四防”：防止用“敢于负责”超越集体领导，防止用“果断拍板”取代议事程序，防止用“强调集中”排斥民主意见，防止用“没出问题”淡化组织原则。

4754 议事决策“四多”：多用加法考虑不利因素，多用减法考虑有利条件，多用肯定的眼光看待反对意见，多用否定的眼光看待赞成观点。

4755 对他人要“站起来看大河”，多看主流和长处；对待自己要“蹲下来挑砂子”，一点一滴找不足。

4756 贴心合心不分心，到位补位不越位，搭台补台不拆台。

4757 大事讲原则，小事讲风格，有事多商量，无事不生非。

4758 多尽职、不争权，增强集体领导观念；多交心、不赌气，开展积极思想斗争；多来往，不疏远，培养真诚同志情谊；多思过，不争功，锻炼开阔的眼界和胸襟。

4759 班子需要团结，但不能搞一团和气；班子需要民主，但不能犯自由主义；班子需要集中，但不能玩个人专权。

4760 多商量通气，少个人意气，不专横霸气；多公廉诚信，少言而无信，不欺哄取信；多信任支持，少凭空猜疑，不钩心斗角。

4761 有主见，但不固执己见；不计较小事，但不忽略小事；不计较言辞，但不忽视分寸；有明确分工，但不忽视合作。

4762 常回一回头，不断反思经验教训；常低一低头，始终保持谦虚品质；常昂一昂头，始终保持进取精神；常转一转头，积极营造和谐氛围。

4763 按政策办事情，不打一丝折扣；与人民同甘共苦，岂容半点特殊。

4764 做事切勿率性而为，率性而为只会害了自己。

4765 做事情应明察秋毫，才不至于做错事和蠢事。

4766 因可势，求易道，故用力寡而功名立。

4767 谋定而后动。

4768 善于借助外力，事业才有支点。

4769 致命的失败，决定于微弱的劣势。

4770 想到要做一件事，就一定要做到，而且要做得彻底。

4771 把精力放在解决问题上，把功夫下在推动工作上，把本领用在促进发展上，把目标定在服务群众上。

4772 民事再小，亦大；家事再大，亦小。

4773 做老实人，说老实话，干老实事，就是实事求是。
4774 明智的放弃胜于盲目的执著。
4775 干一行、爱一行、钻一行、精一行，不甘平庸，不辱使命。
4776 公正显示党性，公平赢得人心。
4777 不懂就是不懂，不要装懂。
4778 把握政策，办事不偏不倚；送上温暖，待人有情有义。
4779 现场发现问题，现场解决问题，不留尾巴。
4780 无偏袒，无私心，只认一个公理；不欺下，不媚上，但凭一片公心。
4781 群众难事不能“只说不办”，要热心帮办；群众利益不能“雁过拔毛”，要倾心保障；群众意见不能“听之任之”，要虚心纳谏。
4782 扶贫济贫甘俯首，荡恶驱邪敢横眉。
4783 先民主，后集中；从群众中来，到群众中去；让群众讲话，同群众相结合。
4784 对群众真诚、对工作务实，就是做好群众工作的根本。
4785 怀爱民之劳，守为民之责，谋为民之策，办利民之事。
4786 老盯着别人的短处，正是自己的短处；常看到别人的长处，也是自己的长处。
4787 与群众交友要诚心，为群众办事要尽心，为群众服务要不留私心，对待困难群众要有爱心。
4788 以火眼金睛识别人，以高尚品行示范人，以真心实意关心人。
4789 发挥群众的主动性，提高群众的责任心，就要养成善于听取群众意见的民主作风。
4790 接基层地气，持浩然正气，才可带来清气；与群众交心，挖根源真心，方能赢得民心。
4791 群众路线是个宝，干部心头不能少；接受批评和建议，群众说好才是好。

4792 联系群众“零距离”，服务群众“零障碍”，损害群众“零容忍”，密切群众“零缝隙”，回访群众“零投诉”，实践群众“零终点”。

4793 动刀子，治“特权病”；移位子，治“冷漠病”；压担子，治“懒散病”。

4794 群众的疾苦，百姓的要求，是当干部的责任。

4795 用真心换民心，用行动获民意，让那怨气变喜气。

4796 一片冰心志高远，一言九鼎信念坚，一心一意解民难，一丝不苟攻难关；一如既往作奉献，一尘不染质不变，一生一世走得端。

4797 对待群众像火一样的热情，对待困难像钢一样的坚韧。

4798 立公道之心，强公正之基，推公开之举，营公平之态，推进公道正派，坚持与时俱进。

4799 上山打柴要问樵夫，出海捕鱼要问艄公，干部决策要问群众。

4800 听百姓说话要洗耳恭听，为百姓做事要亲力亲为，懂百姓想法要逆向思维，解百姓难题要在所不辞。

4801 大事、小事、天下事，事事离不开群众；真心、诚心、责任心，心心联系着百姓。

PART THREE

·第三部分·

从政艺术

第一辑

用人艺术

4802 只有先学会很好地欣赏别人，才会很好地用人。

4803 做不好事情不是事情的原因而是人的问题。

4804 人性中最本质的需求就是渴望得到尊重和欣赏。

4805 善于发现人才、团结人才、使用人才，是领导者成熟的主要标志之一。

4806 当面阿谀奉承他人，背后又大加诋毁，这种两面三刀之人，是当唾弃的。

4807 积精为宝可治身，积贤为道可治国。

4808 有国由来在得贤，莫言兴废是循环。

4809 人身所重在元气，国家所重在人才。

4810 用人不在于如何减少人的短处，而在于如何发挥人的长处。

4811 用人取其一技长，教人须从短处补。

4812 既爱其才，宜略其小节。

4813 国家用人，当以德为本，才艺为末。

4814 人才所向，就是兴亡所向。

4815 人才兴则天下昌，人才衰则天下亡。

4816 最大的挑战和突破在于用人，而用人最大的突破在于信任人。

4817 轻财足以聚人，律己足以服人，量宽足以得人，朴拙足以敬人，担当足以用人，身先足以率人。

4818 以谦为基，以柔为水，以厚为墙，以诚为柱，以实为础，以信为梁，以和为门，以静为窗，以宽为居，以坦为行。

4819 六分人才，八分使用，十分待遇。

4820 严是爱，松是害，不管不问要变坏。

4821 赏罚不可轻行，用人弥须慎择。

4822 要善于取人之长，补己之短；用人之长，不挑人之短；善用人者，无不可用之人。
4823 使贤者居上，不肖者居下，而后可以理安。
4824 举贤而不用，是有举贤之名，而不得真贤之实也。
4825 人有厚德，无问其小节；人有大誉，无訾其小故。
4826 人固难全，权而用其长者，当举也。
4827 举大德，赦小过，无求备于一人。
4828 杰出的领导者应善于识别和运用人才，只有做到唯贤是举、唯才是用，才能在激烈的社会竞争中战无不胜。
4829 凡事皆有利弊，只要懂得权衡之道，往大处着眼，枯石朽木也能入药；凡人皆有长短，只要懂得用人之道，取彼之所长，破铜烂铁也能成钢。
4830 人才难得又难知，就要爱惜人才，就要用人不疑。
4831 用人后怀疑，不如用人前慎重。
4832 用价值观管高人，用制度管普通人，用人盯着小人。
4833 求士莫求全，用人如用木。
4834 用人不以私害公。
4835 治安之本，惟在得人。
4836 不以人所短弃其所长。
4837 不才者进，则有才之路塞。
4838 大匠无弃材，寻尺各有施。
4839 用人不限资品，但择有材。
4840 用人之术，任之必专，信之必笃。
4841 我劝天公重抖擞，不拘一格降人才。
4842 用人不可不慎，才不称事，事何以立?
4843 治天下者，用人非止一端，故取士不以一路。
4844 都蔗虽甘，杖之必折；巧言虽美，用之必灭。

4845 仇雠有善，不得不举；亲戚有恶，不得不诛。

4846 非成业难，得贤难；非得贤难，用之难；非用之难，任之难。

4847 长材靡入用，大厦失巨楹。

4848 常格不破，人才难得。

4849 骏马能历险，力田不如牛；坚车能载重，渡河不如舟。

4850 治国经邦，人才为急。

4851 安在得人，危在失士。

4852 人能尽其才则百事兴。

4853 任力者故劳，任人者故逸。

4854 凿石索玉，剖蚌求珠。

4855 宁肯要好梨一个，不要烂梨一筐。

4856 得人则地方蒙其福，失人则地方受其累。

4857 地广千里，功亏一贤。

4858 用人理念：讲文凭更讲水平；讲职称更讲称职；讲阅历更讲能力；讲资历更讲贡献；讲道德更讲风格。

4859 人才是压出来的，高效率是严出来的。

4860 为政之要，贵在得人；得人之要，贵在用人；为官之要，贵在清廉；清廉之要，贵在砺人。

4861 选人要察人于微。

4862 先“唯才是举”，后“大成在德”。

4863 荐贤不可示德，除奸不可示威。

4864 论大功者，不录小过；举大美者，不疵细瑕。

4865 善用人者不恃于人。

4866 成大事者需要有血性之人。

4867 出以公心，唯才是举。

4868 百心不可以得一人，一心可得百人。

4869 役其所长，则事无废功；避其所短，则世无弃材。

4870 事业上最需要的是创造人才。

4871 使人者，器之。

4872 进贤兴功，以作邦国。

4873 所任者得其人，则国家治、上下和、群臣亲、百姓附；所任非其人，则国家危、上下乖、群臣怨、百姓乱。

4874 天下之贤，与天下用之，何必出于己。

4875 一沐三捉发，一饭三吐哺，起以待士，犹恐失天下之贤人。

4876 人不可貌相，海水不可斗量。

4877 不可以一时之誉，断其为君子；不可以一时之谤，断其为小人。

4878 不临难，不见忠臣之心；不临财，不见义士之节。

4879 以诚相待，就要开诚布公，就要注意替别人着想，就要平等待人。

4880 拿望远镜看别人，拿放大镜看自己。

4881 别小看任何人，越不起眼的人往往会做些让人想不到的事。

4882 欣赏别人的谈吐，会提高我们的口才；欣赏别人的大度，会开阔我们的心胸；欣赏别人的善举，会净化我们的心灵。

4883 观人之法，以有操守而无官气，多条理而少大言为主。

4884 路遥知马力，日久见人心。

4885 在人之上，要视别人为人；在人之下，要视自己为人。

4886 高质量发展的背后，靠的是高素质队伍。

4887 爱人者则人爱之，恶人者则人恶之。

4888 以礼待人。

4889 乐于忘记，不念旧恶。

4890 尊敬对方的“闪光点”。

4891 任贤惟才，惟才是举，非才不用。

4892 衰退的最初征兆，就是无法吸引那些既有能力又有热情的人才。

4893 来说是非者，便是是非人。

4894 取人所长，弃己所短。

4895 希望别人怎样对待自己，就怎么对待别人。

4896 世界上最无价的东西是人心，要赢得别人的心，只有拿自己的心去交换。

4897 一个能从别人的观念来看事情，能了解别人心灵活动的人，永远不必为自己的前途担心。

4898 重大事件考验一个人的能力，细小事件考验一个人的品格。

4899 什么样的人，便决定了干什么样的事；同样，干什么样的事，也决定了是什么样的人。

4900 领导工作是组织别人做事，调动大家的积极性。

4901 考验一个人的情操关键是看他如何对待比他卑微的人，而不是看他对你如何。

4902 要注意培养部属，记住：培植部下就等于提拔自己。

4903 当干部既要创新、创造，又要有闯劲、冲劲。

4904 永远选择态度而非才干。

4905 培训是投资而非成本。

4906 真正坦承自己错误的人，最值得信赖。

4907 每个人的成就都无法超越他的品格上限。

4908 信任乃领导的根基。

4909 不及时将不胜任者淘汰，也是失职。

4910 最好的人才不一定最适用。

4911 不是没有伯乐，而是你是不是一匹真正的千里马。

4912 千里马停止了奔跑就不再是千里马了。

4913 只有领袖才能带出领袖。

4914 培养追随者，得到相加的效果。

4915 用他，就要信任他；不信任他，就不要用他。

4916 信任固然好，监控更重要。

4917 不要听他说得多好，要看他为人民奉献了多少；不要看他胸口挂了多少奖章，听听百姓对他的衡量。

4918 授人以鱼，不如授之以渔。

4919 重视培养接班人；下属不成熟，自己不成长。

4920 避免首因效应，在赛马时识别好马。

4921 处理好德与才的关系；品德比专业知识更重要。

4922 原谅下属的无心之过，给下属改正错误的机会。

4923 知人善任，让人才如鱼得水。

4924 得饶人处且饶人，对人才不可求全责备。

4925 用最少的人做最多的事。

4926 彻底铲除“十羊九牧”的现象。

4927 精简机构，砍掉多余的人。

4928 能力有大小，人才无新旧。

4929 重用即是奖励，信任才易胜任。

4930 不信任是最大的浪费。

4931 刺头也有任用的空间。

4932 忌妒人才是领导的大忌。

4933 让人人成为领导。

4934 大材大用等于有用，大材小用等于无用。

4935 用人要恰逢其时，八分熟就该用，给他一个自然成熟期。

4936 管理的核心是管人，选好人才能用好人。

4937 不遗余力地留住优秀的人才。

4938 用人要量才适用，扬长避短。

4939 正确看待下属的长处和短处。

4940 不要轻易否定下属。

4941 对下属要多看优点，少看缺点。

4942 要正确对待反对过自己的人。

4943 领导工作不能忽略下属的个性。

4944 给犯错误的下属戴罪立功的机会。

4945 做事的效果与做人的风格不能互为评判依据。

4946 用人要疑，疑人也要用；用人不疑是庸才，疑人不用是蠢才。

4947 人力相加并非人力之和；相互推动则事半功倍，相互推诿则一事无成。

4948 高明的管理者用人之长，也用人之短。

4949 适才适用，大胆提携。

4950 部下的素质就是领导者的素质。

4951 一个诚实的人远比一个聪明的人更加容易成功。

4952 有德香飘万里，无德空做广告。

4953 没有培训的质量，就没有人才的质量。

4954 一个人最大的长处就是发现别人长处的能力。

4955 有才而性缓，属于大才；有智而气和，属于大智。

4956 种树培其根，种德养其心。

4957 视其才而用，量其力而行；寻其机而动，造其势而攻。

4958 才尽其用，用尽其才。

4959 发现一个领导者最有效的办法：看其是否有心甘情愿的追随者。

4960 想做事的给机会，能做事的给权力，做成事的给位子。

4961 对于人才，道德是第一位，没有人品的人才不能用。

4962 没有好平台，人才也可能不是人才。

4963 剔除没有激情的人。

4964 不行不行，一行就行；不用无用，用就有用。

4965 大人手下长大人，大树底下不长树。

4966 官阶有大小，可大亦可小；人品有高低，求高不就低。

4967 警惕那些奉承你的人，善待那些批评你的人。

4968 言而有信方为妙，巧言令色休同道。

4969 懂得放大别人的优点，欣赏别人的长处，才能相互协作，相互支持，相互成长，价值共赢。

4970 吸引力法则，好的状态吸引好的资源。

4971 表扬要及时，过时的表扬是无效的。

4972 多一分积极，少一分冷漠。

4973 给人金钱是下策，给人能力是中策，给人观念是上策。

4974 才华需应用于实践之中，否则，才能本身毫无用处。

4975 眼界，注定心的格局；格局，框定人生的命运。

4976 不是境况造就人，而是人造就境况。

4977 人类最需要的是：爱与关怀。

4978 做官之“秘”，藏乎于机；做人之“要”，难乎其度；做事之“妙”，存乎于心。

4979 对别人的小过失、小错误不要斤斤计较。

4980 在岗尽职责，无功即是过。

4981 没有人做不成的事，只有做不成事的人。

4982 责任不容抵赖，争辩就是狡辩，解释就是掩饰，推诿就是坑人。

4983 送花的人周围满是鲜花，种刺的人身边满是荆棘。

4984 给予本身就是一个奖赏。

4985 目中有人才有路，心中有爱才有度。

4986 成功之人必有过人之处。

4987 世界上最深不可测的地方，就是人的心底。

4988 做人如尺，量人先量己；心里有秤，称人先称己。

4989 只有看不清自己的人，才会特别在乎别人怎么评价自己。

4990 年龄永远不是衡量一个人的刻度，只有责任的叠加才会让人逐渐成长。

4991 中枢英明四方定，上行下效根基正。

4992 量小戚戚非君子，无度荡荡不丈夫。

4993 海纳百川因量大，人容万事心胸宽。

4994 品行是人的内在，名誉是人的外表。
4995 勤奋者常多智慧，懒惰者不免愚蠢。
4996 自负常出于天性，谦虚须出于修养。
4997 低调是一种美德。
4998 一个常常看别人缺点的人，自己本身就不够好，因为他没有时间检讨他自己。
4999 为人不正，为官必邪。
5000 正己而后可以正物，自治而后可以治人。
5001 这世界上最不可靠的东西就是关系。
5002 不想当将军的士兵不是好士兵，但是一个当不好士兵的将军一定不是好将军。
5003 有教养的头脑的第一个标志就是善于提问。
5004 好问的人，只做了五分钟的愚人；耻于发问的人，终身为愚人。
5005 把学问过于用作装饰是虚假，完全依学问上的规则而断事是书生的怪癖。
5006 健康身体是基础，良好学风是条件，勤奋刻苦是前提，学习方法是关键，心理素质是保证。
5007 伪装的善良比真实的凶残更可怕。
5008 不戚戚于贫贱，不汲汲于富贵。
5009 有本事不必自夸。
5010 高者未必贤，下者未必愚。
5011 厚重是贵相，轻薄之人不可用。
5012 恃才自傲就是自掘坟墓。
5013 胆怯的人在危险前被吓住了，懦弱的人在危险中被吓住了，勇敢的人在危险过后被吓住了。
5014 能力决定你能做什么，动机决定你做什么，态度决定你做得怎么样。
5015 今天的优势会被明天的趋势所代替，把握趋势，把握未来。

5016 跟什么人在一起，就将成为什么人。

5017 未曾清贫难做人，不经打击永天真；成熟不过是善于隐藏，沧桑不过是无泪有伤。

5018 对弱者，光关心不够，要帮助；对下属，光公正不够，要善良；对别人的失误，光原谅不够，要忘记；对自己的未来，光梦想不够，要行动。

5019 心态决定命运，一个成功的人应具备健康向上的心态。

5020 领导不在多而在精。

5021 自私的人或者将一切成果都据为己有的人，不可能成为一名伟大的领导者。

5022 看不出内部问题，是最大的问题。

5023 出色的管理者知道，如果想要利用别人的长处，那么也需要容忍别人的一些缺点。

5024 发展才是硬道理，用硬道理制裁平庸。

5025 有才能，才能有地位；有实力，才能有尊严；有文化，才能有品牌。

5026 多门之室生风，多言之人生祸。

5027 处难处之事宜宽，处难处之人宜厚。

5028 若能善于治理家，常是治国好能手。

5029 气象高旷不疏狂，心思缜密不琐屑。

5030 趣味冲淡不枯寂，操守严明不激烈。

5031 敦厚人可托大事，谨慎者能成大功。

5032 势利人装腔作势，虚浮人指东画西。

5033 是是非非谓之知，非是是非谓之愚。

5034 青出于蓝胜于蓝，冰成于水寒于水。

5035 杂草多处庄稼少，空话多处智慧少。

5036 近水楼台先得月，向阳花木早逢春。
5037 横看成岭侧成峰，远近高低各不同。
5038 欲致鱼者先通水，欲致鸟者先树木。
5039 才学疏浅难创业，不识人情易遭殃。
5040 责任面前不推诿，任务面前不退缩，困难面前不回避。
5041 在难题面前敢抓，在矛盾面前敢管，在风险面前敢闯。
5042 对突出问题“开火”，对顽固问题“开刀”，对变异问题“开方”。
5043 一个人知道为什么做事情，比知道怎么做事情更重要。
5044 小人的眼睛里没有君子，君子的眼睛却可以识破小人。
5045 一个不注意小事情的人，永远不会成就大事业。
5046 论资排辈是一种习惯势力，是一种落后的习惯势力。
5047 心胸有多大，人才有多强。
5048 最有希望的成功者，并不是才干最出众的人，而是那些最善于利用每一时机去发掘开拓的人。
5049 只用微笑说话的人，才能担当重任。
5050 无志者常立志，有志者立长志，咬定一个目标的人最容易成功。
5051 能说不能做，不是真智慧。
5052 只有在日常生活中尽责的人才会在重大时刻尽责。
5053 尽小者大，慎微者著。
5054 惟有担当，方显忠诚。
5055 作之不止，方有不凡。
5056 一屋不扫，何以扫天下。
5057 不忠于小事者必不忠于大事。
5058 匹夫之勇，办事不成。
5059 自以为“了不起”，就一定会“起不了”。
5060 快刀不磨是块铁。
5061 敢于负责任，才能担重任。
5062 培养一群善于解决问题的人，而不是自己去解决所有问题。

5063 时势造就人才，民众孕育人才，实践产生人才。

5064 人才投入是赢得未来、效益最大的战略性投资。

5065 政治过硬的干部，才能“靠得住”；本领高强的干部，才能“干成事”。

5066 用人如器，各取所长。

5067 水不激不跃，人不激不奋。

5068 监督关口要前移，防病于未萌；监督体检须趁早，查病于初起；监督探头常开启，治病于日常。

5069 响鼓也需重锤，严管方显厚爱。

5070 缺少政绩，领导干部就不足以担当起相应的领导责任；政绩不足，领导就失去了继续领导的资格。

5071 为敢于担当的干部担当，为敢于负责的干部负责，让有为者有位，让吃苦者吃香，让能者上、庸者下、劣者汰。

5072 严在当严处，爱在细微中。

5073 厚爱不能代替严管，信任不能代替监督。

5074 越是尊重人才、公正用人，越能吸收人才、聚集人才。

5075 为担当者担当，让干事者无忧。

5076 人材者，求之则愈出，置之则愈匮。

5077 做事业，大才不可荒废，小才也不可或缺，而大才小才兼收并蓄方能更得心应手。

5078 能吏寻常见，公廉第一难。

5079 判断一个干部好不好，信念坚定是首要的标尺。

5080 敢干事，就是德；会干事，就是能；干成事，就是绩；不出事，就是廉。

5081 把好选人用人“入口关”，才能有效阻断腐败增量，切实减少腐败存量。

5082 坚其志，苦其心，勤其力，事无大小，必有所成。

5083 不出事不是本事，能干事、干成事、不出事才是本事。

5084 口能言之，身能行之，国宝也；口不能言，身能行之，国器也；口能言之，身不能行，国用也；口言善，身行恶，国妖也。

5085 工欲善其事，必先利其器。

5086 为职择人则治，为人择职则乱。

5087 挽弓当挽强，用箭当用长。

5088 “潜”是“显”的基础，“显”是“潜”的结果，显绩的持续增长离不开潜绩的牢固支撑。

5089 不知人之短，不知人之长，不知人长中之短，不知人短中之长，则不可以用人。

5090 器必试而后知其利钝，马必驾而后知其驽良。

5091 试玉要烧三日满，辨材须待七年期。

5092 任贤必治，任不肖必乱。

5093 一棵小树在大树的庇荫下，很难茁壮成长。

5094 水激石鸣，人激志宏。

5095 养鸟先栽树，留人先留心。

5096 甘瓜苦蒂难完美，有棱有角是人才。

5097 求木之长者，必固其根本。

5098 千人之诺诺，不如一士之谔谔。

5099 不以言举人，不以人废言。

5100 记人之长，忘人之短。

5101 得之于身者得之人，失之于身者失之人。

5102 举事以为人者，众助之；举事以自为者，众去之。

5103 诛一乡之奸，则一乡之人悦；诛一国之奸，则一国之人悦。

5104 好鼓一打就响，好灯一拨就亮。

5105 香花不一定好看，会说不一定能干。

5106 贡献再多，傲不可长；成绩再大，躁不可纵。

5107 适用为才，不适为害。
5108 建官惟贤，位事惟能。
5109 用人就是培养人。
5110 一群人中最安静的人往往最有实力。
5111 土能浊河，而不能浊海；风能拔木，而不能拔山。
5112 选贤用能，胆识为要。
5113 过密的田地需要间苗。
5114 橘生淮南则为橘，生于淮北则为枳。
5115 听其言，观其行。
5116 用人以公，方得贤才。
5117 不愿担责任就不该当干部，不敢担责任就不配当干部，不会担责任就不能当干部。
5118 察己可以知人，察今可以知古。
5119 凡用人之道，采之欲博，辨之欲精，使之欲适，任之欲专。
5120 审其所好恶，则其长短可知也；观其交游，则其贤不肖可察也。
5121 近水知鱼性，近山识鸟音。
5122 治本在得人，得人在审举，审举在核真。
5123 善用人者必使有才者竭其力，有识者竭其谋。
5124 速生树材质疏松，是做不了扁担的，做了就会把担子挑翻。
5125 政治上有问题的人，能力越强、职位越高，危害就越大。
5126 言过其实，不可大用。
5127 人才自古要养成，放使干霄战风雨。
5128 善则赏之，过则匡之，患则救之，失则革之。
5129 “关键少数”要担负关键责任，“关键少数”要发挥关键作用。
5130 事之至难，莫如知人；事之至大，亦莫如知人。
5131 权力枢纽若有求才之心，必能成为人才枢纽。

5132 选好人、用对人，是最有效、最直接的激励。
5133 把担当者用起来，敢于担当就会蔚然成风。
5134 冒出来的不见得都优秀，但优秀者一定不会被埋没。
5135 改变人的行为，最好的办法是改变激励的方式。
5136 要警惕不会做事却会处世的人受到重用。
5137 不完美的英雄也是英雄。
5138 钢铁只有在火与水的淬炼中，才能锻造成为优质钢铁；党员只有在学与做的修炼中，才能锻炼成为优秀党员。
5139 欲知其人，观其所使。
5140 经世之道，识人为先。
5141 公道才能选贤，正派才能服众。
5142 人才成长依赖于环境，人才竞争取决于环境。
5143 观千剑而后识器。
5144 容错不是纵容，关爱不是溺爱。
5145 不乱容，不错容，才是真容错、容真错。
5146 路不险，则无以知马之良；任不重，则无以知人之德。
5147 才高之人必有异于常人之处，对待这类人才应当着眼其长，优容厚待，发挥其最大价值。
5148 科学发展，以人为本；人才发展，以用为本。
5149 青年兴则国家兴，青年强则国家强。
5150 得贤者则安昌，失之者则危亡。
5151 无用之用，方为大用。
5152 用人必考其终，授任必求其当。
5153 选人用人导向正确则群贤毕至，选人用人导向不正则源浊流浊。
5154 物有棱角而露锋芒，人有个性而显特殊；个性不等于缺点，不能因为个性而耽误干部使用。
5155 干部的业绩出自实践，干部的名声来自民间。
5156 如果知人不深、识人不准，就容易用人不当、用人失误。

5157 天下没有无用之物，只有用之不当之物；世间没有无用之才，只有用之不当之才。

5158 既要重政绩又要重政德，既要重能力又要重品行。

5159 端正用人导向是严肃党内政治生活的治本之策。

5160 人才自古不嫌多，其中大半都未识。

5161 干事是干部的天职，担当是干部的使命。

5162 合格是要求，优秀是选择。

5163 用人之道，重在拴心。

5164 净化政治生态，重在选人用人。

5165 木秀于林靠固本，人显于众靠自身。

5166 环境好，则人才聚、事业兴；环境不好，则人才散、事业衰。

5167 千秋基业，人才为先。

5168 凤翔千仞，非梧不栖。

5169 盖有非常之功，必待非常之人。

5170 震天下者必先震之于声，导人心者必先导之于言。

5171 选什么人，用什么人，忠诚、能力、形象缺一不可，必须从担当看忠诚，从实绩看能力，从作风看形象。

5172 用当其时，尽显其才。

5173 用人者，取人之长，避人之短；教人者，成人之长，去人之短也。

5174 任贤勿贰，去邪勿疑。

5175 任能者责成而不劳，任己者事废而无功。

5176 有德无才难当大任，不可不慎用；有才无德，其才足以济其奸，重用了会更危险。

5177 育才造士，为国之本。

5178 行之苟有恒，久久自芬芳。

5179 率先垂范身为先。

5180 厚赏重罚是利器。

5181 士有百行，以德为首。

5182 治平尚德行，有事赏功能。

5183 迁善改过，方能成己成人。

5184 千军易得，一将难求。

5185 礼贤下士则群贤毕至。

5186 举贤之道在于公正。

5187 量才授任，人事相宜。

5188 政在得人，不在员多。

5189 选人用人不仅要用其所长，而且要看到尺短寸长，善于化短为长。

5190 观察干部对重大问题的思考以看其见识见解，观察干部对群众的感情以看其禀性情怀，观察干部对待名利的态度以看其境界格局，观察干部的为人处世方式以看其道德品质，观察干部处理复杂问题的能力以看其综合素质。

5191 听言不如观事，观事不如观行。

5192 仁善厚道之人，有温和柔顺之色；勇敢顽强之人，有激奋刚毅之色；睿智慧哲之人，有明朗豁达之色。

5193 刚柔天成，偏才居多，量才适用，有容乃大。

5194 失败时看人本领，关键时看人勇气，失意时看人忠诚，危急时看人决断。

5195 识人贫贱知其志向，识人壮伟知其抱负，识人危难知其韬略。

5196 人不可无刚，无刚则不能自立，不能自立就不能自强，不能自强也就不能成就一番功业。

5197 人不可无柔，无柔则不亲和，不亲和就会陷入孤立，自我封闭，拒人于千里之外。

5198 没有激情的人近乎愚笨。

5199 识人禀性知其优劣，识人实践知其才能，识人争辩知其才学。

5200 仁厚的人看到别人的长处，挑剔的人看到别人的短处；谦虚的人学别人的长处修炼自己，自大的人借别人的短处膨胀自己；乐观的人学习别人而激励自己，悲观的人自惭形秽而放纵自己。

5201 用人密码：知人是前提，信人是关键，育人是根本。

5202 善用人者能成事，能成事者善用人。

5203 善用人才首先要知人，善任以知人为前提，不知人不可能善任，不知人只会盲用。

5204 十步之泽，必有香草；十室之邑，必有忠士。

5205 以事择人，优中选适。

5206 得人之道，在于识人。

5207 当严则严、当宽则宽、宽严相济，内因和外因同时发力，才能更加有效地调动和保护干部干事创业的积极性。

5208 人事有代谢，往来成古今。

5209 有德有才是正品，有德无才是次品，无德无才是废品，无德有才是毒品。

5210 行远者储粮，谋大者育才。

5211 听言必审其本，观事必校其实，观行必考其迹。

5212 高素质的核心是政治过硬，专业化的关键是本领高强。

5213 有为才有位，有位更要有为。

5214 理论修养是干部综合素质的核心，理论上的成熟是政治上成熟的基础，政治上的坚定源于理论上的清醒。

5215 有识无胆是懦夫，什么事都干不成；有胆无识是莽汉，胆子越大越坏事；有胆有识才优秀。

5216 智非察不神，察非智不精。

5217 听其言量其心志，观其行测其力，析其作辨其才华，闻其誉察其品格。

5218 历览古今兴衰事，成败得失在用人。

5219 对人才，用当其事，以一当十；对工作，用当其人，事半功倍。
5220 德与位，要相配。
5221 无职无责闲，有职无责懒，有职有责忙。
5222 不患无位，患所以立。
5223 千琢成器，百炼成钢。
5224 为政之要，重在用人；用人之要，重在导向。
5225 好干部，要有“走在前列”的高定位，要有“敢于担当”的好品格，要有“从严从实”的硬作风。
5226 能者举能，贤者荐贤。
5227 实践长才干，历练出人才。
5228 为担当者担当，敢于担当的干部才能如春草怒生；为负责者负责，敢于负责的干部才能如洪波涌起。
5229 用人不能只会用法，也要会用情；不能只会用严，还要会用宽。
5230 培养造就接班人，不仅要有数量，还要有质量；不仅要政治过硬，还要本领高强。
5231 实践是最好的课堂，使用是最好的培养。
5232 既要做善于识人选人用人的真伯乐，又要做善于育人教人带人的勤园丁。
5233 文章写得好的，事情不一定做得好；调子唱得高的，手段不一定高。
5234 如果识人者自身居心不正，不能出以公心，那么有多少识人的理论和模型都没有用。
5235 得贤才者得天下，用贤才则天下治，治天下以用人为本。
5236 着眼党的事业发展选人用人，放眼五湖四海选人用人。
5237 要把“选种育苗”和“田间管理”结合起来，既把德才兼备的好干部选出来、用起来，又要加强管理监督，及时消除腐败分子，形成能者上、庸者下、劣者汰的好局面。
5238 无私者，可置以为政。

5239 大难见忠贞，危亡看气节。

5240 鼓励实干者，厚待实干者，成就实干者。

5241 事业需要什么人就配什么人，岗位缺什么人就补什么人，把最合适的人选放到合适的岗位，做到人事相宜、人岗相适。

5242 公道对待干部，公平评价干部，公正使用干部。

5243 大格不破，大才难出。

5244 用得正人，为善者皆劝；误用恶人，不善者竞进。

5245 管理是盯出来的，技能是练出来的，办法是想出来的，潜力是逼出来的。

5246 贤而多财，则损其志；愚而多财，则益其过。

5247 不作为的要追责，不担责的要问责，不匹配的要调整，推动形成能者上、庸者下、劣者汰的导向。

5248 严管与厚爱是干部管理的核心抓手和根本依托，必须相向发力、共生共长，不能“偏科”。

5249 只有做到知人善任，将好钢用在刀刃上，才能干出实实在在的成绩。

5250 不因亲属而滥功爵，不因私仇而蔽贤能，公道对待、评价和使用每一位干部。

5251 不善于观察人的品德，就算不上会识别人才。

5252 成事之要在用人，用人之基在储才。

5253 提供舞台、鼓励作为是对干部最好的关心，也是对干部最好的保护。

5254 选准用好一个人，就等于树立一面旗帜。

5255 先察而任者昌，先任而察者亡。

5256 众恶之，必察焉；众好之，必察焉。

5257 世上无难事，亦无无用的人和物；用之合适，便是大才和大材，用得不适合，才有所谓的“废材”。
5258 实干实绩最重要，干不成事就不是好干部。
5259 智者适度乃万事如意，愚者失度乃诸事无成。
5260 以德修身、以德立威、以德服人，是干部成长的重要因素。
5261 观操守在利害时。
5262 兴邦在人才。
5263 尊贤育才，以彰有德。
5264 疾风知劲草，板荡识诚臣。
5265 简能而任之，择善而从之。
5266 用之当，则一人能周数人之用；用之不当，则数人不能成一人之功。
5267 从来强弱不限域，任人岂论小与大。
5268 才不胜，不可居其位；职不称，不可食其禄。
5269 为国无强于得人，用人莫先于求旧。
5270 国以任贤使能而兴，弃贤专己而衰。
5271 取士之方，必求其实；用人之术，当尽其材。
5272 用人如用己，理国如理家。
5273 用不才之士，才臣不来；赏无功之人，功臣不劝。
5274 士为知己者用，女为悦己者容。
5275 知者莫大于知贤，政者莫大于官贤。
5276 用人当取其长而舍其短，若求备于一人，则世无可用之才。
5277 择才不求备，任物不过涯。
5278 天生一人，必有一人之用。
5279 人才各有所宜，用得其宜则才著，用非其宜则才晦。
5280 智者不用其所短，而用愚人之所长；不用其所拙，而用愚人之所工。
5281 知人则不失人，不失人则天下安矣。
5282 人各有能，因艺授任。

5283 用人之知去其诈，用人之勇去其怒，用人之仁去其贪。

5284 天下之要，人才而已。

5285 要得天下治，只在用人。

5286 治天下以正风俗，得贤才为本。

5287 不任人而任法不可动，不用贤能而用资格不可动。

5288 国之强弱，不在甲兵，不在金谷，独在人才之多少。

5289 善为政者，务在择人而已。

5290 黄金累千，不如一贤。

5291 多士成大业，群贤济弘绩。

5292 得人则安，失人则危。

5293 政有三而已：一曰因民，二曰择人，三曰从时。

第二辑

决策艺术

5294 听断之官，成心必不可有；任事之官，成算必不可无。

5295 事在当因，不为后人开无故之端；事在当革，毋使后人长不救之祸。

5296 大智兴邦，不过集众思；大愚误国，只为好自用。

5297 勿唯小贻大，勿唯私损公；勿唯利害己，勿唯权伤民。

5298 要有准确的判断力和勇敢的冒险精神，只有把两者完美结合，才会获得成功。

5299 世上只有下不了的决心，没有做不成的事情。

5300 过错是暂时的遗憾，错过却是永远的遗憾。

5301 在没出现不同意见之前，不作出任何决策。

5302 理性和判断力是作为一个领导者的基本素质。
5303 判断一件事情的真伪，必须经过细心考察和思考，不能道听途说。
5304 囿于片面性，人就不能全面地看问题，以至于造成决策的失误，认识事物应当把握全局。
5305 小胜小败无关大局，虽多次小败，亦不会大伤元气；大胜大败则生死攸关，具有决定性意义，不可不慎。
5306 知彼知己，百战不殆；不知彼而知己，一胜一负；不知彼，不知己，每战必殆。
5307 前事不忘，后事之师。
5308 简单的事后总结是无用的，关键是事前能够预期的某些规律。
5309 具有非常之胆识，始可做非常之事。
5310 偏听则暗是非混，兼听则明是非清。
5311 运筹于帷幄之中，决胜于千里之外。
5312 集思广益出高见，不耻下问长智慧。
5313 正确的决策来自众人的智慧。
5314 一个成功的决策，往往等于 90%的信息加上 10%的直觉。
5315 作决定之前仔细考虑，一旦作了决定就要勇往直前、坚持到底。
5316 战略指导战术，战术为战略服务。
5317 想法决定办法，思维决定行为。
5318 有思想的行动就有力量，有思考的工作就有品质。
5319 人应站在较高的层次上，不为外物所役使。
5320 逆向思维解难题。
5321 解决难题靠的是脑袋，脑袋产生思考，让思考发威，在出人意料之处轻松解决问题。
5322 “经验”很多时候是人们对“错误”的称呼。
5323 只有把目光对准地平线的人才能找到自己的正确道路。
5324 用计划来掌控全局。
5325 不弄清什么是正确的，就无法区分正确的妥协和错误的妥协。

5326 理念是行动的指南。

5327 人各有心，心各有见。

5328 制怒者当涵养于未怒之先。

5329 纸上谈兵论武功，竹篮打水一场空。

5330 点塔七层，不如暗处一灯。

5331 画水无风空作浪，绣花虽好不闻香。

5332 经验有时是可靠的指路明灯。

5333 杀人一万，自损三千。

5334 目标决定现实，而不是现实决定目标。

5335 “为何”比“如何”更重要。

5336 大目标是小目标的结果，小目标是大目标的条件。

5337 修订计划，而不是改变目标。

5338 成功者的第一反应：找方法，而不是找借口。

5339 以事实为依据，不要“想当然”。

5340 制定目标，从未来到现在；达成目标，从现在到未来。

5341 100% 成功 =100% 意愿 +100% 方法 +100% 行动。

5342 没有想法，就没有结果。

5343 计划是想象力对心灵的许诺。

5344 计划只解决 50% 的问题。

5345 决策需要熬受痛苦。

5346 没有人能够左右变化，惟有走在变化之前。

5347 有效的决策人，首先要辨明问题的性质：这是一再发生的经常性问题呢，还是偶然的例外？

5348 要看正当的决策是什么，而不是人能接受的是什么。

5349 应当将行动纳入决策当中，否则就是纸上谈兵。

5350 事前反复研究，慎之又慎；一旦作出决策，必须坚决执行，不容含糊。
5351 是非和得失，要到最后的结果，才能评定。
5352 先瞄准再开枪。
5353 追求价值最大化。
5354 没有最好，只有更好。
5355 危机带来的不仅是麻烦，也是机遇。
5356 犹豫不决固然可以免去一些做错事的可能，但也失去了成功的机会。
5357 用错误的方法得到正确的结果，比用正确的方法得到错误的结果更可怕。
5358 有的事可做，有的事坚决不能做。
5359 积极采纳他人的合理建议。
5360 大主意还要自己拿。
5361 不乱开空头支票。
5362 沉着应对危机，做到处变不惊。
5363 机会来临时，当机立断，迅速决策。
5364 具有创新和变革思维。
5365 善于运用逆向思维去分析和解决问题。
5366 刚愎自用者必垮台。
5367 有人说“不”并非坏事。
5368 以负责的态度面对危机。
5369 果断决策，主动出击。
5370 再好的决策也经不起拖延。
5371 有效的预测是英明决策的前提。
5372 身处混沌纷乱形势之下，完善决策的制定需敏锐的洞察力，有效地分析事物的本质，估量出所承担的风险。
5373 明智决策是清晰思考与相关知识结合所诞生的“健康宝宝”。
5374 往后退一步，把问题作一番审慎的思考，所谓速战速决的说法是完全没有意义的，唯有正确的决策才能解决问题。

5375 决策过程归根究底也就在几个抉择方案中选取其一，合理决策要求对所有的可能进行审慎的评价。

5376 共识决策代表大家的认知和经验；这种决策会更好，更具创造力，并使大家更有决心贯彻执行，以及采取一致的行动。

5377 不作决策常常要比错误的行动更坏。

5378 把“勇”与“谋”、“胆”与“识”结合起来、统一起来就能作出好的决策，取得满意的效果。

5379 统筹兼顾，全面安排，是唯物辩证法的两点论在决策工作中的运用。

5380 作决策以人为本，当戒急功近利；干工作求真务实，应求有口皆碑。

5381 要看“正当的决策”是什么，而不是“人能接受的”是什么。

5382 一个视野狭窄的领导者，闭目塞听，是难以作出正确决策的。

5383 所用的关键决策可以用三个词来概括：聚焦、聚焦、再聚焦。

5384 只有掌握大量有效信息，才能作出正确决策。

5385 决策只有最优原则，没有满意原则。

5386 审视决策目标靠方法，确认核心目标要准确。

5387 开会的目的，主要是定事，不是议事，议的过程主要在会前。

5388 在不知道如何决策的时候，最好的决策是不决策。

5389 在不知道如何行动的时候，最好的行动是不行动。

5390 作决策的时候，应开阔心胸，统筹全局；一旦决策作出之后，则要义无反顾，始终贯彻一个决定。

5391 群体是不作决策的；可以民主，但一定要有集中。

5392 决策最厉害的地方在于对错你都要下定决心。

5393 千万不能感情用事。

5394 该果断时绝不可犹豫。

5395 不要常常反悔，轻易推翻已经决定的事。

5396 善于观察，慎于选择，敢于出手。

5397 不要退而求其次。

5398 作为一个决策者，绝不能对任何人承诺你办不到的事情。

5399 优势不是非劣势，劣势也不是非优势；千万不要以绝对肯定与否定的观点看待问题。

5400 未来的成功是判断领导是否成功的最终标准。

5401 不管什么事情，都要用多方面的角度来看它，并作出不同的分析，虽然你只可能采用一种立场。

5402 勿为名累，勿为利锁，勿为权迷，勿为欲困。

5403 凡事预则立，不预则废。

5404 学会审时度势，灵活机动地制订计划，不可死搬教条，墨守成规。

5405 居安思危，防患于未然。

5406 不因幸运而故步自封，不因厄运而一蹶不振；真正的强者，善于从顺境中找到阴影，从逆境中找到光亮，时时校准自己前进的目标。

5407 战争中须要决断，胜利中须要宽仁。

5408 遇事从容需善断，逢惊不乱宜应变。

5409 踌躇不决的危害，甚于错误的决断。

5410 见事于早，谋划于先，行动于快，督促于紧，落实于细。

5411 不为既有经验所束缚，不为传统模式所制约，不为常规眼光所局限，不为已有成绩所陶醉。

5412 适应新形势，应对新挑战；认识新事物，促进新发展。

5413 常研究、常部署，抓领导、领导抓，抓具体、具体抓。

5414 眼界有多宽，眼光有多远；眼光有多远，思想就有多远；思想就有多远，格局就有多大。

5415 成功的捷径就是按最有效的成功策略施行，用错方法就是走弯路。

5416 动作对了，结果迟早会对。

5417 选择重于努力，成功在于选择之间；过去的选择决定今天的状况，今天的选择决定以后的状况。

5418 决定可以克服不可能的事情。

5419 千金难买早知道，万金难买后悔药。

5420 富有远见，一切向前看；做事通观全局，舍得眼前利益。

5421 注意别人的经验教训。

5422 有错就改。

5423 不单凭直觉判断事实，凡事要以科学的精神实事求是。

5424 经验代表着过去的成功，但不意味着将来。

5425 努力没错，但是方向更重要。

5426 一个人目标高远，但也要面对现实；只有把理想和现实结合起来，才有可能成功。

5427 应当坚持自己的理想，但不需固执自己的想法。

5428 尝试未知，是给自己成长的机会。

5429 未雨绸缪勤做事，临渴掘井已为迟。

5430 工作随着志向走，成功随着工作来。

5431 目标要大于才能，事业才卓有成效。

5432 理想要壮志凌云，行动要脚踏实地。

5433 当一切都不在正轨，试试另一条路。

5434 朝着既定的目标走，就不会迷失。

5435 知道自己目的地的人，才是旅行得最远的人。

5436 凡是工作，必有目标；凡是目标，必有计划；凡是计划，必有执行；凡是执行，必有检查；凡是检查，必有结果；凡是结果，必有责任；凡是责任，必有奖惩。

5437 当最初的决定变得很糟糕时，不要坚持下去。

5438 战略不能落实到结果和目标上，都是空话。

5439 个人没目标会懒，团队没目标会散。

5440 做计划时，要从人、事、时、物、地各方面来收集相关事实、信息，详细分析研判，作为计划的参考。

5441 在工作计划阶段，就要先想好可能的状况，要事先拟定对应措施。

5442 谋划发展的战略必须具有一定的前瞻性，预示未来的方向，同时保持整体性，不可让偏见支配了发展战略。

5443 凡事都需要看得远一点；你在迈出第一步的时候，心中必须装着第二步、第三步。

5444 永远不要放弃正确的目标，有远见的人比任何人都强大。

5445 计划你的工作，工作你的计划。

5446 有了目标，工作就有压力有动力，就会有新的办法，人的潜能就会发挥出来。

5447 一旦确定了目标，就必须尽最大的努力去实现，最重要的是毅力和勤奋。

5448 想法不等于目标，没有做目标管理的目标也不是目标。

5449 计划是从现在到未来，目标是从未来到现在。

5450 目标是靶，计划是箭。

5451 目标需要信念支持，计划需要快速行动。

5452 没目标，计划是瞎的；没计划，目标是空的。

5453 在合适的时机选择合适的方法。

5454 别在喜悦时承诺，别在悲伤时回答，别在愤怒时决定。

5455 同时追两只兔子，结果将一无所获。

5456 一马不能跨双鞍，一心不能得两用。

5457 顺境之时须节制，逆境到来要坚忍。

5458 平其心论天下事，定其心应天下变。

5459 智者千虑有一失，愚者千虑有一得。

5460 顺应自然万物欣，逆天违人必遭殃。

5461 水之形，避高趋下；兵之形，避实就虚。
5462 改革造就新气象，开放带来新活力，发展打开新空间。
5463 过于求速是做事最大的危险之一。
5464 异想天开才能“无中生有”。
5465 心有主见，就能不被外物所牵动。
5466 选择的浪费是人生最大的浪费。
5467 每项事业成功都离不开选择，而只有不同寻常的选择才会获取不同寻常的成功。
5468 成功的轨迹作为一种策略路线，从一开始就应该走上正轨。
5469 战略越精炼，就越容易被彻底地执行。
5470 有价值的东西，都要付出代价。
5471 如果不思考未来，便不会有未来。
5472 有时候没有退路就是最好的退路。
5473 看透的时候，勇于放弃。
5474 有识有胆，有胆有识，知识与胆量是相互促进的。
5475 凡兵战之场，立尸之地，必死则生，幸生则死。
5476 愿意放弃什么，决定能得到什么。
5477 话要说三分，饭要吃七分，思考要思考全面。
5478 远虑在先，近处无危。
5479 抓了芝麻漏西瓜，贪小便宜吃大亏。
5480 倘若找不到问题的根源，最好别轻举妄动。
5481 有了正确的开始，就有成功的希望；没有正确的开始，就永远没有成功的可能。
5482 只有观大势、谋大局，才能成大事。
5483 摸着石头过河和加强顶层设计是辩证统一的。
5484 在作出一项决定或制定一个政策时，一定要考虑到长远利益和眼前利益的辩证关系，摆脱传统的思维定式和单向思维，提倡开拓性思维。

5485 选择就是选择，不选择也是一种选择。

5486 战略的失败是最彻底的失败。

5487 调查不够不决策，条件不备不行动。

5488 审机独断，往往成功。

5489 笔底伏波三千丈，胸中藏甲百万兵。

5490 神奇的预言是神话，科学的预言是事实。

5491 要预测未来，必须熟悉过去，立足现在。

5492 求真务实才会有科学决策。

5493 顾小而忘大，后必有害；狐疑犹豫，后必有悔。

5494 大处着眼，登高望远；小处着手，积微成著。

5495 高瞻远瞩的人，可能看不清细节；深谋远虑的人，可能看不见眼前。

5496 预测未来不是被动的，而是塑造未来的先决条件。

5497 以微观调研把握宏观大势，用战略思路观照现实情况。

5498 最大的危险是看不见危险，最大的问题是看不到问题。

5499 不患无策，只怕无心。

5500 抓大放小，准确而果断地拍板。

5501 不在生气时作决定，不在高兴时许诺言。

5502 中军帐运筹帷幄，一盘棋车马分明。

5503 没有了解，就没判断；只有了解，才有判断；了解必须在前，判断只能在后。

5504 预判风险所在是防范风险的前提，把握风险走向是谋求战略主动的关键。

5505 抓住了重点就抓住了全局，丢掉了重点就丢掉了全局，正所谓“一着不慎，满盘皆输”。

5506 未雨绸缪才能把握主动。

5507 战略成功需要“开天眼”，更需要“接地气”。
5508 制定战略就是不断学习的过程。
5509 有比较，才会有选择。
5510 货比三家知好赖，人比三事知长短。
5511 最可怕的是该听的意见没听，不该听的意见却影响了你。
5512 机者如神，难遇易失。
5513 若没有计划好，那注定要失败。
5514 有时获得了战术价值，恰恰丧失了战略的价值。
5515 该放弃的决不挽留，该珍惜的决不放手。
5516 鉴前世之盛衰，考当今之得失。
5517 外疾之害，轻于秋毫，人知避之；内疾之害，重于泰山，而莫之避。
5518 一百个行动也无法挽救一个错误的决策。
5519 为政之道，务于多闻。
5520 分析在前，动手在后。
5521 过于看重风险，结果错失良机。
5522 问题的复杂性，通常不来自问题本身，而是因为解决问题的方法远离原点。
5523 方案不可忽视，规划至关重要。
5524 向前展望，倒后推理。
5525 三个臭皮匠胜过一个诸葛亮。
5526 所有的选择都要付出代价，没什么选择能够十全十美。
5527 给复杂的世界确定一个简单的目标，有时只会适得其反。
5528 不怕不识货，就怕货比货；在比较中认识事物。
5529 善弈者谋势，不善弈者谋子，善谋势者必成大事。
5530 失去想象和准备，生活会变得索然无味；缺少策划与谋略，成功就犹如水中之月，可望而不可即。

5531 擎起策划的大旗，将使目标清晰可见。

5532 预测未来的方式，就是去创造未来。

5533 需求是最好的机会。

5534 有时候，负面信息也是决策关键。

5535 当人人都有绝招的时候，绝招就再也不是绝招了。

5536 一件事被所有人都认为是机会的时候，其实它已不是机会了。

5537 轻则寡谋，骄则无礼。

5538 观念是开关，思路是出路。

5539 非一则不能成两，非两则不能致一。

5540 树德务滋，除恶务本。

5541 禁微则易，救末者难。

5542 群众的眼睛是雪亮的，群众的意见是我们最好的镜子。

5543 小事慎重，大事自成。

5544 预测未来最可靠的方法就是立足现实。

5545 利可共而不可独，谋可寡而不可众。

5546 天下之患，最不可为者，名为治平无事，而其实有不测之忧。坐观其变，而不为之所，则恐至于不可救。

5547 任事者当置身利害之外，建言者当设身利害之中。

5548 方位清，则方向明；定位准，则思路清；站位高，则眼界宽。

5549 追求大创见的同时，不要丢失小想法。

5550 没有预测的预见，只能是空洞洞的预见；没有预见的预测，只能是干巴巴的数据。

5551 战略预见是治国之道，未来预测是治国之术。

5552 战略就是选择，而选择意味着放弃;有“舍”才能“得”，大“舍”才能大“得”。

5553 不打无准备之仗，也不打有准备无把握之仗。

5554 发现问题且正确认识问题，才能更好地解决问题。

5555 往历史的纵深看多远，对未来就能看多远；越有历史感，越能把明天看清楚。
5556 制定政策不是写文章，不能脱离实际搞逻辑推演，形式完美、结构严密，却内容庞杂、程序烦琐，让人看不懂、记不准、做不到。
5557 宏观与微观的结合，应是宏观中能具体，微观中有通识。
5558 有一种失败是致命的，那就是战略上的失败。
5559 人民的需要，国家的需要，这就是一切追求的原点。
5560 没有痛苦就没有收获。
5561 先了解后决定。
5562 不要因为某件事有可能发生就乐观地觉得好运会降临在你的头上。
5563 最好的选择是好处多于坏处的选择，不是毫无坏处的选择。
5564 撇掉无关细节，让重要因素及其相互关系呈现出来。
5565 拥抱现实并妥善应对现实至关重要。
5566 发现问题时，要把结果与目标相对照。
5567 智者谋定而后动，明者思妥而后行。
5568 上面偏一寸，下面偏一尺。
5569 主好要则百事详，主好详则百事荒。
5570 选对方向远比努力做事重要。
5571 欲说者务稳度，计事者务循顺。
5572 定位准才能方向明。
5573 知标本者，万举万当；不知标本者，是谓妄行。
5574 策略、规划第一，绝不盲目行动。
5575 掌握时机与善用策略同样重要。
5576 远见才能远行，大智才能大治。
5577 想好了坚定果断地去做，没想好的坚决不做。

5578 获得好主意的最佳方法就是获得好多主意。

5579 重要之事绝不可受芝麻绿豆小事牵绊。

5580 若要建成大厦，必先绘制蓝图；有什么样的目标，就有什么样的人生。

5581 观风俗，知得失。

5582 谋无主则困，事无备则废。

5583 问题不在有没有机会，而在于机会来的时候准备好了没有。

5584 视而使之明，听而使之聪，思而使之正。

5585 立善法于天下，则天下治；立善法于一国，则一国治。

5586 将治大者不治细，成大功者不成小。

5587 做好统筹兼顾，善于弹好钢琴。

5588 只有全局在胸，才能有把握地走好每一步棋。

5589 没有调查，就没有决策权。

5590 决策中，开放地接受来自各方面的建议，综合评估，不盲目跟随，独立思维，综合决策，多维度思考，尊重客观事实，有依据，有跟踪。

5591 决策后，敢于担当，不畏首畏尾，敢于承担后果，充满信心。

5592 好的时候不要看得太好，差的时候不要看得太差。

5593 不清不见尘，不高不见危，不广不见削，不盈不见亏。

5594 政之求在于盛世太平，民之需在于生活富裕。

5595 关注的系统过于宏观，会大而不当；过于微观则会过于细化、琐碎。

5596 推动经济社会健康发展，不仅要有正确思想和政策，而且要有正确工作策略和方法。

5597 凡事思所以然，天下第一学问。

5598 正确的决策离不开调查研究，正确的贯彻落实同样离不开调查研究。

5599 获得感是衡量政策好坏的重要标尺。

5600 鱼和熊掌，不可兼得。
5601 科学是将领，实践是士兵。
5602 为政之道，以顺民心为本，以厚民生为本，以安而不扰民为本。
5603 办事依法，遇事找法，解决问题用法，化解矛盾靠法。
5604 法律是红线，党纪是底线，党员干部两者均不可逾越。
5605 谋划工作要运用法治思维，处理问题要运用法治方式，说话做事要先考虑是不是合法。
5606 预判风险是防范风险的前提，把握风险走向是谋求战略主动的关键，风险跟踪是驾驭风险的保障。
5607 没有预见就没有领导。
5608 不做没有结果的计划。
5609 选准目标等于成功一半。
5610 利民之事，丝发必兴；厉民之事，毫末必去。
5611 夫曲思于细者，必忘其大；锐精于近者，必略其远。
5612 修养身心、端正举止，不可不谨慎；谋划考虑关键的事情，不可不细密。
5613 管理是把事情做正确，领导则是做正确的事情。
5614 先画靶子再打枪。
5615 壹引其纲，万目皆张。
5616 会思考才会有好办法，没有系统的思考就不会有系统的工作。
5617 谋先事则昌，事先谋则亡。
5618 察势者智，顺势者赢，驭势者独步天下。
5619 大局清则方向明，方向明则思路清。
5620 慎重初始，坚持一贯。
5621 知屋漏者在宇下，知政失者在草野。
5622 不到“火候”即拍板，会坏事；“火候”到了不拍板，会误事。

5623 政贵有恒。

5624 战略并不是冗长的行动计划，而是依据不断变化的环境而革新的核心观念。

5625 调研是方法和手段，根本目的在于能够推动工作，既要“十月怀胎”，也得“一朝分娩”。

5626 该集体决策的事项，不能个人说了算；该履行的程序，不能说改就改；该坚持的制度，不能因个人好恶而存废。

5627 搞清楚真相之前，且慢作决定。

5628 百虑而一致，殊途而同归。

5629 要从全局看“形”，应从长远看“势”。

5630 诚实是最好的政策。

5631 形势决定任务，目标决定路径。

5632 唯有思路清，方可方向明。

5633 知大局，才能明大势；明大势，才能因势而谋、因势而动、因势而进。

5634 未雨绸缪，比临危不惧更聪明。

5635 得其大者可以兼其小。

5636 重大问题让群众知晓，重大事项经群众协商，重大决定经协商决定。

5637 改革千难万难，问计于民就不难。

5638 来而不可失者，时也；蹈而不可失者，机也。

5639 先调研后决策。

5640 决定就是选择，选择就是舍得。

5641 所有的一切都应该是筹划好的。

5642 总体把握心中有数，“瞻前顾后”差错便少。

5643 登高才能望远，鉴往才能开来。

5644 急事要稳断，刚事要柔断，特事要特断，可断可不断的不急于断，但乱事一定要当机立断。

5645 决策前要冷静沉稳，决策后要义无反顾。

5646 果断决策是摆脱纠结的良方。

5647 做决策，审时度势有真招；用干部，知人善任用实招；转观念，与时俱进出新招；谋全局，运筹帷幄亮高招。

5648 善于从劣势中看到优势，善于从危机中看到机遇，善于从落后中看到希望，善于从差距中看到潜力。

5649 遇事冷静，才能作出正确的选择。

5650 正确的决策来自丰富的知识和经验，来自周密的调查研究和准确而有预见的分析判断，来自健全的心理和决断的胆识和勇气。

5651 不作决策也是一种决策。

5652 魄力绝对不是专横跋扈。

5653 全面掌握信息才能作出正确的决策。

5654 没有科学的决策，就没有出色的执行。

5655 决策的质量与信息量成正比。

5656 群众参与多一点，科学研究足一点，意见征求勤一点，决策失误就会少一点。

5657 重大决策“从贤不从众”。

5658 决策如射，射在专一。

5659 没有预测活动，就没有决策的自由。

5660 掌握足够的信息是保证决策正确、避免失误的重要条件。

5661 以科学咨询支持科学决策，以科学决策引领科学发展。

5662 研究当前的问题，必须服从于长远的发展目标；而研究长远的问题，又必须从现实出发。

5663 普遍存在的问题在方针政策上找原因，反复出现的问题要从发展规律上找原因。

5664 变化的最佳时机是你想变的时候，而不是你不得不变的时候。

5665 目标具有统领作用。

5666 属重大事项，必须坚持“四不”决策：事先不充分论证不决策，到会班子成员不足三分之二不决策，会上班子成员不充分发表意见不决策，意见不集中一般不决策。

5667 没有“反对”，就没有决策。

5668 对已知的环境，做进一步想；对未知的环境，做退一步想。

5669 既谋一时，也谋万世；既谋一域，又谋全局。

5670 思考要理性，操作要感性。

5671 智慧愈寡，臆断愈多。

5672 只有看到变化，才能发现契机；只有适应利用变化，才能准确、迅速地完成目标。

5673 认清现状，有迹可循。

5674 相时而动。

5675 大目标教人干事业，小目标教人过日子。

5676 目标太多就等于没有目标。

5677 如果改变不了不利的大局，洁身自好也是一种不错的选择。

5678 优柔寡断只会错失机遇。

5679 越是慌乱越不能胡乱作决定。

5680 一次关键性的选择比十次努力更重要。

5681 若要正确地看各种事物，有个唯一的方法，即观察事物的整体。

5682 回顾得越远，可能前瞻得越远。

5683 透过现象看本质，研究变化观趋势。

5684 视野有多宽，站位就有多高，谋事就有多远。

5685 走一步能看三步，看清三步再走下一步。

5686 谋贵众，断贵独。

5687 善于舍弃复杂表象，直指问题本质。

5688 放弃独立思考，是一切不幸的核心。

5689 抉择一定要放在努力的前面。

5690 选择比努力更重要。

5691 俯下身子搞调研，静下心来想问题。

5692 既要远望千里，又要近看眼前。

5693 远期目标应高而弥散，近期目标应实而聚焦。

5694 没有魄力，会优柔寡断；缺少智力，会独断专行。

5695 众志之多疑，不如一夫之独决。

5696 领导拍板三策："火候"不到不拍板，以免"拍走板"；该拍板时要拍板，以免"黄了板"；"板"定法随敢"打板"，以免"空拍板"。

5697 仅仅是好的选择是不够的，现实需要的是最好的选择。

第三辑

协调艺术

5698 合作的基础在于共赢。

5699 一时劝人以言，百世劝人以书。

5700 谦和的态度，常会使别人难以拒绝你的要求，这也是一个人无往不胜的要诀。

5701 沟通是一切成功的源泉。

5702 和谐自然是人际交往的最高境界。

5703 与性情正直的人交往要刚正不阿。

5704 和脾气暴躁的人交往需沉着冷静。

5705 同猜疑心重的人交往要以诚相待。

5706 与愤世嫉俗的人交往要心态平和。

5707 与沉默寡言的人交往要迂回婉转。

5708 和孤芳自赏的人交往要适度赞美。
5709 与吹毛求疵的人交往要宽容体谅。
5710 与喜怒无常的人交往需沉稳练达。
5711 和奸诈狡猾的人交往要小心提防。
5712 和尖酸刻薄的人交往要一笑了之。
5713 与搬弄是非的人交往要若即若离。
5714 和青年人交往要平等热情。
5715 和老人交往要举止持重。
5716 偏见是人际交往的天敌。
5717 飙风岂有终朝吹，骤雨也难整日倾。
5718 协调永不嫌多。
5719 要善于作一些战术上的让步，争取战略上的支持。
5720 消除内耗，协调共进，自然是和为贵，以怀柔为主。
5721 协调人际关系，有两忌：一忌“猴气”太重；二忌“虎气”太重。
5722 面对反对意见——听，并且思考。
5723 大肚能容，断却许多烦恼障；笑容可掬，结成无量欢喜缘。
5724 沟通必须从正见、正思维、正语、正精进、正念出发，才能取得一致有效的合作。
5725 上下不和，令乃不行。
5726 人心是最大的政治，共识是奋进的动力。
5727 冷漠和淡薄，是对不喜欢的人和事最有力的反击。
5728 成功在于通，有通才有赢。
5729 成功从微笑开始。
5730 学会营造快乐。
5731 用心计较般般错，退步思量事事顺。
5732 拒绝妥协，就是拒绝成功。
5733 方圆做人，圆满做事。
5734 故意示弱者有好处。

5735 话，别说得太满，满了，难以自圆；事，别做得太绝，绝了，难有退路。
5736 不要将自己的意见强加给别人。
5737 吝啬是社交中的一堵墙。
5738 成大事者必变通。
5739 用变通打破困境。
5740 退一步海阔天空。
5741 宁在人前骂人，不在人后说人。
5742 是非只为多开口，烦恼皆因强出头。
5743 沟通要充分，决定要服从。
5744 当面说，不要背后乱说；会上说，不要会后乱说。
5745 沟通重在换位思考。
5746 所有良好关系都从个人关系开始。
5747 付出才会杰出；为别人创造价值，别人才愿意和你交往。
5748 要得到快乐的最好办法是把快乐传给别人。
5749 有效的管理者在用人所长的同时，必须容忍人之所短。
5750 人的优雅，关键在于控制自己的情绪。
5751 用嘴巴伤人是最愚蠢的一种行为。
5752 学会倾听，机会的敲门声有时非常轻柔，不注意就错过了。
5753 用加法爱人，用减法怨恨，用乘法感恩，用除法解忧。
5754 和为贵，就要互相留台阶，互相给面子。
5755 人生有多少计较，就有多少烦恼；有多少包容，就有多少欢乐。
5756 不忘人恩，不念人过，不思人非，不计人怨。
5757 对于重要的人，不要信口开河；对于重要的事，不要头脑发热。
5758 不是谁的声音越大，谁就越有道理；而是谁的格局越大，谁就收获越多。

5759 在纠正别人之前，先反省自己有没有犯错。

5760 少一点预设的期待，那份对人的关怀才会更自在。

5761 宁可自己去原谅别人，莫让别人来原谅你。

5762 人之所以有一张嘴，而有两只耳朵，原因是听的要比说的多一倍。

5763 用沉默对付他人的非议，在强者是一种风度，在弱者是一种聪明。

5764 大部分的人都活得很低调，因为他们本身没有高调的条件；有条件高调的人很低调就不容易了。

5765 理解智慧需要智慧——假如听众都是聋子，音乐就毫无意义。

5766 如果你说“不”是认真的，就用不着再说第二次。

5767 表扬一个人没有缺点的时候，他也在指出他没有优点。

5768 切莫趾高气扬，没有一个人愿意为光看重自己的人工作。

5769 切勿随意发怒，对某些人的过激行为要想到他十有八九并非故意与你作对。

5770 不要总是一副冷漠、严肃的面孔，要懂得真正值钱的是不花一分钱的微笑。

5771 要批评，但不要呵斥；不能背后批评人，批评之后勿忘鼓劲。

5772 要学会间接地提醒别人的错误，尽量避免正面冲突。

5773 用说服的方式谈话，用商量的口气下达命令。

5774 与部属谈话，以对方最关心的事为话题；千万不要从讨论不同意见开始。

5775 对任何人的偏爱或厌恶都不能表现在脸上，不懂得感情内敛的人，是精神年龄尚不成熟的表现。

5776 对人要热情，但不能过于温和，蜜饯型的领导不会给人带来任何压力，人们往往不把这种人视为领导者。

5777 要学会感动人，同样是一句话：“你一定办得到”就比“你必须完成它”更容易接受得多。

5778 多从别人的角度考虑问题。

5779 对待那种满腹牢骚的人，只要你耐心地听他把话讲完，并不时点头，问题就已经解决了。

5780 对众人一视同仁，对少数人推心置腹，对任何人不要亏负。

5781 不懂得沟通，或不善于沟通，是一些领导者太累的重要原因。

5782 会聆听者才会是沟通者。

5783 沟通是一种习惯。

5784 说话讲文明，处事讲公正，待人讲尊重，和谐讲宽容。

5785 以诚示人者，人以诚敬之；以信为事者，则事可达之。

5786 借力是“取款”，要想“还款”，得先“存款”。

5787 相互借力才叫合作，否则就是利用。

5788 定位等于地位，定位不当，终生流浪。

5789 改变不了别人就改变自己，改变自己必然影响别人。

5790 自我控制是强者的本能。

5791 要有听真话的诚意和胸怀。

5792 善于倾听不同的意见。

5793 适当提升自己的幽默感。

5794 平易近人可以强化领导形象。

5795 不可因循守旧、不知变通。

5796 可以争论，但不要争执。

5797 就事论事，不要进行人身攻击。

5798 与人分享，才能赢得别人的合作。

5799 灵活处理矛盾冲突，做好“防火”工作，而不是“救火”工作。

5800 营造和谐气氛，架起沟通的桥梁。

5801 树大招风，保持低调。

5802 不公平就难以服众。

5803 尊重对方的自尊心。

5804 领导要有悲悯情怀。

5805 培育服务的领导观。
5806 亲此疏彼不可取。
5807 指责别人前先指责自己。
5808 动机太强，容易迷茫。
5809 顺畅的沟通可以避免管理的滞碍。
5810 保证有效沟通，做到信息共享。
5811 在沟通中听比说更重要。
5812 拓宽上下沟通的渠道。
5813 把快乐与下属一起分享。
5814 勇于认错是实现良性沟通的好方式。
5815 营造让下属大胆开口的氛围。
5816 批评也要注意方式方法。
5817 带着爱心去批评。
5818 委婉地指出错误更容易让人接受。
5819 简短有力的批评更有效。
5820 “狠批”勿忘善后。
5821 以协调的方式把“松”与“紧”完美地结合在一起。
5822 暖话留人更有效。
5823 检讨任何过失的时候，先从自身或自己人开始反省。
5824 事项结束后，先审查过错，再列述功劳。
5825 对“怕事”的人或组织要挑明了说。
5826 和他人沟通时，能够专注地看着对方，听对方的话也要用心理解，而不左顾右盼、心有旁骛。
5827 和别人协调沟通时，避免对他人有先入为主的负面想法。
5828 不彻底的交流会让交流本身成为事物发展的障碍。
5829 善谈不如善听，多说不如少说；愚蠢的管理者抢话说，聪明的管理者拣话说。
5830 描述共同利益应清晰，不要说空泛的话。

5831 决定合作的是道路而非目标。
5832 不尊重别人就得不到别人的尊重。
5833 想交一个朋友，就让对方突出；想树一个敌人，就让自己突出。
5834 慢慢地说话，但要迅速地想。
5835 言为心之声，行为心之动。
5836 你想人家怎么待你，你也要怎样待人。
5837 爱语滋养爱心，爱心流淌爱语。
5838 心乱则口乱，口乱则事乱。
5839 沟通畅起来，才能上下齐心。
5840 只有将自己融进这个圈子，才有可能实现理想和抱负。
5841 能跟不好合作的人合作好了，你就磨炼得差不多了。
5842 合作，是最大的政治。
5843 建立完善的内部沟通机制。
5844 消除沟通障碍，确保信息共享。
5845 善于寻找沟通的“切入点”。
5846 与下属谈话要注意先“暖身”。
5847 正确对待并妥善处理抱怨。
5848 引导部属之间展开充分沟通。
5849 世界上最痛苦的事，就是笑脸相迎你最讨厌的人。
5850 人有时要看轻自己，少一些自我，多一些换位，才能心生快乐。
5851 心中充满感恩，温暖时时相伴；念念宽恕别人，和气自然相随。
5852 世界上本来就有许多格格不入的事物为了共存而不得不相互接受。
5853 木秀于林风摧之，行高于人众非之。
5854 影响他人的唯一办法就是谈论他们的需求，并告诉他们如何满足这一需求。
5855 做人，静水流深，张弛有度；做事，不急不躁，厚积薄发。

5856 不怕干不成，就怕不敢想。

5857 人生虚虚实实，实实虚虚；该实不实会一辈子后悔，该虚不虚会后悔一辈子。

5858 天时不如地利，地利不如人和。

5859 当行则行，当止则止。

5860 健康不等于一切，但失去健康等于失去一切。

5861 要得到别人的肯定，最快的方法是肯定别人。

5862 大部分的痛苦，都是不肯离场的结果；没有注定的不幸，只有死不放手的执着。

5863 适当的放弃，是人生优雅的转身。

5864 做人拿得起，做事放得下，与人处事合得来。

5865 生活需要游戏，但不能游戏人生；生活需要歌舞，但不需醉生梦死；生活需要艺术，但不能投机取巧；生活需要勇气，但不能鲁莽蛮干；生活需要重复，但不能重蹈覆辙。

5866 愿意放弃才不会苦，适度知足才不会悔；记住感恩才不会怨，懂得珍惜才不会愧。

5867 多一些时间宁静，就会少一些时间后悔；多一些忍让退步，就会少一些不必要的麻烦。

5868 得意时要看淡，失意时要看开。

5869 人生就是改变可以改变的，顺应必须顺应的。

5870 家庭幸福是人最大的幸福。

5871 家庭和睦则社会安定，家庭幸福则社会祥和，家庭文明则社会文明。

5872 千家万户都好，国家才能好，民族才能好；国家好，民族好，家庭才能好。

5873 日出东海落西山，愁也一天，喜也一天；遇事不钻牛角尖，人也舒坦，心也舒坦。

5874 人总是珍惜未得到的，而遗忘了所拥有的。

5875 所有的胜利，与征服自己的胜利比起来，都是微不足道的；所有的失败，与失去自己的失败比起来，更是微不足道的。

5876 一千个人就有一千种生存方式和生活道路，要想改变一些事情，首先得把自己给找回来。

5877 自然的强大超出了任何原理。

5878 自然不只需要热爱，还需要敬畏。

5879 平衡才能和谐。

第四辑

处事艺术

5880 不可假公法以报私仇，不可假公法以报私德。

5881 精心谋事，潜心干事，坦荡处事，谨慎行事。

5882 为人善处事，常怀律己之心；为官慎用权，勤修为政之德。

5883 说话要用脑子，做事要考虑后果，这是为人处事最重要的一点。

5884 方其中，圆其外。

5885 要勇敢而不要暴躁，要服从而不要低声下气，要坚强而不要顽固，要谦逊而不要做作。

5886 从某种程度上说，发怒就是对别人承认自己的错误或者源于对事件的无力感，只有冷静，没有什么比冷静更能挫败愤怒了。

5887 与人相处之道，在于无限的宽容。

5888 生活不是一场赛跑，而是一次旅行，要学会好好欣赏每一段的风景。

5889 不要生气要争气，不要看破要突破，不要忌妒要欣赏，不要拖延要积极，不要心动要行动。

5890 善始者多多，善终者廖寥。

5891 耐心是一种美德。

5892 世界上没有无缘无故的爱，也没有无缘无故的恨，正所谓“种瓜得瓜，种豆得豆”。

5893 笃于义而薄于利，敏于事而慎于言。

5894 最高境界的善行，就像水的品性一样，泽被万物而不争名利。

5895 共勉之所以好过责怪，在于既提高了别人，也欢喜了大家。

5896 做大事不可拘小节，要明主次，还要有壮士断腕那样的果断和坚韧。

5897 你能无底线地原谅谁，谁就能无底线地伤害你。

5898 急躁的结果，只会使应该要做好的事情没有做好。

5899 当你不再急于否认错误时，你就学到了重要的一课。

5900 被恨的人，没有多少痛苦；去恨的人，少了许多幸福。

5901 恒行不怕路遥远，勤作不怕事繁多。

5902 天下难事作于易，天下大事作于细。

5903 有所不言，言必当；有所不为，为必成。

5904 认真是成功之路，马虎是失败之因。

5905 成功于坚忍不拔，失败于急躁冒进。

5906 信口雌黄不慎言，不遭祸害也遭险。

5907 放纵暴怒闯大祸，刚愎自用败大事。

5908 勿以恶小而为之，勿以善小而不为。

5909 为人谋事须忠恳，朋友之交讲信用。

5910 慎言语亦可积德，和亲属亦是修身。

5911 盛喜中勿许人物，盛怒中勿答人言。

5912 隐逸林中无荣辱，忠信路上无欺骗。

5913 以少言寡语为贵，以著书立说为富。

5914 信字是立身之本，诚字是接物之要。

5915 君子之交淡如水，小人之交甘如饴。

5916 良友识于患难日，甘泉知于口渴时。
5917 公道达则私门塞，公义立则私情息。
5918 正义靠武力支撑，武力靠正义正名。
5919 治理天下三要素，智慧正义加力量。
5920 宽猛相济终以和，兴利除弊善为民。
5921 夸耀功劳鲜布仁，弄虚作假莫能久。
5922 处世谦恭为高明，待人宽恕事易行。
5923 操守如光天化日，威仪如丹凤祥麟。
5924 礼尚往来圣人训，来而不往欠礼节。
5925 正义迟早胜邪恶，善恶终施因果报。
5926 心术不可丧天理，善恶果报不差错。
5927 行善事自己得救，干坏事自己灭亡。
5928 学富五车有诀窍，循序渐进不贪多。
5929 博观方能以约取，厚积薄发是常情。
5930 经验积累皆学问，刻苦忍耐称殊能。
5931 书到用时方恨少，事非经过不知难。
5932 业精于勤荒于嬉，行成于思毁于随。
5933 忍一分风平浪静，让一步海阔天空。
5934 骄傲乃灭亡先导，自夸是失败之始。
5935 没有耐性又懒惰，一事无成岁虚度。
5936 由真理统率事实，由运动排解忧郁。
5937 最好财富是才智，最大不幸是无知。
5938 言行举止循天理，秉公做事顺人心。
5939 做事必须踏实地，为人切莫务虚名。
5940 格物致知意方诚，修齐治平大功成。
5941 强中自有强中手，莫向人前满自夸。

5942 是非审之于自己，毁誉听之于别人。
5943 良药终能治假病，美酒未见解真忧。
5944 劳逸适度身康健，话有分寸少是非。
5945 穷则寡言善其身，达则谨行济天下。
5946 渴时一滴如甘露，醉后添杯不如无。
5947 平时自信不烧香，急时抱佛无用场。
5948 每做好事难闻达，些小坏事千里传。
5949 气盛心满易招损，怀才显露常遭妒。
5950 有所不足方为好，月到圆时则渐亏。
5951 凡是理想的事物，必有真善美本质。
5952 知人知己知世务，通古通今通情理。
5953 处世何必争高下，知行功成人自晓。
5954 问渠哪得清如许，为有源头活水来。
5955 求快乐时失快乐，得便宜处失便宜。
5956 假作真时真亦假，无为有处有还无。
5957 躁气浮心难蓄德，疾言厉色难处众。
5958 先天下之忧而忧，后天下之乐而乐。
5959 敏于事而慎于言，就有道而正焉。
5960 任凭风雨千重浪，心定稳坐钓鱼船。
5961 时来天地皆同力，运去英雄不自由。
5962 比鲁莽更糟糕的是犹豫不决。
5963 交浅勿言深。
5964 永远不要将希望寄托在别人身上。
5965 行事应高调，做人要低调。
5966 在挑战中发现机遇，在问题中找到出路，在挫折中磨炼成长。
5967 围绕要务抓落实，突出重点抓落实，紧盯问题抓落实。
5968 好的东西都值得花时间，所以无论你现在多辛苦也别放弃，想想已经坚持了多久才到这里。

5969 任何时候都可以开始做自己想做的事，不要用年龄和其他东西去束缚自己。

5970 人的格局一大，就不会在琐碎的事情上沉溺。

5971 热爱可抵岁月漫长。

5972 思考时，要像一位智者；但讲话时，要像一位普通人。

5973 过好每一个当下，一万个美丽的未来抵不过一个温暖的现在。

5974 小事可以感性，大事必须理性；感性让我们更有人情味，理性让我们得以远离大的伤害。

5975 有利时，不要不让人；有理时，不要不饶人；有能时，不要嘲笑人。

5976 太精明，遭人厌；太挑剔，遭人嫌；太骄傲，遭人弃。

5977 低头，蕴含谦卑与低调，属大气；抬头，藏纳奋进与不屈，乃骨气。

5978 做自己喜欢的事是自由，喜欢自己做的事是幸福。

5979 原谅是容易的；但再次信任，就没那么容易了。

5980 既种下一颗恶的种子，休想获得善的果实。

5981 仰仗别人的智慧，反倒会束缚住自己。

5982 法律应对人有权威，而不是人对法律有权威。

5983 气度狭小就被逆境所驯服，宽宏大量则足以把逆境克服。

5984 每一次成功的背后都是失败的足迹，而每一次的失败又离成功越来越近。

5985 称赞他人的每个进步，即使十分微小，要诚于嘉许，宽于称道。

5986 成功是把自己应该做的和喜欢做的做好。

5987 人不率则不从，身不先则不信。

5988 时间把我们变成了不敢停下来的人，有些过往更适合放在心里，有些事情只能留给时间去淡化。

5989 人与人之间，多一分理解就会少一些误会；心与心之间，多一份包容就会少一些纷争。

5990 与其恐惧那些变化无常的风雨，恐惧那些突如其来的遭遇，不如坚信风雨之后天总会晴，一切糟糕的事情总会停。

5991 任何时候都要记得给人生留点余地，不冒进、不颓废、不紧张、不松懈，得到时不沾沾自喜，失去时不郁郁寡欢，得失之间淡定从容。

5992 计较眼前的人，会失去未来。

5993 不要想说什么就说，也不要想干什么就干，唐突和轻率有一次就已经足够了。

5994 冲出内心看世界，有一种淡定叫波澜不惊，心的平静便是一种高贵和尊严。

5995 人后说你好话的人，那是真好；背后帮你的人，那是真帮。

5996 说一个人好的时候，要抛开眼前的利益；讲一个人坏的时候，则要把眼前的利益考虑进去。

5997 想要理性地看待一切，就不要用乞讨的眼光来对待一切，无论任何时候，尊严都是最重要的。

5998 在一个变幻莫测的世界里，可以怀疑一切，但不能否定一切。

5999 忍让第一次叫气度，第二次是宽容，第三次就变成了软弱。

6000 如果把善良当成“胡椒粉”，不分时间、场合、地点地去乱撒，变味的不是别人，而是你自己。

6001 别为你自己和别人下定论，你所看到听到的可能只是一面。

6002 学会说谢谢，但谢谢并不是随便敷衍，是对别人帮助的肯定和回报；更要学会说对不起，但对不起不是借口，是对自己过错的弥补和内疚。

6003 水涨船高，勿怕他人强于己；水落石出，别羡乌云压枝低。

6004 奋斗人生的诀窍就是经营自己的长处；经营自己的长处能给你的人生增值，经营自己的短处必然使你的人生贬值。

6005 人要有着眼点，又要有落脚点；前者是战略，后者是战术。

6006 面对失败和挫折一笑而过，是一种乐观自信；面对误解和仇恨一笑而过，是一种坦然宽容；面对赞扬和激励一笑而过，是一种谦虚清醒；面对烦恼和忧愁一笑而过，是一种平和释然。

6007 自己不能胜任的事情，切莫轻易答应别人，一旦答应了别人，就必须践行自己的诺言。

6008 对人不尊敬，首先就是对自己的不尊敬。

6009 一般不做自我辩护，但可以澄清一些观点、一些选择、一些是非。

6010 返本归元，做好自己。

6011 牢记所得到的，忘记所付出的。

6012 不要在小人小事上浪费时间，将军有剑，不斩苍蝇。

6013 冰冻三尺，非一日之寒。

6014 再烦也别忘记微笑，再急也要注意语气。

6015 什么时候放下，什么时候就没有烦恼。

6016 淡泊是人生的一种坦然，坦然面对生命中的得失。

6017 以简单的心境享受生命中的阳光与温暖，以从容的心态对待生活中的所有。

6018 时间面前，一切都无能为力。

6019 好时勿说尽秘密，恼时勿言及隐私。

6020 真正的忘记是不需要努力的。

6021 遇到挫折就应该临危不乱，这才是本事，而不是放弃。

6022 铁杵能磨成针，但木杵只能磨成牙签，材料不对，再努力也没用。

6023 世上的喜剧不需要金钱就能产生，世上的悲剧大多和金钱脱不了关系。

6024 历史上所有伟大的成就，都是由于战胜了看来不可能的事情而取得的。

6025 成功是短暂的，成熟是漫长的；成功是惶恐的，成熟才是温馨的。
6026 心态决定状态，眼界决定境界，心胸决定格局。
6027 忠就是严，孝就是和，忠孝可以两全。
6028 做人做事要“严”，处人处事要“和”。
6029 做人做事讲“理”，处人处事讲“情”。
6030 大事要严，小事要和。
6031 对己要严，对人要和。
6032 严是做人的脊梁，和是做事的锦囊。
6033 严是以不变应万变，和是以万变应不变。
6034 严的时候要容得下和，和的时候要不失严。
6035 盛时常作衰时想，上场当念下场时。
6036 立身之道在于立心，欲为天下之事，须有容纳天下之心。
6037 再冷的石头，坐上三年也会暖。
6038 做正确的事比正确地做事更重要。
6039 不值得做的事，就不值得做好。
6040 如无必要，勿增实体。
6041 对于没有方向的船来说，任何风都是逆风。
6042 重要的不是发生了什么事，而是要做哪些事来改善它。
6043 无法评估，就无法管理。
6044 差错发生在细节，成功取决于系统。
6045 管理就是做好无数小的细节工作。
6046 靡不有初，鲜克有终。
6047 想象是什么并不重要，想象能做什么才重要。
6048 “知足”，是一种恬淡平和的境界；“常乐”，是一种乐观豁达的人生态度。
6049 古人说过后不思量，意思是一件事情既然已经过去了，那想再多也无用。
6050 自己心安，天地自宽。

6051 吃亏有时就是占便宜。

6052 做事情一定要分出轻重缓急来，尽量避免在不必要的小事上纠缠不休，延误了重要的事情。

6053 放弃憎恨，善待对手。

6054 所有的努力，不是为了别人觉得你了不起，是为了能让自己打心眼里看得起自己。

6055 能坚持别人不能坚持的，才能拥有别人不能拥有的。

6056 无事心不空，有事心不乱，大事心不畏，小事心不慢。

6057 说真话的最大好处就是你不必记得你都说过些什么。

6058 莫找借口失败，只找理由成功。

6059 忙碌才能充实自己，播种才能有所收获。

6060 不去抱怨，尽量担待；不怕孤单，努力沉淀。

6061 想要逃避总有借口，想要成功总有办法。

6062 成功需要成本，时间也是一种成本，对时间的珍惜就是对成本的节约。

6063 实力加自信就是一把坚韧不摧的利剑，也是通往成功的船票，实力决定成败。

6064 把艰辛的劳作看作生命的必然，即使没有收获的希望也心平气和地继续。

6065 目标的坚定是性格中最必要的力量源泉之一，也是成功的利器之一；没有它，天才也会在矛盾无定的迷径中徒劳无功。

6066 饮清净之茶，莫贪花色之酒。

6067 遇到挫折，要有勇往直前的信念，马上行动、坚持到底、决不放弃。成功者绝不放弃，放弃者绝不会成功。

6068 世界上那些最容易的事情中，拖延时间最不费力。

6069 即使爬到最高的山上，一次也只能脚踏实地地迈一步。

6070 机会总在怀疑、犹豫中产生，在叫好、后悔中结束。

6071 忘掉失败，不过要牢记失败中的教训。

6072 路是自己走出来的，只有奋力向前，才能获得希望。

6073 勤奋的含义是今天的热血，而不是明天的决心、后天的保证。

6074 不要等到明天，明天太遥远，今天就行动。

6075 小心就是勇敢的一个重要部分。

6076 泪水只能换来同情，汗水却能赢得成功。

6077 斗争与胜利并存，失败与怠惰相依。

6078 如果你渴望成功，请先给自己定一个明确的目标。

6079 一时的挫败，并不表示从前的努力都是错误；一时的成功，更不代表从今以后都不必再努力。

6080 把问题看宽广些，没有解决不了的事。

6081 有恒则断无不成之事。

6082 不要怕，不要悔。

6083 机遇对于有准备的头脑有特别的亲和力。

6084 守业最好的办法就是不断地发展。

6085 年龄从来不是界限，除非你自己拿来为难自己。愿你活出自己想要的人生，无论何时，年华都盛开。

6086 人生至善，就是对生活乐观，对工作愉快，对事业兴奋。

6087 不要让一个糟糕的时刻，毁掉一连串的美好时光。

6088 与其不透彻地理解许多事，不如理解的事不多，但都能彻底。

6089 运气永远不可能持续一辈子，能帮助你持续一辈子的东西，只有你个人的能力。

6090 任何的限度，都是从自己的心坎开端的。每一奋发尽力的背后，必有加倍的弥补。

6091 任何事物都不如习惯那样强有力。

6092 目标不是都能达到的，但它可以作为瞄准点。

6093 只会幻想而不行动的人，永远也体会不到收获果实时的喜悦。

6094 信心是支柱，目标是动力，三思是舵手，户外是健康，知识是财富，知足是大乐。

6095 人生是一个永不停息的工厂，那里没有懒人的位置。

6096 成功的人是跟别人领悟经验，失败的人只跟自己领悟经验。

6097 做人要地道，好人有好报；做事要踏实，步履才坚实。

6098 珍惜时间，不要等明天才唉声叹气；珍惜健康，不要等生病才痛哭流涕；珍爱生命，不要等弥留才后悔莫及；珍爱身边的人，不要等失去才摇头叹息。

6099 修行要有耐性，要能甘于淡泊、乐于寂寞。

6100 大悲无泪，大悟无言，大笑无声。

6101 低头哭过，别忘了抬头继续走。

6102 谦虚但不自卑，自信但不自大，自由但不放纵。

6103 浪费时间就是掠夺自己。

6104 变化是生活的调味品。

6105 做许多事情的捷径就是一次只做一件事。

6106 成功没有快车道，幸福没有高速路；所有的成功，都来自不倦的努力和奔跑；所有的幸福，都来自平凡的奋斗和坚持。

6107 理解生活而且要热爱生活。

6108 游手好闲会使人心智生锈。

6109 坚定斗争意志，把准斗争方向，明确斗争任务，讲求斗争方法。

6110 太高调除了招人忌妒，惹人眼红，基本上没有什么用处；低调，才是一种最明智的选择。

6111 别被流行的事物所绑架，自己的感受才是重中之重。

6112 不积跬步，无以至千里；不积小流，无以成江海。

6113 鸠鹑巢林，不过一枝；偃鼠饮河，不过满腹。

6114 流水不腐，户枢不蠹，动也。

6115 过分在意别人的眼光，将丧失自我。

6116 抽出时间去学习，凡事从小做起，不怕单调和重复，长期的积累坚持，想不成功，也难。

6117 事前多操心，所以事后无忧愁，事情来了才操心，一切都已太迟。

6118 意志目标不在自然中存在，而在生命中蕴藏。

6119 人有了信念和追求，就能忍受一切艰苦，适应一切环境。

6120 成长就是妥协与坚持的两难。

6121 逃避不是办法，知难而上往往是解决问题的最好手段。

6122 正确坚守信念，不在意他人评说。

6123 不做欺心事，本身就是一种愉悦。

6124 按重要性办事，更能有效利用时间。

6125 勤于行动，胜于勤说。

6126 敬业，实干家的成功保障。

6127 把每一份工作都做好。

6128 多才多艺，莫如练就“独门暗器”。

6129 不以现有成就为满足。

6130 锐气不可抛，成功是迟早。

6131 做事先做人，做人先取信。

6132 在失意者面前不谈自己的得意。

6133 相信自己能够成功，才会成功。

6134 犯了错误要勇于承认。

6135 为人，是一门学问；处事，是一种艺术。

6136 掂量自己，几斤几两；丈量自身，有短有长。

6137 凡事先立规模，后求精熟。

6138 稳重行事，有胜无败。

6139 过度敏感是一种负担。

6140 逝者如斯，时不我待。

6141 凡事要三思而行，考虑任何问题，都要看到它的正面和负面，切忌片面性和情绪化；有忧患意识，才是做人成熟的表现。

6142 行不可至极处，言不可称绝对。

6143 骄傲是阻碍进步的大敌。

6144 是非终日有，不传自然无。

6145 热忱绝不等于刻意表现。

6146 把工作的坏情绪关在家门外。

6147 悲观时，进行积极的自我暗示。

6148 生活贫乏的人，才喜欢刺探别人的私事。

6149 人真的忙起来，根本没有太多复杂情绪；人太闲，才会把鸡毛蒜皮当回事。

6150 只有傻瓜才自己碰了钉子方始回头，聪明人看见别人吃亏就学了乖。

6151 择善人交，得益一生；择善书而读，才智双全；择善言而听，明心亮眼；择善行而从，积德修身；择善信而收，享乐养性。

6152 把握做人的分寸，掌控做事的尺度，日积月累，便会在一分一寸之中叠加起人生的高度。

6153 成功的基础是内心有强大的能量，用格斗的气魄面对工作，做一个自我燃烧型的人。

6154 乐观构思，悲观计划，积极实行。

6155 在工作中悟得人生真谛，把工作当作一种乐趣，为工作中每次小小的成功而感动。

6156 放下无关杂念，力求突破才能得到惊人的结果，想好事、做好事，就会有好结果。

6157 工作不能全凭兴趣，但是工作可以成为兴趣，将摇摆的心坚定下来，做好当下的工作。

6158 不要认为卓有成效高不可攀，卓有成效是可以学会的。

6159 每个人都以卓有成效作为最高工作标准，一群平凡的人，就能做出不平凡的事。

6160 如何才能卓有成效：时间管理，聚焦贡献，发挥长处，要事优先，有效决策。

6161 有所成就的人，都从最重要的事情做起。

6162 人生在世，调不能定得太高，高了难以合声；事不能做得太绝，绝了难以进退。

6163 想法决定行动，行动决定结果。

6164 能干的人，不在情绪上计较，只在做事上认真；无能的人，不在做事上认真，只在情绪上计较。

6165 得道必多助，天佑“给东风”。

6166 身正不怕影斜，脚正不怕鞋歪。

6167 船靠舵正，人靠心正；多行不义，早晚自毙。

6168 小心翼翼，谨慎多思；常备不懈，如履薄冰。

6169 顺境多干事，逆境多读书。

6170 非礼勿视，非礼勿取。

6171 宁向直中取，不可曲中求。

6172 惧法朝朝乐，欺公日日忧。

6173 闻誉恐，闻过欣；闻誉恐惧骄傲自满，闻过欣慰提升层次。

6174 明知山有虎，莫向虎山行。

6175 天上不掉馅饼。

6176 每一分每一秒做最有生命力的事情。

6177 简单的工作练到极致，就是绝招。

6178 把眼前的事情做好。

6179 不是成功太慢，而是放弃太快。

6180 劳心者治人，劳力者治于人。

6181 解决问题，不要放大问题。

6182 经常走后路，一定是绝路。

6183 随便找借口，成功没入口。
6184 行动不及时是因为痛苦达不到。
6185 言行一致才能建立起信誉。
6186 价值观是一个人行动的“底线”，它们指导行动。
6187 用爱心做好事业，用感恩的心做人。
6188 成功的速度取决于我们是否拥有最好的工具。
6189 成功需要改变，用新的方法改变过去的结果。
6190 没有危机意识就是世界上最大的危机，当今时代最大的陷阱就是满足现状。
6191 成功等于目标，等于每天进步 1%，等于全方位。
6192 机会像小偷，来的时候无影无踪，走的时候让你损失惨重。
6193 问题永远在自己身上。
6194 成功的起始点乃自我分析，成功的秘诀则是自我反思。
6195 要不断地请教成功者，学习他们成功的方法。
6196 成功者要有远大的理想，也要有合理的目标。
6197 凡事要求品质，做事的品质决定了你的成就。
6198 不管做什么事情，一定要享受其过程。
6199 用心观察成功者，别老是关注失败者。
6200 承诺是走向成功的必由之路，用公众承诺的力量逼自己成功。
6201 要实现目标最快的方法是帮助别人实现目标。
6202 生活赋予追求者无穷的乐趣，事业带给拼搏者永恒的青春。
6203 坚毅的人总会出头，奋斗永远无止境。
6204 成功就是简单的事情不断地重复做。
6205 成功的秘诀是努力，所有的第一名都是练出来的。
6206 失败不是成功之母，只有检讨才是成功之母。
6207 成功者不是比你聪明，只是在最短的时间采取最大的行动。

6208 成功需要具备良好的态度、一流的技巧和能力。

6209 书本也是好老师，活用才能成功。

6210 认识你的时间，只要你肯，就是一条卓有成效之路。

6211 专心是一种勇气，敢于决定真正该做和真正先做的工作。

6212 创新就是创造一种资源。

第五辑

激励艺术

6213 风雨过后，一定能看到彩虹。

6214 人可以一落千丈，也可以一鸣惊人。

6215 今日辛苦明日甜，明日幸福靠今天。

6216 流过泪的眼睛更明亮，滴过血的心灵更坚强。

6217 上游，是勇士劈风破浪的终点；下游，是懦夫一帆风顺的归宿。

6218 没有风浪，便没有勇敢的弄潮儿；没有荆棘，也没有不屈的开拓者。

6219 让刻苦成为习惯，用汗水浇灌未来。

6220 奋斗者在汗水汇集的江河里，将事业之舟驶到了理想的彼岸。

6221 其实输不可怕，可怕的是输了就鼓不起勇气面对世界。

6222 忘掉昨日的苦楚，抬头面对明天的太阳。

6223 人因为有激情，才会绽放生命的火花。

6224 人的经历就是人生的矿石，生命的活力在提炼中释放。

6225 一花凋零荒芜不了整个春天，一次挫折也荒废不了整个人生。

6226 驾驭命运的舵是奋斗。不抱有一丝幻想，不放弃一点机会，不停止一日努力。

6227 山路曲折盘旋，但毕竟朝着顶峰延伸。

6228 遇到困难时不要抱怨，既然改变不了过去，那么就努力改变未来。

6229 好的木材并不在顺境中生长。风越强，树越壮。

6230 即使遭遇了人间最大的不幸，能够解决一切困难的前提是活着。

6231 人生，总会有不期而遇的温暖和生生不息的希望。

6232 当你快乐时，你要想这快乐不是永恒的；当你痛苦时，你要想这痛苦也不是永恒的。

6233 人生就是有许多这样的奇迹，看似比登天还难的事，有时轻而易举就可以做到，其中的差别就在于拥有非凡的信念。

6234 如果你的面前有阴影，那是因为你的背后有阳光。

6235 每一个成功者都有一个开始，勇于开始，才能找到成功的路。

6236 先有心动，后有行动；只有心动，才会有行动。

6237 期盼越长，得到的时候才越珍惜。

6238 赏识导致成功，抱怨导致失败。

6239 每一个成功者在人生的某个时刻都遇到过、战胜过逆境。

6240 被失败击败，才是真正的失败。

6241 天下没有免费的午餐，一切成功都要靠自己的努力去争取。

6242 面对困难，许多人望而却步，而成功人士往往非常清楚，只要敢于和困难拼搏一番，就会发现，困难不过如此。

6243 命运不会偏爱谁，就看你能够追逐多久、坚持多久。

6244 世上的事，只要肯用心去学去做，没有一件是太晚的。

6245 只有收获，才能检验耕耘的意义；只有贡献，方可衡量人生的价值。

6246 不断进取，勇于面对一切困难，努力克服它、战胜它，这是生存的法则；相反，逃避是懦夫的行为，最终只能带来更多的危机。

6247 健康就是财富，知足就是幸福，平安就是收入。

6248 进取用汗水谱写着自己奋斗和希望之歌。

6249 机会只对进取有为的人开放。

6250 机会只提供给那些早已做好充分准备的人。
6251 通往云端的道路，只亲吻攀登者的足迹。
6252 “危机”两个字，一个意味着危险，另外一个意味着机会，不要放弃任何一次努力。
6253 生活若处于低谷，就大胆走，无论如何你都是向前。
6254 面对困难，智者想尽千方百计，愚者说尽千言万语。
6255 用你的笑容去改变这个世界，别让这个世界改变了你的笑容。
6256 生命的价值在于自己看得起自己，人生的意义在于努力进取。
6257 障碍与失败，是通往成功最稳靠的踏脚石，肯研究利用它们，便能从失败中培养出成功。
6258 哪怕是最没有希望的事情，只要坚持去做，到最后就会拥有希望。
6259 梦想和经典一样，永远不会因为时间而褪色，反而更显珍贵。
6260 古今世上无难事，只要认真去登攀。
6261 汗水可滋润心田，勤奋使理想飞翔。
6262 恒心搭起通天路，勇气掀开智慧门。
6263 人生工作不能停，手足胼胝事业成。
6264 世上荣誉的桂冠，由荆棘编织而成。
6265 树凭借结果出名，人依靠成就出名。
6266 衰老的只是肉体，精神将永垂不朽。
6267 谁能够奋斗到底，谁就能获得桂冠。
6268 勤奋忍耐即天才，智慧退化于懈怠。
6269 希望鼓舞着生活，生活离不开奋斗。
6270 与其为过去悲哀，不如为将来高兴。
6271 山高自有客行路，水阔自有渡船人。
6272 赏不当功如无赏，罚不当罪如无罚。
6273 明德慎罚天下平，赏罚严明少纷争。
6274 绝不能习惯失败，要知道，身体的疲惫不是真正的疲惫，精神上的疲惫才是真的劳累。

6275 提振精气神，激情干工作，勇于攀高峰，敢于争上游。

6276 比的是信念、决心、干劲，拼的是作风、精神、状态。

6277 心不快时，不必在意，不管风雨有多大，前方一定有晴天。

6278 经历了风寒阴霾的苦砺，才会破茧在阳光明媚的日子。

6279 培养自信的方法，那就是做你怕做的事，去获得一次成功经验的记录。

6280 没有白费的努力，也没有碰巧的成功；只要认真对待生活，终有一天，自己的每一分努力，都将绚烂成花。

6281 人的生命很短暂，只在一呼一吸之间；所以，不应懈怠懒散，而应好好把握人生的分分秒秒，勤奋进取，努力拼搏；当然，也要懂得享受生命带给自己的欢乐。

6282 有些事坏到一定程度就会好起来，因为它无法更坏。

6283 信念最好能由经验和明确的思想来支持。

6284 及时当勉励，岁月不待人；生命不止，奋斗不息。

6285 懒惰受到的惩罚不仅仅是自己的失败，还有别人的成功。

6286 别人看不起你，很不幸；自己看不起自己，是悲哀。

6287 活鱼会逆流而上，死鱼才会随波逐流。

6288 自尊、自强、自立是你一生必须学好的功课，它们是根，是你能够坚持生存下来的唯一道理。

6289 自信是一个人的胆，有了这个胆，你就会所向披靡。

6290 人间没有永恒的夜晚，世界没有永恒的冬天。

6291 每个人都是自己的命运建筑师。

6292 怎样思想，就有怎样的生活。

6293 信心是命运的主宰。

6294 一个人除非自己有信心，否则无法带给别人信心。

6295 因为信任，所以简单。

6296 以诚换诚，无人不诚。

6297 谦亦有度，过谦则近伪。

6298 话须通俗方传远，语必关风始动人。

6299 言不在多，达意则灵。

6300 恶语伤人六月寒，良言一句三冬暖。

6301 犹豫猜疑，有害无穷。

6302 轻诺必寡信，多易必多难。

6303 善有善报，你善待他人，人必善待你。

6304 击石原有火，不击乃无烟。

6305 努力赞美别人，赞美别人等于复制别人的优点。

6306 要得到别人的赞美最好的方法是去赞美别人。

6307 要激励整个团队有良好的表现、高昂的士气，一个根本的条件是开放的沟通。

6308 持续不断地传播愿景与目标。

6309 士气等于三倍生产力。

6310 奖要奖得心动，罚要罚得心痛。

6311 物质奖励和精神鼓励都需要，发挥潜力比制定目标更重要。

6312 成功始于每天进步一点点，卓越始于每天改变一点点。

6313 鼓舞士气，没有什么比“御驾亲征”更有效。

6314 成为一个积极的领导者，用好心情感染每个人。

6315 利用荣誉和头衔，给下属一点动力。

6316 有功必赏，有过必罚；惩罚要稳、要准、要狠。

6317 做到宽严相济、恩威并施。

6318 没有人愿意偷懒，只不过他们缺乏诱人的目标，激发不出他们的干劲。

6319 成功是一种力量。

6320 适当时候要“御驾亲征”。

6321 对于下属要恩威并用。

6322 关键时刻给予下属必要的帮助。
6323 恰当的激励是高效管理的杀手锏。
6324 建立一个高效的激励系统。
6325 掌握好奖与罚的时机和方法。
6326 激励无效就得找原因。
6327 不能搞平均主义。
6328 奖与罚都应以业绩考评为依据。
6329 以正确的方式释放积极的信号。
6330 最大限度地释放团队的能量。
6331 激发创造性，鼓励创新。
6332 通过化解矛盾调动下属的积极性。
6333 “戴高帽子”是一种聪明的管理术。
6334 情况许可的话，设法引发内部竞争和比较，以保持下一次成功的动力。
6335 愿景是提高凝聚力的工具。
6336 有效竞争源自不断刺激产生的危机感。
6337 赏之不公，赏多赏少皆生怨；罚之有度，罚多罚少总相宜。
6338 打击失败的创意即意味着失去未来。
6339 共同利益被认识才有凝聚力。
6340 环境改造人，文化培育人，竞争激励人。
6341 赞美是零成本的激励，一句话换来一份努力，何乐而不为?
6342 表扬要公开，批评要私下，捧人和留面子同样重要。
6343 竞争搞起来，才能稳如磐石。
6344 激励抓起来，才能指哪儿打哪儿。
6345 做到一马当先、身先士卒。
6346 用自己的热情引燃下属的热情。

6347 重任在肩的人更有积极性。

6348 “重要任务”更能激发起工作热情。

6349 沟通是激励下属热情的法宝。

6350 容许失败就等于鼓励创新。

6351 敢于容人之长更显得自己高明。

6352 最让人心动的激励是赞美。

6353 不可放过雪中送炭的机会。

6354 活力与创造力是淘汰出来的。

6355 用“危机”激活团队的潜力。

6356 惩罚要把握时机、注意方式。

6357 只有波澜壮阔才能催生动力，只有豁达包容才能蕴含气量。

6358 成名每在失意时，败事常于得意时。

6359 绳锯木断功夫深，水滴石穿专而恒。

6360 意志坚韧方向明，勤奋不息事必成。

6361 奋斗是成功之路，挫折是成才之路。

6362 幸运来时须节制，厄运当头要坚忍。

6363 要活得有价值，就得要创造价值。

6364 不担当不作为，不仅成不了事，而且注定坏事，贻误大事。

6365 靠自己，才能把事情做到最好；靠自己，才能学到真本事，真正解决问题；靠自己，人生才不会输。

6366 本来无望的事，大胆尝试，往往能成功。

6367 命运从来不会同情弱者。

6368 春不播，秋不收。

6369 只有胜利才能生存，只有成功才有代价，只有耕耘才有收获。

6370 紧张是无法消除的，因为这是必要的反应。

6371 进一步海阔天空。

6372 不要指望别人帮助你，要指望别人需要你。

6373 进步和革新是由思想不受束缚的人创造出来的。

6374 一个频频回头的人，是走不了远路的。

6375 人生不怕重来，就怕没有未来。

6376 成功者绝不放弃；放弃者绝不成功。

6377 每天只看目标，别老想障碍。

6378 积极向上是所有成功者的特质。

6379 机遇和努力是缺一不可的；机遇一定要抓住，而努力之后才可能有机遇。

6380 当你痛苦的时候，不必灰心丧气，因为它迟早会雨过天晴；当你快乐的时候，也不必得意忘形，因为它随时可能乌云密布。

6381 烦恼天天有，不捡自然无。

6382 真正的快乐都在于自己；心静了，世界也就宽了。

6383 有大志向的人，无小是非。

6384 理想的路总是为有信心的人预备着。

6385 美好的生命应该充满期待、惊喜和感激。

6386 后悔是一种耗费精神的情绪，后悔是比损失更大的损失、比错误更大的错误，所以一定不要后悔。

6387 什么时候也不要放弃希望，越是险恶的环境越要燃起希望的意志。

6388 许多人企求着生活的完美结局，殊不知美根本不在结局，而在于追求的过程。

6389 任何一颗心灵的成熟，都必须经过寂寞的洗礼和孤独的磨炼。

6390 所有果都曾经是花，并不是所有的花都能成为果。

6391 很多时候，不是贫穷限制了你的想象力，而是无知和懒惰摧毁了自己的向上阶梯。

6392 知道是没有生产力的，相信并做到才有力量。

6393 成功没有奇迹，只有轨迹；成功不仅靠条件，更要靠信念。

6394 内向一定要有方向。

6395 生命之所以伟大是因为有成长，灵魂之所以伟大是因为有体验。

6396 工作中有两种痛苦：一种是努力的痛苦，一种是后悔的痛苦，但是后者大于前者千百倍。

6397 如若向上，你很快就会尝到成功的快乐；如若消沉，必将离成功越来越远。

6398 人一生的意义不在于要征服什么，而在于如何精彩地奋斗。

6399 赢，并不是一切，但渴望赢就是一切。

6400 不怕做不到，就怕想不到；要敢于梦想、敢于奇想，以正合、以奇胜，变不可能为可能。

6401 没有适度压力和紧张感的人生，是没有价值和空虚的。

6402 借口是无能的代名词，只要肯去想，办法总比困难多。

6403 人的一生一定要有压力才活得有意义，没有压力就没有意义。

6404 任何地方只要敢去，总会有道路；任何事只要敢做，总会有方法。

6405 敢想敢干，成功一半。

6406 社会充满竞争，赢得竞争靠的是自己的实力。

6407 用真理的力量启迪人心，用人格的力量感召人心，用感情的力量温暖人心。

6408 聚有聚的理由，离有离的借口；人生没有如果，只有后果和结果。

6409 要铭记在心：每天都是一年中最美好的日子。

6410 青春一经被典当，即永不能被赎回。

6411 有志者事竟成，破釜沉舟，百二秦关终属楚；苦心人天不负，卧薪尝胆，三千越甲可吞吴。

6412 每一发奋努力的背后，必有加倍的赏赐。

6413 社会不接受任何抱怨，只接受行动与行动后的成功。

6414 自律坚持，为了最初的目标，全力以赴，无怨无悔。

6415 没有行动是最大的失败。

6416 只要不服输，失败就不会是定局。

6417 目标就是你未来的现实。

6418 成功是因为态度。

6419 山不过来，我就过去。

6420 决心决定成功。

6421 天助自助者。

6422 成功最短的途径：勤奋。

6423 你不勇敢，没人替你坚强。

6424 自弃者扶不起，自强者击不倒。

6425 “桃李不言，下自成蹊”，是金子总会发光，所以不必为自己所取得的一点点成绩而沾沾自喜。

6426 伟人之所以伟大，是因为他与别人共处逆境时，别人失去了信心，他却下决心实现自己的目标。

6427 行动才是战胜困难的唯一途径。

6428 相信别人，放弃自己，这是许多人失败人生的开始。

6429 不要让励志的时间超过努力的时间。

6430 用坚强续写明天的谱，用执着走完未来的路。

6431 成功者与失败者最大的差异，在于成功者会设法由失败中获益，再尝试别的方法。

6432 昙花一现的努力，都是伪努力；间歇性努力的人，持续性一事无成；常态化的努力，才是真努力。

6433 这个世界上从来没有一劳永逸的努力，就如没有不劳而获的成功，要想一生过得顺遂，除了一直努力，别无捷径。

6434 尘世间从来没有所谓的逆袭；如果有的话，也不过是日复一日自律和努力的结果。

6435 人只有经过许多风风雨雨，才能使自己的阅历更加丰富，处理事情更加得心应手，才能理解人生的真谛。

6436 也许不负光阴就是最好的努力，而努力就是最好的自己。

6437 机遇总是有的，如果把握不住，不要怨天尤人，只因自己不够优秀。

6438 不去追逐，永远不会拥有；不往前走，永远原地停留。

6439 一家之计在于和，一生之计在于勤。

6440 一寸光阴一寸金，寸金难买寸光阴。

6441 空谈使真理失色，实践使真理增光。

6442 劳心可休息身体，劳力可休息精神。

6443 勤勉是幸运之父，谨慎是幸运之母。

6444 人生成功三要素，意志、工作与忍耐。

6445 办事不成多因惰，为难而废十之一。

6446 一年之计在于春，一日之计在于晨。

6447 少年贵有老成识，老年须有少年怀。

6448 立志在坚不在锐，成功在久不在速。

6449 春蚕到死丝方尽，蜡炬成灰泪始干。

6450 生命不止作不息，鞠躬尽瘁为家国。

6451 理想远大、信念坚定，前进的动力无坚不摧；志存高远、奋发有为，扬帆的航船一往无前。

6452 生活就像骑单车，只有不断前进，才能保持平衡。

6453 努力后的等待，才叫顺其自然。

6454 把努力当成一种习惯，而不是一时的热血。

6455 无论才能知识多么卓著，如果缺乏热情，则无异于画饼充饥，无济于事。

6456 失败不是因为没有信念，而是因为不能把信念化成行动，并且坚持到底。

6457 成功不是将来才有的，而是从决定去做的那一刻起，持续累积而成。

6458 只有自己想努力，才能真正地努力。

6459 在能力与理想匹配之前，一切舒适都是绊脚石。

6460 每天早晨醒来，都要提醒自己，生命短暂而美好，没有时间纠结，没有时间计较。

6461 不沉溺幻想，不庸人自扰，不浪费时间，不沉迷过去，不恐惧未来。

6462 事业的成功没有止境，它是一场无终点的追求。

6463 顺境时，多一分思索；逆境时，多一分勇气；成功时，多一分淡然；彷徨时，多一分信念。

6464 自我控制是最强者的本能。

6465 成功其实很简单，就是当你坚持不住的时候，再坚持一下。

6466 心要像伞，撑得开，收得起。

6467 只有登上山顶，才能看到那边的风光。

6468 如果惧怕前面跌宕的山岩，生命就永远只能是死水一潭。

6469 天才就是百分之九十九的汗水加百分之一的灵感。

6470 每一粒厄运的种子，都包孕着未来丰盛的果实。

6471 人类最大的悲剧不是死亡，而是没有掌握有意义的人生。

6472 一个人要有所作为，就一定要发挥自己的长处。

6473 只有甘愿沦为弱者的人，才会自暴自弃。

6474 不要依赖任何人，你的命运就掌握在自己的手中。

6475 幸福或许不排名次，但成功必排名次。

6476 只有比别人更早、更勤奋地努力，才能尝到成功的滋味。

6477 每一次失败，都是成功的伏笔。

6478 每一次考验，都是一分收获。

6479 每一次泪水，都有一次醒悟。

6480 每一次磨难，都有生命的财富。

6481 心动的方向，就是人生的方向。

6482 真正的人生，只有在经过艰苦卓绝的奋斗之后才能实现。

6483 拥有勇敢坚毅、不屈不挠人格和品行的人，才能走上自立自强的道路。

6484 每个人都有面对困难、克服困难的潜能，关键是要相信自己有能力迈过每一个关口。

6485 哪有那么多天赋异禀，更多优秀的人都在孤独地翻山越岭；要知道，最终使你脱颖而出的，不是天赋异禀，而是持之以恒。

6486 努力和上进，不是做给别人看，是为了不辜负自己，不辜负此生。

6487 人生在世如身处荆棘之中，心不动，人不妄动，不动则不伤；如心动则人妄动，伤其身、痛其骨，于是体会到世间诸般痛苦。

6488 人可以不聪明，但一定要努力。

6489 只有把抱怨环境的心情，化为上进的力量，才是成功的保证。

6490 命运把人抛入最低谷时，往往是人生转折的最佳期；谁若自怨自艾，必会坐失良机。

6491 一个人的脚步再大，也永远无法丈量完脚下的道路；人生有限，道路无限，要想在有限的生命中多走一程，就别停下脚步，别浪费分秒时间。

6492 人生苦短，要多些坚强，多些努力，才能不给自己留下遗恨。

6493 上游是勇士劈风破浪的终点，下游是懦夫一帆风顺的归宿。

6494 没有热忱，世间便无进步。

6495 苦想没盼头，苦干有奔头。

6496 只要路是对的，就不怕路远。

6497 没有哪种教育能及得上逆境。

6498 “稳妥”之船从未能从岸边走远。

6499 自己选择的路，跪着也要把它走完。

6500 目标以提升热忱，毅力以磨平高山。

6501 一个人几乎可以在任何他怀有无限热忱的事情上成功。

6502 高峰只对攀登它而不是仰望它的人来说才有真正意义。

6503 当一个人先从自己的内心开始奋斗，他就是个有价值的人。

6504 经受了火的洗礼，泥巴也会有坚强的体魄。

6505 若不给自己设限，则人生中就没有限制你发挥的藩篱。

6506 生命力顽强的种子，从不对瘠土唱诅咒的歌。

6507 心有多大，舞台就有多大。

6508 信自己才有机会。

6509 最浪费的日子，是没有笑声的日子。

6510 你必须很努力，才能看起来毫不费力。

6511 感到晚了的时候其实是最快的时候。

6512 人类要在竞争中生存，便要奋斗。

6513 时间是个常数，但也是个变数；勤奋的人无穷多，懒惰的人无穷少。

6514 天才多半由努力养成，天才多半由细心养成。

6515 天才就是无止境刻苦勤奋的能力。

6516 一分耕耘，一分收获，未必；九分耕耘，会有收获，一定。

6517 卓越的人一大优点是：在不利与艰苦的遭遇里百折不挠。

6518 自己打败自己的远远多于比别人打败自己的。

6519 乐观者看到条条都是康庄大道，悲观者看到条条都是此路不通。

6520 自信不一定成功，但不自信铁定离成功更远。

6521 所有的限制，一开始均源于自我设限。

6522 是福是祸，都得面对；是好是坏，都会过去。

6523 每一秒都是一个新的开始，每小时都坚守一个新承诺，每晚的梦想总能带来希望，每天到底会怎样取决于自己。

6524 胜利不是战胜敌人，而是提高自己；只要每天进步百分之一，那就是成功。

6525 这个世界并不是掌握在那些嘲笑者的手中，而恰恰掌握在经受得住嘲笑与批评并不断往前走的人手中。

6526 成功是经历了一次又一次失败，但永远都不丧失激情而得来的。
6527 自己要认识自己，自己要驾驭自己，自己要挑战自己，自己要超越自己。
6528 一个人能有多大出息，关键看他怎样对待自己的时间；自己和时间的关系，就形成了你自己；你让时间更有价值。
6529 时间会让你的生命更有价值。
6530 完成工作的方法，是爱惜分分秒秒。
6531 成为真正的领导者之前不可或缺的一项经验就是失败。
6532 如果自己不站起来，指望别人依赖别人，永远是没有出息的人。
6533 失败中须要斗志，和平中须要善意。
6534 山重水复疑无路，柳暗花明又一村。
6535 心中有路，脚下不愁。
6536 路开无路处，计生无计时。
6537 舍得有限，赢得无限。
6538 亡羊补牢，为时未晚。
6539 人在赏识中成长，谴责中成熟。
6540 你的时间在哪里，你的成就就在哪里。
6541 世上本没有垃圾，只有放错位置的财富。
6542 表扬使人进步。
6543 速度就是一切，它是竞争不可或缺的因素。
6544 所有的战役，胜负都在一心。
6545 没有艰辛，便无收获。
6546 从没有白费的努力，也没有碰巧的成功。
6547 困难像弹簧，看你强不强，你强它就弱，你弱它就强。
6548 上天不会亏待努力的人，也不会同情假勤奋的人；你有多努力，时光它知道。
6549 活着就该逢山开路，遇水架桥。真正的强者是，面对生活，你给我压力，我还你奇迹。

6550 苦过之后是甘甜，累到极致是蜕变。
6551 所有成功的背后都是苦苦堆积的坚持，所有人前风光的背后都是傻傻的不放弃。
6552 只有坚持，才是真正的成功；只有拼搏，才是充实的生活。
6553 没有永远的失败，只有被失败打垮的人。
6554 不大可能的事也许今天实现，根本不可能的事也许明天会实现。
6555 环境永远不会十全十美，消极的人受环境控制，积极的人却控制环境。
6556 无穷的伟大，也是从“一”开始的。
6557 明天的太阳永远为勤劳的人升起。
6558 任何惊人的成就，都是勤奋的结果。
6559 困难就是机遇。
6560 所谓成功，就是在平凡中做出不平凡的坚持。
6561 真正的价值并不在人生的舞台上，而在我们扮演的角色中。
6562 成功不是凭梦想和希望，而是凭努力和实践。
6563 成功就是一把梯子，双手插在口袋的人是爬不上去的。
6564 生活若无波折险阻，就会过于平淡无奇。
6565 对于每一个不利条件，都会存在与之相对应的有利条件。
6566 天下没有不可能的事，只要你有信心、有勇气，胸腔里有热血，灵魂里有真爱，再不可能的事也会变成可能。
6567 勇敢地走别人没走过的路，即使最平凡的工作也会有飞跃性的突破。
6568 机会总是留给有准备的人。
6569 只要开始，什么时候都不晚。
6570 路不行不到，事不为不成。
6571 只有全力以赴，梦想才能起飞。

6572 风吹雨打可知生活，苦尽甘来定懂人生。

6573 挫折其实就是迈向成功所应缴的学费。

第六辑

管理艺术

6574 其身正，不令而行；其身不正，虽令不从。

6575 吏不畏官严而畏官廉，民不服官能而服官公。

6576 不忘初心，做到立党为公；牢记使命，坚持执政为民。

6577 树叶离开枝头是腐烂的开始，干部脱离群众是腐化的开端。

6578 要做干部，首先就得承担责任。

6579 以关心代替管理，以支持换取服从，以信心换取信任。

6580 先理后管，多理少管。

6581 不能有效沟通的群体，不叫团队，叫团伙。

6582 下属的培育要赶前不赶后。

6583 不断对下属提出新的期望，实际上就得到了团队的持续改进。

6584 上级有时也是一种干扰因素，缺乏计划性的领导，往往会成为下属工作的干扰，影响团队的效率。

6585 该说不就说不，反而会得到人家的尊敬。

6586 言传身教是领导者教导下属最好的方法。

6587 管理者最忌讳与下属争功，那是对下属积极性最残酷的压制。

6588 管理的艺术在于沟通的技巧和真诚。

6589 管理是一种严肃的爱。

6590 管理就是更有效地利用资源。

6591 要领导好别人，首先要管理好自己。

6592 管理就是激发人的潜能，以赢取目标。

6593 管理的精髓：把复杂的事简单化。

6594 管理是关注并修正行为，影响并引导人生。

6595 管理的最高目标是社会价值最大化。

6596 管理是科学，领导是艺术。

6597 管理其实就是共享一份团队的融洽的感情。

6598 营造正能量场，制定公平、公正、公开的管理制度，能者多得，把精力用于价值的创造上，而不是用在内部的钩心斗角。

6599 管理策略：恩威并重，宽严相济，赏罚分明。

6600 发现合适的人，用合适的方法在合适的体制下，执行合适的策略。

6601 领导干部应去掉权力意识，对下级要以诚相待。

6602 领导者的“要事”之一是消除迷惑。

6603 如果你的专注点总在变化，你的团队可能会感到迷惑。

6604 在日常生活中领导自己的能力是对领导别人能力的最好证明。

6605 管理是把事情做好，领导力是做正确的事情。

6606 真正的领导者只会花时间解决问题，而不是责备别人。

6607 力戒骄傲，这对领导者来说是一个原则问题，也是保持团结的重要条件。

6608 管理就是把复杂的问题简单化，把混乱的事情规范化。

6609 德盛者威广，力盛者骄众。

6610 管理大事要提纲挈领，办理小事则要勤谨。

6611 急则用威，缓则用德。

6612 得人心者得天下，失人心者失天下；人性如天，顺之者昌，逆之者亡。

6613 希望掌握永恒，那就必须控制现在。

6614 成功的人士为了把自己的人生发展到最高点，总是尽可能地丰富其秘藏的活时间，努力地开发人造时间。

6615 官员精干不宜多，审批繁复必生弊。

6616 身为官吏须树德，周公吐哺天下归。

6617 当官切记三件事，清正谨慎与务勤。

6618 莫把谬见当圣训，己所勿欲勿施人。

6619 得道多助人心向，失道寡助人心离。

6620 官似舟船民如水，水能载舟也覆舟。

6621 当竞争形成的时候，管理就变得简单了。

6622 管理就是用合适的方法管人管事。

6623 管理从思想上来说是哲学的，从理论上来说是科学的，从操作上来说是艺术的。

6624 授权就像放风筝，部属能力弱线就要收一收，部属能力强了就要放一放。

6625 不善于倾听不同的声音，是管理者最大的疏忽。

6626 管理者的最基本能力：有效沟通。

6627 管理的本质不仅在于知，更在于行。

6628 管理是一种严肃的爱，培训是最好的福利。

6629 制定正确的战略固然重要，但更重要的是战略的执行。

6630 预防是解决危机的最好方法。

6631 知道在适当的时候自动管制自己的就是聪明人。

6632 自我管理，是一个人最了不起的才华。

6633 管理自己，发现自己的长处。

6634 管理目标，确定好奋斗的领域。

6635 管理知识，找到自学的方法。

6636 管理社交，处理好人脉和圈子。

6637 管理财富，把每笔钱用在点子上。

6638 管理情绪，专注于事情本身。

6639 管理时间，利用好一分一秒。

6640 管理心态，对于未来充满希望。

6641 自我管理如果成功，就会有满意的事业和生活。

6642 一个人的成功来自彻底的自我管理和优秀的习惯。

6643 人的能力一半靠具备的知识，一半靠情绪的管理。

6644 真正的管理人是去管理人的情绪。

6645 情商，就是管理情绪的能力。

6646 只有会管理自己情绪的人才会成就大事业。

6647 学会自我管理，克服懒惰心理与依赖思想，就能成为独立的人。

6648 良好的自我管理，就是自己的事情自己做，自己的东西自己管，自己的生活自己安排。

6649 管理就是预测和计划、组织、指挥、协调以及控制。

6650 领导干部的重点工作之一就是交涉和协调，因此，这种说服的力量就成为该干部优秀与否的决定因素。

6651 对上级，要先敬几分；对同级，要先让几分；对下级，要先帮几分；对自己，要先严几分。

6652 拒绝一个人，最好用电话；说服一个人，最好是面谈。

6653 领导的速度决定团队的效率。

6654 用价值观来统一思想，通过统一思想来影响行为，最后形成合力。

6655 一个人的观念很难扭转，而观念扭转要靠氛围。

6656 成功的领导者不是温度计，而是恒温器。

6657 行动是最好的引领，实干是最好的示范。

6658 最优秀的模式往往是最简单的东西。

6659 失去监督的权力必然导致腐败，干部缺乏监督就会“霉变”。

6660 利而诱之，乱而取之，实而备之，强而避之。

6661 拒绝是一门艺术、一种能力。

6662 沉着冷静心自怡。

6663 沉得住气方为人杰。

6664 谁都有底线，但懂得把握，大事重原则，小事有分寸。

6665 讲“自己的话”，讲“通俗的话”，讲“朴实的话”，讲“简短的话”，讲“平和的话”，讲“规范的话”。

6666 正职领导四个不：总揽不独揽，宏观不主观，果断不武断，放手不撒手。

6667 副职领导四个不：献策不决策，到位不越位，超前不抢前，出力不出名。

6668 领导干部横向之间彼此相处“四个不”：理解不误解，补台不拆台，分工不分家，交心不存心。

6669 领导干部与下属相处“四个不”：用人不整人，管事不多事，讲话不多话，严格不严厉。

6670 没落的组织通常都是管理过度，领导不足。

6671 领导的能力是应该要学习的，而且是可以习得的。

6672 所有领导者的共通点是，他们都会让下属“心悦诚服”。

6673 一位领导者所需要的特质和属性，必须依视领导权执行的实际情况、脉络与下属的性质而定。

6674 没有无用之兵，只有无用之将。

6675 示范即领导。

6676 没有跟随者的不算领导者。

6677 成功的领导来自领导者的影响力，而非职权。

6678 强将手下无弱兵。

6679 不同的领导情境，需要不同的领导风格。

6680 领导就如游泳，无法透过阅读学会。

6681 领导者应该是引导属下做正确的事，因为领导才华是以领导者做事的成果来判定的。

6682 有效的管理就是关注时间管理，关注系统思考，关注培养接班人。

6683 有效的管理者在用人时，会先考虑某人能做些什么，而不是考虑职位的要求是什么。

6684 创造性的模仿，也是创新的战略之一。

6685 可持续竞争的唯一优势来自超过竞争对手的创新能力。

6686 能影响他人的人，才能领导他人。

6687 领导者没有信誉，何来尊严？

6688 领导者宜重实质，切忌华而不实。

6689 领导者必须远小人，身边“埋伏”的敌人猛于虎。

6690 祸从口出，领导者必须谨言慎行。

6691 培训很贵，不培训更贵。

6692 好的制度让坏人变好；不好的制度让好人变坏。

6693 只能授出任务，无法授出责任；责任由授权者承担。

6694 管理者就是培训者。

6695 简单的才是有效的。

6696 诚信是最有价值和最受尊重的领导品质。

6697 领导力是从普通人那里获得非凡成就的能力。

6698 清晰度是有效领导的关键。

6699 领导者思考并谈论解决方案，追随者思考并谈论这些问题。

6700 领导的关键责任是思考未来。

6701 领导者永远不会使用失败这个词，他们把挫折视为学习经历。

6702 领导者是预期的思想家，他们在采取行动之前会考虑他们行为的所有后果。

6703 领导力的真正考验是领导者在危机中的运作能力。

6704 领导者一心一意地专注于一件事——最重要的事情，他们会坚持到最后。

6705 领导的三个“C”是考虑（Consider）、关心（Care）和礼貌（Courtesy）。

6706 尊重是高绩效领导力的关键决定因素。

6707 领导者永远不会满意，他们不断努力做得更好。

6708 管理在系统内起作用，领导力对整个系统起作用。

6709 做领导者和做自己是同义词。

6710 领导力和学习能力对每个人都是必不可缺的。

6711 管理自己，需要用脑；管理别人，需要用心。

6712 “领导”就是在解决问题。

6713 一个真正的领导者有信心独处，有勇气作出艰难的决定且有同理心。

6714 所有的领导者都有一个共同的特点：明确地直面群众的焦虑，这是领导力的本质。

6715 领导者不是天生的，是塑造出来的，通过努力的工作而获取的。

6716 没有学会服从的人，无法成为一个好指挥官。

6717 领导力就是将想象转变成现实的能力。

6718 成为领袖之前，成功就是让自己成长；成为领袖之后，成功是让别人成长。

6719 领袖，知其道，行其道，授其道者也。

6720 领导力的作用是培养出更多的领袖，而不是制造出更多的跟班。

6721 成功的领导力关键在于影响力，而不是权威。

6722 领导力是一门艺术，就是让别人主动想去做一些你希望能够完成的事情。

6723 有权者当慎用之。

6724 领导的艺术在于说“不”，而不是一味说“是”。

6725 一切顺利，庆祝胜利的时候，最好站在人后行领导之责；有危险时则要站在前方。

6726 领导者必须为他们所需要的领导者的形象作示范。

6727 领导者的责任之一就是保持希望。

6728 一个懂得培养其他领导者的领导者，其影响力会倍增。

6729 最接近领导者的人将决定领导者的成功程度。

6730 经过培训的领导者能扩展和强化组织的前景。

6731 领导力是一种对话，而不是唱“独角戏”。

6732 当领导者致力于形成共同价值观时，会让追随者工作更加积极。
6733 明确共同的价值观给人们带来共同的语言；共同的价值观是建立高效的、真诚的工作关系的基础。
6734 树立榜样的核心是行动。
6735 人们想要追随的是他们信任的人，只有说到做到，亲自践行组织的价值观，才能赢得人们的信任。
6736 领导者把时间和注意力花在什么方面，就向人们发送了一个信号，什么是真正重要的事情。
6737 领导者不是组织中唯一的榜样，每个人都应该成为榜样；在任何情况下、任何层级中，都要做到言行一致。
6738 应对关键的意外事件、偶然事件是每个领导者生活的一部分，关键事件为领导者提供教导大家采取恰当行动的机会。
6739 高层管理者做正确的事，中层管理者正确地做事，执行层人员要把事做正确。
6740 无法评估就是无法管理。
6741 一个成熟的管理者要善于制造动力。
6742 不屑于闲谈的领导者会让人们感到难以接近。
6743 世界上没有完美的个人只有完美的团队。
6744 没有正确的督导和管理等于浪费人才。
6745 管理者，就必须卓有成效。
6746 有效管理者的自我发展，是组织发展的关键所在。
6747 有效的管理者需要的是决策的效果，而不是决策的技巧；要的是好的决策，而不是巧的决策。
6748 有效的管理者不作太多的决策；他们所作的，都是重大的决策。
6749 战略管理中最为重要的问题是不能被数量化的。
6750 有效的管理者用人，着眼于机会，而非着眼于问题。

6751 有效的管理者坚持把重要的事放在前面做，每次只做好一件事。
6752 管理者的一项具体任务就是要把今天的资源投入创造未来中去。
6753 做领导不能只让别人喜欢你，你也需要承担有人会因此讨厌你。
6754 当领导，从领导技巧到领导能力的提升，是一个缓慢渐进的过程；没有人能一蹴而就，所以应当做好长线的准备。
6755 所谓领导格局，其实就是你要尝试把心胸撑得更大，从而容得下更多的流言蜚语和委屈。
6756 不想当将军的士兵不是好士兵；但一个团队里所有的士兵都想当将军，这也不是一个好团队。
6757 上下同欲者胜。
6758 没思路的领导不想互动，没控制力的领导不敢互动。
6759 终端的问题就是领导的问题。
6760 看不出问题是最大的问题。
6761 重复出现的问题是作风上的问题。
6762 部下素质低下不一定是你的责任，但是不能提高部下的素质是你的责任。
6763 观念不变原地转，观念一变天地宽。
6764 管理的关键不在于知而在于行。
6765 盘活资产首先要盘活人。
6766 监督就是爱护，任用就是信任。
6767 要效果，不要借口。
6768 管理无小事。
6769 要管理别人，首先要学会控制自己；要赢得部属的敬重，首先要尊重部属。
6770 要懂得领导者的力量不在于你手中的权力，而在于你的部属的协助。
6771 敢于管理，但要注意“分层负责，逐级管理”，切勿越级指挥。
6772 要让每个成员都对整个组织有全面的认识，都了解组织的目标，并且知道自己应该干什么。
6773 要坦诚、公平地待人，决不拉帮结派，切勿对部属有亲有疏。
6774 信赖导致信赖，怀疑产生怀疑。
6775 最易损害领导形象的，莫过于被人发现他在欺骗人。
6776 要勇于承担责任，在下级遇到无法处理的问题时，应该紧急出动。
6777 依靠大家办事，经常提醒自己："我们"比"我"更重要。
6778 制止流言蜚语，阻塞小道消息，实行办事公开，切忌故作神秘。
6779 切勿轻下结论，因为真理有许多面孔。
6780 避免过多频繁的检查督促。
6781 "守口如瓶"是对领导者的起码要求。
6782 不要过分介入部属的工作细节。
6783 要带动部属，必须态度明朗，遇事优柔寡断，不敢表明态度的人，群众不会跟着他走。
6784 处理问题要果断，记住领导的速度就是众人的速度。
6785 切忌独断专行，工作中不要采取强加于人的做法。
6786 组织的功能就是要让平凡的人在一起做出不平凡的事情来。
6787 监督是管理过程持续最长的一种功能，因为它是在执行决策的全部过程中实现的。
6788 管理的艺术在于识别什么是可用的经验，以及采用后能判别发生什么样的结果。
6789 管理者需要不断地分析、综合，不断地行动、反思。
6790 管理者要能容忍不测，需具备竞争性格，他们要不断地审时度势，不断地找准问题，抓住机会。
6791 管理者需要的是一套判断标准，使他能做真正重要的事情，那就是有贡献有成效的事。
6792 管理者在确定目标时，必须考虑目标的三个方面：优先次序、时间和结构。

6793 管理是一种实践，其本质不在于“知”，而在于“行”；其验证不在于逻辑，而在于成果；其唯一权威就是成就。

6794 管理人员是用两条腿去管理，而不是用办公室的备忘录。

6795 以人为本的管理就是管理人员的创新精神。

6796 管理者必须进行问题管理，而不是危机管理——做消防队员。

6797 人往往会认为自己目前的一切行为是最正确的。真正使管理者改变的内在动力一是比较、二是学习、三是顿悟。

6798 如果强调什么，你就检查什么；你不检查，就等于不重视。

6799 好的管理胜过无谓的说教。

6800 做手心向下的人。

6801 管理者的核心任务：修路，而不是“修”人。

6802 只问问题，不“给”答案。

6803 一切兴衰成败皆系领导力。

6804 执行力的根源是领导力。

6805 领导失去信任就会失去领导力。

6806 没有检查就没有执行力。

6807 领导是一种责任，是一种牺牲。

6808 职位不能叫一个人发挥领导力，反而一个人的领导能力使职位发挥作用。

6809 没有绩效等于无效。

6810 领导不前进，事实上就等于倒退。

6811 消灭一切浪费。

6812 时间是金钱，效率是生命。

6813 先有目标再有工作。

6814 人们只会追随比自己强的领导。

6815 有安全感的领导者才肯授权于人。

6816 想要下属认同你的想法，必须先让他们接受你这个人。

6817 领导者身边的核心圈足以影响领导以及整个组织。
6818 运作组织要成功必须用三得：得人、得法、得工具。
6819 所有授权要进行四个动作：明晰职责，授予权利，要求结果，配套考核。
6820 人力资源管理就是六定：定职、定岗、定人、定流程、定标准、定考绩。
6821 人管人气死人，制度管人累死人，文化管人管住魂。
6822 管理就是沟通、沟通、再沟通。
6823 管得少，就是管得好。
6824 世界上一切资源都可能枯竭，只有一种资源可以生生不息，那就是文化。
6825 领导者是能够将一群人带到他们自认为去不了的地方的人。
6826 领导人的格局，就是团队的结局；领导人的自信，就是团队的自信。
6827 领导人不学习，将是团队的灾难。
6828 所有的成功者都离不开会议，所有大成功者都会经营会议。
6829 开会的人决定了不开会的人的命运。
6830 领导者：人前光鲜亮丽，人后非常努力。
6831 行动力的三大要素：有标准、有监督、有检查。
6832 人在一起是团伙，心在一起才是团队。
6833 量大好做事，树大好遮阴。
6834 以德服人，而不是以能压人。
6835 不摆领导的架子。
6836 保持低调的作风。
6837 成事在公平，失事在偏私。
6838 做一个正直的领导，不该接受就不接受。

6839 以身作则，带头当好表率。

6840 魅力比权力更重要。

6841 巧用“刺猬法则”，与下属保持适当距离。

6842 勇于承担责任，不可推卸他人。

6843 排好每件工作的顺序表，先做重要而紧迫的事。

6844 始终关注执行力。

6845 管理好自己的时间。

6846 快捷处理办公文件，防止文件滞留。

6847 安排工作时必有目标和时间要求。

6848 及时修好被打碎的玻璃窗，防止破窗效应。

6849 做好黏合剂，正确解决领导班子的内耗。

6850 工作布置了，一定要检查。

6851 把琐事交给下属去做；该管的管，不该管的让别人去管。

6852 靠制度管人，靠流程管事。

6853 实事求是地进行业绩评价。

6854 始终贯彻铁的纪律。

6855 勇于自我批判，指责别人前先反省自己。

6856 让每个人都了解其工作的重要性。

6857 坦诚，平等待人。

6858 实处落脚，稳处下手。

6859 莫摆架子，莫趾高气扬。

6860 忌越级指挥，意气用事。

6861 莫偏爱，三思而行。

6862 硬弓配软弦，是有效的驾驭之本。

6863 见怪不怪，大家风范。

6864 不容人则办不成大事。

6865 拥有唾面自干的雅量。

6866 以德服众胜于以能服众。

6867 好品格造就好领导。
6868 爱摆架子的领导易成孤家寡人。
6869 强势作风会导致下属有保守心理。
6870 身教重于言教。
6871 幽默的管理更受欢迎。
6872 幽默感提升领导魅力。
6873 领导魅力是第一要诀。
6874 任何时候都要展现魅力。
6875 摒弃独断专行的作风。
6876 处理事务公私分明。
6877 不能因私害公。
6878 以最好的形象示人。
6879 随时随地注意自己的仪表。
6880 以信义树立权威。
6881 排好每件工作的顺序表。
6882 从政重在把握理念。
6883 领导的根本能力，是解决实际问题的能力。
6884 发现问题而解决不了问题，是素质问题。
6885 普遍存在的问题，是体制问题。
6886 反复出现的问题，是工作问题。
6887 细心的领导，细在大家容易忽视的地方。
6888 做到收放自如，进退有道，张弛有度，宽严适中，刚柔相济，外圆内方。
6889 冷官热做，闲官忙做，大官小做，虚官实做。
6890 威信是管理者的第一要素。
6891 树立威信要有战术。

6892 不做假公济私、有损个人形象的事。
6893 坚决拆散小圈子。
6894 适度地发发火。
6895 距离产生威严。
6896 一碗水端平是管理者应常念的管理要诀。
6897 公正比公平更重要。
6898 认清帮派的危害。
6899 用竞争取代“内耗”。
6900 不懂得授权就不是合格的管理者。
6901 授权时大权力小权力应区别对待。
6902 要坚决清除合理授权的诸多障碍。
6903 在对下属的支持中把授权落在实处。
6904 高明的管理者不会把权力一放了之。
6905 有限度地怀疑是防止授权失控的良方。
6906 谨防“反授权”。
6907 把握必要权力，防止授权失控。
6908 不要省掉“检查工作”这一环节。
6909 把握好松与紧的管理尺度。
6910 正确看待下属没有完成任务的情况。
6911 用适时的责罚和赞赏表明在原则问题上的明确立场。
6912 学会隐藏于制度身后“无为”式管人。
6913 细节管到位，事情才能做到位。
6914 背后批评下属是愚蠢的表现。
6915 以明确态度矫正下属的错误。
6916 以有效方法让狂傲者俯首听命。
6917 原则问题上不能做墙头草。
6918 要建立坚固的管理团队。
6919 团队精神是团队稳定的保证。

6920 让团队中的合作与独立相平衡。
6921 从精神层面入手是打开管理之门的金钥匙。
6922 把建设管理道德作为提高管理能力的重中之重。
6923 柔比硬有时能产生更佳的管理效果。
6924 学会以柔克刚的管理术。
6925 有些事情确实需要装糊涂。
6926 要装糊涂而不要真糊涂。
6927 利用模糊思维，巧妙回避问题。
6928 推功揽过是大智慧。
6929 着手一个计划，先将权责界定清楚，而且分配得当。
6930 对身边发生的事情，常思考它们的因果关系。
6931 对做不到位的执行问题，要发掘它们的根本症结。
6932 对习以为常的做事方法，要有改进或优化的建议。
6933 不要刻意把有可能是伙伴的人变成对手。
6934 不要有权力的傲慢和知识的偏见。
6935 经常自我反省，检视一下，在管辖范围内的人、时、地、物，有没有浪费资源，或无效运用的状况。
6936 做任何事情之前，先花些时间思考一下目标与方向是否正确。
6937 下达指示时，着重要求目标的完成，对过程不需要太多的限制。
6938 在计划阶段，要多参考别人的意见，借用别人的经验与智慧，做好必要的协调工作，绝不可以闭门造车。
6939 当提出问题时，一定要能明确指出它的“目标”“现状”以及差距所带来的影响。
6940 解决问题时，一定要客观地找出原因，不可凭主观的直觉来判断。
6941 成功管理的基本原则中最重要的两项就是以自己的组织为荣和对工作热忱。

6942 与权力与责任相配合，并培养责任感。

6943 不论多么小的事业都应建立监督制度。

6944 鼓励内部批评，是了解病态组织病因的有效方法之一。

6945 管理者其实就是解决问题的人。

6946 管理就像搅动一池沉静的水，“干扰”是管理的主题。

6947 人之“心”，事之“法”才是管理应遵循的“大道”。

6948 多数是基础，少数是关键；兼顾基础，狠抓关键是成就大业之道。

6949 战略上举重若轻，战术上举轻若重。

6950 冲突的价值是其背后的活力，但必须是可控的。

6951 小处尊重个体，大处强化整体。

6952 最好的策略是最适合环境的策略。

6953 好的想法要服务于现实，否则毫无用处。

6954 组织制度和结构的好坏在于精简适用与否。

6955 无所谓计划跟不上变化，变化就是计划的一部分。

6956 只有落后的管理者，没有落后的执行者。

6957 纵向管理，横向协调，各负其责，各司其职，分工合作。

6958 不要坐井观天，而要坐天观井。

6959 达不到目标的原因只有一个，就是你不知道自己的目标是什么。

6960 智慧是管理的源泉，愿景是组织的动力；沟通是合作的桥梁，行动是成功的展现。

6961 一堆沙子是松散的，可是它和水泥、石头、水混合以后，比花岗石还坚韧。

6962 己所不欲，勿施于人；仁爱为本，克己复礼。

6963 一条鱼死了是鱼的问题，一池子鱼死了是水的问题。

6964 过程要监督，技能要培训，办法靠集思，潜力得施压。

6965 牢记自己的角色，领导是运筹帷幄的主帅，而不是一线冲杀的士卒，事必躬亲，累死活该。

6966 下属频繁出错，不一定是他们能力不济，多在目标管理和方法流程上找原因。

6967 不为下属操心，下属一定不让你省心。

6968 授权要看能力，能力强的多给点，能力弱的少给点。

6969 领导成长源于风险，没失败过，就没成功。

6970 领导最大的失败是创建了只适合自己领导的团队。

6971 利益是团队的前提，精神是团队的灵魂。

6972 小成功靠个人，大成功靠团队。

6973 只看结果而忽略过程的评估方法是会造成误导的。

6974 宽松不等于放纵，宽松之外要有铁的制度。

6975 坦荡地公开错误是自信的表现。

6976 管理者的使命是推动实现多方利益的共赢。

6977 管理是爱的智慧，管理是理性与习性的较量。

6978 管理的本质是解决问题，最终目标是创造价值。

6979 法无定法，治心为上。

6980 教育，是伟大的管理科学。

6981 主明则下安。

6982 制度建立起来，才能有法可依。

6983 威信树起来，才能一呼百应。

6984 公正立起来，才能众星捧月。

6985 领导者胸怀博大，下属就会望而生畏。

6986 权力授起来，才能将士用命。

6987 恩威用起来，才能掳获人心。

6988 监督硬起来，才能执行到位。

6989 位置永远要摆正，多大的领导都会在意下属对他尊敬的程度。

6990 “领导力”加上“赏罚力”，等于领袖。

6991 人是有气场的，经历和素质决定了一个人的气场。

6992 塑造起自己精明强干的形象。

6993 准备充分是有效授权的前提。

6994 在授权的对象上要精挑细选。

6995 看准授权时机，选择授权方法。

6996 确保权与责的平衡和对等。

6997 没有规矩也就不会成方圆。

6998 管理的最高境界，就是管理自己。

第七辑

“强身”艺术

6999 庙堂之上，以养正气为先；海宇之内，以养元气为本。

7000 心清才能志高，心浊必然气短。

7001 宗旨不忘，群众为上，严以律已，点滴做起。

7002 勤以为民，廉以养德，淡以明志，静以修身。

7003 为政不贪，头顶蓝天；为政不廉，利剑高悬。

7004 党纪国法，金科玉律，一尘不染，邪恶永退。

7005 心系百姓，有容乃大；反腐倡廉，无欲则刚。

7006 为官以廉为先，为政以勤为基，为民以实为本。

7007 明事理而不妄取，尚名节而不苟取，畏法律而不敢取。

7008 做人做官做事应清白，为公为政为民需勤恳。

7009 贪欲是滔滔洪水，须防微杜渐；清廉如皑皑雪山，要皓气长存。

7010 千难万难，放下欲望就不难。

7011 为人善良和正直才是最光荣。

7012 为人如构室，先须根基坚固，始可承载；忠诚、敦厚，人之根基也。

7013 每个人不可能都成为英雄，但每个人都可以做一个正大光明的人。

7014 如果不读书，行万里路也不过是个邮差。

7015 人生快乐不快乐看心情，心情好不好看心态，心态中不中看修炼。

7016 人生如白驹过隙一样短暂，生命在拥有和失去之间，不经意地流干了。

7017 仅一念之差，足以丧尽锦绣前程；越雷池半步，足以毁灭身家性命。

7018 人活在世上，无非是面对两大世界，身处的大千世界和自己的内心世界。

7019 生命不是要超越别人，而是要超越自己。

7020 目标决定高度，远大的目标成就非凡的人生。

7021 把你的全部思想用来做你想做的事，而不要留半点思维空间给那些胡思乱想的动机。

7022 渴望成功，首先要志在成功。

7023 成为一个成功者最重要的条件，就是每天精力充沛地努力工作，不虚掷光阴。

7024 不要指望依赖别人，没有依赖，独立更快。

7025 一个人越是成功，他所遭受的委屈也越多；要使自己的生命获得极值和炫彩，就不能太在乎委屈。

7026 当你感到悲哀痛苦时，最好是去学些什么东西。学习会让你永远立于不败之地。

7027 只有学习能力最快的人和组织，才能赢得未来的竞争。

7028 培训学习其实是为了改变某些行为。

7029 学习是最好的待遇。

7030 领导干部应该是真正能吃苦的人。

7031 必须维护自己的诚信，视之为最珍贵的领导财富。

7032 你读的书与你的成功之间具有直接的关联。

7033 不断坚持批评和自我批评，才能使思想不僵化不保守，保持活力和先进。

7034 以自我为中心的人，将困于人生最大的陷阱。

7035 与其临渊羡鱼，不如退而结网。

7036 工作专注与事业之成功成正比;“业精于勤而荒于嬉”是一条铁律。

7037 看别人不顺眼，是自己修养不够。

7038 一个人可以失败许多次，但只要他没有开始责怪别人，他还不是一个失败者。

7039 如果你曾经把失败当成清醒剂，就千万别让成功变成迷魂汤。

7040 失败对强者是逗号，对弱者则是句号。

7041 借人之智完善自己，学最好的别人，做最好的自己。

7042 决定一个人成就的，不是天分，也不是运气，而是坚持和付出。

7043 在现在这个知识大爆炸的年代里，谁不继续学习，谁必将被社会淘汰。只有不断地为自己充电，才能在竞争中立于不败之地。

7044 要敢于接受挑战，经受得起挑战的人才能够领悟人生非凡的真谛，才能够实现自我无限的超越，才能够创造魅力永恒的价值。

7045 生存是人类第一要务，而快乐是生存的唯一原则；快乐是一个人心灵和精神所表现出来的满足，是最纯洁和高尚的享受。

7046 喜乐的心，乃是良药。忧伤的灵，使骨枯干。

7047 有多少繁华满枝，就会有多少秋叶零落。

7048 只有一条路是不能去选择的，那就是放弃的路；只有一条路是不能拒绝的，那就是你成长的路。

7049 若要让自己强大，最有效的方法就是去风雨中历练，有了真枪实弹，也就无畏荆棘密布。

7050 你下的决心足够坚定，才会不动声色；每次高调的宣誓与喋喋不休的强调，都只是虚张声势。

7051 成功不是蛮干出来的，而是要在困难中总结经验教训。

7052 不要把知识和智慧混淆，知识教你如何生存，智慧教你如何生活。

7053 历览前贤国与家，成由勤俭败由奢。
7054 节俭淡泊方明志，安详宁静可致远。
7055 人生欲望无底壑，不加节制必成灾。
7056 耐心再加一双手，事业有成绝不忧。
7057 喜欢读书无寂寞，寂寞时光化为乐。
7058 想左右天下之人，须先要左右自己。
7059 迎晨光图强实干，送晚霞总结回想。
7060 奔向目标称志向，英勇无畏称气概；两者兼备称志气，恒有志气事必成。
7061 看不尽者天下事，读不尽者天下书，参不尽者天下理，行不尽者天下路。
7062 量力而行力不竭，量智而行智不困。
7063 剖开顽石方见玉，摒弃恶心才成人。
7064 路漫漫其修远兮，吾将上下而求索。
7065 携我为善是大恩，引我为恶乃大仇。
7066 读书切戒在慌忙，涵泳工夫兴味长。
7067 好书不厌百回读，熟读深思义自知。
7068 知足常乐应安分，贪心无厌烦恼生。
7069 身在福中不知福，自设牢笼无事忧。
7070 闻人之谤当自修，闻人之誉当自惧。
7071 具有高尚之情操，永远不感到寂寞。
7072 苦难是人生导师，快乐是人生旨意。
7073 改错是至上美德，忍耐是灵丹妙药。
7074 人生教养有三行，知识情操和思维。
7075 随遇而安最机巧，贪心不足反落空。
7076 至贵美德数谦虚，保持谦虚益无穷。

7077 富润屋兮德润身，天下达德智仁勇。
7078 平生德义人间诵，身后何劳更立碑。
7079 劲操比松寒不挠，忠言如药苦非甘。
7080 乐不可极极成衰，欲不可纵纵成灾。
7081 贪欲乃众恶之源，寡欲为众善之本。
7082 恻隐之心，仁之端；羞恶之心，义之端。
7083 辞让之心，礼之端；是非之心，智之端。
7084 毁人之善是大恶，白人之冤称大德。
7085 恭敬礼让居尚俭，遇事三思厚责身。
7086 诚实无悔恕无怨，和气无仇忍无辱。
7087 悲欢激情贵自控，健康长寿节享受。
7088 起居有常饮食节，体魄健壮志向高。
7089 清静寡欲精神爽，杂乱胡思血气亡。
7090 怒气本是无名火，忍耐好似救灾星。
7091 器满则倾物极反，世上谦虚称美德。
7092 将相顶头堪走马，公侯肚里好撑船。
7093 根深不怕风摇动，树正何愁月影斜。
7094 读书志在求德才，为官心存君国事。
7095 诗书是起家之本，忠孝是传家之本。
7096 至乐无如勤读书，至要无如重教子。
7097 有烦恼的功夫，不如用来读书。
7098 与其说是别人让你痛苦，不如说是自己的修养不够。
7099 诚实地面对内心的矛盾和缺点，不要欺骗自己。
7100 不要在智慧中夹杂着傲慢，不要使自己的谦虚缺乏智慧。
7101 生活中唯一真正的安全感源于知道自己每天都在以某种方式进步。
7102 世界本就公平，你有多懒惰你就有多平庸，你有多努力你就有多特殊。

7103 生而为人，勿畏风尘。

7104 一个不欣赏自己的人，是很难快乐的。

7105 珍惜身体，多锻炼，不停学习，即使腿脚未在路上，也要让心在路上。

7106 学会及时止损，这是人生最重要的课程之一。

7107 如果你拥有某种权力，那不算什么；如果你拥有一颗富于同情的心，那你就会获得许多权力所无法获得的人心。

7108 人生于世，委屈在所难免，消化了就是成长的动力，消化不了就会变成脾气。

7109 学会原谅，快乐至上。

7110 感谢是一种修养，原谅更是一种修为；做有修养的人，修为有价值的人生。

7111 世界上最远的距离是知与行。

7112 天下之难持者莫如心，天下之易染者莫如欲。

7113 一旦有了“心中贼”，自我革命意志就会衰退，就会违背初心、忘记使命，就会突破纪律底线甚至违法犯罪。

7114 才华是血汗的结晶。

7115 时间是世界上一切成就的土壤；时间给空想者痛苦，给创造者幸福。

7116 学习中经常取得成功可能会导致更大的学习兴趣，并改善自己学习的自我概念。

7117 与其战胜对手一万次，不如战胜自己一次。

7118 当你知道迷惑时，并不可怜；当你不知道迷惑时，才是最可怜的。

7119 人生的价值，并不是用时间，而是用深度去衡量的。

7120 人生不是一种享受，而是一桩十分沉重的工作。

7121 人生最终的价值在于觉醒和思考的能力，而不只在于生存。

7122 无论你怎样地表示愤怒，都不要做出任何无法挽回的事来。
7123 沉默较之言不由衷的话更有益于社交。
7124 凡事只要看得淡些，就没有什么可忧虑的了；只要不因愤怒而夸大事态，就没有什么事情值得生气了。
7125 容易发怒，是品格上最为显著的弱点。
7126 单是说不行，要紧的是做。
7127 品德是最好的个人修养。
7128 活到老，学到老，修身到老。
7129 严于律己，比宽以待人更加重要。
7130 你跟自己处得好，别人才会跟你处得好。
7131 愚蠢可以充分解释的事，绝对不要归因于恶意。
7132 知识是永远的流行色。
7133 不怕学不会，只怕不肯钻。
7134 有怎样的开始，就有怎样的结束。
7135 最考验品质的东西，还是岁月。
7136 书山有路勤为径，学海无涯苦作舟。
7137 挥不去的是记忆，留不住的是年华，拎不起的是失落，放不下的是情感，输不起的是尊严。
7138 治学要耐得住寂寞，做人须经得起风雨。
7139 超越死亡三原则：不要寻死、不要怕死、不要等死。
7140 大家是“炼”出来的，不是“干”出来的。
7141 真功夫是“悟”出来的，不是“读”出来的。
7142 硬功夫是“苦”出来的，不是“谋”出来的。
7143 修身养德，明志致远。
7144 才者，德之资也；德者，才之帅也。
7145 博学之，审问之，慎思之，明辨之，笃行之。
7146 自立立人，自达达人。
7147 书是唯一不死的东西。

7148 优秀的人，自律是基本素养。
7149 征服自己的一切弱点，正是一个人伟大的起始。
7150 自律就是管束自己的行为。
7151 明道德以固本，重修养以安魂，知廉耻以净心，去贪欲以守节。
7152 廉洁方能聚人，律己方能服人，身正方能带人，无私方能感人。
7153 怀律己之心，修为官之德。
7154 反腐倡廉重在标本兼治，廉洁自律务求身体力行。
7155 能自制的人，就是最强有力的人。
7156 青山清我目，流水静我耳。
7157 一切学科本质上应该从心智启迪时开始。
7158 真理尽管苦涩，然而鲜明。
7159 生活尽可低，志气当高洁。
7160 快乐与人生，是最好的伴侣。
7161 真实便是美。
7162 个性创造了命运，习惯变成了个性。
7163 人生的道路虽然漫长，但要紧的常常只有几步。
7164 人生只有紧紧抓住“学习”二字，才能永不停步。
7165 没有自制力，可以毁了你的时间，也可以毁了你的人生。
7166 学习这件事，不是缺乏时间，而是缺乏努力。
7167 一天过完，不会再来。
7168 敢于正视自己的缺点，才能得以进步。
7169 活得要真实，思考要独立，灵魂要自由；习惯自主，懂得选择，会自我管理，并学会承担相应的结果和对错误的反思。
7170 对自己好，就要用心；对别人好，就要关心。
7171 体谅别人，就会做人；清楚自己，就会做事。
7172 人生就是一个修炼的过程，不要用内心的不平作践了自己，也伤害了岁月。

7173 能控制自己的心，才是真正的强大。

7174 当一个人能管理自己的情绪时，才是卓越人生的开始。

7175 独立，是人格形成的起点。

7176 痛苦常使弱者厌世轻生，却使强者更加清醒奋发。

7177 自己强，比什么都强；要知道，寻找一棵大树好乘凉，不如自栽自养自乘凉；别人给的，随时有可能失去，只有自己创造的才会留下。

7178 一个人若想学会滑冰，那么他一定要做好在冰上摔跤的准备。

7179 人生写满伤痛；只有快乐之人不为痛苦所左右，幸福之心不被忧愁所绕缠。

7180 努力不一定改变人生，但改变人生必须努力。

7181 相信只要前进的勇气在，未来的希望就在。

7182 别太在乎别人的看法，做最朴实的自己才能无憾今生。

7183 与其羡慕他人智慧，不如自己勤奋补拙；与其羡慕他人优秀，不如自己奋斗不止；与其羡慕他人坚强，不如自己百炼成钢；与其羡慕他人成功，不如自己厚积薄发。

7184 心态好的人，处处圆融，处处圆满，好心态是最大的财富。

7185 站得更高才能看得更远。

7186 快乐不是因为得到的多，而是因为计较的少。

7187 好多人做不好自己，是因为总想着做别人。

7188 有目标的人生才有方向，有规划的人生才更精彩。

7189 穷则思变，差则思勤。

7190 人生从来不是规划出来的，而是一步步走出来的。

7191 人无须向别人证明什么，只要你能超越自己。

7192 无痛不快，无苦何甜；活着，本就是一种修行。

7193 用爱生活，你会使自己幸福；用爱工作，你会使很多人幸福。

7194 生活有朝气，活得畅畅快快；工作讲效率，做得踏踏实实。

7195 世界会为那些有目标和远见的人让路。

7196 绊脚石乃是进身之阶。

7197 别想一下造出大海，必须先从小河川开始。

7198 回避现实的人，未来更不理想。

7199 用心思考造成用心人生，积极思考造成积极人生，消极思考造成消极人生。

7200 当一个小小的心念变成行为时，便能成为习惯，从而形成性格，而性格就决定你一生的成败。

7201 只有脚踏实地的人，才能够说：路，就在我脚下。

7202 选择可能难，能坚持自我的选择更需要自持力。

7203 如果把成才比作登天，自学便是成才的天梯。

7204 脚踏实地向前走，阳光总在风雨后，风雨过后有彩虹。

7205 悲观的人不可能创业成功。

7206 伟人的巨大魅力来自他的平凡。

7207 只要不放弃就会有机会。

7208 上当不是别人太狡猾，而是自己太贪婪。

7209 性格和情商，主要还是由后天学习和塑造的。

7210 要敢于自我突破，每一次突破可能都会是一次质的飞跃。

7211 学习的敌人是自我的满足，要想学习一点东西，必须从现在开始。

7212 没有承受困难的能力，就没有希望了。

7213 不吃饭则饥，不读书则愚。

7214 坚强不是心变硬，是泪在打转还能笑。

7215 要始终保持敬畏之心，对阳光，对美，对痛楚。

7216 意志能使生命继续，奋斗能使人生辉煌。

7217 调节好兴奋期，学习一浪高一浪。

7218 人好学，虽死犹存；不学者，虽存犹灭。

7219 学习是劳动，是充满思想的劳动。

7220 求学的三个条件：多观察、多吃苦、多研究。

7221 精神的浩瀚，想象的活跃，心灵的勤奋，就是天才。

7222 任何倏忽的灵感事实上不能代替长期的功夫。

7223 懒惰等于将一个人活埋。

7224 没有加倍的勤奋，就既没有才能，也没有天才。

7225 灵感是由顽强的劳动获得的奖赏。

7226 能把在面前行走的机会抓住的人，十有八九都会成功。

7227 人生的成功不过是在紧要处有一份坚持。

7228 人生这部书必须用心去读。

7229 自信，是无尽智慧的凝聚；平淡，是成功路上的驿站。

7230 不要自卑，你不比别人笨；不要自满，别人不比你笨。

7231 忍别人所不能忍的痛，吃别人所不能吃的苦，是为了收获别人得不到的收获。

7232 体育锻炼可以使人乐观。

7233 自信是人格的核心。

7234 热爱你所拥有的。

7235 智慧之泉必须畅饮才能使人清醒。

7236 好奇者，知识之门。

7237 只要下定决心克服恐惧，便几乎能克服任何恐惧。

7238 勇气很有理由被当作人类德行之首，因为这种德行保证了所有其余的德行。

7239 心平气和才能走得更远。

7240 心境善，事事皆善；心境美，事事皆美。

7241 好习惯的养成，在于不受坏习惯的诱惑。

7242 快乐才能健康，健康才能成长。

7243 人永远都不会老，老去的只是容颜，时间会让一颗有思想的灵魂变得越来越动人。

7244 一切经得起再度阅读的语言，一定值得再度思索。
7245 要有信念战胜难题，经常专心学习和经营，恒心坚定不移地努力。
7246 同在一个环境中生活，强者与弱者的分界就在于谁能改变它。
7247 爱自己，靠自己，做自己。
7248 艰难困苦出能力。
7249 求知无坦途。
7250 人生最大的秘密和财富就是健康和快乐。
7251 身健如山，心静似水，淡泊名利。
7252 祸难生于邪心，邪心诱于可欲。
7253 经得起打磨，耐得起寂寞，扛得起责任，肩负起使命，人生才会有价值。
7254 这个世界上，唯一不能浪费的就是时间。
7255 真相有时之所以难以被接受，是因为谎言听起来美好多了。
7256 经常独自思考自己感兴趣的事情，你就会渐渐地培养成专心的习惯。
7257 凡事想别人感激，那是必然要失望的。
7258 读书人懂得了学习的重要性，还应担心学习缺乏的信心；有了信心，才能勇敢向前走。
7259 自我要求是迈向成功的捷径，恒心是离成功最短的路。
7260 人生之路多坎坷，谁也无法预言途中的变化，只有靠人不断求索。
7261 金杯银杯不如老百姓的口碑。
7262 淡泊明志，莫为名利遮望眼。
7263 减少心欲，满足心灵。
7264 欲路勿染，俭以养德。
7265 自强自立，与成功有约。
7266 度德量力，以志立身。

7267 病从懒起，勤可养生。
7268 勿因小利小害而轻易变化。
7269 由滑而奸，取祸之道。
7270 内方外圆，屈伸自如。
7271 人的智慧并非来自研究伟大的学说，而是来自对平凡事物的观察。
7272 只有去掉了自私、自利，才能够自在。
7273 为人，头顶天，脚踏地；行得端，才能走得正。
7274 处世，莫欺人，莫欺骗；怀揣真，才能收获暖。
7275 一个人的学习能力，才是他的核心竞争力。
7276 未来的文盲将是那些没有知识和不会更新知识的人；成年人被淘汰的主要原因是学习能力下降。
7277 只有丢弃了那些身外之物，才会获得心灵的空间。
7278 宽容其实是一种心态，一种不苛求、不极端、不任性的健康心理。
7279 要飞得更高，行得更远，首先必须卸下包袱，让心灵减肥。
7280 该有的迟早会有，过分强求也无谓。
7281 人活着，没有必要凡事都争个明白。
7282 笑看得失，才会海阔天空；心有透明，才会春暖花开。
7283 智者懂得隐忍，原谅周围的那些人，在宽容中壮大自己。
7284 诚无悔，恕无怨，和无仇，忍无辱。
7285 对自己好点，因为一辈子不长；对身边的人好点，因为下辈子不一定遇见。
7286 不要对还没发生的事情过分期待，也不要对没有发生的事情过分焦虑。
7287 你读的书摞起来，就是你的智慧高度。
7288 恶有恶报，不是不报，时候未到。
7289 学习是最赚钱的投资。
7290 命运在自己的手里，而不是在别人的嘴里。
7291 行动力来源：追求快乐，逃离痛苦。

7292 自由的代价是自律。

7293 贫者因学习而富，富者因学习而强。

7294 如果事情无法改变，我们就改变自己。

7295 与强者竞争，更容易成为强者。

7296 习惯于缺点就是最大的缺点。

7297 不断建立自己的知识基础和知识体系。

7298 止谤莫如自修；战胜非议的唯一途径就是战胜自我。

7299 多思不如养志，多言不若守静，多才不若蓄德。

7300 突破自我，突破思维定式，突破昨天。

7301 身体的强壮搀扶你的肉体，心灵的强大支撑你的精神。

7302 倘若被人羞辱，翻脸不如翻身，生气不如争气。

7303 要想读懂人生，就得先读懂自己。

7304 只有你相信你会实现梦想，梦想才会陪伴在你左右。

7305 一个人犯错误可能被原谅，不能原谅的是一再犯同样的错误。

7306 诚实就是实事求是、表里如一，说实话、做实事，不虚伪、不夸大其词，不文过饰非。

7307 自己把自己说服了，是一种理智的胜利；自己把自己感动了，是一种心灵的升华；自己把自己征服了，是一种人生的成熟。

7308 自己把自己超越了，是一种发展的成熟；自己把自己解脱了，是一种纠结的释怀。

7309 自身的强大才是硬道理。

7310 真的英雄，何必气短？善始善终，方为不败。

7311 最使人疲惫的往往不是道路的遥远，而是你心中的郁闷；最使人颓废的往往不是前途的坎坷，而是你自信的丧失；最使人痛苦的往往不是生活的不幸，而是你希望的破灭；最使人绝望的往往不是挫折的打击，而是心灵的死亡。

7312 读书苦一阵子，不读书苦一辈子。
7313 纵有疾风起，人生不言弃。
7314 所有优秀背后都有苦行僧般的自律。
7315 智者阅读群书，亦阅历人生。
7316 有时缺少的不是机会，而是在机会面前将自己重新归零的勇气。
7317 有勇气并不表示恐惧不存在，而是敢面对恐惧、克服恐惧。
7318 人若软弱就是自己最大的敌人；人若勇敢就是自己最好的朋友。
7319 世界上只有一样东西是任何人都不能抢走的，那就是智慧。
7320 大多数人想要改造这个世界，但罕有人想改造自己。
7321 缺乏勇气等于将命运交给对手。
7322 将权力看淡，你才能驾驭权力。
7323 将金钱看淡，你才能驾驭金钱。
7324 对知识的追求是学习的动力，对金钱的贪婪是腐败的起因。
7325 洁身自爱，警钟长鸣。
7326 诚德由己立，廉威自然生。
7327 律己廉为首，立世德为限，执政民为上，立党公为天。
7328 人见利而不见其害，必贪；鱼见食而不见其钩，必亡。
7329 清贫与富有本身都不值得赞美，值得赞美的是在清贫和富有面前，都能挺直腰身，保持尊严。
7330 吃百姓饭，穿百姓衣，兴百姓业，做百姓公仆；顺黎民心，谋黎民福，报黎民恩，为黎民子弟。
7331 勤廉从政，事事尽职，不图权轻权重；清白做人，处处守节，无意患得患失。
7332 识时务、保勤廉，为官硬硬朗朗；顾大局、守规矩，做人堂堂正正。
7333 廉洁奉公，满眼风光百姓赞；贪得无厌，苟且如鼠骂名留。
7334 一文虽微，能污清白人格；万金价昂，难收公道人心。
7335 为政清廉，从古至今人称颂；公仆亮节，继往开来胜前贤。

7336 草骑墙头，因风势而倒；官无正气，因德殇而亡。

7337 酬薄酬厚皆为百姓血汗，位卑位尊同是人民公仆。

7338 为官戒不清，掌权戒不廉，办事戒不公，做人戒不检。

7339 声誉重于生命的从政者，定能严于律已垂青史；私欲高于道德的掌权人，必将疏于约束入陷阱。

7340 以权交友，权倾则情绝；以利交友，利尽则人散。

7341 贤士殉名，贪夫死利；宁可清贫，不可浊富。

7342 廉洁人品磨砺出，壮丽人生干中来。

7343 常修从政之德，常怀律己之心，常思贪欲之害，常弃非分之想。

7344 良好的感觉是以仰不愧天、俯不愧人、内不愧心为境界的。

7345 当你怀着侥幸的心情收受他人的高档礼品时，你已站在沼泽的边缘；当你狠下心来，决定这是最后一次受贿的时候，你已步入沼泽；当你看到别人送来的大把钞票忍不住再次伸手时，铁窗已在你面前。

7346 律已如同走钢丝，一步一步须慎行。

7347 权力用在为民服务上是天职，权力用在立党为公上是尽职，权力用在碌碌无为上是失职，权力用在谋取私利上是渎职。

7348 执政以廉为本，为官以勤为先，做人以诚为重，说话重在以信，办事重在以实。

7349 水清不纳污垢，政廉不迷财色。

7350 污泥不染为尊，清正廉明为贵。

7351 在位奉廉应当，退位守节尤重。

7352 物质贪婪愈烈，精神空虚愈重。

7353 行贿受贿噩梦多，清廉做事心不惊。

7354 犯罪皆为诱惑致，贪者个个存侥幸。

7355 腐败者时时心惊，清廉者刻刻心静。

7356 莫以廉小而不为，莫以贪小而为之。

7357 放纵贪欲毁大事，莫为金钱留祸根。

7358 公仆称谓千钧重，为政清廉万事兴。

7359 贪似火，无制则燎原；欲如水，不遏必滔天。

7360 筑牢思想道德大坝，坚守反腐倡廉防线。

7361 在正直的道路上，横行肯定危险。

7362 民生在勤，勤则不匮。

7363 山清水清清风常在，勤政廉政正气永存。

7364 上不愧党，勤政之根；下不愧民，廉政之源。

7365 人人廉政，腐败灭亡；人人自律，党风自强。

7366 为官一时，做人一世，廉乃正本，贪为堕源。

7367 勤奋做事尽公仆之责，清白做人守党员之本。

PART FOUR

·第四部分·

从政修炼

修炼信念

7368 只要充分相信自己，没有什么困难可以足够持久。

7369 要使理想的宫殿变成现实的宫殿，须通过埋头苦干，不声不响地劳动，一砖一瓦地建造。

7370 新路开始常是狭窄的，但它是自己延伸拓宽的序曲。

7371 每天提醒自己不要忘了理想。

7372 为了达到目标，暂时走一走与理想背驰的路，有时却是智慧的表现。

7373 信仰是人类认识自己智慧的力量的结果，这种信仰创造英雄。

7374 人类的全部历史都告诫有智慧的人，不要笃信时运，而应坚信思想。

7375 坚定不移的意志是宝贵的东西，胜过其余的一切。

7376 现实中无法解决的困惑，就到哲学里去寻找答案。

7377 有信仰的人，总是积极的。

7378 人生意义的大小，不在乎外界的变迁，而在乎内心的经验。

7379 人的价值是由自己决定的。

7380 人生只有必然，没有偶然。

7381 成大业的人，往往都不是能力最强的人，而是信念最坚定的人。

7382 人一旦有了意志的力量，就能战胜自身的各种弱点。

7383 命由己做，命由己改。

7384 人生的成败往往就在一念之间，但大多数都是一念之差。

7385 世界上什么都可以失去，不可以失去希望；世界上什么都可以失去，不可以失去信心。

7386 只要有信心，人永远不会挫败。

7387 雄心是成功路上的指南，信心是永不放弃的召唤，热心是成功者的胸怀，耐心是驱赶困难的利剑，责任心是迈向成功的必然。

7388 没有谁能击垮你，除非你自甘堕落。

7389 世上只有想不通的人，没有走不通的路。

7390 失败发生在彻底的放弃之后。

7391 伟大的时代，宏伟的目标，艰巨的任务，要求我们必须牢牢把握理想信念这一关键环节。

7392 要立志做大事，不要立志做大官。

7393 走过了所有通向失败的路，只剩下一条路，那就是成功的路。

7394 不经巨大的困难，不会有伟大的事业。

7395 人生最大的挑战莫过于战胜自己。

7396 只做第一个我，不做第二个谁。

7397 不要对挫折叹气，姑且把这一切看作在你成大事之前，必须经受的准备工作。

7398 如果你明白你去的方向，全世界都会为你让路。

7399 每天进步一点点，希望的火苗不熄灭。

7400 不是井里没有水，而是挖得不够深；不是成功来得慢，而是放弃得快。

7401 一个有信念者所开发出的力量，大于九十九个只有兴趣者。

7402 志之所向，金石为开，谁能御之？

7403 内心的强大，永远胜过外表的浮华。

7404 不要只看到成功时辉煌灿烂，却无视成功背后的挫折艰辛；一次成功是由无数次的失败堆积出来的。

7405 不被重重地击倒又怎能华丽地站起。

7406 人生定位在哪里，心里装的坐标图；人生路线在哪里，顺着路标一直走；人生手段是什么，大处着眼小处着手；人生态度是什么，把理想信念当导游。

7407 只要心中有希望存在，就有幸福存在。

7408 没有希望的地方，就没有奋斗。

7409 人不断地成长，就是为了超越环境的限制。

7410 即使输了起点，至少还有拐点。

7411 成功者不是从不失败，而是从不放弃。

7412 彷徨的心境，有时只会一无所获。

7413 人生的长度仅那么长，我们能改变的唯有它的宽度。

7414 生命是一段精彩旅程，要活得有自我的样子，而不是别人的影子。

7415 生命的可贵，贵在自我实现；生命的欠缺，是努力的空间。

7416 如果因害怕失去你就放弃拥有的权利，那么人生也就失去了它的意义。

7417 成功的时候，不要忘记过去；失败的时候，不要忘记还有未来。

7418 不知道明天干什么的人是不幸的。

7419 身在万物中，心在万物上。

7420 每个人都有潜能，所以，当面对压力时，要相信自己，一切都能处理得好。

7421 成功招揽成功，失败招揽失败。

7422 成功与失败都是暂时的，在成功处跌倒便是失败，在失败处勇敢站起来就是成功。

7423 前进的路也许会很迷茫，但请不要在迷茫中失去自我、失去前进的信念。

7424 不惧未来，做更好的自己。

7425 小成功靠磨难，大成功靠灾难。

7426 人生每天失望，能把思想寄托在高贵的性格、纯洁的感情和幸福的境界上，也就大可自慰了。

7427 有大快乐的人，必有大哀痛；有大成功的人，必有大孤独。

7428 在灾难面前不屈服，而应更加勇敢地正视它。

7429 不同的信念，决定不同的命运。

7430 加倍努力，证明你想要的不是空中楼阁；胜利是在多次失败之后才姗姗而来的。

7431 灵魂是人生的主导，是精神的支柱；人一旦没有了灵魂，就会变成行尸走肉。

7432 别给自己的人生留下遗憾，该完成的就去完成，该放弃的就果断放弃，该拥有的就去拥有，该追求的就去追求。

7433 信念是一把无坚不摧的利刃。

7434 目光能看多远，就能走多远。

7435 千万人的失败，都是失败在做事不彻底，往往做到离成功只差一步就终止不做了。

7436 不怕万人阻挡在前方，只怕自己先行投降。

7437 如果放弃太早，你永远都不知道自己会错过什么。

7438 攀登者的智慧和汗水，构思着一首信念和意志的长诗。

7439 如果脆弱的心灵创伤太多，追求才是愈合你伤口最好的良药。

7440 我们最值得自豪的不在于从不跌倒，而在于每次跌倒之后都爬起来。

7441 人的一生，没有一味的苦，没有永远的痛；没有迈不过的坎，没有闯不过的关。

7442 人生就像一道漫长的阶梯，任何人也无法逆向而行，只能在急促而繁忙的进程中，偶尔转过头来，回想自己留下的蹒跚脚印。

7443 人只要不失去方向，就不会失去自己。

7444 命是弱者的借口，运是强者的谦辞，辉煌肯定有，就看怎么走。

7445 相信自己，成就未来。

7446 只有尽断后路，才能义无反顾。

7447 梦想能达到的地方脚步也能。

7448 成功是因为志在成功。

7449 永远都不要放弃自己，勇往直前，直至成功。

7450 有志不在年高，无志空活百岁。

7451 比别人多一点执着，就会创造奇迹。

7452 没有目标的人，努力有什么用。

7453 前路浩浩荡荡，万事尽可期待。

7454 对坚强的人来说，不幸就像铁犁一样开垦着他内心的大地，虽然痛，却可以播种。

7455 人的一生，可以有所作为的时机只有一次，那就是现在。

7456 对于攀登者来说，失掉往昔的足迹并不可惜，迷失了继续前行的方向却很危险。

7457 人生就像赛跑，不在于你是否第一个到达终点，而在于你有没有跑完全程。

7458 坚信就是强大，怀疑只会抑制潜质，而信仰就是力量。

7459 一粒灰尘，改变不了大海的明净；一颗石子，阻挡不了江河的前进；一丝乌云，遮挡不了太阳的光辉；一次灾难，破坏不了勇者的励志。

7460 人的强烈愿望一旦产生，就很快会转变成信念。

7461 正义的事业能够产生坚定信念和巨大的力量。

7462 即使遇到了不幸的灾难，已经开始了的事情决不放弃。

7463 黑暗总会过去，黎明终会到来。

7464 在攀登人生阶梯的旅途中，我们不怕慢，只怕停；只要不停止，再慢的速度也能达到顶峰。

7465 万里寻山，历百艰而无悔；一朝见井，纵九死以何辞。

7466 卑微的梦想持续燃烧，也能成就一段不凡的人生。

7467 如果不想做点事情，就不要想到达这个世界上的任何地方。

7468 如果在胜利面前却步，往往只会拥抱失败；如果在困难时坚持，常常会获得新的成功。

7469 坚持是石，擦亮星星之火；坚持是火，点亮前行之灯；坚持是灯，照亮人生之路。

7470 用理想去成就人生，不要蹉跎了岁月。

7471 顽强的毅力可以征服世界上的任何一座高峰。

7472 一个最困苦、最卑贱、最为命运所屈辱的人，只要还抱有希望，便无所怨惧。

7473 雄心壮志是茫茫黑夜中的北斗星。

7474 正义的事业能够产生坚定的信念和巨大的力量。

7475 心中有理想，脚下的路再远，也永远不会迷失方向。

7476 给自己一个目标，让自己有一个方向；给自己一个目标，让自己有一个追求；给自己一个目标，让自己有一个奋斗的理由。

7477 想干成大事，除了勤于修炼才华和能力，更重要的是能坚持下来。

7478 有志周行天下，无志寸步难行。

7479 没有伟大的愿望，就没有伟大的天才。

7480 过去没办法改变，但未来还在你的掌握之中。

7481 水到渠成，可贵的是坚定；水滴石穿，可敬的是坚韧。

7482 一个人需要技巧和智慧，但更不能缺少原则和信念。

7483 有多大的思想，才有多大的能量。

7484 这一秒不放弃，下一秒就有希望，坚持下去才可能成功。

7485 目标有价值，生活才有价值。

7486 没有目标，就做不成任何事情；目标渺小，就做不成任何大事。

7487 没有追求的人很快就会消沉。

7488 人的本质就在于他的意志有所追求，一个追求满足了又有新追求，如此永远不息。

7489 在希望中享受到的乐趣，比将来实际享受的乐趣要大得多。

7490 希望充满人的一生，希望是生命的源泉，活着就要有希望。

7491 不管何处是生命的尽头，活一天就要有一天的希望。

7492 有了坚持不一定成功，但没有了坚持，就注定失败。

7493 坚持是毅力，仿佛一轮炽热不落的艳阳；坚持是灵魂，仿佛一群屹立不倒的山峰。

7494 用快乐去奔跑，用心去倾听，用思维去发展，用努力去奋斗，用目标去衡量，用爱去生活。

7495 没有不会做的事，只有不想做的事。

7496 希望，只有勤奋做伴，才能如虎添翼。

7497 明智的人不会信任模糊不清的事物。

7498 只要无惧于尝试，没有人会彻底失败。

7499 实现明天理想的唯一障碍是今天的疑虑。

7500 有所成就就是人生唯一真正的乐趣。

7501 除了你自己，没人能否定你。

7502 没有一种不通过蔑视、忍受和奋斗就可以征服的命运。

7503 世间最珍贵的不是“得不到”和“已失去”，而是现在能把握的幸福。

7504 自然界没有风风雨雨，大地就不会春华秋实。

7505 了解过去、活在当下，为将来做好准备。

7506 人生只有创造才能前进，只有适应才能生存。

7507 吃过的苦会照亮未来的路。

7508 梦想，不去实现，终究只是梦想。

7509 物质文明是精神文明的基础，精神文明是物质文明的灵魂。

7510 理论成功者，等于实践成功；实践成功者，等于理论成功。

7511 信仰是人生的方向，信心是人生的力量，信念是人生的目标。

7512 知识创造生活，知识创造幸福；劳动创造物质，劳动创造精神。

7513 只有学习科学，才能掌握科学；只有掌握科学，才会攀登高峰。

7514 只有挑战困难，才能战胜困难；只有战胜困难，才能赢得成功。

7515 只有思想创新，才能理论创新；只有理论创新，才有成果创新。

7516 只有认识自己，才能认识世界；只有改造自己，才能改造世界。

7517 什么都可以不要，快乐不能不要；什么都可以失去，健康不能失去。

7518 理论源于实践，理论指导实践；实践需要理论，实践创新理论。

7519 客观看世界者，心若精神家园；主观看世界者，心若一片荒漠。

7520 当你迷失在黑暗中，除了前行别无他法。

7521 人的心地是一畦田，土地没有播下好种子，也长不出好的果实。

7522 只有自强自立的人格力量才能支撑自己，其他一切都是靠不住的，靠天靠地不如靠自己。

7523 自尊不是轻视别人，自信不是自满，独立不是孤立。

7524 一个人缺少了自信，就容易对环境产生怀疑与戒备。

7525 自信与自靠是坚强的柱石。

7526 缺乏自信常常是性格软弱和事业不能成功的主要原因。

7527 自信是一根柱子，能撑起精神广漠的天空；自信是一片阳光，能驱散迷失者眼前的阴影。

7528 成功的条件在于勇气和自信，而勇气和自信乃是由自由健全的思想和健康的体魄而来。

7529 自信是英雄的本质。

7530 有信心的人，可以化渺小为伟大，化平庸为神奇。

7531 除人格以外，人生最大的损失，莫过于失掉自信心。

7532 凡是天性刚强的人，必定有自强不息的力量。

7533 人可以被打败，但不可以被打倒。

7534 人是靠思想站立起来的。

7535 人生之路是坎坷的，风风雨雨在所难免；人的成长需要磨炼，磨炼使人有所建树。

7536 命运掌握在自己的手中，一切只能靠自己。

7537 唯有行动才能改造命运。

7538 人之所以能，是相信能。

7539 有什么样的想法，就有什么样的未来；有什么样的想法，就有什么样的生活。

7540 坚强的信心，能使平凡的人做出惊人的事业。

7541 经受霜雪的洗礼，花草才会鲜艳；历尽生活的磨难，人生将更加成熟。

7542 逆境中更应有理想，它犹如黑夜里的灯塔，给疲惫的人生注入新的活力。

7543 逆境恰似人生的一面筛子，它让强者通过，而把弱者截住。

7544 命运给予我们的不是失望之酒，而是机会之杯。

7545 磨难比幸福更值得回忆，因为磨难会使人更坚强。

7546 无目标而生活，犹如没有罗盘而航行。

7547 事情很少有根本做不成的，之所以做不成，与其说是条件不够，不如说是由于决心不够。

7548 伤疤可以成为孱弱者的哀号，也可以成为坚强者的拳头。

7549 每桩伟业都由信心开始，并由信心跨出第一步。

7550 人，应该在发问“为什么”中活着，只有这样，才能真正得到活的意义。

7551 生活中的失败和挫折，对于热爱生活的人来说，只是那前进的洪流遇到的礁石。

7552 一个天资再好的人，如果失去了追求的信念，那他的灵魂也是空虚的。

7553 奔跑着追求目标是一种境界，竭力地挑战极限是一种快乐，微笑着超越苦难是一种幸福。

7554 舍弃也不一定是失去，而是另一种更宽阔的拥有。

7555 成功不在难易，而在于是否采取行动。

7556 艰苦磨炼意志，逆境造就人才。

7557 觉得自己做得到和做不到的，其实只在一念之间。

7558 有理想，有目标，攒足力量向前冲；有勇气，有信心，艰苦奋斗不放松；有恒心，有毅力，百折不挠不认输；加把劲，提提神，前途光明见曙光。

7559 我们的生命，就是以不断出发的姿势得到重生的。

7560 希望是引导人成功的信仰，如果没有了希望，便一事无成。

7561 随时收拾好心情，开始下一个新的开始。

7562 人生是对理想的追求，理想是人生的指示灯，失去了这盏灯，就会失去生活的勇气，因此只有坚持远大的人生理想，才不会在生活的海洋中迷失方向。

7563 风正潮平，自当扬帆破浪；任重道远，更须蹄疾步稳。

7564 思想决定事业格局，战略引领发展未来。

7565 让“不想为”者有所警醒，让“不会为”者感到紧迫，让“不敢为”者受到鞭策。

7566 成功是一个过程，并不是一个结果。

7567 信心、毅力、勇气三者俱备，则天下没有做不成的事。

7568 决心是成功的开始。

7569 唯有勇于坚持真理的人，才能勇于承认错误。

7570 唯有努力拼搏，才会创造生命的辉煌；唯有一直奋斗，才会取得人生的胜利。

7571 乐观者在困难中看到机会，悲观者在机会中看到苦难。

7572 一个永不放弃的人是无法战胜的。

7573 世界上没有任何东西可以取代坚持。

7574 面对困惑而思想迷失，面对诱惑而行为迷离，是愚者的弱智；面对困难而从不示弱，身临逆境而不甘言败，是志者的强势。

7575 困难的难度，考验一个人的信心；艰难的难度，考验一个人的信念。

7576 生命，信仰不变是可贵的；人生，没有理想是可怕的。

7577 人，只有把信念作为人生的支点，把精神作为生命的支柱，才可能战胜甚至超越死亡。

7578 只有自己强大，才不会被别人践踏。

7579 没有旗帜聚不了散兵，没有精神聚不了人心。

7580 人生的一切变化、一切魅力、一切美都是由光阴和阴影构成的。

7581 厄运，更多的是考验人的意志；幸运，更多的是考验人的智慧。

7582 最困难的时候，往往就是离成功不远了。

7583 一个真正的人，决不能停留在自我上。人活着，就要为理想奋斗，为人类奉献。

7584 真理是我们怀疑一切，并且用实践来验证一切之后诞生的信念。

7585 草木有根，生命在土壤里；雨雪有根，生命在流云里；思想有根，生命在灵魂里。

7586 只要厄运打不垮信念，希望之光就会驱散绝望之云。

7587 经历过人生的风风雨雨，才能够丰富自己的阅历，理解人生的真谛。

7588 要想赢，就一定不能怕输；不怕输，结果未必能赢；但是怕输，结果则一定是输。

7589 成功总是和失败结伴而行的，只有踏着一次次失败铺成的阶梯，才能最后到达成功的顶峰。

第二辑

修炼忠诚

7590 居处恭，执事敬，与人忠。

7591 以利相聚，必然会为争利而散。

7592 情如纸薄和脸比墙厚常常集于一人。

7593 当面直言的人往往背后说人的好话，当面奉承的人常常背后说人的坏话。

7594 小人，是多数时候“口是心非”和关键时刻“口蜜腹剑”的奸佞。

7595 牵手的是朋友，绊脚的是小人，上面牵手下面绊脚的是伪君子。

7596 交友图名者卑，弃友唯利者恶，卖友求荣者耻。

7597 坏人把自己伪装成“好人”来骗人，谬论把自己包装成“真理”来吓人。

7598 言不由衷，大多别有用心；言过其实，大多居心叵测。

7599 谄媚是低俗，吹捧是庸俗，迎合是恶俗。

7600 奸佞能有市场，因为还有昏庸。

7601 笑里藏刀，是最恶的阴险；口蜜腹剑，是最险的隐恶。

7602 勉强的附和，一定违心；违心的迎合，难免亏心。

7603 从政就是为人民服务，服务就是从政时为人民奉献。

7604 一个人要知道自己的位置，就像知道自己的脸面一样，这是最为清醒的自觉。

7605 人最肮脏的，是出卖了自己的灵魂。

7606 站稳政治立场、树立“四个意识”，做到绝对忠诚；坚守政治底线、严明政治纪律和政治规矩，做到永葆本色；恪守政治原则，严肃党内政治生活，做到正气充盈。

7607 “暮色苍茫看劲松，乱云飞渡仍从容”，面对新时代的风险与挑战，忠诚是灵魂、是基石，更是底线。

7608 兵权贵一，军令归一。

7609 真诚是人生走向成功的天梯，虚伪是人生走向失败的深渊。

7610 信任如水，一旦弄浑难清澈；真情如镜，一旦破碎难完好。

7611 对父母尽孝心，对子女尽爱心；对社会尽公心，对国家尽忠心。

7612 诚信只有一次，别拿谎言挑战；真情只有一回，别拿虚假敷衍。

7613 真诚的友谊好像健康，失去时才知道它的可贵。

7614 思想认识上形成“一条心”，实际行动中形成“一盘棋”。
7615 要有“重任在肩”的使命感，“放心不下”的责任感，“马上就办”的紧迫感。
7616 一个“知”字重千钧，一个“行”字抵万金。
7617 压力要受“得”，寂寞要耐“得”，诱惑要抵“得”。
7618 念好“诚”字经，念好“活”字经，念好“实”字经。
7619 守住底线，担当才有底气；无私奉献，作为才有情怀。
7620 智者是非分明，愚者是非不辨，佞者混淆是非，恶者颠倒是非。
7621 生命的脚印，踩下去要深；人生的足迹，走过去要正。
7622 信念，是对肉体凡胎的支撑；忠诚，可以铸成特殊材料。
7623 把戏言当诺言的是轻信，把谎言当誓言的是轻率。
7624 自信者讨厌恭维，自尊者蔑视恭维。
7625 世上最聪明的人是最老实的人，因为只有老实人才能经得起事实和历史的考验。
7626 看一个人要看他是否有老朋友，一个只有新朋友的人是靠不住的。
7627 人最大的困难是认识自己。
7628 力量从团结来，智慧从劳动来，行动从思想来，荣誉从集体来。
7629 诚实是智慧之书的第一章。
7630 人们将永远赖以自立的是他的智慧、良心和尊严。
7631 言善未必心善，心善未必言善。
7632 外表美是短暂的，心灵美是恒久的。
7633 朋友因世界观相同而真情，因利益相同而假意。
7634 党的利益高于一切，这是党员干部的思想和行动的最高原则。
7635 石可破也，而不可夺坚；丹可磨也，而不可夺赤。
7636 对党要忠，对敌要狠，对人民要爱。
7637 信仰如灯，缺失将堕入黑暗。
7638 谋人财害人命，奸贪枉法，任你焚香也无益；忠于党勤于政，清廉正直，不信鬼神信马列。

7639 管不住别人的嘴，只能管住自己的心。

7640 关键的朋友要留到关键的时候再用，不要把他们的善意滥用在无关紧要的事情上。

7641 认识自己，要从自我解剖开始；战胜自己，要从自我挑战开始；超越自己，要从自我否定开始。

7642 相互了解是朋友，相互理解是知己。

7643 无论才华大小，只要实干就好；无论成就大小，问心无愧就好。

7644 为人做事本分，必然走向成功；做事心存侥幸，必然失败不幸。

7645 什么都可以舍弃，但不可舍弃内心的真诚；什么都可以输掉，但不可输掉自己的良心。

7646 老实也吃亏，吃的是一时之亏；不老实吃亏，吃的是一世之亏。

7647 律己，不搬弄是非；待人，不颠倒是非；遇事，不混淆是非。

7648 人要聪明，但不要滑头；人要老实，但不要窝囊。

7649 如果你足够尊重自己，就不会太把别人的闲言碎语挂在心上。

7650 苟利国家生死以，岂因祸福避趋之。

7651 不管现在有多么艰辛，也要做个生活的舞者。

7652 接受生活中的不如意，才算真正地接受了生活；允许自己偶有的不完美，才是更好地接受了真实的自己。

7653 天生傲骨，永不服输。

7654 没有正义的地方就没有自由；没有自由的地方也没有正义。

7655 如果不勇敢，那么没有人替你坚强。

7656 只有心灵的改善，才能获得真正的智慧。

7657 凡是无法逃避的事情，如果光害怕、着急，那只能算幼稚、软弱。

7658 心如镜，虽外景不断变化，镜面却不会转动，这就是一颗平常心，能够景转而心不转。

7659 智慧再多，不等于勇气足够。

7660 才智是人的精神武器。

7661 能说会道不算贤者，能干会做才是贤者。

7662 勇敢的人不畏惧失败，聪明的人不畏惧成功；面对失败常需勇气以振奋，面对成功常需智慧以冷静。

7663 一切背离了公正的知识都应叫作狡诈，而不应称为智慧。

7664 决定问题，需要智慧；贯彻执行时，则需要耐心。

7665 突破心理障碍，才能超越自己。

7666 任何伟大的事在事前都有明确的目标。

7667 人要经得起严格的考验，才能出人头地。

7668 结果不重要，原因、动机才重要。

7669 做有用的事，说勇敢的话，渴望美好的事。

7670 不听传小道消息。

7671 逆境顺境看襟度，临喜临怒看涵养，群舍群得看智慧，做大做小看格局，可快可慢看点悟，是成是败看坚持。

7672 人生，能屈能伸才有出路。

7673 行动，才是对智慧的真正衡量。

7674 战争不决定谁对，只决定谁留下。

7675 智慧，不是死的默念，而是生的沉思。

7676 智慧只在于一件事，就是认识那善于驾驭一切的思想。

7677 大智慧大智若愚，大才华朴实无华。

7678 十样会不如三样好，三样好不如一样绝。

7679 小事无须用大智，大事不能用小智。

7680 正中有奇，奇中有正。

7681 止恶是行善中的行善，止恶比行善更为重要。

7682 智者珍惜易得到的，放弃得不到的；傻瓜追求得不到的，轻视易得到的。

7683 无常中有常，有常中无常。

7684 没有不变的人，更无不变的事。

7685 正智益人益己，邪智害人害己。

7686 恶见颠倒人的思想，邪见迷乱人的心智。

7687 至乐无乐，至悲无悲。

7688 人生万里路，走好每一步。

7689 强将手下无弱兵，骏马蹄下无遥远。

7690 一个有智慧的人，才是真正一个无量无边的人。

7691 鸡蛋，从外打破是食物，从内打破是生命；人生亦是如此，从外打破是压力，从内打破是成长。

7692 真正强大的人，不会因为别人的眼光去改变自己，而是用自己的能力去改变别人的眼光。

7693 成功便是站起来比倒下多一次。

7694 所有的欺骗中，自欺是最为严重的。

7695 终极真理在人所了解的知识范围之外，相对真理在人所了解的知识范围之内。

7696 错误是通向真理的必经之路，错误和真理永远同时存在。

7697 行不通的真理是假真理，说不通的道理是假道理。

7698 伟大的事业不是靠力气、速度和身体的敏捷完成的，而是靠性格、意志和知识的力量完成的。

7699 给自己标价越高，自己的价值实现就越大。

7700 自身需要的东西，都不是身外之物；只有自身不需要的东西，才是人生的包袱。

7701 塑造自己，过程很疼，但最终你能收获一个更好的自己。

7702 对明天最好的准备就是今天做到最好。

7703 设立目标，然后把目标细化为每一步的实际行动。

7704 拥有梦想只是一种智力，实现梦想才是一种能力。

7705 发愁是这个世界上最没用的东西。

7706 若不是百炼成钢，谁能饱经风霜；若不是咬紧牙关，谁能一路向前。
7707 勇士搏击惊涛骇浪而不沉沦，懦夫在风平浪静也会溺水。
7708 不要总羡慕别人光芒万丈，却忘了自己也在发光。
7709 不为困苦所屈服，不为艰险而低头，不为磨难所吓倒。
7710 生活就像是剧本，越到最后情节越是复杂。
7711 想成为一个什么样的人，最终靠自己决定。
7712 非分的奢望，是心灵的自欺；非分的奢侈，是灵魂的自蚀。
7713 无知可能把是说成非，无能故意把非说成是，无赖干脆把是非颠倒。
7714 当我们努力使自己变得比现在更好的时候，我们周围的一切也会变得更好。
7715 人生应该树立目标，否则你的精力会白白浪费。
7716 人是靠物质来生存的，靠精神来生活的。
7717 没人扶你的时候，自己要站直，路还很长，背影要美。
7718 懦夫把困难举在头顶，英雄把困难踩在脚下。
7719 愚昧者怨天尤人，无能者长吁短叹，懦弱者颓然放弃。
7720 生活不是用来度过的，而是用来突破的。
7721 平凡不平庸，做最好的自己。
7722 与其身处黑暗，不如提灯前行。
7723 当失去的时候，才知道曾经的拥有。
7724 那些打不垮你的东西，最终必将成就你。
7725 改变自我，挑战自我，从现在开始。
7726 做自己生命的主角，而不是别人生命中的看客。
7727 逆境给人宝贵的磨炼机会；只有经得起环境考验的人，才能算是真正的强者。
7728 没有天生的强者，一个人只有站在悬崖边的时候才会真正坚强起来。

7729 一个人若是到了没有任何东西可以依赖的时候，往往会变得坚强起来。

7730 行动是理想最高贵的表达。

7731 遭到绝大多数人反对的东西，如果是错的就一定错得很幼稚，如果是对的就一定对得很深奥。

7732 迷信自己的，容易盲目；轻信别人的，容易盲从。

7733 有人无聊，自己忘了自己；有人无为，自己迷失了自己；有人无奈，自己错怪了自己。

7734 “难过”就是，虽然很难但总会过去。

7735 珍藏的一定是珍贵的，需要的才是重要的。

7736 想得到难以得到的东西需大智，想放弃难以放弃的东西需大勇。

7737 强者在战胜困难中显示伟大，弱者在被困难绊倒中显示渺小。

7738 成绩是人生的逗号，逗号要多；辉煌是人生的句号，句号要圆。

7739 人生多一分挫折，就多一份人生的感悟；人生多一次跌倒，就多一条抗争的经验。

7740 无路可走的情况，只有弱者会遇到；真正的强者，脚下都是路。

7741 承担重任首先需要自信。

7742 志在四方绝不是四处流浪，眼观六路更不是六神无主。

7743 幸运使多数人走向平庸，厄运使少数人创造奇迹。

7744 困难是人生的教科书，逆境是一所最好的大学。

7745 量身高要用尺子，称体重要用秤；衡量真理，要用时间和实践。

7746 逆境之中要更坚强，陷入逆境就是考验坚强的时刻；只有战胜逆境，才能变得更加坚强。

7747 内心再强大一点，就不会听风是雨；知道的事再多一点，就不会人云亦云。

7748 风帆，不挂上桅杆，是一块无用的布；理想，不付诸行动，是虚无缥缈的雾。

7749 困难是一块顽石，对于弱者它是绊脚石，对于强者它是垫脚石。

7750 像钉子，钉在哪里都有力；像基石，铺在哪里都坚实。

7751 敢走“先手棋”，敢碰“硬骨头”，敢打“主动仗”。

7752 困难的路越走越容易，容易的路越走越难。

7753 世上没有一个人能够忍受绝对的孤独；但是，绝不能忍受孤独的人是一个灵魂空虚的人。

7754 有理想而不理想化。

7755 人云亦云难有自己的思想，亦步亦趋没有自己的方向。

7756 最是急难显本色，最是斗争见精神。

7757 思想永远比天空浩瀚，想象永远比天空高远。

7758 这个世界，有限的存在是生命的肉体，无尽的财富是思想和精神。

7759 独处而从不感到孤独的人，不是思想走向深处把寂寞点燃，就是灵魂站在高处教沉默歌唱。

7760 一个思想者的远行，既需要寂寞的陪护，又离不开孤独的相伴。

7761 忠诚是一种良好的品格，是一种人生的义务，是一种工作的能力，也是一个人对外的品牌。

7762 忠诚，是我们党永不褪色的旗帜，是共产党人首要的政治品质。

7763 衡量一名党员干部是不是忠于党的事业，既要看他能否经受胜利、荣誉等顺境的考验，更要看他能否经受挫折、失败等逆境的考验；既要看他平时的言行，更要看关键时刻的表现。

7764 没有对党的忠诚，就一定会在各种考验面前败下阵来。

7765 对党忠诚，为党分忧，为党担责，为党尽责。

7766 政治底线，用忠诚守卫。

7767 锤炼党性增定力，信念弥坚守忠诚。

7768 做人要实，就是要忠诚老实。

7769 领导干部的政治品德的核心是忠诚，要坚持马克思主义信仰，坚持中国特色社会主义，政治坚定、思想纯洁，大是大非面前旗帜鲜明，与党中央保持高度一致；坚持党性原则，忠于党和人民的事业，高度负责、勇于担当；坚持党的宗旨，自觉联系群众、服务群众；坚持实事求是，讲实情、说实话、干实事、求实效。

7770 心有忠诚强信念，心装群众固根本，心系事业敢担当，心存敬畏守底线。

7771 忠诚老实是最具智慧的选择。

7772 忠诚胜于能力。

7773 既要对上忠诚，也要对下负责，还要善于把忠诚融入自己的团队之中。

7774 宁可打断骨头，不可背弃信念。

7775 永远打不断的是脊梁，永远撕不碎的是信念。

7776 只有信念使快乐真实。

7777 理想的滑坡是最致命的滑坡，信念的动摇是最要命的动摇，精神的懈怠是最害命的懈怠。

7778 为党分忧不添乱，为国尽责不懒惰，为民奉献不伸手。

7779 一戒信仰迷茫，二戒精神迷失，三戒思想迷乱。

7780 人无精神不立，党无精神不坚，国无精神不强。

7781 功名浮华眼前过，心中有党乾坤大。

7782 忠诚是立足于世的基石。

7783 忠诚取决于认同。

7784 用信仰铸就忠诚。

7785 理必求真，事必求是，言必守信，行必忠诚。

7786 真正的忠诚源于觉悟，坚定的追随来自认同。

7787 以身许国，何事不可为?

7788 奉国知命轻，忘家以身许。

7789 居庙堂之高则忧其民，处江湖之远则忧其君。

7790 大格局，当一生常为国家忧。

7791 牢记共产党员的第一身份，就是要把党和人民放在心中最高位置；牢记为党工作的第一职责，就是要做到忠诚于党组织，任何时候都与党同心同德。

7792 党员干部应有的意志不能被“乱花”迷惑，应有的定力不能被“浮躁”困顿，应有的作为不能被“舒适”消磨，应有的正气不能被“物欲”摧毁。

7793 当干部就必须坚定政治信仰、坚持政治原则、坚守政治纪律，中央提倡的坚决响应，中央决定的坚决照办，中央禁止的坚决杜绝。

7794 一定要“事不避难、义不逃责”，忧党忧在深处、担当担在难处、守土守在实处。

7795 为政修德为先，修德重在忠诚。

7796 诚信品格，是争取上级支持的道德资本，是增进同级协作的必要担保，是赢得下级忠诚的必需美德，是增强自身效能的内在依存。

7797 为坚守忠诚所付出的代价，得到的是荣誉；为丧失忠诚所付出的代价，得到的是耻辱。

第三辑

修炼品德

7798 诺不轻信，故人不负我；诺不轻许，故我不负人。

7799 做人“两本”：在道德上守本分，在能力上有本事。

7800 人绝不能把侥幸当能耐，也不要把鲁莽当勇气。

7801 吹牛、自负、自夸自大、倨傲，等等，这些实际上是对未能成功或者彻底失败心态的一种掩饰。

7802 心中装满着自己的看法与想法的人，永远听不见别人的心声。

7803 不懂时，别乱说；懂得时，别多说；心乱时，慢慢说；没话时，就别说。

7804 骄傲，是断了引线的风筝，稍纵即逝；自卑，是剪了双翼的飞鸟，难上青天。

7805 逻辑只是理智，感情往往是良心；前者是从人类本身来的，后者是从天上来的。

7806 不听智者劝、不听老人言，悔恨就要在眼前。

7807 人之所以犯错，不是因为他们不懂，而是因为他自以为什么都懂。

7808 生活中的绝大部分快乐都是从痛苦中得来，你全然拒绝了痛苦，也就全然避开了快乐。

7809 礼貌和教养不只是干瘪单薄的客套，还有推己及人的周到和体谅。

7810 没有孝心和良心的人是丧失人性的人，是天地难容的人，也是被社会唾弃的人。

7811 解铃还须系铃人，躲避责任解决不了任何问题，它只会导致一个失败的人生。

7812 不要在失意者面前谈论你的得意，不要在失败者面前谈论你的成功，这些都会对人际关系造成巨大伤害。

7813 一定要守时！守时是对别人的尊重。

7814 独享成功，有一天也会独吞苦果。

7815 毁灭一个人只要一句话，培植一个人却要千句话，应当多口下留情。

7816 能为别人设想的人，永远不寂寞。

7817 仇恨永远不能化解仇恨，只有宽容才能化解仇恨。

7818 良心是每一个人最公正的审判官，你骗得了别人，却永远骗不了你自己的良心。

7819 做事就是在学做人而已。

7820 外表的美只能取悦于人的眼睛，而内在的美却能感染人的灵魂。

7821 浪费别人的时间等于谋财害命，浪费自己的时间等于慢性自杀。

7822 凡事处处只考虑自我的人，将给自己带来忧愁。

7823 不以一恶忘其善，勿以小瑕掩其功。

7824 不自作聪明便是最聪明。

7825 预测未来才能做好计划。

7826 家和万事兴。

7827 家庭教育决定了一个人的基本修养。

7828 做人做事兼顾并重，透过好好做人来把事情做好。

7829 信用是人的第二生命。

7830 有好就有坏，因为有阴就有阳。

7831 一个人所有的成功和失败，都是其习惯造就的结果。

7832 积德为产业，强胜于美宅良田。

7833 平生无一事可瞒人，此是大快。

7834 平生不做皱眉事，世上应无切齿人。

7835 学一分退让，讨一分便宜；增一分享受，减一分福泽。

7836 原谅别人，就是给自己心中留下空间，以便回旋。

7837 对人恭敬，就是在尊重自己。

7838 诽谤别人，就像含血喷人，先污染了自己的嘴巴。

7839 做人必须方外有圆，圆内有方。

7840 批评你的人是你今天的敌人，明天的朋友；吹捧你的人是你今天的朋友，明天的敌人。

7841 高雅的人，看背影就知道；奋进人的，听脚步声就知道；和善的人，看笑容就知道；优秀的人，看行动就知道。

7842 真正的美德，总是与实用的智慧相依相傍，而实用的智慧，必须借力美德的辅佐。

7843 幸福是一种方法，不是一样东西；幸福是一种才能，不是一个目标。

7844 幸福就是一双鞋，合不合脚只有自己一个人知道。

7845 赠人以言，重于珠玉；伤人以言，甚于刀剑。

7846 为他人尽力，即为自己尽力；不帮助他人的人，不能得到别人的帮助。

7847 自卑有多种档次，最高档次的自卑的表现是吹嘘自己干什么都是天才。

7848 对有争议的事不存偏见。

7849 贪婪的人永远受到贫穷的折磨。

7850 承认错误，就少了一半错误；掩饰错误，就多了一倍错误；改正错误，便没有错误。

7851 不敢说真话是个人的耻辱，不能说真话是时代的耻辱。

7852 一个有智慧的人应该是真诚的，不傲慢、不欺骗、不会造谣中伤，也不会令人讨厌。

7853 低调做人也是一种智慧：山不解释自己的高度，并不影响它的耸立云端；海不解释自己的深度，并不影响它容纳百川；地不解释自己的厚度，但没有谁能取代它万物之本的地位。

7854 人，相互帮扶才感到温暖；事，共同努力才知道简单。

7855 忍是一种眼光，忍是一种胸怀，忍是一种领悟，忍是一种人生的技巧，忍是一种规则的智慧。

7856 诚信是道路，随着开拓者的脚步延伸；诚信是智慧，随着博学者的求索积累；诚信是成功，随着奋进者的拼搏临近。

7857 骄傲来自浅薄，狂妄出于无知；骄傲是失败的开头，自满是智慧的尽头。

7858 关心别人是一种品质，理解别人是一种涵养，帮助别人是一种愉快，学习别人是一种智慧。

7859 耐心高于智慧，耐心重于道德，耐心已战胜而且必将继续战胜任何对手。

7860 沉默不是简单地指一味不说话，沉不住气的人容易失败，适时的沉默是一种智慧、一种技巧、一种优势在握的心态。

7861 不争是慈悲，不闻是智慧。

7862 见小利则大事不成。

7863 知之为知之，不知为不知，是知也。

7864 往者不可谏，来者犹可追。

7865 凡过于把幸运之事归功于自己的聪明和智慧的人多半结局是不幸的。

7866 凡事必须有统一和决断，因此，胜利不站在智慧的一方，而站在自信的一方。

7867 了解别人是精明，了解自己才是智慧。

7868 将真诚和慈爱挂在颈项上、刻在心版上，就能够得到智慧。

7869 简单的灵魂是质朴，简单的内涵是本真，简单的皈依是智慧。

7870 能发现自己的错误是智慧，能改正自己的错误是勇敢。

7871 一盎司习惯，可以抵得上一磅智慧；好习惯成就好未来，从现在养成好习惯，然后借助智慧的力量，成就自己的辉煌未来。

7872 管理的最高智慧，自当是以不变应万变，任何时候，都不要因为误解而放弃。

7873 生命的智慧无非是以一颗纯洁仁爱的心，用来尊重生命、珍爱生命、升华生命。尊重生命，才能建立和谐社会、和谐的生活环境。

7874 心里放不过自己，是没有智慧；心里放不过别人，是没有慈悲。

7875 每个人都拥有生命，但并非每个人都懂得生命，乃至于珍惜生命；不了解生命的人，生命对他来说，是一种惩罚。

7876 三人行，必有我师焉；择其善者而从之，其不善者而改之。

7877 灰心是无情的子弹，一旦被它击中了，再健康、强壮的人生，也会受到损伤。

7878 可以失败，不可以失志；可以失望，不可以绝望。

7879 当遇到挫折和困难时，需要保持乐观健康的心态。

7880 世界上最富有的人，是跌倒最多的人；世界上最勇敢的人，是每次跌倒都能爬起来的人。

7881 真正的心理健康，是不设防而又不受害。

7882 心作良田耕不尽，善为至宝用无穷。

7883 以智慧时时修正偏差，以慈悲处处给人方便。

7884 从容属于有备者，奇迹属于执着者，成功属于顽强者。

7885 每个人的一生都会后悔，有的人是因为没有付出，有的人却是因为没有珍惜。

7886 人生就像一场戏，演好自己的角色才是戏成功的关键。

7887 有财富的人追求优裕的生活，有智慧的人追求优质的生活。

7888 如果你简单，这个世界就对你简单。

7889 人的一生就像一篇文章，只有经过多次精心修改，才能不断完善。

7890 人生共有三天：昨天、今天、明天。昨天已经过去，明天还没到来，我们只有把握今天，珍惜今天，才能为人生增添光辉。

7891 愚善莫作，智善奉行。

7892 智善帮助做好事的人做更多的好事，愚善纵容做坏事的人做更多的坏事。

7893 万事开头难，中间坚持更难。

7894 得道者多助，失道者寡助。

7895 语言谦卑的人内心不一定谦卑，语言高傲的人内心不一定高傲。

7896 财可生财，善可生善。

7897 玩笑忌伤人，诙谐忌粗俗。

7898 处世莫如为善，传家唯有读书。

7899 坚强是成功者的通行证，懦弱是失败者的墓志铭。

7900 高贵以美德为准。

7901 顺境最易见败行，逆境最可见美德。

7902 学人者，人恒学之；助人者，人恒助之；敬人者，人恒敬之；爱人者，人恒爱之。
7903 官小而品高，其威乃大，民必拥之；位高而行劣，其誉则低，民当弃之。
7904 做人宁可一生不仕，为官不可一日无德。
7905 党员干部面对歪风邪气必须说“不”。
7906 政治上做一个明白人，工作上做一个勤政人，生活上做一个清廉人，处事上做一个正直人。
7907 羡慕别人得到的，不如珍惜自己拥有的。
7908 常求有利别人，不求有利自己。
7909 把脸一直向着阳光，这样就不会见到阴影。
7910 做人，要懂得最基本的为人处事。
7911 挫折，其实就是迈向成功所应缴的学费。
7912 唯有担得起厚重的经历，才能经得起岁月的推敲。
7913 你若想被爱，就要先去爱人；你期望被人关心，就要先去关心别人；你要想别人对你好，就要先对别人好。
7914 有些事情不是看到希望才去坚持，而是坚持了才看得到希望。
7915 要学习向日葵，哪里有阳光就朝向哪里。
7916 拼搏如一汪清水，有源则灵，沉寂而终；拼搏如向日之花，有光则茁，无温而萎；拼搏如扬起之帆，顺风则行，无风则止；拼搏如穿石之滴，有恒则稳，无疾而终。
7917 有奋斗才会进步，有奋斗才会有成果，有奋斗才会成功。
7918 把自我最完美的品德和最擅长的技巧，无私地传承给需要它的人，这种美德比拥有任何财富都永恒。
7919 人的最高尚行为除了传播真理外，就是公开放弃错误。
7920 心里是光明的，黑暗就会在你的面前退却。
7921 正能量指的是一切予人向上和期望，促使人不断追求，让生活变得圆满幸福的动力和感情。表现原理激发出的正能量，能够使我们产生一个新的自我，让我们变得更加自信充满活力，也更有安全感。

7922 好习惯使你提高，坏习惯使你颓废。

7923 人生就是一场孤独的旅行，孤独就是生命中的一种常态；当孤独足够深刻，就可以照见灵魂深处的丰盛。

7924 任何困难都犟不过一个认真自律的人。

7925 自律，就是一场旅行，碰到的大小麻烦都是风景。

7926 保持激情，只有激情，才有动力，才能感染自己和其他人。

7927 勇气是控制恐惧心理，而不是心里毫无恐惧。

7928 只有对自己的人生充满自信，才能在自信里找到自强，自强中彰显自立，自立成就自我，才会不断演绎人生的精彩。

7929 不要艳羡他人，谁都有苦痛；不要输掉自己，振作比一切都强。

7930 在这个世界上，只有摆脱自卑和抑郁，正确认识自己的价值，对自己充满自信，就能轻松地面对一切。

7931 只有快乐、愉快的心情，才是创造力和人生动力的源泉；只有自己不断创造快乐，与自己快乐相处的人，才能阔别痛苦和烦恼，拥有快乐的人生。

7932 江河有流尽之时，毅力无倒塌之日。

7933 做人的心态，既影响一生，也决定一生。

7934 道德是一种人格魅力，个性是一种生命活力。

7935 在任何时候，法律比道德庄严；但有时，道德比法律严肃。

7936 道德作为一条底线，防守需要清醒，严守需要把持，坚守需要定力。

7937 人性要仁厚，人品要淳厚，人格要敦厚。

7938 爱憎分明，便成为人格的魅力。

7939 雪中送炭，小恩也是大德；雪上加霜，小过也是大错。

7940 不思进取是罪，堕落等于罪上加罪。

7941 发掘更好的自己，才能遇见最好的别人。

7942 权贵因为有势，富贵因为有钱，高贵则与权和钱没有丝毫关系。
7943 死心眼可恼，坏脾气可恶，贱骨头可卑。
7944 忌妒者，既难有平静的生活，也难有宁静的心境。
7945 低贱是出卖人格的自尊，卑贱是出卖灵魂的尊严。
7946 谎言和诡计犹如伪钞，在文明和道德的市场上必须禁止流通。
7947 人，一旦卑贱，就会变得低声下气；人，一旦庸俗，就会变得低级趣味。
7948 谩骂，是粗俗；粉饰，是庸俗；吹捧，是低俗；阿谀，是卑俗。
7949 愤世嫉俗，可敬；玩世不恭，可恶；欺世盗名，可恨。
7950 造谣可恶，传谣可恨，信谣可悲。
7951 模仿只是拙劣，剽窃则是卑劣。
7952 阿谀和诽谤，殷勤和冷酷，同出于自私。
7953 对弱小者的诽谤，证明诽谤者的更加弱小；对渺小者的诽谤，说明诽谤者的更加渺小。
7954 自己幸福，却忌妒别人比自己更幸福；自己不幸，却希望别人比自己更不幸，这样的人拥有渺小的人格和可悲的灵魂。
7955 庸俗的本色就是低俗，媚俗的本性就是卑俗，恶俗的本质就是败俗。
7956 借贬低别人来抬高自己是缺德，借诋毁别人来美化自己是败德。
7957 自作聪明的人浅薄，自恃聪明的人刻薄。
7958 隔岸观火烧，那是有人幸灾乐祸；坐山观虎斗，那是有人居心叵测。
7959 掩饰丑是更丑的丑行，粉饰恶是更恶的恶德。
7960 虚情，不可信；虚荣，不可靠；虚伪，不可取。
7961 平庸，一不留神便成为庸俗；庸俗，一不经心则变为恶俗。
7962 无才可能变得粗俗，弱智可能变得庸俗，缺德可能变得恶俗。
7963 识才不易，用才更难，因为大多数庸才的通病是妒才。
7964 最小的善行胜过最大的善念。
7965 人的一切皆由习惯带来的，习惯里有的东西则一直会有，习惯里没有的东西则一直没有。

7966 苦口的是良药，逆耳的是忠言；改过必生智慧，护短心内非贤。

7967 快乐总和宽厚的人相伴，财富总与诚信的人相伴，聪明总与高尚的人相伴，魅力总与幽默的人相伴，健康总与豁达的人相伴。

7968 如果非要说成功有捷径，那么应该是每天做一点点有益小事，持续进行，保持自律状态。

7969 永远保持善良和温暖，不负光阴蹉跎。

7970 这个世界既不是有钱人的世界，也不是有权人的世界，它是有心人的世界。

7971 一个人，只要知道付出爱与关心，内心自然会被爱与关心充满。

7972 说人是非者，已是是非人。

7973 遇到阳光的人，会把心里的潮湿暖干。

7974 生命之灯因热情而点燃，生命之舟因拼搏而前行。

7975 真诚的微笑，是无形的资产。

7976 没有什么事物能像热忱这般具有传染性，它能感动顽石，它是真诚的精髓。

7977 愚痴的人，一直想要别人了解他；有智慧的人，却努力地了解自己。

7978 当一个人真正觉悟后，他放弃追寻外在世界的财富，而开始追寻他内心世界的真正财富。

7979 没有人能替你承受痛苦，也没有人能抢走你的坚强。

7980 忙碌是一种幸福，让我们没时间体会痛苦；奔波是一种快乐，让我们真实地感受生活；疲惫是一种享受，让我们无暇空虚。

7981 欣赏别人是一种境界，善待别人是一种胸怀。

7982 保持炙热，坚持下去，或许前路未必是光明坦荡，但一定充满无限可能。

7983 智慧的获得不在于年岁，而在于品性。
7984 忠贞的人，会永远得到忠贞；勇敢的人，最后也是用勇敢结束。
7985 人必须争气和强大，才不会被欺负；人也必须谦逊和慈悲，才不会欺负别人。
7986 成功离不开自卑，他们必须在自卑的动力驱使下，走出自卑的阴影，在更高、更远的地方寻找生命的补偿。
7987 拥有希望的人，和漫天的星星一样，是永远不会孤独的。
7988 世间的幸福，秘诀只有八个字：心怀感恩，自爱爱人。
7989 如果生活和自己想象的不一样，希望我们拥有从头再来的勇气。
7990 慢慢觉得所有回不去的日子都有它的道理，而所有回不来的人，也自有他的原因。
7991 接受起伏，不抱怨，让生活变好，是一个成年人永远的责任。
7992 骨子里有坚强，言行中有教养，交往中有包容，心底里有善良。
7993 坏日子，要飞快地去度过；好日子，要停下来细细品尝。
7994 任何人都是渴望被看到，渴望被欣赏，渴望被肯定的。
7995 理解别人远比审判别人更为快乐。
7996 任何东西都不能以健康作交换，记住你只能活一辈子。
7997 不管你在经历什么挫折，也不要熄灭心中的希望，你永远不知道明天会带来什么。
7998 一个人的眼界和格局，会主导人生的精神结构，好奇心比雄心走得更远。
7999 在意多了，乐趣就少了；看得淡了，一切皆释然。
8000 对你拥有的事物心存感激，你将拥有更多。
8001 最不善于利用时间的人最爱抱怨时光短暂。
8002 在你失败的每个人生驿站中，你应该为自己鼓掌，虽然此时掌声有点微弱，但能给自己增添信心，增强斗志，增加豪情。
8003 人生就是一次未知的旅行，在乎的是沿途的风景和旅行的心情。
8004 只有自强、自立、自信，你才能付得起人生的账单。

8005 不要问别人为你做了什么，而要问你为别人做了什么。

8006 时间会让人听天由命，也会带来比快乐更甜美的忧伤。

8007 你没有患难，就永远不知道有些真情有多可贵；你没有付出，就永远不懂得有痛才有幸福。

8008 勿因未候日光暖，擅自轻言世间寒。

8009 善良是人生的正能量，是一种能够面对人生一切困苦的力量，是能够化解一切矛盾和摩擦的力量，是能够带来和平与幸福的力量，是能够让世界越来越美好的力量。

8010 凡真心尝试助人者，没有不帮到自己的。

8011 善于与人沟通，适度采纳别人意见。

8012 抓住现实中的一分一秒，胜过想象中的一月一年。

8013 当善良成为生活里的一种习惯的时候，快乐就如涓涓细流，时时在眼眸里流溢，愉悦自己，也快乐别人，感染社会。

8014 善良能使人美丽，美好的品行能帮你塑造美好的形象。

8015 永远别让诺言成空谈，别让承诺成欺骗。

8016 走正直诚实的生活道路，必定会有一个问心无愧的归宿。

8017 与善人行善会使其更善，与恶人行恶会使其更恶。

8018 正直与真理血脉相连，它是生于真理树上的一朵蓓蕾的热烈绽放；正直与正义骨肉相亲，它是出自正义源头的一股清泉的踊跃奔流。

8019 人要正直，因为在其中有雄辩和德行的秘诀，有道德的影响力。

8020 善良是一种美德，善良是一种远见，善良是一种自信，善良是一种精神力量，善良是一种以逸待劳的沉稳，善良是一种文化，善良是一种快乐，善良是一种乐观。

8021 一个人的改变，源自自我的一种积极进取，而不是等待天赐良机。

8022 永远要感谢给自己逆境的众生。

8023 微笑是我们心灵的最真诚倾诉，是在困难面前最好的良药。

8024 远离小人，但不要把厌恶表现在脸上；接近君子，更要保持自己的不卑不亢。

8025 承受是需要阅历和沉实的，参与也需要勇气和激情。

8026 让人难堪的玩笑不要开，让人反感的事不要做，懂得适可而止才不讨人厌。

8027 生活就是在热情与平淡中慢慢地磨合的。

8028 永远以积极乐观的心态去拓展自己和身外的世界。

8029 乐观的人，牙齿落完也不老。

8030 乐观使人长寿。

8031 真正的快乐是内在的，它只有在人类的心灵里才能发现。

8032 健康的身体是实现目标的基石。

8033 乐观的人能重整旗鼓东山再起，悲观的人因缺乏自信，往往一败涂地。

8034 伟大的力量存在于我们的内心。

8035 生活中的许多事，并不是我们不能做到，而是我们不相信能够做到。

8036 诚实就如埋藏在泥土里面的果实，谎言犹如枝头上妖艳的花朵；虽然谎言能给人暂时的美感，但它的枯萎是不可避免的，而诚实会在那里生根发芽。

8037 智慧本身就隐藏在我们的脑海中，清除惰性，敢于超越自己的人，会使自己的智慧充分显现，获得最后的成功。

8038 为善最乐，作恶难逃。

8039 瓜熟蒂落，水到渠成。

8040 乐观主义者总是想象自己实现了目标的情景。

8041 成长就是逼着自己坚强。

8042 放松了自己，纵容了别人；严格了自己，约束了别人。

8043 即使没有人给你鼓掌，也要优雅地谢幕，感谢自己认真的付出。

8044 忙于采集的蜜蜂，无暇在人前高谈阔论。

8045 自信是“长风破浪会有时”的执着，自信是“天生我材必有用”的肯定，自信更是“安能摧眉折腰事权贵，使我不得开心颜”的坚守。

8046 有一种强大叫简单，强大到谁都无法破坏内心的纯粹。

8047 追求内在，是一种精神上的升华，精神上的追求；追求内在，需要不断丰富自己的内涵，追求更高的人生观、价值观；追求内在，丰富的精神世界会在不经意间充盈自己的生活。

8048 寓巧于拙，才不外露。

8049 要用耐心把冷板凳坐热。

8050 宁可先严后宽，切勿先宽后严。

8051 付出不应企求回报，但也不应该滋长恶习。

8052 英雄气概，威压八万里；体恤弱小，善德加身。

8053 走在奋斗的路上，不要过分在意一些荣辱，平常心便好。

8054 生活简单就迷人，人心简单就幸福；学会简单其实就是不简单。

8055 不能因为害怕失望就放弃希望，也不能因为担心困难就裹足不前。

8056 失败让我们收获经验，成功让我们重拾信心。

8057 芝兰生于深林，不因无人而不芳；君子修道立德，不为穷困而改节。

8058 和气致祥，乖气致戾。

8059 见善如不及，见恶如探汤。

8060 领导就要带头，干部就要干事，在位就要有为。

8061 眼光应当看到未来，力量需要用于现在。

8062 政者，口言之，身必行之。

8063 每个人都是一个独立的个体，不要太过于依赖任何人，唯独你自己才是你人生中的重头戏。

8064 在没人喝彩的时候我们要学会给自己喝彩，在没人鼓掌的时候我们要学会给自己鼓掌。

8065 忍耐虽然痛苦，果实却是最香甜的。

8066 表里不一者不值得真诚以对。

8067 人生没有完美，幸福没有满分；当执着成为负累，放手就是解脱。

8068 天欲令其灭亡，必先让其疯狂。

8069 自从心定后，无处不安然。

8070 一定程度的腼腆畏惧对于我们在这一世界的生存是必需的，懦弱只是畏惧超出了限度而已。

8071 心善就自然美丽，心真就自然诚挚，心慈就自然柔和，心净就自然惬意。

8072 自信是骤风，横扫一切迟滞与犹豫；自信是阳光，让人精神焕发，阔步向前；自信是暴雨，冲洗掉焦虑与不安；自信是奔雷，惊天动地地跨向成功。

8073 给人台阶，保其面子，不单单是个技术问题，更重要的是个人的修养与容人雅度。

8074 与其表面上有英雄气概，不如真的有英雄品行。

8075 没有亲眼所见，就不用急着用嘴巴来证明。

8076 如果我们无法掌控外在的环境，那就尽力去调整自己的心境，努力成为不轻易被烦恼牵绊的人。

8077 “悔不当初”，常常是懊悔后的沮丧；“追悔莫及”，往往是痛悔后的颓丧。

8078 虚荣是化了妆的谦虚，虚伪是化错妆的谦虚。

8079 傻气十足的人当然不可爱，一点傻气没有的人也不可亲。

8080 做好人有做好人的常理，做恶人有做恶人的歪理。

8081 亵渎平凡的人，永远不可能伟大，更不会高尚。

8082 有些事合情不合理，说明情理不容；有些事合理不合法，说明法理难通。

8083 幸运和灾难都是突如其来的，它们的不同之处是：前者难求，后者难免。
8084 多才多妒，多情多愁，多语多失。
8085 言简意赅，是以一当十；一言九鼎，是举重若轻。
8086 被煽动，是因为无知；被感动，是因为有良知。
8087 是非原本是明明白白的，不明不白的是似是而非。
8088 自信是轻视别人的轻视，漠视别人的漠视，鄙视别人的鄙视。
8089 稚气可亲，憨气可爱，邪气可恶，阴气可怕。
8090 拘小节，言行举止点点滴滴；做大事，德能勤绩方方面面。
8091 为政重在廉，做人重在诚，说话重在信，办事重在实。
8092 凡事、凡理、凡情，只要然其所然，便绝非偶然。
8093 人最愚蠢的，并不是没有发现眼前的陷阱，而是第二次又掉了进去。
8094 人最卑鄙的，并不是点燃了一根导火索，而是想看到爆炸后的效果。
8095 人最幸福的，并不是终于得到了一束花，而是永远被花包围着。
8096 人最快乐的，并不是别人给你带来了快乐，而是你给别人带去了快乐。
8097 狡猾和聪明的差距不在智力上，而是在道德上。
8098 什么是虚假，是不真实；什么是虚伪，是装真实。
8099 占别人的便宜，就是惹祸的开始。
8100 事有必然，理有当然，情有自然。
8101 偶尔犯错正常，再三犯错失常，故意犯错反常。
8102 失败者的三大问题是奴性、惰性和推卸责任。
8103 哀莫大于心死，悲莫过于志短。
8104 冷静地去做，但要热切地追求。
8105 身正不怕影子斜，德高何忧生是非。

8106 人无脾性无人畏，火不烧山地不肥。

8107 忌妒是对被忌妒者的特别欣赏，轻蔑是对被轻蔑者的特殊赏识。

8108 人如果能生活在希望之中，则生机无限，日子就会过得有信心、有意义、有朝气。

8109 做人之道，当小心谨慎，谦而又谦。

8110 越是复杂的人，对简单越有特殊的需求；越是自己内心肮脏的人，越喜欢纯净的东西。

8111 握手不一定是友谊，指责不一定是敌对。

8112 只有把成就与荣誉当作垫脚石，才会获得更大成就与荣誉。

8113 忘掉一切是寻找快乐的捷径，感恩一切是寻找幸福的捷径。

8114 天地虽大，唯我者无路可走；人心虽小，为人者心装天下。

8115 热情是取之不尽的精神财富，冷淡是伤人害己的精神魔鬼。

8116 贵人不在身份高低，在高尚；施舍不在财富多少，在爱心。

8117 多记他人之好，心存感恩之心；少记他人之过，克服心中怨恨。

8118 以德报怨者乃大智，以怨报怨者乃大愚，以怨报德者乃小人。

8119 感恩是倍增法，越感恩恩越多；惜福是倍增法，越惜福福越多。

8120 问题是智慧的泉源，品德乃事业的根本。

8121 真理和正义应当成为人类社会最高的法则；诚意、人性和理性会在全世界取得最后的胜利。

8122 真正的快乐源于宽容和帮助。

8123 读书分为谋生和谋心两种：谋生的读书是从小学一直读到大学，为的是找个工作，这不是真正的读书；谋心的读书是为了心灵的寄托和安慰，这才是真正的读书。

8124 不逼一下自己，永远不知道自己有多优秀。

8125 将错就错有时是将计就计，一错再错肯定是错上加错，这是完全不同的两回事。

8126 所谓成熟，是离世故只差一步；所谓世故，是成熟向前再跨一步。

8127 做人要中规中矩——目的是赢得他人的尊重和信赖。

8128 做事不违心，处世不被天谴。

8129 无私者必无畏，无知者也无惧。

8130 文明基于道德，自由源于秩序。

8131 驭横切莫逞气，止谤还要自修。

8132 骄傲源自浅薄，狂妄出于无知。

8133 量大能消千年怨，德高常记一滴恩。

8134 做人，品格比智慧更重要；做事，方向比距离更重要。

8135 是宝石，即使被失落在让人遗忘的角落，它也仍然会发出耀眼的光彩。

8136 猜忌，让所有关心都变成别有用心。

8137 气球以自己的毁灭告示人们自我膨胀是有限度的。

8138 爱人者人恒爱之，能把对待别人的感情做到细微处的人，才更容易获得他人的敬重。

8139 美德并不是对恶德的慎重，而是由不期望恶德构成。

8140 与善人居，犹入芝兰之室，久而自芳；与恶人居，如入鲍鱼之肆，久而自臭。

8141 修养之于心地，其重要犹如食物之于身体。

8142 酌奇而不失其真，玩华而不坠其实。

8143 谦和是一种智慧，懂得谦卑的人，必将得到尊重。

8144 世上所有的惊喜和好运，等于你的人品乘以你的努力。

8145 人生的冷暖取决于心灵的温度。

8146 饮水要思源，做人不忘本，遇事讲良心。

8147 能耐苦，见操守；能耐劳，见精神；能耐闲，见风节。

8148 闲时多读书，博览聚才气；众前慎言行，低调养清气。

8149 人一简单就快乐，一世故就变老。

8150 不轻易许诺，也不轻易承诺，生命便可减少许多烦恼，人生便可除却许多无奈。

8151 学会宽恕就是学会顺从自己的心，“恕”字拆开就是“如心”。

8152 正大者方能壮，邪大者终遭殃，自大者会撞墙。

8153 虚心养福，骄心养祸。

8154 谦虚，使人远离清高；谦恭，使人走近崇高。

8155 不给别人留退路的人，殊不知是把自己也送上了绝路。

8156 兼听则明，所以偏听不偏信；耳聪目明，所以听谣不信谣。

8157 鄙视别人的人可恶，轻视自己的人可怜，既鄙视别人又轻视自己的人可悲。

8158 老实人有时无言，是不愿用谎言来辩解；老滑头一时无理，只能用谎言来狡辩。

8159 谦虚的灵魂里往往是自信，骄傲的骨子里有时是自卑。

8160 会讲笑话的不乏幽默，乱讲笑话的徒有滑稽。

8161 修养，功于内而形于外，能做到表里如一和言行一致，为真境界。

8162 人格魅力是毕生修养的结果。

8163 修德要身体力行，养性要心无杂念。

8164 大慈源于大善，大善源于大爱，大爱源于大德。

8165 养生必先养心，修身必先修行，做事必先做人。

8166 善良的人，往往可以逢凶化吉；智慧的人，常常可以化险为夷。

8167 待人，要一视同仁；对人，要一如既往；做人，要表里如一。

8168 人最愚蠢的时候，是其自作聪明、自以为是、自鸣得意和自命不凡的时候。

8169 勇于自我批评的人，受人尊敬；敢于自我批判的人，令人崇敬。

8170 有自知之明的人，很少自寻烦恼和无端抱怨。

8171 大家自嘲，小家自誉。

8172 大德不求虚名，大志不图近利，大勇不邀头功，大智不施小计。

8173 淡泊似春江暖水，淡泊如夏夜清风，淡泊像秋日闲云，淡泊若冬雪白梅。

8174 自负的人有药难救，自贱的人无药可救。

8175 宽容，既感化了别人，又完善了自己。

8176 善心，点亮心灯；善行，使心灯长明。

8177 人，所以高尚，就是因为不仅有善心，更有善行。

8178 承认错误，只是一种诚实；改正错误，才是一种勇敢。

8179 智慧是宝石，如果用谦虚镶边，就会更加灿烂夺目。

8180 任何一样美丽的东西，都需要装饰陪衬；唯独心灵美，用不着任何点缀。

8181 行善比作恶明智，温和比暴戾安全，理智比疯狂适宜。

8182 一个人的成功除了自己的勤奋努力外，谦虚谨慎是不可缺乏的品格；自以为是的人永远也找不到成功的门路。

8183 一味的正直是不够的，还得考虑温厚的宽恕。

8184 不知自己的尊严的人，就不能够尊重别人的尊严。

8185 忌妒能使人得到短暂的快感，也能使人的不幸更辛酸。

8186 骄傲多半是基于无知。

8187 身体健康是必要的，心智成长是需要的，灵性修养是重要的。

第四辑

修炼敬业

8188 宁愿做过了后悔，也不愿错过了遗憾。

8189 不可能的事情是想出来的，可能的事情是做出来的。

8190 一个“今日”胜于两个“明天”。

8191 痛苦的记忆是泪水洗不净的，只有汗水才能把它冲掉。

8192 克服困难，勇敢者自有千方百计，怯懦者只感到万般无奈。

8193 成功不是做你喜欢做的事，而是做你应该做的事。

8194 这个世界上任何奇迹的产生都是经过千辛万苦的努力得到的，首先承认自己的平凡，然后用千百倍的努力来弥补平凡。

8195 不论你在什么时候开始，重要的是开始之后就不要停止；不论你在什么时候结束，重要的是结束之后就不要悔恨。

8196 如果自己不想积极认真地生活，不管得到什么样的回答都没有用。

8197 为明天做准备的最好方法就是集中你所有智慧、所有热忱，把今天的工作做得尽善尽美，这就是你能应付未来的唯一方法。

8198 科学上追求的是真，道德上追求的是善，艺术上追求的是美。

8199 想做的事情总找得到时间和机会，不想做的事情总找得出借口。

8200 勇于负责任的人才是一个高尚的人、纯粹的人。

8201 打铁必须自身硬。

8202 一个行动胜过一打计划，只有在行动中，才会感觉到生命的悸动，才能让生命具有价值，才可以得到衣食住行的保障，才可以变得智慧、勇敢、坚毅和高尚起来。

8203 人生中最大的乐趣是奉献，思维中最美的花朵是智慧，前进中最快的脚步是继续。

8204 非凡的单纯、非凡的明确，这是天才的智慧中最可惊人的品质。

8205 劳动是人类存在的基础和手段，是一个人在体格、智慧和道德上臻于完善的源泉。

8206 博学而笃志，切问而近思。

8207 茫茫学海，勤奋作帆，智慧作舟。

8208 变来变去不叫创新，没有方向不叫进步，只破不立不叫发展。

8209 有大理想的人要舍得牺牲小的乐趣。

8210 一般情况下，干事的人“闲事”都少，不干事的人“闲事”都多。

8211 努力分三种境界：尽力而为，全力以赴，不留余力。

8212 一切事无法追求完美，唯有追求尽力而为；这样心无压力，出来的结果反而会更好。

8213 成功的人总是愿意做没成功的人不愿意做的事。
8214 最清晰的脚印是留在最泥泞的路上的。
8215 一个人的价值不在于有多聪明，而在于他创造了多大的成就。
8216 行动拉近成功的距离，效率减少成功的时间。
8217 不怕繁忙，就怕白忙。
8218 争取“两个极致”：把潜力发挥到极致，把生命延续到极致。
8219 说真话鼓真劲，做实事收实效。
8220 为官惟廉，从政惟勤，处事惟公，做人惟实。
8221 建成务实班子，成为放心干部。
8222 只说不干威信减半，言行不一威信扫地。
8223 品行好，人不忍为恶；制度全，人不能为恶；法治严，人不敢为恶。
8224 把“官位”作为为人民服务的“岗位”，把“权力”作为为人民服务的“责任”。
8225 为人民利益活着，无上光荣；为人民利益而死，死而永生。
8226 意莫高于爱民，行莫厚于乐民。
8227 不当父母官，甘为孺子牛。
8228 所有领导者都有一个共同的特点：明确地直面群众的焦虑。
8229 仰不愧天，俯不愧地，内不愧心。
8230 生命的道路上永远没有捷径可言，只有脚踏实地走下去。
8231 不怕你没能力，怕你有了能力以后却忘记了努力。
8232 不要质疑你的付出，这些都是一种积累、一种沉淀，它们会默默铺路，只为让你成为更优秀的人。
8233 每个成功者，都要穿越不为人知的黑暗；强者不是没有眼泪，只是能含着眼泪向前跑。
8234 没有比手更大的天，没有比脚更长的路，没有比人更高的山，没有比心更宽的海，没有比船更远的岸。
8235 世上并没有用来鼓励工作努力的赏赐，所有的赏赐都只是被用来奖励工作成果的。
8236 旁观者的姓名永远出现在比赛的计分板上。
8237 同时追赶两只兔子，将会一无所获。
8238 人一生中最可怕的是无所事事，最可恨的是无所追求，最可悲的是无所作为。
8239 尝试后可能会放弃，但千万不可放弃尝试。
8240 没有一劳永逸的开始，也没有无法拯救的结束。
8241 自我努力看清自我，发掘自身独有的潜力，用行动来把经验聚集，在追求的路上永不放下，面对成功挥舞奋斗的大旗。
8242 心中念，事中现。
8243 生活会辜负努力的人，但是不会辜负一直努力的人。
8244 不是每一次努力都会有收获，但是，每一次收获都必须努力，这是一个不公平的不可逆转的命题。
8245 才华其实就是把与人相同的聪明用到与众不同的地方。
8246 不要在夕阳西下时幻想，要在旭日东升时努力。
8247 世界上没有不成功的人，只有不努力的人。
8248 没有办法预测未来，只能努力过好现在。
8249 机会永远不会消失，因为你错过的机会都会被别人捡去了。
8250 尽了全力，技不如人的失败，没有什么好遗憾的；最窝囊的失败，是当自己还有一搏的力气与机会时，却主动放弃了。
8251 在各自岗位上尽职尽责，无须豪言壮语，默默行动会诠释一切。
8252 舞台再大，你不表演，永远都是观众。
8253 没有做不成的事情，只有做不成事情的人。
8254 松弛的琴弦，永远奏不出美妙的乐曲。
8255 暗自伤心，不如立即行动。
8256 一个人能走多远，靠的不是眼睛，而是眼光；一件事能做多久，靠的不是心血来潮，而是坚持。

8257 放弃很容易，但最终会一无所得；坚持很难，但最后一定会有所收获。

8258 假装的努力，欺骗的只有自己；永远不要用战术上的勤奋，来掩饰战略上的懒惰。

8259 人生大道要有自己的生活节奏，可以慢行，可以超车，但不能掉头。

8260 山涧的泉水经过一路曲折，才唱出一支美妙的歌。

8261 不要抄近道，否则会白跑；不要绕远道，否则会迟到。

8262 凡事需尽力而为，半途而废者永无成就。

8263 梦想一旦被付诸行动，就会变得神圣。

8264 今天应做的事没有做，明天再早也是耽误了。

8265 时间是往前走的，钟不可能倒着转，所以一切事只要过去，就再也不能回头。

8266 你的选择是做或不做，但不做就永远不会有机会。

8267 那些尝试去做某事却失败的人，比那些什么也不尝试做却想成功的人不知要好上多少。

8268 生命中有许多你不想做却不能不做的事，这就是责任；生命中有许多你想做却不能做的事，这就是命运。

8269 没有伟大的意志力，便没有雄才大略。

8270 从不获胜的人很少失败，从不攀登的人很少跌跤，要想知道成功的滋味，就得少言多行，决而不断、断而不行必然贻误时机。

8271 该来的总会来，不好高骛远，不急功近利，付出总会有回报；不管处于哪个阶段，都要一步一个脚印，踏实地走好每一步。

8272 劳动是世界上一切欢乐和一切美好事情的源泉。

8273 人生应该如蜡烛一样，从顶燃到底，一直都是光明。

8274 有些路，躲避不开，就义无反顾。

8275 当你开始依照习惯行事，你的进取精神就会因此而丧失。

8276 做不好小事，担不起责任。

8277 宁挖一口深井，不要十个浅坑。

8278 万事提前做好周全的准备，是很有必要的，不然，等到事情发生，你再去应付，可能已经来不及了。

8279 心思澄澈，安定有力，摒除诱惑，才可成就大事业。

8280 在劳力上劳心，是一切发明之母；事事在劳力上劳心，便可得事物之真理。

8281 立志是事业的大门，工作是登门入室的旅程。

8282 成功的人排除万难，失败的人被万难排除。

8283 低头走路，只看到大地的厚重，却忽略了高空的高远；抬头走路，只看到高空的广阔，却忽略了脚下的艰辛与险峻。

8284 多想办法，少谈主张。

8285 “率性而为”的人在工作中是不能担当大任的。

8286 在做任何一件事的时候，都需要有很强的责任心；重视小责任，也培养了我们对未来大责任负责的好习惯。

8287 自动自发地做事，同时为自己的所作所为承担责任，那么你终究会获得回报，取得最后的成功。

8288 古今中外，凡成就事业、对人类有作为的无一不是脚踏实地、艰苦攀登的结果。

8289 生活包含了诸多起起落落，包括了痛苦和再次振作，包括了失败和再次奋斗。

8290 每一个闪闪发光的人，都在背后熬过一个又一个不为人知的黑夜，那才是真正值得我们拥有和赞叹的地方。

8291 充分的自信和坚韧不拔的意志，是事业取得成功的一个重要条件。

8292 神圣的工作在每个人的日常事务里，理想的前途在于一点一滴做起。

8293 不曾做过一番事业的人，不足以成为一个良好的顾问。

8294 夙兴夜寐，无一日之懈。

8295 如果逆境是对一个人的考验，顺境则是对一个人的检验。

8296 简单的事，真做好了并不简单；复杂的事，真做对了未必复杂。

8297 从渺小到伟大，千里迢迢；从伟大到渺小，一步之遥。

8298 忘记了明天，就是放弃了希望；只想着明天，就是空守着奢望。

8299 工作与时俱进，名利与世无争，做人与人为善。

8300 想干是德的体现，会干是才的表现，能干是创新的再现。

8301 坚持从实际中来、到实际中去，把工作的出发点放到为事业尽责、为人民造福上，把工作的落脚点放在出实招、见实效上，发扬实的作风、展现实的作为。

8302 在实践中积累经验，在实干中锤炼品行，用实效检验实绩。

8303 向高层汇报的唯一目的就是让高层快速了解情况，迅速作出决策，下级的使命就是提供信息、分析价值、列举可执行项目和提出下一步请求。

8304 做事的终极方法论：信仰概率论，意味着当你还没有成功的时候，你知道，不成功的原因仅仅是你尝试的次数还不够，而不是任何其他原因。

8305 一生中的时间有限，能力有限，但是努力无限。

8306 人脑在思考时需要重组信息，这个过程需要时间。因此，想提升自己，就必须腾出大块完整的时间专心学习。

8307 一个人所拥有的空闲时间越少，那么他就会更加理解时间的价值，也就能够更充分地利用时间。

8308 不要总是因为考虑长远的打算而忽略了随时可付出的努力。

8309 等待的方法有两种：一种是什么事也不做，空等；一种是一边等一边把事业向前推动。

8310 眼泪不是答案，拼搏才是选择；只有回不了的过去，没有到不了的明天。

8311 贪图省力的船夫，目标永远是下游。

8312 不比智力，比努力；不比起步，比进步。

8313 离开奋斗的沃壤，天赋的种子便寻不到春华秋实的前程。

8314 做好小事是成就大事的基石，做好今天是成就明天的台阶。

8315 谁重视时间，时间就成全谁；谁轻视时间，时间就淘汰谁。

8316 敢想敢干者不一定都有成果，但成果永远来自敢想敢干者。

8317 成就事业是对追求者的回报，成就人生是对奋斗者的回报。

8318 成就来自三分天赋七分功夫，功夫来自三分天赋七分苦练。

8319 成功者，是用一天做三天事；失败者，是用三天做一天事。

8320 学习一生天天纳新，实践一生天天创新，奋斗一生天天快乐。

8321 付出是人生没有存折的存款，沾光是人生没有欠条的高利贷。

8322 时间最公道，按劳分配多与少；光阴最无情，按用评判成与败。

8323 人若步步吃力，将会步步登高；人若步步省力，将会步步跌谷。

8324 今天之事今天做，天天有成就；今天之事明天做，天天皆成空。

8325 奋斗既充实精神，又丰富物质；劳动既创造自己，又创造世界。

8326 多想想自己曾经所承诺的，多看看自己现在所履行的。

8327 对责任的逃避，直接带来了冷漠心态的大面积扩散。

8328 不要在该奋斗的年纪选择安逸。

8329 努力是寻找自己喜欢的生活的时候不被外物所干扰。

8330 没有什么非此不可的事，除了成功非自律不可。

8331 工作中没有自己的思考，没有结合实际，没有充分考虑人民所求，只是机械地执行工作任务，不花心思琢磨矛盾焦点与问题根源，是极不负责任的工作态度和做法，也是一种潜在的形式主义。

8332 长居庙堂之上，犹如坐井观天，只有“打开门”“敞开心”“多跑腿”，改变工作消极懈怠、敷衍了事的现状，才能将工作做好做实。

8333 即使行动导致错误，也带来了学习与成长，不行动则是停滞与萎缩。

8334 失败只是代表你的努力还不够。

8335 伟人与常人最大的差别就在于珍惜时间。

8336 常思人生短暂，不得不惜时；常思处世艰难，不得不努力。

8337 至博而约于精，深思而敏于行。

8338 学习好比敲钉子，又挤又钻步步深。

8339 生命的价值不在于能活多少天，而在于我们如何使用这些日子。

8340 在你一次次抱怨缺少机会时，机遇也在一步步离你而去。

8341 生活的悲剧不在于人们受到多少苦，而在于人们错过了什么。

8342 凡有所尝试，必有所收获。

8343 最正当的处世之道在于学，处处增加自己的经验。

8344 不爱读书的人的空间是一口干枯的小井，爱读书的人的空间却是无边无际的大海。

8345 所有的奋斗都不平凡，所有的努力将被善待。

8346 发展的主旋律不变，项目的主抓手不松，转型的主方向不偏。

8347 昨天的辉煌铺就今天的发展，今天的开拓接续昨天的奋斗。

8348 一个矛盾一个矛盾剖析，一个环节一个环节理顺，一个细节一个细节做实。

8349 “勤”盘点，“真”督察，“硬”考核。

8350 一步一个脚印走，一招一式扎实干，一点一滴尽心抓。

8351 要眼睛向下，要身子向下，要脚力向下。

8352 力量向一线倾斜，措施在一线落实，问题在一线解决，矛盾在一线化解，成效在一线体现，形象在一线树立。

8353 耐心听，在复杂的诉求中找准问题；实地看，在真实环境中拉近距离；共商议，在智慧的碰撞中寻求突破。

8354 每一个胜利都是敢担当者的战果，每一次进步都是敢作为者的收获，每一份成绩都是实干家的功劳。

8355 成功永远属于马上行动的人。

8356 只有恒心可以使人达到目的，只有博学可以使人明辨世事。

8357 每件事情都必须有一个期限，否则，大多数人都会有多少时间就花掉多少时间。

8358 担心，是多余的折磨；用心，是安全的动力。

8359 昨天是今天的过去，明天是今天的未来，我们应忘记过去，充实今天，开拓未来。

8360 社会是个大舞台，也是一个竞技场；人生是表演，也是奋斗与创造。

8361 藐视困难、坚持不懈努力，以充分发挥人的主观能动作用，这种精神无疑是我们干事业、干一切工作所需要的。

8362 事业常成于坚忍，毁于急躁。

8363 目标不是命令，而是一种责任或承诺。

8364 非勤无以履职，不勤就是失职。

8365 改善是无穷的。

8366 一小步、一小步地跑，才能有大的进步。

8367 没有传奇的过程，却有传奇的结果。

8368 淡泊宁静，自然从容。

8369 做人善良为本，但善良也要有尺度。

8370 成熟的人不问过去，聪明的人不问现在，豁达的人不问将来。

8371 遗忘失去的，欣赏拥有的，才能使自己快乐幸福。

8372 志得意满时，需要的是淡然，给自己留一条退路；失意落魄时，需要的是泰然，给自己觅一条出路。

8373 只有端正身心，用智慧化解心里的障碍，去除执着偏见、分别妄想，所有的烦恼才会云开雾散。

8374 遇到矛盾冷静些，碰到困难坚强些，了解情况全面些，处理问题慎重些，遭到讽刺忍耐些，受到委屈克制些，工作繁忙细致些，待人接物热情些。
8375 人生没有假设，当下即是全部。
8376 唯有心灵的安静，方能铸就人性的优雅。
8377 心情不好时，当须涵养；心情愉悦时，当须沉潜。
8378 推卸责任的本质就是自己人生走向贬值的开始。
8379 视野受限，境界就受限；境界受限，格局就受限；格局受限，人生就受限。
8380 越简单，幸福指数越高。
8381 喜欢贪小便宜的人，往往成不了大气候；不介意吃小亏的人，往往不会吃大亏。
8382 你生命的境界，将决定你人生的高度；你宽广的胸怀，将决定你人生的格局。
8383 你待人的态度，将决定你人生的成败；你如何对待别人，别人也会如何对待你。
8384 选择大于努力，格局决定结局，心态决定一切。
8385 成功的人听门道，失败的人听热闹。
8386 人生就是呼吸，呼是为了出一口气，吸是为了争一口气。
8387 药不医假病，酒不解真愁。
8388 朋友不怕真坏，就怕假好。
8389 忍一时得寸进尺，退一步变本加厉。
8390 有些事情本身我们无法控制，那就控制好自己。
8391 自己要先看得起自己，别人才会看得起你。
8392 得意时应善待他人，因为你失意时会需要他们。
8393 不要在你的智慧中夹杂着傲慢；不要使你的谦虚心缺乏智慧。
8394 用伤害别人的手段来掩饰自己缺点的人，是可耻的。
8395 世上最糟糕的感受，就是不得不怀疑先前深信不疑的东西。

8396 社会很现实，人们只在意你最终的成就，不会太在意过程。
8397 教养跟家境没有直接关系，但一定跟家教有关系。
8398 人不是屈服于环境或外力，而是被自己的内心压垮的。
8399 痛苦的根源不是因为忙碌，而是因为盲目。
8400 让我们最痛苦的，不是跟没意思的人在一起，而是跟努力表现得有意思的没意思的人在一起。
8401 只有当你很容易感到厌倦的时候，缺乏想象力才算是个问题。
8402 没有回报的恨远比没有回报的爱更能让人显得渺小。
8403 把眼前的事情做到最好，胜过盲目前进。
8404 道德可以弥补智慧的缺陷，但智慧永远无法弥补道德的缺陷。
8405 忙碌不见得会有成效。
8406 小事成就大事，细节成就完美。
8407 人以诚信而立，业因利民而兴。
8408 世界上很多东西越分越小，只有爱越分越大。
8409 水的状态是由温度决定的，人的状态是由态度决定的。
8410 凡事积极主动，凡事全力以赴，凡事用心，凡事负责任。
8411 千万别夜郎自大。
8412 能谦虚就能有成就。
8413 拥有一颗感恩的心。
8414 承担责任，正视错误。
8415 高调做事，低调做人。
8416 雄心勃勃地想，扎扎实实地干。
8417 把小事做大，把细事做精。
8418 面对压力自己扛。
8419 工作中注意一言一行。
8420 做什么事情都要养成有条不紊和井然有序的习惯。
8421 不要随便显露你的情绪。
8422 任何成果和成就都应和别人分享。

8423 做不到的事情不要说，说了就要努力做到。

8424 虚的口号或标语不要常挂嘴上。

8425 大胆思考，小心做事。

8426 不要让问题占据自己的头脑，否则问题会更复杂。

8427 忠诚创造了忠诚，信任创造了信任，友谊缔结了友谊，尽责尽职促发了尽责尽职。

8428 先学做人，后学做事。

8429 快乐地工作，工作才会快乐。

8430 把复杂的工作简单化，把简单的事情做彻底。

8431 干工作只有耐心多一点，态度好一点，动作快一点，层次高一点，成功的机会才会多一点。

8432 弱者专心于一件事，定有所成就；强者分心太多事务，则会一无所得。

8433 历尽天华成此景，人间万事出艰辛。

8434 智者乐水，仁者乐山；智者乐，仁者寿。

8435 若无是非记心头，便是人生好时节。

8436 大成功来自小成功的积累。

8437 真正的进步，当然包含着反省；反省深，进步快。

8438 只有不过关的本领，而没有过不去的关。

8439 想得好不如说得好，说得好不如做得好。

8440 如果存在下次再做好的心思，那么这次你就不可能全部投入，失败的概率就会很大。

8441 在平常中创新，从每一天开始。

8442 精益求精做事，将理论变成结论。

8443 本性流露永远胜过豪言壮语。

8444 如果你失败了，千万不要忘记吸取教训。

8445 无论何时发现自己做错了事，都要竭尽所能尽快去弥补，动作越快越好。

8446 和别人分享你的知识，那才是永恒之道。

8447 抓大事和抓具体从来不是非此即彼，提纲挈领设计与细致入微推动相得益彰。

8448 修正行为，道理懂了，就看行动。

8449 要吸取别人的教训，不能把别人出的事当笑话看，否则问题很快就会出现在自己身上。

8450 多做双赢的事，少做一赢一输的事，不做双输的事。

8451 干一件事就成一件事，干成一件事就相当于在脚下垫起一块砖。

8452 先于变化采取行动。

8453 时时停下来反省，有反省必有成长。

8454 沉住气，急不得，急则不得。

8455 认账才能自省，自省才能改过，改过才能正己。

8456 看问题不能看表象，表象的东西往往是不真实的。

8457 人，必须知道进退。

8458 光有理想不行，光有工作热情也不行，还要有政治智慧，要有工作方法和技巧。

8459 心胸，决定一个人的广度；思想，决定一个人的高度。

8460 悲观主义者在每个机会里看到困难，乐观主义者在每个困难里看到机会。

8461 纠结于一个已经发生的结果，不如平心静气地分析过程，总结教训。

8462 学会用心去读懂世界，而不是睁着双眼看世界，也不要睁一只眼闭一只眼；前者是超凡的人，中者是平凡的人，后者是消极避世的人。

8463 人生不能太过圆满，求而不得未必是遗憾。

8464 一开始就冲刺，不是一开始就瞎撞。

8465 高压状态下保持冷静。

8466 你的胸襟有多大，你的事业有多大。

8467 进退无度，往往进退维谷；荣辱皆忘，即可荣辱不惊。

8468 既要多去干事，又要力求干净；既要大胆尽责，又要慎用权力；既要让群众说好，又不能没有原则，什么都好说。

8469 如果我们想要更多的玫瑰花，就必须种植更多的玫瑰树。

8470 当你不再快乐，打开门；不是要你离去，而是让其他机会进来。

8471 富就富在不知足，贵就贵在能脱俗；贫就贫在少见识，贱就贱在没骨气。

8472 在适当的场合、适当的时间、适当的地点学会说“不”；任何时候都不说“不”，那是你的不幸和悲哀；任何时候都说“不”，那是别人的不幸和悲哀。

8473 思虑过少，可能失去做人的尊严；思虑过多，就会失去做人的乐趣。

8474 若能得而不愧疚，失而无怨悔，得失的结果，就由它去吧。

8475 为了控制执着，必须观照好感觉的大门。

8476 人最悲哀的，并不是昨天失去的多少，而是沉浸于昨天的悲哀之中。

8477 人人都讲理时，有理可走遍天下；人人不讲理时，有理将寸步难行。

8478 委屈中平衡，妥协中前行，虚怀中充实，放弃中收获，谦卑中完善。

8479 只有放下过去，才能成全现在；只有放下担忧，才能更好地前行。

8480 人生中有油门和刹车，别在该加油门时踩刹车，也别在该踩刹车时加油门。

8481 人的优雅关键在于控制自己的情绪。

8482 荣宠旁边辱等待，吃亏背后福自随。

8483 每个人都有潜在的能量，只是很容易被习惯所掩盖，被时间所迷离，被惰性所消磨。

8484 做人恰当其分，是人生的最高境界；做事恰到好处，是人生的最大学问。

8485 急流勇退，见好就收。

8486 人的心若死执自己的观念，不肯放下，那么他的智慧也只能达到某种程度而已。

8487 祷以恒切，盼以喜乐，苦以坚忍，必有所得。

8488 取法于上，仅得为中；取法于中，故为其下。

8489 求木长者须固本，欲流远者必浚源。

8490 修身柔刚宜适度，处世言行方圆兼。

8491 平静比快乐更难得。

8492 面对光明，阴影就在我们身后。

8493 学会面对孤独，你才能跟自己相处。

8494 今天不走，明天要跑。

8495 心静则智生，心乱则愚起。

8496 善用好时间，打造好心态，摆正好位置，善待好自己，管理好情绪，不以物喜，不以己悲；大度从容，淡然自在；宁静致远，幸福常在。

8497 爱自己的基本功就是照顾身体，照顾情绪和管理情绪。

8498 世界上最好的医生是饮食有度、保持平和愉悦的心情。

8499 一切幸福都并非没有烦恼，一切逆境也绝非没有希望。把好自己的口，明了心中的事，干好手里的活，走好自己的路。

8500 勤奋不是马不停蹄，而是有效利用手头的时间；努力不是一味埋头苦干，而是用智慧解决问题。

8501 人驾驭才能，天赋驾驭人。

8502 心态决定情绪，情绪决定心情，心情决定心境，心境决定生活。

8503 心态好，一切安好；好心态，一半在性格，一半在涵养。

8504 性格怎样，看你和什么人在一起；涵养如何，看你怎样要求自己。

8505 在漆黑围绕的时候，你要用信念的明灯照亮前程；在荆棘铺路的时候，你要用理想的利刃披荆斩棘；在风雨狂作的时候，你要用坚强的大伞撑起晴空。

8506 人生就像饺子，无论是被拖下水，还是自己跳下水，一生中不蹚一次浑水就不算成熟。

8507 历经风雨，才能看透人心真假；患难与共，才能领悟感情冷暖。热情的未必有情，淡然的未必漠然。

8508 生命和木头一样，要么熊熊燃烧，要么慢慢腐朽。

8509 你可以很有个性，但某些时候请收敛。

8510 成功与不成功之间有时距离很短，不成功再向前几步就是成功。

8511 不畏将来，不念过往。如此，安好。

8512 生活不能游戏人生，否则就会一事无成；生活不能没有游戏，否则就会单调无聊。

8513 时光长短，唯心所造；一切苦乐，随境所迁。

8514 人生如茶，粗品是苦的，细品是香的。

8515 大隐隐于朝，中隐隐于市，小隐隐于野。

8516 一切的和谐与平衡，健康与健美，成功与幸福，都是由乐观与希望的向上心理产生与造成的。

8517 人最强大的时候，不是坚持的时候，而是放下的时候。

8518 忍耐是坚忍和能耐的简称；学问是苦学和勤问的概括。

8519 什么都可以丢，但不能丢脸；什么都可以再来，唯独生命不能再来；什么都可以抛去，唯有信仰不能抛去；什么都可以接受，唯独屈辱不能接受。

8520 人若把自己框在一定的范围内，就容易限制了自己的思维和格局。

8521 无论你今天怎么用力，明天的落叶还是会飘下来，世上有很多事是无法提前的，要活在当下。
8522 一个人只有学会克制时，才踏入了成熟的第一扇门。
8523 自恨枝无叶，莫怨太阳偏。
8524 人情似纸张张薄，世事如棋局局新。
8525 易涨易退山溪水，易反易复小人心。
8526 人心不足蛇吞象。
8527 我们不改变坏习惯，坏习惯将控制我们一生。
8528 空才能生慧，学才能生智，心宁智生，智生事才成。
8529 心清一切明，心浊一切暗。
8530 不夸言，不愧行。
8531 人生许多的成败，不在于环境的优劣，而在于定位正确、不正确；人生的许多空虚，不在于人身的孤独，而在于心灵的寂寞；人生的许多辉煌，不在于狂热的宣泄，而在于冷静的凝结。
8532 健康源于心，积极心态像太阳，照到哪里哪里亮；消极心态像病毒，传到哪里哪里遭殃。
8533 夫为治有体，上下不可相侵。
8534 效率是“以正确的方式做事”，而效能则是“做正确的事”。
8535 授权不等于弃权，授权之后更要加以监督。
8536 卓越的领导者大都有水的特质：能容纳污浊，又能洁净万物；随着容器形状改变，自己又不失本色；顺势而行，又有自己的方向；表面平静而内具能量。
8537 把 80% 的精力，用在 20% 的事情上，这 20% 的事情就会给你带来 80% 的收益。
8538 不懂得授权就无法走上管理的快车道。
8539 变通是执着的前提，否则执着便是顽固。
8540 不该管理的事越多，能管好的事就越少。
8541 尊重人、信任人、关心人、理解人、帮助人，是建立良好人际关系的五个基本条件。

8542 用势可以以四两拨千斤，如果用力与千斤之力相抗衡，难上加难。

8543 激烈的言语，往往是表示理由的薄弱。

8544 人永远需要两种能力：好好说话和情绪稳定。

8545 刻薄嘴欠和幽默是两回事，口无遮拦和坦率是两回事，没有教养和随性是两回事，轻重不分和耿直是两回事。

8546 大事要敢想，小事要一点点做。

8547 世事洞明皆学问，人情练达即文章。

8548 说话不要有攻击性，不要有杀伤力，不夸己能，不扬人恶，自然能化敌为友。

8549 记住他人的名字，这是语言当中最甜蜜、最重要的声音。

8550 如果想说服他人，应该遵循的第一项原则是：从称赞与真诚的欣赏开始。

8551 讲故事比讲道理更重要。

8552 多替别人着想，就等于给自己铺设一条道路。

8553 和谐需要坦坦荡荡的妥协。

8554 纠缠不休最愚蠢，不但苦了自己，而且烦了别人。

8555 该做的事一定要做，要做就一定做好。

第五辑

修炼气度

8556 当你意识到自己错了，那你还是对的。

8557 人生只有回不去的过去，没有过不去的当下。

8558 不要害怕你的生命会结束，而要害怕它从未开始。

8559 深和高在直线上走到深度和高度，只有广阔能在圆周里运行。
8560 一个伟大的人有两颗心：一颗心流血，另一颗心宽容。
8561 凡是地位日益增高的人都会遭遇到的，那便是人心的险狠和谣言的中伤。
8562 人生如溪流，一路历尽坎坷崎岖的重重的惊险，最终汇入平静的湖泊。
8563 每一种挫折或不利的突变，都带着同样或较大的有利的种子。
8564 每天开开心心地过，何必在乎那些不该在乎的人。
8565 过去的不再回来，回来的不再完美。
8566 因果不曾亏欠过我们什么，所以请不要抱怨。
8567 不可能天天都是好日子，有了不顺心的日子，好日子才会闪闪发亮。
8568 过日子是过以后，不是过从前。
8569 修得一颗平常心，无时不是快乐；修得一颗满足心，无处不是幸福。
8570 大肚能容，容天下难容之事。
8571 心灵要常常保持年轻，头脑要常常保持老练。
8572 只有学会应对不公平才能学会如何生存。
8573 受到再大的打击，只要生命还在，请相信每天的太阳都是新的。
8574 激动时克制，得意时谦逊，徘徊时执着。
8575 互相宽容的朋友一定百年同舟，互相宽容的夫妻一定百年共枕，互相宽容的世界一定和平美丽。
8576 敌人变成战友多半是为了生存，战友变成敌人多半是为了金钱。
8577 做人，品为先，才为次。
8578 希望是火，失望是烟，生活就是一边点火，一边冒烟。
8579 是金子总会发光。
8580 人生如水，有激越，就有舒缓；有高亢，必有低沉。
8581 没有不会谢的花，没有不会退的浪，没有不会淡的疤，没有不会好的伤，也没有不会停下来的绝望。

8582 不要盘算太多，要顺其自然；该是你的终会得到。

8583 最好的状态是正常，最有效的手段是平衡，最高的境界是自然。

8584 心量狭小，则多烦恼；心量广大，智慧丰饶。

8585 觉得委屈是因为把自己看得太重。

8586 心里放不下，自然成了负担，负担越多，人生越不快乐。

8587 复杂的心爱计较，简单的心易快乐。

8588 宽容是智慧和美德，是心灵的解脱和升华。

8589 真正的知识来自内心，而不是得自别人的传授；同时，唯有出自内心的知识，才能使人拥有真正的智慧。

8590 任何一件事情，只要心甘情愿，总是能够变得简单。

8591 高瞻远瞩谋事，脚踏实地做事。

8592 放下，才是人间的大智慧；淡泊，才是真正超越世俗的洒脱。

8593 心胸宽广的人没有痛苦，欲望无穷的人没有欢乐。

8594 最宝贵的莫过于生命，每一种生命都有其存在的价值与意义。生命之初源于形，生命之终归于魂，这形与魂的行途之中，到处焕发着生命智慧的光芒。

8595 真正的慷慨是真正的智慧。

8596 包容既是一种生活艺术，也是一种处世智慧；包容之人，是真正的慧人智士。

8597 拿得起是一种力量，放得下是一种智慧。

8598 星多夜空亮，人多智慧广。

8599 难得糊涂是一种处世策略，也是一种智慧。

8600 智慧的代价是矛盾。在追求智慧的过程中，人在矛盾中努力前行，试图化矛盾为神奇。

8601 集体的力量如钢铁，众人的智慧如日月。

8602 等待是一种智慧，学会等待便是莫大的智慧。

8603 恰当的低头并不是一种懦弱，它是一种真正的大智慧。

8604 痛而不言是一种智慧，笑而不语是一种豁达。

8605 成人之美，不成人之恶。

8606 小不忍，则乱大谋。

8607 愤怒常常是弱者的象征。

8608 登高山务攻绝顶，赏大雪莫畏严寒。

8609 心态是一种内心处事标准的外在体现；心情的晴雨影响心态，心态决定命运。

8610 留一片空白，随时浓墨重彩。

8611 对于不可改变的事实，除了认命以外，没有更好的办法了。

8612 别因为落入了一根牛毛就把一锅奶油泼掉，别因为犯了一点错误就把一生的事业扔掉。

8613 不受天磨非好汉，不遭人妒是庸才。

8614 人在得意时须沉得住傲气，失意时则要忍得住火气。

8615 挫折经历得太少，所以才把一些琐碎的小事看得很重。

8616 放弃掌声的动听，换取心灵的平静。

8617 人与人之间，弱者与强者之间，成功与失败之间最大的差异就在于意志力量的差异。

8618 有得未必有失，有失未必有得。

8619 解开烦恼即为智慧，解开痛苦即为快乐。

8620 愚蠢的人主动制造痛苦，聪明的人主动制造快乐。

8621 有的逆境有益无害，有的逆境有害无益。

8622 忍一时不一定风平浪静，退一步不一定海阔天空。

8623 顺境增加人的信心，逆境减少人的信心。

8624 万事有盛必有衰，万事有衰必有盛。

8625 静极而生灵感，烦极而生智慧。

8626 有的事情不得不强求，有的事情不得不放弃。

8627 忍得一时之气，免得百日之忧。

8628 志骄者必败，气盈者必覆。

8629 人有逆天之时，天无绝人之路。

8630 物必先腐而后虫生，人必先疑而后谗入。

8631 成功并不能用一个人达到什么地位来衡量，而是依据他在迈向成功的过程中，到底克服了多少困难和障碍。

8632 每一个故事都会结束，但是生活中，每一个故事的结束也是一个全新故事的开始。

8633 生活，就是一边拥有，一边失去，一边选择，一边放弃。

8634 逆境时切记忍耐，顺境时切记收敛，得意时切记看淡，失意时切记随缘。

8635 人生就是经历，经历痛苦才知幸福，经历失去就懂珍惜，经历严寒才知春暖。

8636 两个人的沟通，70%是情绪，30%是内容。

8637 在意见不统一的时候，不再固执己见，而是选择聆听。

8638 很多时候，糟糕的并不是交情本身，而是看问题的心态。

8639 人之所以活得累，是因为放不下架子，撕不开面子，解不开情节。

8640 勇者无畏，智者无惧。

8641 焦点利众，方能得到众人的响应与拥护。

8642 少记恨，少抱怨，凡事宽容是智慧。

8643 不能改变天气，但可以改变心情；不能选择容貌，但可以选择表情；不能预支明天，但必须用好今天。

8644 不管在什么地方，生活都有喜有悲，没有必要羡慕别人增添自己的烦恼。

8645 要学会取悦自己，解救自己。

8646 生命只有一次，不管你怎么绽放，总会有人质疑。所以做好自己，开心就好。
8647 所谓岁月静好，不过是咬牙坚持，又保持微笑。
8648 偶然的成功比失败更可怕。
8649 在敌人面前，谁先镇定下来，谁就离胜利不远了。
8650 明天是世上增值最快的一块土地，因为它充满了希望。
8651 先平己见，而后能够听人言。
8652 善观人者观己，善观己者观心。
8653 一个好的领导者，不是成就自己的完美，而是成就他人的完美。
8654 只想单打独斗或者一人揽功的人是不会成为伟大领导者的。
8655 在你成为领导者之前，自我成长便是成功；当你成为领导者之后，成功则是促进他人的成长。
8656 鼓励自己的最好办法，就是鼓励别人。
8657 生命之长短不重要，只要你活得快乐，在有生之年做些有意义的事，便已足够。
8658 不管你经历了多痛苦的事情，到最后都会渐渐遗忘，因为没有什么能敌得过时光。
8659 这个伟大的世界永远旋转，不断地改变陈规。
8660 忌妒别人，仇视异己，就等于把生命交给别人。
8661 强者之争终有停息，弱者之战永无休止，因为弱者从来不承认自己是弱者。
8662 生活中其实没有绝境，绝境在于你自己的心没有打开。
8663 不要为过去的悲伤浪费眼泪，也不要躺在曾经的掌声里沉睡；勇敢地和过去说再见，走好脚下的路，才能收获灿烂的明天。
8664 与其抱怨过去，不如认真面对未来。
8665 慢慢释怀，才能让自己变好。
8666 心态决定看世界的眼光，行动决定生存的状态。
8667 岁月是一场有去无回的旅行，好的坏的都是风景。
8668 强者向人们揭示的是确认人生的价值，弱者向人们揭示的却是对人生的怀疑。

8669 一些事太过计较，计较过了头，就失去了意义；不是所有的事情都是此黑彼白，不是所有的讨论都要非输即赢。

8670 假如不能控制自我的心态，人生必将摇摆不定，终将会与失败为伍，与成功绝缘。

8671 简单，是经历千锤百炼“复杂”后的状态，汇集了人生百味的丰富与安静。

8672 心宽路就宽，心窄路就窄。

8673 一个人越想过异常的生活，越会失掉原来幸福的生活；心平气和最重要，顺其自然是常理。

8674 没有挫折的成功，便不能叫成功，至少是没有很大价值的。

8675 能改变的只是自己的心态，不变的是事物的本质。

8676 人生的经历，是一种无形的财富；境界的提升，是一种无比的喜悦；有经历才能体验真情实感，有体验才能激励思想升华。

8677 忧虑的心使人消沉，一句良言振奋人心。

8678 不要总是谈论自我，很少人会感兴趣。

8679 任何经历都是一种积累，积累的越多，人就越成熟；经历的越多，生命就越有长度。

8680 日积月累，快乐会变成一种习惯。

8681 精彩的人生来自多变的生活，新色彩则来自旅途的美景。

8682 正能量就像是黎明的太阳，以无比的热情给世界带来光芒；正能量就是狂风暴雨中的一把伞，用挺拔的身姿抵挡风的咆哮、雨的阻挠；正能量就是人性的光辉，在大地间传递的向上的力量。

8683 不幸往往来自比较，而幸福也是来自比较。

8684 能使我们感觉欢乐的，不是环境，而是态度。

8685 人生是条无名的河，是深是浅都要过；人生是杯无色的茶，是苦是甜都要喝；人生是首无畏的歌，是高是低都要和。

8686 得不到的事物别惦记，负能量的事物要远离，人生本就不差风雨，就别再为己徒增伤悲。

8687 凡事不必苛求，来了就来了；凡事不必计较，过了就过了；遇事不要皱眉，笑了就笑了；结果不要强求，做了就对了。生活就是一种简单，心静了就平和了。

8688 不要妄想能够猜透一个人，人心是最深不可测的。

8689 再高的人有时也需踮足，再矮的人有时也需屈身。

8690 不要沉溺于过去，不要幻想未来，集中精力，过好眼下的每一分每一秒。

8691 忘记失败的痛苦，铭记失败的原因。

8692 跟别人比，会使自己永远都不快乐；跟自己比，看到自己每天都在进步，你会很快乐。

8693 接受过去和现在的模样，才会有能量去追寻自己的未来。

8694 以平常之心，接受已发生的事；以宽阔之心，包容与自己意见不同的人；以喜悦之心，帮助须帮助的人；以放下之心，面对难割舍的人或事；以美好之心，欣赏周遭的事物；以真诚之心，对待每一个人；以愉悦之心，分享他人的快乐；以感恩之心，感激拥有的一切。

8695 有些事，不是不在意，而是在意又能怎样；人生不能靠心情活着，要靠心态去生活。

8696 心累的时候，换个角度看世界；压抑的时候，换个环境深呼吸；困惑的时候，换个位置去思考；犹豫的时候，换个思路去选择；郁闷的时候，换个环境找快乐；烦恼的时候，换个思维去排解；自卑的时候，换个想法去对待。

8697 快乐属于知足者，幸福属于感恩者。

8698 懂得感恩的人，遇到祸也可能变成福；只知抱怨的人，碰上福也可能变成祸。

8699 幸福的秘诀，就是不抱怨过去，不迷茫未来，只感恩现在。
8700 每个人都要长大，但不是每个人都懂得长大。
8701 低头要有勇气，抬头要有底气。
8702 打击与挫折是成功的踏脚石，而不是绊脚石。
8703 没有礁石，就没有美丽的浪花；没有挫折，就没有壮丽的人生。
8704 人的困惑和忧郁，有时是因为忘了发现和欣赏自己拥有的，而一味地羡慕甚至忌妒别人拥有的。
8705 要先把手放开，才抓得住精彩的未来。
8706 黑夜的转弯是白天，愤怒的转弯是快乐，所以有的时候让心情转个弯就好了。
8707 放下放不下的，才是成长。
8708 有的真，完全是假装；有的善，靠的是伪装；有的美，离不了包装。
8709 不经历苦痛和磨难，哪来澄明平静的心态？
8710 一切都不是自己想怎样就怎样的，活着就要学会身不由己。
8711 损人利己，是可耻；损人不利己，是可悲。
8712 没了啥，也别没了良知；丢了啥，也别丢了良心；忘了啥，也别忘了感恩。
8713 世界没有悲剧和喜剧之分，如果你能从悲剧中走出来，那就是喜剧；如果你沉湎于喜剧之中，那它就是悲剧。
8714 失败并不意味着你浪费了时间和生命，失败表明你有理由重新开始。
8715 欢喜中持有一份凝重，悲哀时多留一丝希望。对生活负责任，谨慎对待每一个属于自己的日子。
8716 对于一个人来说，精神的富有往往要比物质的富有重要得多。
8717 你怎样对待别人，别人也会怎样对待你。

8718 伤感一类的情绪，是对短暂的生命的浪费，实在没必要。

8719 恨别人，痛苦的却是自己。

8720 你关注什么样的人，决定你将看到什么样的世界。

8721 失败时郁郁寡欢，这是懦夫的表现。

8722 影响我们人生的绝不仅仅是环境，其实是心态在控制人的行动和思想，同时心态决定了一个人的视野、事业和成就甚至一生。

8723 压力、挑战，这一切消极的东西都是取得成功的催化剂。

8724 要生活得漂亮，需要付出极大忍耐，一不抱怨，二不解释。

8725 如果别人朝你扔石头，就不要扔回去了，留着做你建高楼的基石。

8726 真正懂得微笑的人，总是容易获得比别人更多的机会。

8727 生活，一半是回忆，一半是继续。不乱于心，不困于情。

8728 心若向阳，哪里都会是晴天。

8729 认真的人改变自己，坚持的人改变命运。

8730 心中的恐惧，往往比真正的危险巨大得多。

8731 幸福不在得到的多，而是计较得少。

8732 要在不愉快的日子里，寻找生活藏起来的温柔。

8733 发射自己的光，但不要吹熄别人的灯。

8734 不盲目骄傲，不刻意渺小。

8735 心中有敌，天下皆为敌；心中无敌，无敌于天下。

8736 你所烦恼的原因在于你读书不多而想得太多。

8737 超乎一切之上的一件事，就是保持青春朝气。

8738 人生快不快乐看心情，幸不幸福看心态。

8739 如果你心中有痛苦，不妨常去看流星，也许痛苦会随着流星划过长空的瞬间减轻。

8740 渺小的开始，可以成就雄伟而宏大的事业；平凡的开始，可以走出崇高而伟大的人生。

8741 宁愿笑着流泪，也不哭着说后悔。

8742 世界总是一样的，只是我们的心情和遭遇不一样而已。

8743 放过烦恼，烦恼才会放过自己；人心就像一个容器，装的快乐多了，郁闷自然就少。

8744 大多数事情，不是你想明白后才觉得无所谓，而是你无所谓之后才突然想明白。

8745 你永远无法叫醒一个装睡的人，你也永远无法感动一个不爱你的人。

8746 大喜大悲看清自己，大起大落看清朋友；没有一颗足够宽容的心，就看不到一个春光明媚的世界。

8747 人生不如意事十之八九，真正有格局的人，既能享受最好的，也能享受最坏的。

8748 永远不要把一次失败与最终失败混为一谈。

8749 生命最长久的人并不是活的时间最多的人。

8750 正是由于缺憾的存在，才会让我们对未来充满憧憬，才会有梦想和追求。

8751 哭出来才能解决悲伤，笑出来才能疏解心情。

8752 成功的人影响别人，失败的人被人影响。

8753 追求让人充实，分享让人快乐。

8754 人生舞台的大幕随时都可能拉开，关键是你愿意表演，还是选择躲避。

8755 若将过去抱得太紧，怎么能腾出手来拥抱现在？

8756 当你珍惜自我的过去，满意自己的现在，乐观自己的未来时，你就站在了生活的最高处。

8757 强者不会把人放倒，而是把别人举起来。

8758 你简单，世界就是童话；心复杂，世界就是迷宫。

8759 痛苦侵蚀的心灵才会更强大。

8760 使人成熟的是经历，而不是岁月。

8761 不要整天抱怨生活，生活根本就不会知道你是谁，更别说它会听你的抱怨。

8762 生活没有太多的十全十美，所有的酸甜苦辣都是最好的回忆。

8763 大气的人，从不为已经不属于自己的东西而惋惜。

8764 与积极的人在一起，可以让我们心情高昂。

8765 随缘不是得过且过，或是因循苟且，而是尽人事听天命。

8766 即使输了一切，也不要输掉微笑。

8767 学会成全，是人生的智慧，也是人生的一种境界。

8768 生活需要自强不息，它可以让你冲破一切障碍，把困难踩在脚下；生活需要自强不息，它可以令你更加勇敢、更加勇于面对任何挑战；生活需要自强不息，它可以使你重获新生，获得战胜一切的勇气。

8769 乐观是心胸豁达的表现，乐观是生理健康的目的，乐观是人际交往的基础，乐观是工作顺利的保证，乐观是战胜挫折的法宝。

8770 帮助如春风化雨，滋润人心；帮助如雪里送炭，驱除寒冷；帮助如良师益友，共同进步；社会需要帮助，理当杜绝冷漠。

8771 一帆风顺，并不等于行驶的是一条平坦的航线。

8772 有时候，放弃进攻的言词，摒弃愤怒的冲动，释怀报复的渴望，本身就是一种宽容。

8773 月满则亏，水满则溢。

8774 命运对耐心等待的人给予的往往是双倍的奖赏。

8775 居功自傲，无异于引火烧身，不骄不卑才是保全自己的良策。

8776 接受失败，但不选择放弃。

8777 很多时候，不快乐并不是因为快乐的条件没有齐备，而是因为活得还不够简单。

8778 其实，所有纠结作选择的人心里早就有了答案，咨询只是想得到内心所倾向的选择。

8779 成功，是内心的造就。

8780 祸至不惧，福至不喜。

8781 不为穷变节，不为贱易志。

8782 不要在已成的事业中逗留着。

8783 大海的宽广在于汇集大大小小的川流，生命的汪洋在于包容深深浅浅的缘分。

8784 以责人之心责己，以爱己之心爱人。

8785 处事须留余地，责善切戒尽言。

8786 勿偏信而为奸所欺，勿自任而为气所使。

8787 解释有时候是多余的，因为真正懂你的人不需要你来解释，而不懂你的人却不用你解释。

8788 看到远处，才不会被眼前的景象所迷惑。

8789 量大祸不在，机深祸亦深。

8790 心里只爱自己，会当局而迷；局外常看自己，能旁观而清。

8791 境界越高，胸怀就越大，眼界也越宽，自然脚下的路会越长。

8792 大话好说，但不是大气量；大度难为，必须有大肚量。

8793 以肚量看人，量小非君子；以度量论人，无量真小人。

8794 气度决定风度，气量决定肚量，气魄决定胆魄。

8795 粗心大意的人难以成事，谨小慎微的人难成大事。

8796 只有心态淡定的人，方可淡泊以明志；只有心境安宁的人，方可宁静而致远。

8797 偏见，是由于审视一个人的角度不对；成见，是因为评价一个人的坐标不对。

8798 不要凡事都依靠别人，在这个世界上，最能让你依靠的人是自己，能拯救你的人也只能是自己。

8799 自视其高的，终将降为低；自觉其大的，终将变为小；自恃其傲的，终将沦为卑。

8800 没有走不到顶的山，只有找不到路的人。

8801 战胜敌人需要一天，而战胜自己需要一辈子。

8802 一个人是在对周围生活环境的反抗中创造成功的。

8803 不要辜负上天赐予你的健康体魄和智慧头脑。

8804 妙有时是巧，所以妙语生巧思；妙有时是奇，所以妙计出奇招；妙有时是玄，所以妙境藏玄机。

8805 对自己不满是任何真正有才能的人的根本特征之一。

8806 人生最大的错误是不断担心会犯错。

8807 鼓舞人前进的是希望，而不是失望。

8808 有容德乃大，无欲心自闲。

8809 在上不骄，在下不谄。

8810 欲说还休，是一种含蓄；欲言又止，是一种理智。

8811 小题大做何以大惊小怪，大同小异怎能以小见大。

8812 纵容别人，有人是为了放纵自己；宽容别人，有人是为了宽恕自己。

8813 忙时井然，闲时自然；顺多偶然，逆多必然；得之坦然，失之怡然；捧则淡然，贬则泰然。

8814 所有过不去的都会过去，要对时间有耐心。

8815 在光明中解释光明，不言而喻；在黑暗中辨别黑暗，不可理喻。

8816 繁华三千，看淡即是云烟；烦恼无数，想开就是晴天。

8817 不因偶得偶失轻易扭曲自己，不因一时一事随意改变自己。前者是豁达，后者是练达。

8818 社会思想越是多元越要确立主导，越是多样越要凝聚共识，越是多变越要高扬主流。

8819 社交的本质：任何社交都不如提升自己，任何社交都是为了提升自己。

8820 能够把自己压得低低的，那才是真正的尊贵。

8821 不要努力成为一个成功者，要努力成为一个有价值的人。

8822 一时的忍耐是为了更广阔的自由，一时的纪律约束是为了更大的成功。

8823 柔软的心最有力量。

8824 有些烦恼，只有丢掉了，才有云淡风轻的机会。

8825 置身卓越的环境并追求卓越，将会变得卓越。

8826 过于欣赏自己，就发现不了别人的优点；过于赞赏别人的优点，就会看不见自己的长处。

8827 上一秒已成过去，曾经的辉煌仅仅是曾经。

8828 丢掉抱怨，去为自己的选择埋单。

8829 没有人能让你输，除非你不想赢。

8830 该坚持时就坚持，以不变应万变；该改变时就改变，以万变应不变。

8831 人生短短数十载，最要紧的是证明自己，而不是讨好他人。

8832 以乐观的心态感悟风起云涌，以平淡的心境笑看日出日落。

8833 胸怀是人谋事与成事的格局，境界是人起点与终点的尺度。

8834 立大志需以“屈”养精蓄锐，成大业需靠“伸”大显身手。

8835 坎坷是人生走向成功的财富，曲折是人生走向成功的资本。

8836 境界决定做人的起点与终点，胸怀决定做事的选择与成就。

8837 能舍“面子”，才撑起面子；死要“面子”，才毁掉面子。

8838 改变可能改变的一切是大勇，适应不能改变的一切是大智。

8839 多一些宁静，就少一些后悔；多一些忍让，就少一些麻烦。

8840 沉着冷静是成就大事的风范，敢想敢干是创造奇迹的风范。

8841 昨天的事不要留恋，明天的事不要张望，今天的事不要放松。

8842 遇到困难越多，潜力发挥越大；遇到坎坷越多，意志磨炼越强。

8843 得意时要冷静，不要喜形于色；失意时要镇静，不要无精打采。

8844 传递正能量是人生成功的过程，传递负能量是人生失败的过程。

8845 倒下去能爬起来定会成功，爬起来比倒下少一次就是失败。
8846 只有看到不足，才能不断前进；只有不断前进，才能走向光明。
8847 读书不是为了炫耀，而是为了更好地沟通。
8848 之所以阅读，是希望人生在世有更多自由和可能。
8849 读书的最大理由是想摆脱平庸，早一天就多一分人生的精彩，迟一天就多一天平庸的困扰。
8850 心因饱经忧郁而愈益温厚。
8851 补救一个错误，与时间无任何的关系，主动寻求一个新的开始永不为迟。
8852 人总是在失去了才知道珍惜。
8853 最好的，不一定是最合适的；最合适的，才是真正最好的。
8854 苦也好，乐也好，过去的不悦不再重提。追忆过去，只能徒增伤悲。
8855 要学会忘记，忘记那些不该记住的东西，忘记不属于自己的一切。
8856 沉湎在一段往事中彷徨无奈、痛不欲生的时候，释怀是明智的选择。
8857 学会一笑置之，超然待之，懂得隐忍，懂得原谅，让自己在宽容中壮大。
8858 天赋的才华，生命的阅历，加上后天的坚持，是成功。
8859 不畏难，方能克难；不怕事，方能成事。
8860 熔炉可以锻炼钢铁，寒门可以培养栋才，困境可以成就伟人。
8861 世界上没有天生的才气，才气必须经过磨炼。
8862 令人沮丧的往往并非事实，而是比较。
8863 征服畏惧、建立自信的最快最确实的方法，就是去做你害怕的事，直到你获得成功的经验。
8864 具有博大胸襟的人，才有可能在心灵上潇洒；具有自信和实力的人，才有可能在外表上潇洒。
8865 烈火试真金，逆境试强者。

8866 失败是坚忍的最后考验。

8867 成功的关键在于我们对失败的反应。

8868 可以解决的事情不用担心，不能解决的事情担心也没有用。

8869 成功无须解释，失败却有许多托词。

8870 人要有足够的压力，才能超越巅峰。

8871 傲气如果傲得有理，那就是豪气；霸气如果霸得无理，那就是匪气。

8872 不贵于无过，而贵于能改过。

8873 人不可选择出身，但可以选择命运。

8874 深刻，有时是一种思想的尖锐；尖锐，有时是一种思辨的深邃。

8875 不阿谀以苟合，不谄媚以求亲。

8876 原则问题须坚持，细小末节要退让。

8877 人的视野，往往被偏见遮挡；人的境界，常常因成见降低。

8878 观察人，离不了细节；评价人，不纠缠枝节；使用人，主要看大节。

8879 具有优点的人值得学习，不掩饰缺点的人值得尊敬。

8880 敢爱敢恨当然好，但爱憎分明更重要。

8881 简单的生活，体现的是不简单的生存；简约的思想，反映的是不单纯的思维。

8882 逆境是一所学校，困难和挫折是严格的考官。

8883 低下的是头，弯曲的是膝，挺直的永远是脊梁。

8884 过程的伟大，就在于一系列的身心磨难和无数次的心理体验。

8885 真正的强者，不是要压倒一切，而是不被一切困难所屈服。

8886 人人心中有一盏灯，强者经风不息，弱者遇风即灭。

8887 弱者将在困厄中沉沦；强者将在困厄中奋起。

8888 不要抱怨生活中遇到的困难和挫折，而应把这当成磨炼自己的机会。

8889 决定一个人心情的，不在于环境，而在于心境。

8890 认定自己的独特之处，成就你独一无二的形象。

8891 命运要你成长的时候，总会安排一些让你不顺心的人或事刺激你，这是规律。

8892 迎头搏击才能前进，勇气减轻了命运的打击。

8893 傲骨不可无，傲心不可有。无傲骨则近于鄙夫，有傲心不得为君子。

8894 年轻时受些苦，才会真正谦恭。

8895 努力造就实力，态度决定高度。

8896 抬头看天是方向，低头看路是清醒；抬头做事是勇气，低头做人是底气。

8897 不要有怀才不遇的想法——怀才不遇多半是自己造成的。

8898 遭遇欺骗的时候，可以原谅，但不能遗忘；可以不去点破它，但不能无动于衷。

8899 拥有逆境，便拥有一次创造奇迹的机会。

8900 人生自有其沉浮，每个人都应该学会忍受生活中属于自己的一份悲伤。

8901 时间告诉你什么叫衰老，回忆告诉你什么叫幼稚。

8902 肯低头的人，永远不会撞到矮门。

8903 算长远账，算政治账，算民心账。

8904 树立大局观，树立长远观，树立整体观。

8905 将苦看作“补”、比作“乐”；将难看成“验”、当成“炼”。

8906 心中只装着自己，自身也就变得渺小。

8907 明白事理的人使自己适应世界，不明事理的人硬想使世界适应自己。

8908 人生的必修课是接受无常，人生的选修课是放下执着。

8909 人生不怕起点低，就怕没追求；人生不怕走得慢，就怕走错路；

人生不怕不如意，就怕想不通。

8910 宽恕是温柔的象征，而报复是残暴的标志。

8911 最快的脚步不是超越，而是继续；最慢的步伐不是小步，而是徘徊。

8912 人生是一个容器，装下的快乐多了，烦恼就少了。

8913 淡定是一种真，更是一种善；淡定是一种美，更是一种崇高。

8914 事烦心不乱，食少病无侵。

8915 放下过去是拥抱未来的前提条件。

8916 能容难容之事，谓之度量；敢为难为之事，谓之气魄；可成难成之事，谓之智慧。

8917 智莫大于心悟，愚莫大于心迷。

8918 智慧的人从来不说自己聪明，愚蠢的人就怕别人说自己不聪明，傻瓜却常常说自己聪明。

8919 肯定一切是无知，否定一切是愚蠢。

8920 愚者认敌为友，智者则化敌为友。

8921 清醒的智者往往处变不惊，既可以以变应变，又能够以不变应万变。

8922 只明白了得失，是聪明；真懂得了取舍，才是智慧。

8923 在恶人的字典里，智慧是更大的罪恶。智慧，只有与真善美结缘，才会光彩夺目。

8924 争论是交流智慧，争吵是交换无知。

8925 难做悠悠来者，人生总该干点什么；不做匆匆过客，生命总要留点什么。

8926 生活有兴趣，才会有趣味；人生有生气，才会有生机；生命有动力，才会有活力。

8927 生活，是五味杂陈的哲学；人生，是七色斑斓的艺术。

8928 失败是生命的必修课，教训是人生的良师益友。

8929 为活而活着，可能活得殷实，但绝对活不出精彩。

8930 珍惜生命所得到的，忽略生命该得到的，忘记生命没得到的，人才会活得洒脱自在，也才能死得无牵无挂。

8931 生命如果不是一个谜，生活还会有什么趣味，人生还能有多少魅力。

8932 生活，一旦把糊涂当明白，思想一定贫乏；生命，一旦把肤浅当深刻，灵魂一定苍白。

8933 敢于向黑暗宣战的人，心里必须充满光明。

8934 只有生的完全燃烧，死才会成为辉煌。

8935 只有死得无憾，才可以说生得有幸。

8936 出生入死，是常理；生离死别，是常情；生生死死，是常规。

8937 改变态度才有创新。

8938 利居众后，责在人先。

8939 若不自欺，无人能欺。

8940 所谓为人低调，其实是修行的境界。

8941 快乐是短暂的，心安才是永恒的。

8942 走过的路，才知道有短有长；经过的事，才知道有喜有悲；品过的人，才知道有真有假。

8943 由不以为然到自然而然是开悟，由顺其自然到超然物外是彻悟。

8944 一颗平常心，永远不会产生皱纹。

8945 心如止水，水中常有明月；心如云天，云开就见苍穹；心如明镜，镜里笑生莲花。

8946 养心五要：心情，需要经营；心态，需要调剂；心境，需要营造；心灵，需要滋养；心性，需要修缮。

8947 难舍而舍，心情不会快乐；为舍而舍，心态难以平和。

8948 心境沉迷，所以难有顿见；心境澄明，所以时有顿悟。

8949 心无所虑，心无所忌，心无所羁，方可自在、自然、自为。

8950 心气要高，姿态要低，低成就高；心胸要宽，心态要平，平自然宽。

8951 守不住宁静，守不住平和，也就守不住快乐，守不住幸福。

8952 面对云卷云舒，心境要平；面对花开花落，心神要定；面对峰高峰险，心态要稳。

8953 心定，则心态自在；志在，则志业自成。

8954 被需要的人是幸福的。

8955 对奉承自己和蔑视自己的人都不要放在心上，而且忘得越快越好。

8956 看轻自己，才会自觉地看重他人；看淡自己，才会清醒地看好他人。

8957 待人要有平等心，对己要持平常心。

8958 明白人偶尔装糊涂，糊涂人常常装明白。

8959 能舍弃本来属于自己的，能放弃可能属于自己的，能丢弃本来不属于自己的，还有什么诱惑不可战胜。

8960 宽恕他人，就是宽慰自己；尊崇他人，就是尊重自己。

8961 既然我们改变不了别人的脾气，那就学会调整好自己的心情。

8962 人有缺点并不可怕，而企图掩饰缺点的心理却是更大的缺陷。

8963 大度的人，不计较得失；宽容的人，不看重毁誉；自信的人，不苛求是非。

8964 痛苦时的心境如何，快乐时的心情怎样，既可以验证一个人的品格，更可以检验一个人的修养。

8965 成功时不要把自己看作巨人，失败时不要把自己看作矮子。

8966 庸人的缺点在于不能控制自己的感情，容易失去理智，而成功者则善于把握这个尺度、谨慎处事。

8967 傻得可爱，那一定是痴；傻得可笑，那一定是呆；傻得可怜，那一定是蠢。

修炼勤俭

8968 有节制的饮食能延长生命，放纵食欲就缩短生命。

8969 每一天都是一个阶梯，是向既定目标迈进的新的一步。

8970 只要持续地努力，不懈地奋斗，就没有征服不了的东西。

8971 勤劳一日，可得一夜安眠；勤劳一生，可得幸福长眠。

8972 人勤春早，政勤民安。

8973 树苗如果因为怕痛而拒绝修剪，那就永远不会成材。

8974 生活不可能像你想象得那么好，但也不会像你想象得那么糟。

8975 学习如钻探石油，钻得越深，越能找到知识的精髓。

8976 人生之光荣，不在永不失败，而在能屡败屡战。

8977 克勤克俭，无怠无荒。

8978 知不足者好学，耻下问者自满。

8979 好学而不贰。

8980 读书百遍，其义自见。

8981 学之广在于不倦，不倦在于固志。

8982 闲散如酸醋，会软化精神的钙质；勤奋如火酒，能燃烧起智慧的火焰。

8983 使人站起来的不是双脚，而是理想、智慧、意志和创造力。

8984 白发不等于智慧。

8985 怕吃苦的人苦一辈子，不怕吃苦的人苦一阵子。

8986 为自己找借口的人，永远不会进步。

8987 勇敢地面对现实，逃避解决不了任何问题。

8988 人活着就意味着艰辛，苦难是人生的必经之路。

8989 前往伟大的巅峰之路，必定崎岖。

8990 一个伟大的概念诞生之后，要马上付诸行动，否则恐惧会乘虚而入。

8991 自信是在不断拒绝又不断坚持的反复的过程中建立起来的。
8992 有两种人永远无法超越别人，一种是只做别人交代的事，另一种是做不好别人交代的事。
8993 毅力可以征服任何一座高峰。
8994 再多一点努力，就多一点成功。
8995 智慧的花朵，常常开放在痛苦思索的枝头上。
8996 智慧都是长在伤口处。
8997 坚定不移的智慧是最宝贵的东西，胜过其他一切。
8998 懒惰没有牙齿，但可以吞噬人的智慧。
8999 细想出智慧，细嚼出滋味。
9000 智慧之士比一般人更需要阅读、观察、学习、沉思以及训练自己，总之，他需要不受打扰的闲暇。
9001 就算砸碎钟表，谁也休想把时间的脚步束缚一秒钟。
9002 自己吃过的苦会照亮未来的路。
9003 时间不过是围墙上斑驳的阴影，每个人坚持走下去，都能遇见光芒。
9004 奋斗是成功之父。
9005 不要随便说自己没有时间，时间都是挤出来的。
9006 凡是有生命的人，就一定会有时间。
9007 愚勤事倍功半，智懒事半功倍。
9008 勤奋的代价是耗损健康和精力，懒惰的代价是浪费精力和时间。
9009 努力是成功的躯体，智慧是成功的灵魂。
9010 说废话、浪费语言，不足为惜；做废事、浪费时间，白忙一场。
9011 劳动强筋骨，无病便是福。
9012 过来人常说的经验的确重要，更重要的是自己动手去收获经验。
9013 生活对于智者永远是一首昂扬的歌，它的主旋律永远是奋斗。

9014 把自己当傻瓜，不懂就问，你会学得更多。
9015 一年之中务求不虚度一日，一日之中务求不虚度一时。
9016 人生没有如果，命运没有假设；不要尽力而为，而要全力以赴；想要不可替代，就必须与众不同。
9017 要学习共产主义风格，不和劳动打交道是学不好的。
9018 再好的种子，不播种下去，也结不出丰硕的果实。
9019 勤奋为创造机遇之源泉，懒惰则足以使机遇泯灭。
9020 随随便便浪费的时间，再也不能赢回来。
9021 不管前方的路有多苦，只要走的方向正确，不管多么崎岖不平，都比站在原地更接近幸福。
9022 忍耐力较诸脑力，尤胜一筹。
9023 生活不会因为某个节点，而变得与众不同，未来的幸运都是过往努力的积攒。
9024 一个人醒悟的程度，缘于他所遭受的苦难的深度。
9025 如果只是向往，远方依旧是远方。
9026 成功就是日复一日那一点点小小努力的积累。
9027 艰难的道路经常通往高处。
9028 含泪播种的人必定能含笑收获。
9029 困难只能吓倒懦夫、懒汉，而胜利永远属于敢于攀登高峰的人。
9030 努力的意义是为了看到更大的世界，是为了自由地选择人生，是为了变成自己喜欢的样子。
9031 每一个繁花似锦都是经历了暗涛汹涌，每一个鲜艳夺目都是经历了风吹雨打，每一个风光无限都是经历了黯然伤神。所有的一切，只有经历过的人，才更懂得背后的力量。
9032 懒惰像生锈一样，比操劳更能消耗身体。经常用的钥匙，总是亮闪闪的。
9033 智慧源于勤奋，伟大出自平凡。
9034 不要让安逸盗取我们的生命力。

9035 其实我们往往不是失败在昨天，而是失败在没有很好利用今天。

9036 在挫折中坚强，在逆境中前行，在失败中奋起，一定会赢得成功的掌声。

9037 没有道路直接通向成功，必须用自己的辛勤与汗水凝结这条漫长的道路。

9038 过去是经历，现在是尝试，未来是期待。用经历尝试就会达到你的期待。

9039 经受过严寒的人，才知道太阳的温暖；饱受人生艰辛的人，才懂得生命的可贵。

9040 坚持别人不能坚持的，才配拥有别人没有的。

9041 不是每一次努力都会有结果，但每一次努力都在成长。

9042 把尽力而为变成竭尽全力。

9043 运气就是机会碰巧撞到了你的努力。

9044 没有什么可惜不可惜，只有现在有没有努力。

9045 当人认识到了自己的伟大，他就开始变得坚强了；当人认识到了自己的渺小，他也就开始变得成熟了。

9046 勤奋和智慧是双胞胎，懒惰和愚蠢是亲兄弟。

9047 所谓没有时间，是因为没有很好地利用时间。

9048 不曾扬帆，何以至远方。

9049 勤俭节约，可以使人更高尚更美丽。

9050 如果你真的愿意为自己的梦想去努力，最差的结果，不过是大器晚成。

9051 走过一些漫不经心，方知人生容不得放任。

9052 最值得欣赏的风景，是自己奋斗的风景。

9053 怕走崎岖路，莫想登高峰。

9054 唯有奋斗才能增强实力。历经苦难而不气馁，那就是实力。

9055 时间是单行道，过去了，回不来。
9056 这世界不单单是靠聪明伶俐支撑起来的，还有天道酬勤。
9057 努力一点，现在想要的未来都会有。
9058 想而奋进的过程，其意义远大于未知的结果。
9059 生命的意义在于拼搏，因为世界本身就是一个竞技场。
9060 聪明出于勤奋，天才在于积累。
9061 想要的未来，是自己一步步走出来的。
9062 把努力变成一种习惯，而不是一时热血。
9063 只要今天比昨天好，就是前行路上最大的幸运。
9064 只要功夫深，铁杵磨成针。
9065 勤于正事必疏于邪门。
9066 不要在努力拼搏的年纪去选择安逸。
9067 世上哪有什么成功，那只是努力的另一个代名词罢了。
9068 最好的贵人，是努力的自己。
9069 最大的决心出自你最大的不甘。
9070 如果你现在感受到累，那是因为你在走上坡路。
9071 铁不用会生锈，水不流会发臭，人的智慧不用就会枯萎。
9072 没有人能把努力发光的你拉进黑暗里。
9073 登高望远，不是为了被整个世界看到，而是为了看到整个世界。
9074 取得成功的秘诀就是开始。
9075 一个人越知道时间的价值，越倍觉失时的痛苦。
9076 浪费时间是所有支出中最奢侈及最昂贵的。
9077 时间像奔腾澎湃的急湍，它一去无还，毫不留恋。
9078 自己拥有的一切都是自己的失去所换来的。
9079 生活不是一种刁难，而是一种雕刻。
9080 所谓新的开始，不过就是把往事以更高难度重演一遍。
9081 机会只对进取有为的人开放，庸人永远无法光顾。
9082 别去羡慕别人有什么，那还不如自己努力来得实在。

9083 当你让痛苦停泊时，幸福就会在别处靠岸。

9084 谁也无法预知未来，很多事情可能一等就等成了永远。

9085 人最大的动力是自己，最大的阻碍也是自己。

9086 学问是苦根上长出来的甜果。

9087 理想，在努力奋斗里开花，在坚持不懈里结果。

9088 谁肯认真地工作，谁就能做出许多成绩，就能超群出众。

9089 其实优秀是一种另类习惯，越优秀就越想去奋斗，越努力就会越优秀。

9090 努力，终会有所收获，皇天不负有心人。

9091 不怕别人比你优秀，就怕比你优秀的人比你还努力。

9092 立志宜思真品格，读书须尽苦功夫。知之者不如好之者，好之者不如乐之者。

9093 志坚智达言信行果，失败的尽头是成功，努力的终点是辉煌。

9094 这世上从来就没有横空出世的运气，只有不为人知的努力。

9095 一遇挫折就灰心丧气的人，永远是个失败者；一向努力奋斗、坚韧不拔的人会走向成功。

9096 一分耕耘一分收获，未必；九分耕耘一分收获，一定。

9097 安逸使人志消，勤奋使人志高。

9098 做人，人品为先，才能为次；做事，明理为先，勤奋为次。

9099 带着积极的心态，及时抓住机会，不断进取、不停拼搏，才有可能创造成功。

9100 功成由勤，业精于勤。

9101 人不饶岁月，岁月有情成就人；岁月不饶人，岁月无情吞没人。

9102 生命如自助餐厅，要吃什么菜自己选择。

9103 读书好比“隐身串门”，要参见钦佩的老师或拜谒有名的学者，不必事前打招呼求见，翻开书就闯进大门，翻过几页就登堂入室，而且可以经常去、时刻去，还可以不辞而别。

9104 只有把热情埋掉的人，才觉得日子了无生趣；只有把借口埋掉的人，才觉得时间不够用。

9105 九十九次的理论不如一次的行动来得实际。

9106 勤奋可以弥补聪明的不足，但聪明无法弥补懒惰的缺陷。

9107 在劳与获这架天平上，它们是永远公平合理的，有一点劳动，就有一点收获。

9108 这个世界能轻而易举、毫不费劲做到的，只有贫穷和衰老，其他的都需要努力。

9109 世上唯有贫穷可以不劳而获。

9110 阻碍心智成熟的最大障碍是懒惰。

9111 行动，就有收获；坚持，才有奇迹。

9112 思难而难不至，忘患而患反生。

9113 修养，要知羞而学，知错而改，知耻而进。

9114 苦恼，有时不是因为我们拥有的太少，而是想得到的太多。

9115 有困难是坏事也是好事，困难会逼着人想办法，困难环境能锻炼出人才来。

9116 再好的钢铁，也须千锤百炼；再好的身体，也须经常锻炼。

9117 时间是大公无私的法官。

9118 痛苦能够孕育灵魂和精神的力量。灾难也许是傲骨的乳娘，祸患也许是豪杰的乳汁。

9119 磨难，对于弱者是走向死亡的坟墓，而对于强者却是生发壮志的泥土。

9120 时间是宝贵的，抓住了时间就抓住了成功。

9121 没有时间磨锯，就没有机会成功。

9122 在通往成功的道路上，只有勤奋刻苦、努力拼搏的人才能够弥补自己的不足，超越平庸，取得最后的胜利。

9123 任何事情要想取得成功，必须肯下苦功，并有坚持到底的毅力。

9124 人不能有丝毫的自满心理，因为学无止境，要活到老，学到老，浅尝辄止或半途而废就学不到高深的技艺。

9125 一个人要想掌握精湛的技艺，不能性急，要肯于吃苦，扎扎实实地练好基本功。

9126 环境和条件不是学习的决定因素，只有人的内因最重要，不能借口学习条件不好而不努力学习。

9127 把昨天作为参考，抓住今天的寸金之阴，为明天的成功而奋斗。

9128 饮食贵在节，读书贵在精，锻炼贵在恒；节饮食养胃，多读书养胆，喜运动延生。

第七辑

修炼清廉

9129 听不到奉承的人是一种幸运，听不到批评的人是一种危险。

9130 寡廉丧耻在任何时代都足以促成统治阶级的灭亡。

9131 快乐在满足中求，烦恼多从欲中来。

9132 身先才能率人，律己才能服人。

9133 克己奉公，干净干事。

9134 律己要严，待人要宽。

9135 手莫伸，伸手必被捉。

9136 让人失去理智的，常常是外界的诱惑；让人耗尽心力的，往往是自己的欲望。

9137 心存希望，幸福就会降临你；心存梦想，机遇就会笼罩你；心存坚持，快乐就会常伴你；心存真诚，平安就会跟随你；一旦有了贪欲，就注定要失去。

9138 没名利的人重视名利，有名利的人轻视名利。
9139 不义之财不可取。
9140 缺少什么重视什么，不缺什么轻视什么。
9141 正酒正色正财正气正名正利正恩正爱为八大圣王，邪酒邪色邪财邪气邪名邪利邪恩邪爱为八大魔王。
9142 人有欲故难无为，神无欲故难有为。
9143 得不到而生痛苦，得到后而生空虚。
9144 勿贪意外之财，不饮过量之酒。
9145 廉者乐无穷，贪者常不足。
9146 躲得过初一，躲不过十五。
9147 贪婪是最真实的贫穷，满足是最真实的财富。
9148 滴水常击，水滴石穿；小欲常纵，欲溢自毙。
9149 廉耻事大，死生事小。
9150 既要廉洁自律，作好表率，又要敢抓敢管、认真负责。
9151 公仆丰碑人民立，贪官坟墓自己掘。
9152 贪婪的欲望使人堕落，廉政的品质使人奋进。
9153 廉则民爱，碑自立；贪则民弃，墓自掘。
9154 人民群众是我友，乐在深交；贪官污吏皆我敌，耻于同行。
9155 廉洁自律者可化自己的陋室为宫殿，腐败者将把自己的宫殿变为坟墓。
9156 恤民唯勤。
9157 清廉做官方敢怒，公正办事才敢言。
9158 新松恨不高千尺，恶竹应须斩万竿。
9159 商业运作权力必腐，无耻搭售人格必败。
9160 当官发财两条道，当官就不要发财，发财就不要当官。
9161 衣缺不补，则日以甚；贪欲不除，则日以胀。
9162 廉造幸福业，贪栽祸害根。
9163 廉能生威，廉能聚人，廉能聚心。

9164 百锤砸墙必歪墙，受贿迟早进牢房。

9165 洁己方能不失己，爱民所重在亲民。

9166 贿赂尽是敲门砖，一旦敲开门难关。

9167 不羡别人千百万，只为清白保平安。

9168 荷莲圣洁污泥出，人品高尚廉中来。

9169 毋矜清而傲浊，毋慎大而忽小，毋勤始而怠终。

9170 人这一辈子，不是别人的楷模，就是别人的借鉴。

9171 人生八不为：风不可追；钱不可贪；文不可抄；师不可骂；友不可卖；官不可买；上不可媚；下不可慢。

9172 态度决定一切，实力捍卫尊严，人要经得起诱惑、耐得住寂寞。

9173 当幻想和现实面对时，总是很痛苦的：要么你被痛苦所击倒，要么你把痛苦踩在脚下。

9174 对罪孽的最大惩罚，不是外界的种种指责，而是内心的时时恐惧。

9175 一旦把金钱视为上帝，金钱就立即变成魔鬼。

9176 面对小利便低头的人，面对大利时则会弯腰，而面对暴利时则必然屈膝。

9177 少许的欲念，给人的是甜头；过度的欲望，给人的是苦头。

9178 用权施威的，一定专断；用权牟利的，必然贪婪。

9179 贪婪，其实是一种比失去更痛苦也更可怕的心疾。

9180 拍马屁之所以大有市场，是因为喜好被拍马屁的大有人在。

9181 投机钻营的是欺诈，巧取豪夺的是敲诈。

9182 势利的人趋炎附势，进而仗势欺人；势利的人唯利是图，进而见利忘义。

9183 狂妄者，有的妄想，有的妄言，有的妄行。

9184 以权谋权是佞臣，用钱吃钱是恶棍。

9185 嚣张是发了疯的张狂，罪恶是发了酵的丑恶。

9186 把贪念发酵为贪欲，是心灵的霉变；把贪欲膨胀为贪婪，是灵魂的恶变。

9187 不怕没有本事的人做错事，怕的是有本事的人做坏事。

9188 一杯清水因滴入污水而变污浊，一杯污水却不会因一滴清水的存在而变清澈。

9189 身上事少，自然苦少；口中言少，自然祸少；腹中食少，自然病少；心中欲少，自然忧少。

9190 人生苦短，财富地位都是附加的，生不带来、死不带去，简单的生活就是快乐的生活。

9191 但能守本分，终身无烦恼。

9192 高处不胜寒，慎为天下先。

9193 财富如浮云，生不带来，死不带去，真正留下的，是我们对这个世界的贡献。

9194 根深不怕树摇动，树正不愁月影斜。

9195 不为权势而丧志，不为钱财而动心，不为酒色而忘形，不为亲友而枉法。

9196 木受绳则直，人受谏则圣。

9197 名节重泰山，利欲轻鸿毛。

9198 毋施小惠而伤大体，毋借公论而快私情。

9199 万事劝人休瞒昧，举头三尺有神明。

9200 自重者然后人重，人轻者便是自轻。

9201 卑躬的人，久了脊梁会变弯；屈膝的人，久了双腿会变弯。

9202 对付挑衅时，我们要用“矛”；面对诱惑时，我们要用“盾”。

9203 一念之差能致千古遗憾，一世清廉可铸完美人生。

9204 私欲易膨胀，头脑须清醒；人生虽苦短，廉政美名扬。

9205 不紧绷勤于律己的弦，就干不出实实在在的事。

9206 做人以德为本，做事以勤为本，做官以廉为本。

9207 遵纪守法，廉洁自律。

9208 心似秤，办事公平平似水；人如镜，自律廉洁洁如玉。

9209 美德犹如宝石，在廉洁的背景下，格外熠熠生辉。

9210 慎欲慎权慎独，清白做人；自重自警自省，清廉从政。

9211 不求是贵，少病是寿，够用是富，无欲是福，感激是喜。

9212 生前博得万民爱，不唤清风自然来。

9213 以史为鉴知兴衰，以人为镜明得失。

9214 欺人如欺天，勿自欺也；负民即负我，何忍负之?

9215 源洁流清，不难成素节；形端影直，最易见丹忱。

9216 纽扣第一颗就扣错了，可你扣到最后一颗才发现；有些事一开始就是错的，可只有到最后才不得不承认。

9217 如果违背了原则，再小的事都不能小视；事实一再证明，小节的失守往往是滑向深渊的起点。

9218 权力是最大的腐蚀剂。

9219 炼就金刚身，不怕百毒侵。

9220 腐败的本质是权力滥用、以权谋私；反腐败必须强化监督、管住权力。

9221 遇到好处就伸手，得利失道；遇到难处就伸手，舍利得道。

9222 不要贪图“无所不有”，否则你将一无所有；不要试图“无所不知”，否则你将一无所知；不要企图“无所不能”，否则你将一无所能。

9223 已经失去的不妨让它失去，至少不再耽于等待。

9224 “千里之堤，溃于蚁穴”，小问题不及时纠正，长此以往就会造成不可挽回的损失。

9225 在错误未然前“亮红灯”，铸成大错之前“踩刹车”，防止无所遮拦，越滑越远。

9226 成名每在穷苦日，败事多因得意时。

9227 忠言逆耳，最难听，但最该听；苦口良药，最难吃，但必须吃。
9228 廉者一尘不染，明者细察秋毫。
9229 “人往高处走”，是多数人共同的向往；“高处不胜寒”，是少数人才有的感悟。
9230 虚伪永远不可能凭借它生长在权力中而变成真实。
9231 权力大了更应心怀敬畏，责任重了更要砥砺前行，条件好了更该倍加珍惜。
9232 贪图一时快活，必然留下隐祸。
9233 勿延誉归己，勿诿过于人；勿徇私废公，勿贪渎纵欲。
9234 不折不扣地反腐倡廉，实实在在地勤政为民。
9235 纳谏求贤，有容乃大；激浊扬清，无欲则刚。
9236 大事一定要清清楚楚，小事也不可马马虎虎。
9237 立身以诚为本，处事以公为先。
9238 清水肥水，拿薪水都要廉洁从政；大官小官，凡做官理应清白为民。
9239 团结形成力量，民主带来智慧，廉洁养成正气。
9240 礼仪治人之大法，廉耻立人之大节。
9241 待人接物重在真诚自然，乐善好施贵在心胸宽广。
9242 秉公办事为政以德，为官清廉不严而治。
9243 节用养廉。
9244 标本兼治，重在治本；源头治腐，功效长久。
9245 用真诚赢得信任，以党性凝聚人心。
9246 扶正祛邪，扬公抑私。
9247 人民的干部要记住，当官一任为民造福；少说空话多办实事，群众满意百姓拥护。
9248 勤廉创辉煌，反腐促发展。
9249 严是爱，松是害，不讲廉政自垮台。
9250 非倡廉无以反腐，非务实难以求真。

9251 人生漫道诱惑多，严以律己不能少。

9252 清正廉洁作表率，身先士卒正风气。

9253 当官有私不公道，从政无为不服人。

9254 智而用私，不如愚而用公。

9255 多管齐下倡廉风，刹堵并重反腐败。

9256 自醒自警，自尊自爱；恪尽职守，一身清廉。

9257 腐败行为人人恨，自强自励要自重。

9258 己正方能正人，己不正焉能正人。

9259 不明钱不拿，不利民事不做。

9260 坚持原则，公正廉明；严以律己，光明磊落。

9261 不为人情关系所缚，不为歪风邪气所扰，不为个人得失所困。

9262 有悔则吉。

9263 人民公仆人民颂，廉洁自律当自重；勤劳为民办好事，好事办好民才颂。

9264 靠人治反腐败，被动应付；靠法治反腐败，方能正本清源。

9265 权力不一定导致腐败，而不受监督地行使权力必然产生腐败。

9266 动真碰硬，严查实究；制度约束，力惩腐败。

9267 不去小利，顾大利不得。

9268 筑牢思想理论根基，夯实反腐倡廉防线。

9269 反腐倡廉，教育为先；关口前移，筑牢防线。

9270 修性莫过一个“度”字，养生莫过一个“节”字。

9271 心中不掺私念，度身可消灾祸；心中不生邪念，度日可避是非。

9272 心静则思不浊，思清则梦不浊。

9273 心无奢求，心无贪念，心无妄想，心智方可扩展和放大。

9274 自察自省，方可自视自由；自洁自清，方可自观自在。

9275 知道“该做什么”的是明白人，知道“能做什么”的是聪明人，知道“不该不能做什么”的是高明人。
9276 点火者自明，近火者自暖，玩火者自焚。
9277 一泓清水，可洗手，亦可濯足；一面明镜，可照脸，亦可鉴心。
9278 欲壑，使人的灵魂越陷越深；贪婪，使人的手臂越伸越长。
9279 懊悔，第一次是可贵的，第二次就会贬值，第三次便一文不值了。
9280 自负使偏见变得固执，权力使偏见变得疯狂。
9281 错误可以改正，却不能改写。
9282 贪，使一切人与智慧远离；欲，使一切人与美德远离。
9283 欲望只有用理智做缰绳，才不会放纵，甚至发疯。
9284 聪明过人无可非议，忌讳的是聪明过头。
9285 睹微知著，防微成著，是正风反腐之通则。
9286 党风党纪打折扣，迟早都要犯错误。
9287 为官犹如为树，为百姓遮风挡雨。
9288 腐败一块冰，寒透百姓心。
9289 奋起廉政双刃剑，外拒腐蚀，内防蜕变，上忠国家，下慰妻儿。
9290 阿谀奉承只能荣于生前，正道直行方可名垂青史。
9291 为官不勤政，闭门难掩民声怨；在位有清廉，身后犹闻赞誉声。
9292 官多一分廉，民增一分福。
9293 纵贪欲如落水，不用吹灰之力，终成灭顶之灾；保清廉似上山，定需步步用力，方能攀上巅峰。
9294 警钟长鸣筑防线，防微杜渐保晚节。
9295 贪一分，百姓恶十分；廉百分，百姓喜万分。
9296 “贪”字近乎“贫”，“婪”字近乎“焚”。
9297 德如深山幽兰，不言自芳；欲似长堤蝼蚁，无孔不入。
9298 戒贪，贪则无品；戒骄，骄则无知；戒惰，惰则无进。
9299 腐败，只能获取片刻的享乐；清廉，却能换来永久的幸福。
9300 廉洁从政三大忌：揽功、贪色、争名利。
9301 贪一滴，占一点，点点滴滴是深渊；留份白，留份清，清清白白在人间。
9302 廉洁自律三个我：从我做起，对我监督，向我看齐。
9303 识时务清廉政务，通人情不徇私情。
9304 心无私欲，自然会刚；人无邪念，自然会正。
9305 勤政从一言一行做起，廉政从一分一厘拒之。
9306 不勤，无以成就事业；不廉，难以凝聚人心。
9307 智者不惑，勇者不惧，勤者不贪，廉者不腐。
9308 一丝一粟，我之名节；一厘一毫，民之脂膏。
9309 拒腐蚀永不沾，牢记“两个务必”；除私心为民众，甘当人民公仆。
9310 清正廉洁无所畏惧，坚持原则人心凝聚。
9311 官以廉生威，人以德立身。
9312 正党风要靠铁面倡廉，合民意更须无私执政。
9313 动摇理想信念，必然迷失方向；追求骄奢浮华，终将逸豫亡身。
9314 执政为民，民心所向；掌权为己，自取灭亡。
9315 做公仆情系百姓，当清官勤廉为本。
9316 做人要自醒，从政要自警。
9317 正气一身官气扫，清风两袖腐风离。
9318 贪欲要约束，虚荣要打磨，行为要检点。
9319 少则得，多则惑。
9320 做人要堂正，堂正心自安；为官要清白，清白树德行。
9321 从政不为己，掌权不谋私。
9322 勤能补拙才偏敏，廉不沽名品益高。
9323 廉洁是正义的象征，廉洁是腐败的天敌，廉洁是群众的心声。
9324 人腐必堕，党腐必亡。
9325 艰苦奋斗事业成功，贪图享乐必毁前程。

9326 贪婪是一切罪恶之源。

9327 廉则国运昌盛，贪则百姓遭殃。

9328 求真务实，以德养身。

9329 人品重于官品，做人应当自重。

9330 水以清为贵，人以廉为尊。

9331 加强道德修养，规范从政行为。

9332 反腐倡廉任重远，堵住源头方可清。

9333 贪使人堕落，廉使人奋进。

9334 廉洁不论干部大小，自律岂分职务高低。

9335 笋生瘠土仍怀节，竹揽长空更虚心。

9336 为人谦和智则广，为官廉洁威自高。

9337 贪婪，是走向腐败的通行证；自律，是坚持廉洁的安全阀。

9338 贪心由微而起，贪不遏则害人害己；嗜欲因纵而虐，欲不止则迷心毁身。

9339 做官如航行——当以公正为船，廉政为舵，勤政为帆。

9340 赤胆忠心为党，廉洁奉公行政；呕心沥血为民，鞠躬尽瘁奉献。

9341 眼睛一旦盯住金钱，心灵便会失去光芒。

9342 铜臭铸就镣铐，清廉闪亮人生。

9343 常闻贪欲丢性命，但能守廉得民心。

9344 诚实不虚伪，敬业不图名，坦言不奉承，廉洁不贪利。

9345 怒是猛虎，欲是深渊。

9346 做人不失德，从政不失勤，为官不失廉，为首不失严。

9347 为官一生不求名，从政一世不图利。

9348 呕心沥血万次少，贪赃枉法半回多。

9349 生命无价，自由无价，为国家、为人民、为自己、为家人当一个清官、做一个好官。

9350 领导干部要时刻提醒自己：我们只是人民中的一员，权力只能用来为人民服务，绝不能用来为个人谋私。

9351 权力用在为人民服务上是天职，用在立党为公上是尽职，用在碌碌无为上是失职，用在谋取私利上是渎职。

9352 对待名利，要保持远距离；对待人民，要保持近距离；对待领导，要保持等距离；对待工作，要保持零距离。

9353 念由心生，止念当先炼其心志；廉在欲止，倡廉当先去其贪欲。

9354 朝省夕省朝夕自省，上廉下廉上下齐廉。

9355 位不在高，廉政则名；权不在大，为民则灵。

9356 廉政准则牢记心，拒腐篱笆扎得牢。

9357 工作上争先创优，永无止境；享受上不贪不占，知足常乐。

9358 事有千变万化，唯求无愧于心；人无十全十美，但祈有口皆碑。

9359 爱心不可无，贪心不可有；得意莫忘形，失意莫失态。

9360 枕边常吹廉政风，一生廉洁保太平。

9361 一人不廉，全家不圆。

9362 做官要为民，为钱莫做官。

9363 身后有余莫伸手，枷锁架身难回首。

9364 没有思想上的清白，不可能有金钱上的廉洁；丧失金钱上的廉洁，会导致道德上的堕落。

9365 穷奢极欲是通向毁灭的捷径；贪婪到头只能落个竹篮打水一场空。

9366 言则必果、踏实办事，为国为民、赤胆忠心；言而无信、浮而不实，害人害己、祸国殃民。

9367 清白之心不可无，贪欲之念不可有。

9368 营私舞弊百姓痛恨，清正廉洁大众称颂。

9369 无私的人心胸坦荡，贪婪的人心惊胆虚。

9370 不请、不送、不拍、不谀，无官何惧？宜勤、宜俭、宜清、宜廉，为仆欣然。

9371 视金钱美女如粪土，威胁利诱望而却步。

9372 多敲“枕边钟”，常吹“廉政风”。

9373 让自己完全受物欲支配的人是不可能主持公道的。

9374 为官清廉万古流芳，掌权腐败万人唾弃。

9375 廉非为政之极，而为政必自廉始。

9376 贪污一根针，刺痛百姓心。

9377 苍蝇专叮有缝蛋，糖弹专袭贪婪人。

9378 做官不贪亏心钱，半夜敲门心不寒。

9379 人生最大的乐趣是无私奉献，最丑恶的行为是贪得无厌。

9380 贪赃枉法，世人不耻。

9381 招灾引祸皆为贪。

9382 卖官鬻爵，贪污受贿，自绝于人民。

9383 权大，不能成为捞钱的工具；官高，不能作为放纵自己的理由。

9384 欲望的闸门一旦打开，便如久困的猛兽、脱缰的野马、决堤的洪水，祸害无穷。

9385 做官掌权不清廉，无疑自踏囚房门。

9386 为官处事，戒之在心，戒之在初，不可不察。

9387 贪者难自律，自律人不贪。

9388 吃人嘴软，拿人手短。

9389 贪财遭祸，清廉免灾。

9390 贪图金钱换来的是镣铐，腐化堕落失去的是自由。

9391 慎独拒腐，洁身自好。

9392 常自律远离灯红酒绿，恒自警分清善恶美丑。

9393 无羁之马，或纵，或野，或遭屠；无监之权，或腐，或懈，或成囚。

9394 利在一身勿谋，利在天下者谋之；利在一时不谋，利在万世者谋之。

9395 生活不检是腐败的根源，廉洁奉公确保一尘不染。

9396 绊人的桩不在高，腐败的事不在小。

9397 天堂与地狱有时仅一步之遥；贪图金钱、美色，就会坠入欲望的陷阱。

9398 对腐败分子的宽容，就是对人民的犯罪。

9399 捞钱虽有术，哀哉，最终难逃法网；作恶必自毙，呜呼，死后仍留骂名。

9400 莫让铜臭熏黑了圣洁的灵魂，莫让职务把自己升为“贵族”。

9401 从政应走光明路，歪风邪道是泥坑。

9402 失去金钱事小，失去名誉事大，失去了勇气就失去了一切。

9403 成由俭约，败因奢靡。

9404 名誉是把双刃剑。

9405 巧言令声多陷阱。

9406 宠辱不惊，去留无意。

9407 节制但不保守，进取但不冒进。

9408 大船只怕钉眼漏，粒火能烧万重山。

9409 奸险是万恶之端，老实是万善之源。

9410 爱虚荣者站立在虚幻的台阶上，阿谀者把虚幻的台阶不断加高。

9411 谦让是福，奢望是祸。

9412 宁听一人哭，不听一路哭；宁让一家不满，不让大家有险。

9413 贪婪没有牙齿，却能吞噬人的心灵。

9414 显规则不落实，潜规则就会有市场。

9415 不作为和乱作为都一样，都是犯罪。

9416 权力就是担当，担当就是责任。

9417 一荣俱荣，一损俱损。

9418 人被欲望左右，最终会被欲望吞噬。

9419 不正之风离我们越远，群众就会离我们越近。

9420 “一把手”既是一双干净的手，滴“油”不沾、“纤尘”不染，又是一双干事的手，为官一任、造福一方。

9421 当一个人成为足以号令他人的人上人时，周围的一切都会来腐蚀他的正义和理性。

9422 任何公权力都面临被腐蚀的危险，执政党永远会面对与腐败的斗争。

9423 一日不知非，即一日安于自是；一日无过可改，即一日无步可进。

9424 修其心，治其身，而后可以为政于天下。

9425 涵养反思良习，有助平顺无疑。

9426 不要人夸颜色好，只留清气满乾坤。

9427 耐得住寂寞才担得起盛名。

9428 抵挡不住诱惑，就将失去未来。

9429 越是贪婪的人越善于伪装清廉，越是荒淫的人伪装得越纯洁，越是奸佞的人越会伪装正直。

9430 官有所畏，业有所成。

9431 操守要谨严，不然，则会自取其辱。

9432 丧失平淡之心，就是权力肆虐、底线失守、人格塌陷的那一根引线。

9433 功不可虚成，名不可伪立。

9434 卒然临之而不惊，无故加之而不怒。

9435 谦逊换来百事顺，小心驶得万年船。

9436 从崇高到荒唐只有一步，从荒唐到崇高却没有路。

9437 任何辉煌都要归于平淡，所以得意不可忘形。

9438 安莫安于知足，危莫危于多言；乐莫乐于好善，苦莫苦于多贪。

9439 真正的悲哀是对自己的放纵。

9440 八种恶习不可有：无事生非、无中生有、无病呻吟、无理取闹、无功受禄、无端猜疑、无法无天、无情无义。

9441 成大功者，小小顺意不足喜，小小拂意不足惧。

9442 忘了自己的缺点，就容易产生骄傲自满。

9443 骄傲是盲目的，自信则是清醒的。

9444 多随喜，少嫉妒。

9445 不要只看到舍，舍中必然会有得；不要只注重得，更要注重自己的舍。

9446 侥幸终究害自己。

9447 少些为官之事，多点为官之责。

9448 从政不能经商。

9449 不背弃信仰，不脱离群众，不贪爱外财，不慕图虚名，不结交糜俗，不伙投恶党，不记怨私仇，不招揽烦事，不以公谢私。

9450 不因小失大是一种大智慧。

9451 路是要自己走的，但不能偏离正确的方向。

第八辑

修炼本领

9452 不要急于表达自己，那不是有见地的体现，也不要急于否定别人，和谐共存才是生存之道。

9453 应当养成广泛阅读兴趣，只有这样才能扩大自己的视野，深化自己的人生观，同时培养开放的态度。

9454 只具备冒险精神，而没有判断力，那只能说是鲁莽；如果有良好的判断力，但不去冒险，不敢承担风险与后果，那么他的成功也多是想象中的。

9455 能将模糊不清的困难变成精确具体的形式，这是一种很重要的思考能力。

9456 提问可以将你引向谦虚的学习和理性的分析，也可以将你引向傲慢的批判。

9457 每一处风景都是生命的驿站，用乐观的心看待万物，心则如山花般烂漫。

9458 智慧不仅仅存在于知识之中，还存在于运用知识的能力之中。

9459 智慧并不产生于学历，而是来自对知识的终身不懈的追求。

9460 智慧、勤劳和天才，高于显贵和富有。

9461 知识能够诱发智慧，是打开智慧大门的钥匙，但它不等于就是智慧。

9462 才智和勇气必定满意地与机遇共享荣誉。

9463 人类的一切智慧是包含在这四个字里面的：“等待”和“希望”。

9464 平时的学习和经验，是我们在危急关头最有力的支持。

9465 单思不学，会变成空想妄想；单学不思，又变成书呆子。

9466 阅读只能提供装饰我们头脑的材料，思索才能将我们阅读的东西变成自己的思想。

9467 缺少知识就无法思考，缺少思考就不会有知识。

9468 精神的高雅在于思考那些善良和优美的事物。

9469 冷静思考的能力，是一切智慧的开端，是一切善良的源泉。

9470 唯有对外界事物抱有兴趣才能保持人们精神上的健康。

9471 智慧最明显的标志就是恒定的欢快，它的境况有如目外的景物，永远的宁静。

9472 反躬自省和沉思默想会充实自己的头脑。

9473 人若在面临选择而无法取舍的时候，应该选择自己尚未经历过的那一个。

9474 幽默是一种润肤膏，能使人避免许多摩擦和痛苦。

9475 面对竞争对手，学会双赢，进行良性竞争，分享东西比抢东西的人得到的多。

9476 占小便宜吃大亏，用“吃亏就是占便宜”的心态做人做事，从中积累自己的工作经验，提高能力。

9477 用时间看一个人，才可以看到他的本性；用打听来看人，把打听的资讯集中起来，就可以八九不离十地了解这个人。

9478 当困苦姗姗而来之时，超越它们会更有余味。

9479 人的全部本领无非是耐心和时间的混合物。

9480 智者取其谋，愚者取其力，勇者取其威，怯者取其慎，无智、愚、勇、怯，兼而用之。

9481 古今能成大事者，往往能在各种各样的学习方式中、丰富多彩的学习内容中，以智慧的眼光去选择。

9482 学习本应不是墨守成规，而是去不断思考与领悟，闪耀人性的光辉，彰显人生大智慧。

9483 其实每一个人都拥有智慧，但有些人做了智慧的傀儡，而一些人则做了智慧的主人。

9484 用智慧的眼光看待前方，把它看成多次旅程的起点，那将是成功的关键。

9485 一个真正聪明的人，小事糊涂而大事睿智，为人低调而洞若观火。

9486 才能是从工作的热情中成长起来的。

9487 哪里有智慧，哪里就有成效。

9488 谨慎和自制是智慧的源泉。

9489 没有智慧的头脑，就像没有蜡烛的灯笼。

9490 才气就是长期的坚持不懈。

9491 与大智者交流，自然会识得智慧之流，浇灌出自己的智慧之树。

9492 智慧只能在真理中发现。

9493 聪明不在年岁上，智慧藏在脑子里。

9494 智慧能把重担子变轻。

9495 良好的人生是受行动和智慧指导的。

9496 智慧是命运的征服者。

9497 智慧在市场上买不到。
9498 好高骛远的一无所得，埋头苦学的获得智慧。
9499 智慧是人的财富。
9500 简洁是智慧的灵魂，冗长是肤浅的藻饰。
9501 健康是智慧的条件，是愉快的标志。
9502 世界上没有再比智慧更令人敬仰的东西。
9503 具有智慧的贤人，具有价值的宝贝。
9504 不任性，不死板，不固执，不自以为是。
9505 欲穷千里目，更上一层楼。
9506 逃避愚昧，就是智慧的开端。
9507 知识使智慧者更聪明，使愚昧者更愚蠢。
9508 智慧的最大成就，也许要归功于激情。
9509 一种回避生命的悲剧性质的智慧无权称作智慧，只配称作生活的精明。
9510 由智慧所养成的习惯能成为第二本性。
9511 缺乏智慧的幻想会产生怪物，与智慧结合的幻想是艺术之母和奇迹之源。
9512 一个智慧的头脑，能够拯救成千个头颅。
9513 生活里没有书籍，就好像没有阳光；智慧里没有书籍，就好像鸟儿没有翅膀。
9514 打破常规的道路指向智慧之宫。
9515 大自然和智慧在任何事物上都不存在分歧。
9516 把所有的愚昧淘尽，会看到沉在最底下的智慧。
9517 伟大的认知能力和无私的心情结合最易于产生思想智慧。
9518 没有人给我们智慧，我们必须自己找到它。
9519 读书对于智慧，就像体操对于身体一样。
9520 科学既是人类智慧的最高成果，又是最有希望的物质福利的源泉。
9521 问题太多是因为高度不够。高度决定思路，思路决定程序，程序决定效率，效率决定效果。

9522 打造团队就是培养、引爆性灵。培养性灵者必然成功，践踏性灵者必然失败。

9523 一个人不能安排自己的时间，就无法安排自己的人生和未来。

9524 圆通就是随机应变，圆滑就是投机取巧。

9525 沟通以不明言为基础。

9526 领导比管理更重要。

9527 读历史的目的，是要从中得出一些道理来。

9528 以不变应万变是管理的最高智慧，不要因误解而放弃。

9529 对一个人来讲，常识比知识更重要。

9530 组织的功能，在聚合安人的力量，协同一致。

9531 领导的意义，在发挥安人的潜力。

9532 人们痛恨的不是改变，而是被改变。

9533 喜欢读书，就等于把生活中寂寞的时光换成巨大享受的时刻。

9534 不要刻意去猜测他人的想法，如果你没有智慧与经验的正确判断，通常都会有错误。

9535 把简单变成丰富是聪明，把丰富变成简单是智慧；丰富有助思考，简单便于实行。

9536 举重若轻，显示的是能耐；举轻若重，表达的是心情。

9537 复杂的事情要简单做，简单的事情要认真做，认真的事情要重复做，重复的事情要创造性地做。

9538 没有真正有效的执行，再好的决策都会成为空谈。

9539 逆境是人类获得知识的最高学府，难题是人们取得智慧之门。

9540 生活的智慧大概就在于逢事都问个为什么。

9541 真正高明的人，就是能够借助别人的智慧，来使自己不受蒙蔽的人。

9542 生命之舟要扬帆远航，离不开智慧的橹。

9543 劳动是创新的动力，智慧是文明的象征，劳动创造了智慧。

9544 困难带来阅历，阅历给人智慧。

9545 拥有智慧的人，或具备超凡的记忆力，或具备严密的逻辑思维能力，或具备丰富的想象力。

9546 运动使人充满生机活力，音乐使人充满浪漫快乐，思考使人充满智慧理智。

9547 阅读就是智慧的水分和阳光。

9548 知识是智慧的火炬。

9549 知识不是智慧，只有学习也不能达到智慧的境界；智慧必须是知识与事实的相辅相成，智慧使你感到学无止境、虚怀若谷。

9550 智慧比知识的内涵丰富得多。

9551 团结加智慧，弱者胜强者。

9552 智慧的增长可用痛苦的减少来精确衡量。

9553 智慧源于书本，书本是知识的桨，让人在学海前进。

9554 读书，使人思维活跃，聪颖智慧；读书，使人思想插上翅膀，感情绽开花蕾；读书，使人胸襟开阔，豁达晓畅；读书，使人目光远大，志存高远。

9555 适时的低头，是一种智慧，是一种胸怀，是忍的境界；适时的低头，不是委曲求全的懦弱，而是留得青山在、不怕没柴烧的深谋远虑。

9556 书籍是培植智慧的工具。

9557 用别人的智慧充实自己，不用别人的智慧贬低自己；用别人的成功激励自己，不用别人的成功折磨自己；用别人的错误提醒自己，不用别人的错误娱乐自己。

9558 读书，这个我们习以为常的平凡过程，实际上是人的心灵和上下古今一切民族的伟大智慧相结合的过程。

9559 创造靠智慧，处世靠经验。有经验而无智慧，谓之平庸；有智慧而无经验，谓之笨拙。

9560 智慧是一切力量中最强大的力量，也是世界上唯一自觉培养、挖掘、运用的巨大力量。

9561 智慧是一种鲜活的体验，而知识是一个死的记忆和理论。

9562 怀疑是智慧的开始，从书本上学习跟从大自然学习是一样的，如果你对一篇文章连一个问题也提不出来，那么就不可能期望一本书能给你一些你根本就没有的视野。

9563 学会看自己的动机是最快的积累智慧的方式，像火箭一样，可以快速培养自我反省的能力，看到行动背后的理由。看到之后，得到更宽广的视野，更容易处理眼前的事。

9564 成功是运用智慧大胆地创新的过程。

9565 受伤害能磨练你的心志，受欺骗能增长你的见识，受遗弃会教你自立的本领，受批评能助长你的智慧。

9566 智慧不仅是创造文化、获得幸福的原动力，也是产生破坏、把人推向悲惨和苦恼的深渊的原动力。

9567 疑问是智慧的名字之一。

9568 心灵与自然相结合才能产生智慧，才能产生想象力。

9569 聪明人看得懂，精明人看得准，高明人看得远。

9570 生活中有许多烦琐的小事，想了解其中的奥秘必定要用不同的方法去发现其中的道理，就像一扇门只能用一把与门孔形状相同的钥匙才能开启。

9571 干部需要的不是镁光灯，而是培养做领导工作的真正实力，开发深度的智慧和觉知生命的尊严。

9572 学历是一时的知识，学习才是永久的智慧。

9573 智慧之子，总以智慧为是。

9574 科学是一种强大的智慧的力量，它致力于破除禁锢之桎梏。

9575 越是有智慧的人，越能发现别人的本色。

9576 与智慧相伴的是真理，智慧只存在于真理中。

9577 勇气是智慧和一定程度的教养的必然结果。

9578 身体虚弱，它将永远不会培养有活力的灵魂和智慧。

9579 无知是智慧的黑夜，没有月亮、没有星星的黑夜。

9580 求知的目的不是为了吹嘘炫耀，而应该是为了寻找真理、启迪智慧。

9581 人生的大智慧，有时就藏在生活的小事上，善于发现、善于总结，才能见微知著，形成自己的人生智慧。

9582 能在一瞬间冷静下来，从而找回原来就属于你的智慧和勇气。

9583 明者远见于未萌，智者避危于无形，祸固多藏于隐微而发于人之所忽。

9584 智慧是穿不破的衣裳，知识是取之不尽的宝藏。

9585 在开端起始时善用时机，再没有比这种智慧更大的了。

9586 幽默与严肃互为验石，因为不愿接受善意的玩笑，其中必有疑处，而经不住审度的玩笑也一定是假智慧。

9587 智慧是知识凝结的宝石，文化是智慧放出的异彩。

9588 靠智慧能赢得财产，但没有人能用财产换来智慧。

9589 知识是智慧的火花，能使奋斗者升起才华的烈焰；知识是春耕的犁铧，一旦深入生活的荒径，就能使田地芳草萋萋，硕果累累。

9590 缺乏智慧的灵魂是僵死的灵魂，若以学问来加以充实，它就能恢复生气，犹如雨水浇灌荒芜的土地一样。

9591 谁要是有智慧，谁就有力量。

9592 别人可以拿走你的一切，但拿不走你的智慧。

9593 向人们质疑，就是求智之道；自己在内心思索道理，就是启发智慧之本。

9594 人在智慧上、精神上的发达程度越高，人就越自由，人生就越能获得莫大的满足。

9595 与智者同行，必得智慧；与愚者做伴，必定无益。

9596 现实的都是合理的，合理的都是存在的。凡是存在的事物就天然具有合理性。

9597 知识告诉你怎样生存，智慧告诉你如何生活。

9598 智慧最后的结论是：生活也好，自由也好，都要天天去赢取，这才有资格去享有它。

9599 学贵知疑，小疑小进，大疑大进。

9600 智是指人们的聪明智慧，谋是指人们对问题的计议和对事情的策划；智是谋之本，有智才有谋，所以智比谋更重要。

9601 爱读书，是一种美德；世界上有大成就的人，对人类有特殊贡献的人，几乎都是爱读书的人。

9602 大事坚持原则，小事学会变通。

9603 幽默是多么艳丽的服饰，又是何等忠诚的卫士，它永远胜过诗人和作家的智慧。它本身就是才华，它能杜绝愚昧。

9604 智慧，是一种理性，一种思维方式。

9605 灵感越多难事越少，灵感越好难事越易。

9606 眼见未必为实，耳听未必为虚。

9607 上学是受人教育，自学是自我教育。

9608 每个人都在上一个大学，这个大学就是人生大学。

9609 乐极生悲，悲极生乐。

9610 物极必反，反极必正。

9611 心理年龄越小，好奇心就大。

9612 智者将烦恼转化为智慧，愚者将烦恼转化为忧愁。

9613 许多的成功都源于时机正确，许多的失败都源于时机错误。

9614 食而不化等于没食，学而不用等于没学。

9615 上学的人不一定在学习，学习的人不一定在上学。

9616 因不了解而相信谓之迷信，因为了解而相信谓之正信。
9617 动能善时则易成功，动不善时则易失败。
9618 扬长避短的人舍难求易，扬短避长的人舍易求难。
9619 静极而动，动极而静。
9620 知道越多越瞻前顾后，知道越少越勇往直前。
9621 说得通的不一定行得通，行得通的不一定说得通。
9622 努力如加法，窍门如乘法。
9623 烦恼是智慧的化身，烦恼与智慧成正比。
9624 能解开烦恼则烦恼与智慧成正比，解不开烦恼则烦恼与智慧成反比。
9625 人因不了解而恐惧，或因不了解而胆大。
9626 博而不专，专而不博。
9627 万事不如意是人类时代的开始，万事都如意是人类时代的结束。
9628 多虚不如少实，广种不如狭收。
9629 与有肝胆人共事，从无字句处读书。
9630 文章止于润身，政事可以及物。
9631 少见多怪，多见少怪。
9632 做事须静心、细心、耐心、信心，做人应眼明、脑明、耳明、心明。
9633 学问是光明，无知是黑暗。
9634 人生中有时不去冒险比冒险更危险。
9635 最了解你的人有时不是你的朋友，而是你的敌人。
9636 智者以求索为乐，蠢人以不学自喜。
9637 一切真本领、硬功夫都是练出来的。
9638 大纲既挈，条目自举。
9639 最伟大的领导者并不一定是那些做着伟大事情的人，而是促使他人来完成最伟大事情的人。
9640 领导力是一种将愿景转化为现实的能力。

9641 领导力不是支配和控制，而是说服人们向共同目标努力的艺术。
9642 领导力不是训练人，是选对人。
9643 无论是否遭遇挫折，领导者的角色都要传达积极的态度。
9644 学习贵在博、通、悟。
9645 有不知则有知，无不知则无知。
9646 站在巨人的肩上是为了超过巨人。
9647 只有不断找寻机会的人才会及时把握机会。
9648 没有创造的生活不能算生活，只能算活着。
9649 如果希望成功，当以恒心为良友，以经验为参谋，以谨慎为兄弟，以希望为哨兵。
9650 听到的一切都是一个观点，不一定是事实；看见的一切都是一个视角，有可能不是真相。
9651 强者的生活永远是无止境地追求，弱者的生活永远是原地徘徊。
9652 实践是最好的学习。
9653 杜绝事必躬亲，学会抓大放小。
9654 静能生慧，熟能生巧。
9655 没有逻辑的正能量就是负能量。
9656 青，取之于蓝而青于蓝；冰，水为之而寒于水。
9657 “求人不如求己”这句话永远是不会错的。
9658 走出第一步，下一步往往就变得简单。
9659 换个方法思考，可以使问题变简单；换个立场看人，可以更宽容处世；换种心态看人生，可以得到更多美好。
9660 改变自己会痛苦，但不改变自己会吃苦。
9661 善于利用时间的人，永远能找到充裕的时间。
9662 勇气不是不恐惧，而是怀着恐惧，依然努力地迎风前进。
9663 要想拥有成功，就需要赋予人生足够的速度；这是成功者的姿态，也是胜利者的姿态。

9664 以勤为本、以韧为基，尽自己的全力，求最好的结果，行动成就梦想，奋斗成就人生。

9665 面对问题，我们不能退缩，因为退缩并不能解决问题。只有努力寻求解决之道，才是上策。

9666 疑问是打开知识大门的钥匙，错误是正确的先导。提出了正确的问题，往往等于解决了问题的大半。

9667 以锻炼为本，学会健康；以修进为本，学会求知；以道德为本，学会做人；以适应为本，学会生存。

9668 方向比速度重要，智慧比吃苦重要，学习比学历重要，机遇比关系重要，要什么比做什么重要。

9669 要成就一件大事业，必须从小事做起。

9670 事成于恒而败于懈，贵于专而毁于随。

9671 什么都学的人，什么也学不到。

9672 在我们的生活中，如果没有了书籍，就好像小鸟在天空中飞翔时断了翅膀一样，永远不能前进。

9673 人生是从繁复的经历中攫取精华，重塑自我，而不是拒绝成长，自甘堕落。

9674 你弱，你说的话再有道理，别人未必肯听；你强，哪怕你说的只是老生常谈，别人也会觉得醍醐灌顶，心甘情愿为你竖起大拇指。

9675 人一辈子都在高潮—低潮中浮沉，唯有庸碌的人，生活才如死水一般。要有极高的修养，方能廓然无累，真正地解脱。

9676 领导力在顺境的时候，每个人都能展示出来，只有在逆境的时候才能发现真正的领导力。

9677 无论人的事业干得多大，最后都不可避免地要正视那极其脆弱和渺小的自我。

9678 人的创造力来自对自我的认知和对外物的运用。

9679 不要轻易把伤疤揭给别人看，别人看的是笑话，痛的却是自己。

9680 拥有高学问而变成单纯专一的人，那是天下第一人，由高明而归于平凡。

9681 聪明人创造的机会多于碰到的机会。

9682 你用一百分的努力和成功做交换，没有不成交的。

9683 培养逻辑思维，才能真正解决问题。

9684 干一行，就要吃透一行。

9685 没有实力的愤怒毫无意义。

9686 行动好像是跟随感觉走的，其实不是如此。行动是与感觉平行的，我们能使直接受意志支配的行动有规律，也能间接地使不直接受意志制约的行动有规律。

9687 当机会呈现在眼前时，若能牢牢掌握，十之八九都可以获得成功而能克服偶发条件，并且替自己寻找机会的人，更可以百分之百地获得胜利。

9688 无论你觉得自己多么了不起，永远有人比你更强；无论你觉得自己有多么不幸，永远有人比你更加不幸。

9689 如果说我懂得的道理比别人多一点，那是因为我犯的错误比别人多一点。

9690 海浪为劈风斩浪的航船饯行，为随波逐流的轻舟送葬。

9691 一时的挫折往往可以通过不屈的搏击，变成学问及见识。

9692 努力向上的开拓，才能使弯曲的竹鞭化作笔直的毛竹。

9693 努力的最大好处，在于你可以选择你要的生活，而不是被迫随遇而安。

9694 要想得到别人的尊敬，就必须得有真才实学。

9695 能力永远和曾经的付出成正比。

9696 取悦别人不如修炼自己。

9697 时间顺流而下，生活逆水行舟。

9698 没有平日的失败，就没有最终的成功。重要的是分析失败的原因并吸取教训。

9699 改变之所以难，是因为内心推动力不够。

9700 冷静分析过去的错误，设法从中获益，再忘掉它，这是唯一让过去有建设性意义的做法。

9701 潜龙怎能久卧于深水，总要翱翔于九天。

9702 不要祈求别人遭遇灾难，最好的方法就是不断自我超越。

9703 只有不断寻找机会的人才会及时把握机会。

9704 人生里面总是有所缺少，你得到什么，也就会失去什么，重要的是你应该知道自己到底要什么。

9705 用知识武装我们的头脑，用智慧引领我们的人生，才能走好精彩的人生之路。

9706 成熟意味着看到差异，但又意识到差异并不重要。

9707 挑战使生活变得有趣，克服它们使生活变得有意义。

9708 与弱者竞争，胜算当然大，但很难成为强者。只有与强者竞争，才能不断拓展生存的空间，才能成为真正的强者。

9709 知识若不变为智慧，就是永远的无知。

9710 弱者只有千难万难，而勇者则能披荆斩棘；愚者只有声声哀叹，智者却有千路万路。

9711 若不团结，任何力量都是弱小的。

9712 人生伟业的建立，不在能知，乃在能行。

9713 机会总是垂青有准备的人。

9714 读书是一架梯子，能引导自己登上知识的殿堂；读书是一叶小舟，带着自己遨游知识王国；读书是在品尝营养面包，它能让人收获精神食粮。

9715 生活中，不可能万事皆遂人愿，所以，你要充分利用人生给你的各种馈赠。

9716 成功就是在不断克服困难，在困难中创造自己的价值。有心人会在困境中找出路，而无心的人只会在众多的机会中找借口。

9717 人生不分早晚，努力不分年纪。只要你愿意走，踩过的都是路。只要你不回避与退缩，成功的掌声终会为你响起。

9718 动口不如亲为，求人不如求己。

9719 积极地行动起来，用表现来为自己获取足够的正能量；保持持续乐观、积极向上和不断尝试的态度，为自己争取更多的正能量。

9720 从哪里跌倒，就从哪里爬起。

9721 人生必须配备的几面镜子：一是望远镜，看远；二是显微镜，看细；三是放大镜，看透；四是太阳镜，看淡；五是哈哈镜，笑看人生。

9722 不经一事，不长一智。

9723 难者不会，会者不难。

9724 实践是实现理想的阶梯，知识是实现理想的翅膀。

9725 多看事实，少听虚言。

9726 祸与福同门，利与害同城。

9727 性格可能不会改变，但习惯是可以培养的。

9728 世上从不缺少机会，只是缺少发现机会的眼睛。

9729 疑问是打开知识大门的钥匙。

9730 清晰的目标比盲目的努力更重要，深入的思考比低水平的重复更重要。

9731 没有错误的行为，就不会有失败的结果；如果不能正确分析失败的原因，即使做再多的努力，也于事无补。

9732 条件不会摆放在每个人面前，学会没有条件的时候自己去创造条件，才可能走近成功。

9733 有时不合逻辑的举动却恰恰有助于应付变化多端的事态，而正常的逻辑有时会将人带进一条死胡同，这就需要我们拥有逆向思维。

9734 与身患疾病的人相比，健康强壮自然就是幸福；与遭受灾祸的人相比，平安无事自然就是幸福。

9735 即使一个智慧的地狱，也比一个愚昧的天堂好些。

9736 当真理还在穿鞋的时候，谎言已走遍半个世界。

9737 酒能够淹没人的智慧。

9738 大部分人遭到失败的原因在于错误地判断自己的能力。

9739 无为而无不为，无不为而无为。

9740 原因大多是复杂的，有的对、有的错；结果一般是简单的，不是对，就是错。

9741 守望太久了，守望就成了守株待兔；奢望太多了，奢望就成了望梅止渴。

9742 无知的崇拜表现为盲目，盲目的崇拜表现为狂热，狂热的崇拜表现为滑稽。

9743 小理可以阐释，大道则须参悟。

9744 错过了的，才知惋惜；失去了的，才懂珍惜；放弃了的，才觉可惜。

9745 困难在无畏和畏惧之间选择，不难是选择前者的结果，难上加难是选择后者的结果。

9746 被情绪左右的人，很容易改变自己；情感失控的人，又最容易不是自己。

9747 人的一切痛苦，本质上都是对自己的无能的愤怒。你得有足够的实力，你的原则和底线才会被人尊重。

9748 认识自己难，认识自己的不足更难。

9749 谁懂得了在对错中反思，谁就会变得实事求是；谁学会了在成败中反观，谁就会变得脚踏实地。

9750 每一件事都要用多方面的角度来看它。

9751 多数事情看明白即可，少数事情需要看透，个别则必须看穿。

9752 要克服生活的焦虑和沮丧，得先学会做自己的主人。

9753 没有天生的信心，只有不断培养的信心。

9754 无才无以立足，不苦不能成才。

9755 经验是由痛苦中萃取出来的。

9756 别人不会在意你的一切，只有自己成就自己，才能在别人面前抬得起头。

9757 过度的希望，自然而然地产生了极度的失望。

9758 干部贵就贵在“实干”，就要“在其位，谋其政”，否则，就会沦为“政坛摆设”“公堂木偶”。

9759 善于从全局上去把握、从整体上去考量、从效果上去判断。

9760 坚决破除遇事先找“教条”、办事先看“惯例”、干事先想“常规”的思维。

9761 不善于表达自己，就会“被表达”；不主动回应诉求，就是放弃话语权。

9762 万石谷，粒粒积累；千丈布，根根织成。

9763 学问是经验的积累，才能是刻苦的忍耐。

9764 书籍是积累众人聪明的不灭的明灯。

9765 学习的最终目的是建立并完善属于自己的知识体系，并用这套知识体系去了解世界，洞察社会，指导工作和生活。

9766 没有积累就不会有创新。

9767 积累是一种毅力，是由微小到伟大的必经之路，是成功的前提，是由量变到质变的过程。

9768 状态是干出来的，而不是等出来的。

9769 时间是取之不尽的物质财富，精神是用之不竭的物质力量。

9770 驾驭情绪者，既成功又健康；被情绪驾驭者，既失败又伤身。

9771 活学是读书的创新，活用是实践的创新。

9772 读书是人生的起点，实践是人生的过程，创新是人生的结晶。

9773 智者学成功人的思维，成就自己；愚者学成功人的结论，仿效他人。

9774 有谋事无成事，等于劳民伤财；无谋事欲成事，等于盲目蛮干。

9775 平凡之人做出不平凡事是脱俗，不平凡之人做出平凡事是超脱。

9776 改变自我是自救，影响别人是救人。

9777 人类历史几千年，投资的逻辑，从来就是两个字：预期。

9778 真正意料不到的事情永远难以预料。

9779 不要害怕遭遇风险。只有通过冒险，我们才能学会变得勇敢。

9780 逆境是成长必经的过程，能勇于接受逆境的人，生命就会日渐地茁壮。

9781 聪明人装傻，傻子装聪明，都是一种智力游戏，本质上都是为了利益。

9782 所谓强者，是既有意志又能等待时机的人。

9783 “头痛医头脚痛医脚”的工作态度和方法要不得，在工作中发现问题，要迅速找出问题根源，剖析问题的本质，迅速处理问题，绝对不能抱着“等”的态度，认为等别人发现了再处理也不晚，等有空了想起来再做也不迟，等过段时间检查完了就好了。一味地等，只会让病症深入骨髓，无法医治。

9784 作风建设不能在想抓的时候才抓一抓，想松的时候就松一松，应该始终保持严肃认真的态度，一抓到底，如果一味地走马观花，不去深入地解决问题，最终可能导致问题越来越严重，甚至酿成无法弥补的过错。

9785 解决问题、化解矛盾，不能总凭经验主义，老办法解决不了新问题，要把创新当作“秘籍”，消除“不求过得硬，只求过得去”的心态，提升站位、立足高远，才会豁然开朗。

9786 灵感并不是在逻辑思考延长线上产生，而是在破除逻辑或常识的地方才有灵感。

9787 一个人能力当中所蕴藏的潜能，远远超过自己的想象。

9788 不保护就是一种保护，过度保护反而是一种伤害。

9789 真正有才能的人会摸索出自己的道路。

9790 信心与能力通常是齐头并进的。

9791 科学需要幻想，哲学离不开思辨。

9792 对自己没有正确的估价，对别人很难有准确的评价；对自己没有理性的了解，对别人很难有理智的理解。

9793 知识，识是学识；智识，识是见识；卓识，识是胆识。

9794 远见是能见人所不见的见地，卓识是能识人所不识的识见。

9795 机会是为才能准备的，才能是为成功准备的。

9796 机会总是在你怨天尤人时悄然从你身边溜走。

9797 眼睛能看到的地方叫视力，眼睛看不到的地方叫眼光。

9798 等待机会，永远不会比自己创造机会来得快。

9799 害怕失败，不敢抓住机会，会使许多机会白白流走。

9800 懦夫与强者的区别也就是泪水与汗水的区别。

9801 强者不是没有软弱之时，而是能及时克服低沉情绪。

9802 遇到事，先处理情绪，后处理事情；情绪处理不好，事情会更糟。

9803 所谓门槛，能力够了就是门，能力不够就是槛。

9804 一切价值都在比较中看出来大小。

9805 人必须习惯于在压力下生活，不要把压力存在心里，无法释放。

9806 用时间来看人——时间是检验大师。

9807 用打听来看人——把获得的信息汇总，就可以了解那个人。

9808 失败缘于忽视细处，成功始于重视小事。

9809 成功的法则极为简单，但简单并不代表容易。

9810 每个人心里都有一道伤痕，时间才是最好的疗剂。

9811 短板变样板，难点变亮点。

9812 在谋划上既兼当前更顾长远，在实践上既管全局更抓重点，在成效上既讲效率更重质量。

9813 功能技成，庖丁解牛，久练而技进乎道；路在脚下，荀子劝学，博学则青出于蓝。

9814 靠山山会倒，靠人人会跑，只有自己最可靠。

9815 进则全胜，不进则退。

9816 “读书破万卷”不仅仅在“万”，更重要的是在“破”。

9817 格言是用智慧写出来的，但运用格言要有更大的智慧。

9818 能够成为力量的知识，绝不是片面的；能够成为智慧的见识，绝不是偏执的。

9819 智者往往不露声色，愚者常常喜形于色。

9820 愚者的单纯是简单，智者的简单是简约。

9821 智者有时将错就错，愚者总是错上加错。

9822 愚者无所为，所以常常无所不为；智者有所为，所以往往有所不为。

9823 与其救火，不如防火，这是明智；为了防火，连火种也灭掉了，这是愚蠢。

9824 聪明只是开窍，智慧才算开悟，而大智若愚则是彻悟。

9825 聪明只是由近及远，由此及彼；智慧可以举一反三，触类旁通。

9826 左右逢源和得心应手只是小智，化险为夷和化腐朽为神奇才是大智。

9827 深思熟虑，是小智；深谋远虑，是大智。

9828 知彼者智，知己者明，知己知彼者慧。

9829 “静观”是一份清醒，“静观其变”是一种智慧。

9830 强者有勇气改掉坏习惯，而智者首先防止坏习惯的养成。

9831 面对弱者，是强者生存；面对强者，是智者生存。

9832 面对棒杀，勇者用矛出击；面对捧杀，智者用盾抵御。

9833 智者总给自己留下一定的余地和空间：话从不说满，事从不做过。

9834 下智善听，上智善悟。但无论善听还是善悟，都离不开善观。

9835 把铁杵磨成针，需要的是功夫；把铁杵打造出许多针，凭借的是智慧。

9836 步入迷途，身陷绝境，冷静和智慧可以帮你辨别方向和找到出口。

9837 正视缺点需要勇气，改正缺点需要决心，把缺点变为优点则需要智慧。

9838 有时，智慧的表现不是因为高智商，而是缘于低姿态。

9839 知识和方法相比，方法更容易成为能力；知识和能力相比，能力更容易成为智慧。

9840 知识武装头脑，智慧驾驭思想。

9841 面对误解而不去解释是明智，面对曲解而不去辩解是睿智。

9842 梳理思绪的是理智，调理情绪的是心智。

9843 智慧，经常是思维换个角度；聪明，有时是脑筋急转弯。

9844 不懂生命，珍爱会过期；不懂人生，珍重会作废；不懂生活，珍惜会发霉。

9845 自己那么差又不努力，还有什么资格唉声叹气。

9846 乱世用重典，急病用猛药。

9847 无法预测未来，但要大胆拥抱未来。

9848 治漏找因，治乱除根。

9849 凡事须得研究，才能明白。

9850 经历没有好坏，审视造就卓越。

9851 没有知识，就不可能对生活作出正确的解释。

9852 肚量决定胆量，视线决定视野；心境决定心情，胸怀决定情怀。

9853 常人做能做的事，能人做想做的事，超人做敢做的事。

9854 没有见识不怕，因为可以从头学起，怕的是见识短浅不自知，更怕的是明知偏见还固执己见。

9855 讽刺是深刻的幽默，幽默是轻松的讽刺。

9856 读书养才气，勤奋养运气，宽厚养大气。

9857 知识影响能力，方法增进智慧，修养陶冶品格。

9858 完善自己，才能摆脱卑俗；挑战自己，才能摆脱平庸；开拓自己，才能有广阔的视野；超越自己，才能有高远的境界。

9859 成熟使人练达，成熟也使人世故；成熟使人缜密，成熟也使人犹豫。

9860 智者，不乏容忍之智；志者，当有坚忍之志。

9861 书不但能给人攀登高峰的阶梯，还能激发人去发现更多的真理。

9862 “读书破万卷，下笔如有神”；如果能“破其卷而取其神”，则能获得读书和作文的精华。

9863 当思想一旦插上翅膀，它就是自由的；当思辨一旦成为习惯，它就是快乐的。

9864 谦虚的人每事问，聪明的人习惯听，实干的人勤动手，智慧的人善思考。

9865 沉默不语，是思考的严肃；缄默不语，是思想的严谨。

9866 想象，是思维的美丽所在；简洁，是思维的力量所在。

9867 研究需要沙里淘金，这样才可以厚积薄发；思考则宜点石成金，这样才可以举重若轻。

9868 不思索的大脑，永远是没有绿洲的荒漠。

9869 语言生锈，实际是思想偷懒了；思想偷懒，可能是精神麻木了。

9870 有思想的，不一定成为大家；思想杰出的，则是大家。

9871 当思索一旦成为习惯甚至嗜好，思想的泉涌和喷发便成为生命的盛宴。

9872 思索，是生命最鲜活的存在形式，它既有丰富的心灵内涵，又有广阔的精神外延。

9873 感觉更多是说体肤的，感受更多是说心灵的，感悟更多是说思想的。

9874 常规的思维只能中规中矩，独特的思维才会独辟蹊径。

9875 话里有话是思想的深刻，话外有话是语言的艺术；正话反说是思想的尖锐，反话戏说是语言的幽默。

9876 头脑简单不好，思想复杂也不好，不把简单问题复杂化才好，能把复杂问题简单化最好。

9877 成功之本取决于人的心理素质、人生态度和才能资质。

9878 底蕴的厚度决定事业的高度。

9879 善于发现，善于思考，处处都有成功力量的源泉。

9880 无论做什么事情都不能大意，一定要把事情考虑周密以后才能做。

9881 产生自尊心的是理性，而加强自尊心的则是思考。

9882 不要急着决定，因为经过一夜的深思熟虑之后，会涌现出更好的智慧之见。

9883 领导者的一言一行，都必须兼顾临时之计和长远目标。

9884 一个人要想得到某种东西，至少得付出与这种东西相等的代价。

9885 小聪明人，往往不能快乐；大智慧人，经常笑口常开。

9886 人的贪欲是无限的，人的生命是有限的；有限的生命追寻无限的贪念，是最愚蠢、最可悲的。

9887 身为人民公仆，心系百姓疾苦，切莫一念之差，踏上不归之路。

9888 为官不贪最是高，一心为民乃英豪；不义之财君莫取，廉洁自律祸自消。

9889 做官甘为人民公仆，切忌自封人民父母；做官勤廉人民作证，功过是非人民评述。

9890 当官切莫恋功利，腐败皆因私欲起；为民为己常三思，乱用权力必自毙。

9891 如果说成功的事业是一个圆，那么，廉政就是圆心，纪律就是半径。

9892 毛毛细雨湿衣裳，点点贪念毁名节。

9893 口渴时觉得能喝下整个大海，这叫贪念；真渴时只喝下属于自己的一杯清水，这叫自律；能划清贪念与自律的界限，就可以达到“廉”的境界。

9894 自律是宝，他律是爱，律他是责；掌权者既要严于自律，又要乐于他律，还要敢于律他。

9895 人生最大幸福是平平安安，人生最大悲哀是不知自爱，人生最大光荣是廉洁奉公，人生最大耻辱是唯利是图，人生最大快乐是开拓创新，人生最大不幸是虚度一生。

9896 政治上清醒坚定，不摇不摆；管理上清清楚楚，不错不乱；经济上清清白白，不贪不占；人格上堂堂正正，不攀不奢。

9897 要严于律己，不谋私利，做到顶得住歪理，耐得住艰苦，抗得住诱惑，管得住小节。

9898 诚实是为人的行为支撑，守信是立业的道德基石；正直是从政的品质核心，廉洁是做官的行为准绳。

9899 绝对权力是滋长腐败的根源，制约权力是遏止腐败的利剑。

9900 贪利贪名，万劫不复；为国为民，青史长存。

9901 奢者狼藉俭者安，一凶一吉在眼前。

9902 廉贪一念间，荣辱两世界。

9903 人生安于清贫，则能扶心中之正气；人生淡泊名利，则能祛心中邪念；人生坚持自律，则能定心中之信念。

9904 贪，山重水复绝无路；廉，柳暗花明处处春。

9905 为官应学荷，出泥而不染；做人当似竹，挺拔且有节。

9906 别拿自己的生命做赌注，以权谋私等于自毁前程。

9907 人生有三关，关关是关键：一是金钱关，私欲膨胀起祸端；二是酒色关，丧志失德在其间；三是权力关，徇私滥用必丢官。

9908 水清则明，人清则廉。

9909 做人一身正气，为官一尘不染。

9910 玉碎不改白，竹焚不毁节。

9911 把“官位”作为为人民服务的岗位，把“权力”作为为人民服务的责任。

9912 对物质的贪婪愈烈，精神的空虚就愈重。

9913 廉洁是每一位领导干部的生命之本，是对从政者的起码要求，拥有它虽清贫却心安理得，失去它虽富有但寝食难安。

9914 为官，常担为民之责，站得正直；执政，常谋富民之策，行得坦然；掌权，常循法纪之规，寝得安稳。

9915 天上鸟死于贪食，水中鱼死于诱饵。

9916 骄主必不好计，亡国之臣贪于财。

9917 自尊、自律、自戒是人生的风帆；教育、熏陶、引导是人生的基石；贪图、腐化、堕落是人生的终点。

9918 公心是生活的砝码，贪心是沉重的枷锁，不要让生活的砝码套上沉重的枷锁。

9919 今日廉洁似吃亏，明日吃亏积成福。

9920 做人诚信为本；为官廉字当头。

9921 政德、官德、人德，修德非一蹴而就；年廉、月廉、日廉，清廉靠终生铸得。

9922 万恶之源皆在己，只缘贪念往复来。

9923 廉者昌，贪者亡。

9924 一丝一粒，我之名节。

9925 自律不严，何以服众?

9926 廉能清正，奉公守法。

9927 进不失廉，退不失利。

9928 良心是公正廉洁的法官。

9929 洗手奉职，不以一钱假人。

9930 因嫌纱帽小，致使入牢监。

9931 临官莫如平，临财莫如廉。

9932 廉慎传家政，流芳合古今。

9933 从官重公慎，立身贵廉明。

9934 卑而不失义，瘁而不失廉。

9935 保廉节者，必憎贪冒之党。

9936 廉者常乐无求，贪者常忧不足。

9937 廉者，民之表也；贪者，民之贼也。

9938 清风两袖朝天去，免得闾阎话短长。

9939 三生不改冰霜操，万死常留社稷身。

9940 廉外则可以大任，少欲则能临其众。

9941 不廉，则无所不取；不耻，则无所不为。

9942 官能清则冤抑渐消，吏能廉则风俗自厚。

9943 俭而不奢，家道恒兴；俭而不贪，居官清廉。

9944 律身唯廉为宜，处世以退为尚；律己宜带秋风，处世须带春风。

9945 学贵有常，又贵日新。

9946 只要把最初微不足道的初心，坚持到底，任何人都能创造自己的奇迹。

9947 当感觉自己迷茫，快坚持不住的时候，不妨多走几步。

9948 心量有多大，成就有多大。

9949 要有学习化的人生理念。

9950 读书使人充实，讨论使人机敏，写作使人精确。

9951 最优秀的人，是最有学习力的人。

9952 一个人可以没有学历，但必须有学习的能力；一个人可以没有权力，但必须有影响力。

9953 未来唯一持久的优势就是有能力比你的竞争对手学习得快。

9954 知识本身没有力量，只有化为行动才有力量。

9955 无形胜有形，软件促硬件，学习促创新。

9956 不责人小过，不发人隐私，不念人旧错，三者可以养德避害。

9957 不自重者取辱，不自畏者招祸；不自满者受益，不自是者博闻。

9958 抬高自己的天花板，使自己的心灵空间变得高远空阔，让周围的环境变得更加宽松怡人。

9959 一德而立，百善从之。

9960 成功就是点点滴滴、水滴穿石、一以贯之。

9961 成功就是今天比昨天更忠诚、更敬业、更勤奋、更自信。

9962 人生的主宰是自己，而不是别人。

9963 每一次失误都是学习的机会，只是不要再犯同样的错误。

9964 屡败屡战，常学常新；天天向上，步步登高。

9965 只有自信，才能自强。

9966 认真做事，简单做人。

9967 用学习拓宽生命，增进生命的面积，提高人生的效率。

9968 不要放弃投资自己，珍惜各种学习的机会。

9969 唯其无私，方能成其私。

9970 善因吸引善缘，恶因吸引恶缘。

9971 温故而知新，相观而善。

9972 作善养心，作善明道。

9973 不教而杀谓之虐；不戒视成谓之暴。

9974 学为先，习为重。

9975 打败你的不是别人，而是你自己。

9976 坚守正道是为官为人的宗旨。

9977 不知死而死，是为无知；知死而死，是为无惧；知死而不死，才是无敌。

9978 学不在多在于用，业不在多在于精。

9979 手艺在身百样好，别做游手好闲人。

9980 手艺要学精，多半靠自身。

9981 百工能养家，百艺好藏身。

9982 得师不得法，学会也白搭。

9983 得窍不得绝，只如捡块铁。

9984 得艺不得传，学了也枉然。

9985 好笋出好竹，好师出好徒。

9986 慢工出细活，能工出巧匠。

9987 米粉越磨越细，手艺越做越精。

9988 翻不完的山，学不完的艺。

9989 百艺好学，一窍难通。

9990 千般易举，一诀难得。

9991 多从一家师，多学一门艺。

9992 井淘三遍吃甜水，人走三省见识广。

9993 行行出状元，门门有诀窍。

9994 学在师傅，用在自己。

9995 十事半通，不如一事精通。

9996 强中还有强中手，艺高还有艺高人。

9997 不要千样会，只在一样成。

9998 要得眼睛服，手上下功夫。

9999 在实践中培养专业精神、丰富专业知识、提高专业能力，坚持干什么学什么、缺什么补什么、做什么钻什么，有针对性地弥补精神软肋、知识弱项、能力短板、经验盲区，才能使自己真正成为专门家、主攻手。

10000 虚心学习、勤于行动，不惧艰险、不畏辛劳，多从实践中汲取经验、经受磨炼，才能加速成长，抵达“不畏浮云遮望眼”“每临大事有静气”的精神境界。

后 记 POSTSCRIPT

所谓从政，就是参与政事、处理政事。《东周列国志》第五回中写道："(郑)庄公再拜辞曰：'从政罢政，乃臣下之职，焉有天子委质于臣之礼？恐天下以臣为要君，臣当万死！"唐朝韩愈在《顺宗实录》卷二中曰："诸色人中……达于吏理，可使从政者，宜委常参官各举所知。"宋朝苏轼所作的《赐许将赴阙诏》指出："卿敏而好学，达于从政。"所谓感悟，是指人们对特定事物或经历所产生的感想与体会，出自汉朝刘向所著《列女传·张汤母》："君子谓张汤母能克己感悟时主。"

《从政感悟一万句》一书分为四个部分，即从政方略、从政方法、从政艺术和从政修炼。本书是笔者从政近40年来的一些体会和感悟，也是阅读5000余本图书及若干文献资料后的一些启示与借鉴。但愿此书能对从政者和立志从政者有所帮助。

由于水平有限，书中难免存在纰漏和不妥之处，敬请批评指正。

最后，要衷心感谢东方出版社的大力支持和真诚帮助，使此书得以顺利出版。

晓 山

2022年1月